法律和社会科学

法律与科幻

第19卷第2辑

—

侯猛　陈颀　主编

法律出版社
——北京——

图书在版编目(CIP)数据

法律和社会科学. 第19卷. 第2辑 / 侯猛, 陈颀主编. -- 北京 : 法律出版社, 2022
ISBN 978-7-5197-6851-5

Ⅰ. ①法… Ⅱ. ①侯… ②陈… Ⅲ. ①法律—文集 Ⅳ. ①D9-53

中国版本图书馆CIP数据核字(2022)第110618号

法律和社会科学(第19卷第2辑)
FALÜ HE SHEHUI KEXUE
(DI-19 JUAN DI-2 JI)

侯　猛
陈　颀　主编

责任编辑 孙东育
　　　　 许莹洁
装帧设计 鲍龙卉

出版发行 法律出版社
编辑统筹 学术·对外出版分社
责任校对 王　丰
责任印制 陶　松
经　　销 新华书店

开本 880毫米×1230毫米 1/32
印张 13.625　字数 290千
版本 2022年11月第1版
印次 2022年11月第1次印刷
印刷 天津嘉恒印务有限公司

地址:北京市丰台区莲花池西里7号(100073)
网址:www. lawpress. com. cn
销售电话:010-83938349
投稿邮箱:info@ lawpress. com. cn
客服电话:010-83938350
举报盗版邮箱:jbwq@ lawpress. com. cn
咨询电话:010-63939796

书号:ISBN 978-7-5197-6851-5
定价:68.00元
凡购买本社图书,如有印装错误,我社负责退换。电话:010-83938349

法律和社会科学 第19卷第2辑

主 办 单 位

中国人民大学法学院法律与社会跨学科研究中心

中南财经政法大学基层法治研究所

北京大学比较法与法社会学研究所

投稿系统： https://flsk.cbpt.cnki.net/

微信公号： LSS_2014

“法律与科幻”专号

目　录

Contents

《法律和社会科学》(2022)　第19卷第2辑，第1~33页

未来法学：作为法学思想实验的科幻

陈　颀*

摘　要：关于法律与科幻的关系，存在两种迥然不同的观点：认可科幻对于法学研究的积极作用，否认科幻是法学研究的范畴。从斯科提亚-库珀的"what if"理论出发，符合或"拟真"科学逻辑的科幻思想实验，可以通过建构内在一致或不一致的可能世界模型进行理想化的科学实验，从而构想出可能的"另类现实"。通过科幻思想实验探索未来法学，既可以推想和检验现有法律规则在未来社会的实践后果；也可以通过构造特定未来社会的可能场景，设计和检验新的法学概念、规则和原理。通过科幻思想实验探索未来法学，需要在人工智能时代重构人机关系。这就得超越现有法教义学与社科法学研究视野，正视法律与科幻之间的相互作用与相互渗透。

关键词：未来法学　法律与科幻　思想实验　机器人三定律　刘慈欣

---

* 陈颀，中山大学法学院副教授。本文系国家社会科学基金一般项目"基于'法律与文学'视野的中国话语体系研究"(19BFX023)的阶段性成果。

[一]引言:从法律与科幻的关系谈起

进入21世纪以来,信息、生命、制造、能源、空间等领域的新一轮科技革命加速重塑了社会关系,①正在或将要引起法律关系的变革。与此同时,科技重大风险的不可控性和不确定性日益增强。为了预防和规制科技风险,调整社会关系中不断凸显的科技与人类的矛盾,作为一个前沿科技与法律紧密融合的前沿学科和交叉学科,②“未来法治”应运而生,其基本任务是“面向未来、走向未来、引领未来”。③ 有学者提出,未来法学是法学与未来学的交叉学科,其旨在研究未来社会关系对既有法律体系和法学理论的冲击及其应对。

科幻文学是科学和未来双重入侵现实的叙事性文学作品。④ 从弗兰肯斯坦的怪物到阿西莫夫的机器人三定律,从乌托邦到末日毁灭,科技革命与未来社会一直是科幻作品的

---

① 参见习近平:《努力成为世界主要科学中心和创新高地》,载《求是》2021年第6期。

② 王轶:《在未来法治领域发展中国特色法学理论》,载《北京日报》2021年1月25日,第19版。

③ 张文显:《“未来法治”当为长远发展谋》,载《新华日报》2018年12月4日,第15版;张文显:《构建智能社会的法律秩序》,载《东方法学》2020年第5期。

④ [加]达科·苏恩文:《科幻小说面面观》,郝琳等译,安徽文艺出版社2011年版,第1页。

重要主题。近年来,以《三体》《流浪地球》为代表的中国科幻蓬勃发展,让科幻从小众文化走向主流文化,也引发学界关于科幻的性质、功能,以及法律与科幻关系的争论。目前,存在两种迥然不同的观点。

第一种观点认可科幻对于法学研究的积极作用,认为科幻作品昭示着未来法学的发展趋势,为探索法律的可能性和局限性提供了丰富的理论资源,并通过大众文化影响民众和学界对科技变革的态度。① 早在 2007 年,美国《法律、文化与人文》杂志就出版了一期"银河法学"(Galactic Jurisprudence)专号,论文的议题包括电视剧《星际迷航 10:复仇女神》(*Star Trek*:*Nemesis*)中基因决定论焦虑的深层原因及其基因编辑立法启示,电影《银翼杀手》(*Blade Runner*)与关塔那摩监狱移民法问题,阿西莫夫的机器人小说中人工智能或机器人对后人类(posthuman)法律体系构成的可能挑战,超级英雄漫画夜魔侠(*Daredevil*)中的权威、法律与正义,等等。② 在"银河法学"专刊导言中,萨拉特(Austin Sarat)如是论证科幻小说的法律意义:"以科幻为标志的想象和想象空间……提醒我们注意法律和社会安排的偶然性。……它构想了另类现实(alternative realities),并邀请我们加入其中。"③特拉维斯(Mitchell Travis)发表在《法律与文学》杂志

---

① 晚近有代表性的研究,如 Lilian Edwards, Burkhard Schafer & Edina Harbinja, eds. ,*Future Law*:*Emerging Technology*,*Regulation and Ethics*, Edinburgh University Press, 2020; Bruce L. Rockwood, *New Possibilities*:*Law*, *Literature*, *and Science Fiction*, Legal Studies Forum, Vol. 23, p. 267-280(1999);周圣:《科幻影视昭示的未来法学发展趋势》,载《人民法院报》2020 年 2 月 21 日,第 5 版。

② William MacNeil, Lynda Davies & Christine Black, *Galactic Jurisprudence*:*In Space*,*No One can Hear you Litigate*!, Law, Culture and the Humanities, Vol. 3, p. 358-360(2007).

③ Austin Sarat, *Editorial*, Law, Culture and the Humanities, Vol. 3, p. 1 (2007).

的"法律与科幻"专论,则敦促法律社会学研究者更加关注科幻小说:"通过强调可能的未来,科幻使法律能够考虑处理新事件和场景(scenario)的不同策略。"①

第二种观点强调科幻对法学研究或法治建设的消极作用,甚至否认科幻作品是法学研究的范畴。比如,声称科幻作品不是"科幻主义","强人工智能""克隆人""外星人""火星殖民"等都是尚未发生的科幻想象,不属于法学研究的范畴,法学界应当避免用"科幻想象"代替法学推理。② 反对"科幻法学"的学者对人工智能等未来法学研究对象的态度主要有以下两种:一是坚持法教义学的基本理念和立场,将传统的法教义学适当转化,以适用于人工智能等新兴场景;③二是坚持"社会科学"的基本方法,研究从人工智能等新兴科技的实际应用中产生的现实法律问题。④ 对于科技风险,有学者认为,科幻作品中充斥着对未来科技社会的"反乌托邦"的负面想象,造成社会对科技发展的某种排斥心理,应当研究科技变革中真实存在的或可预见的风险,"摒除科

---

① Mitchell Travis, *Making Space: Law and Science Fiction*, Law & Literature, Vol. 23, p. 248(2011).

② 有代表性的研究,参见刘艳红:《人工智能法学研究中的反智化批判》,载《东方法学》2019 年第 5 期;韩旭至:《人工智能法学研究的批评与回应》,载《中国社会科学报》2020 年 11 月 11 日,第 3 版。两篇文章虽然对人工智能法学的意义和路径的看法迥异,但都强调要摒弃科幻作品对法学研究的"错误影响"。对此,一个从刑法学内部展开的回应,参见刘宪权:《对人工智能法学研究"伪批判"的回应》,载《法学》2020 年第 1 期。该文认为:"人工智能时代是一个全新的时代,这一时代的产生、存在和发展已经并还将继续会对传统法学乃至刑法学研究形成巨大的影响和冲击,这显然是不言而喻且毋庸置疑的。"

③ 参见刘艳红:《人工智能法学研究中的反智化批判》,载《东方法学》2019 年第 5 期。

④ 参见韩旭至:《人工智能法学研究的批评与回应》,载《中国社会科学报》2020 年 11 月 11 日,第 3 版。

幻思想的虚无性与过度想象”①。

本文认为,持第二种观点的法学学者首先在一定程度误解了科幻的性质和功能,其次也将科学研究(无论是法学研究还是自然科学研究)中的创新看作纯粹的实证问题,从而忽视了思想实验(Thought Experiment)在科技创新和思想创新中的重大意义。② 思想实验是科学研究的经典研究方法,也是法学等社会科学的重要研究方法。从科学与科幻的关系出发,本文分析遵循一个并非完全新颖的洞见,即科幻文艺是思想实验的重要方式。关于这一点,最著名的说法来自科幻小说家和研究者斯科提亚(Thomas Nicholas Scortia)在《作为思想实验的科幻小说》中的断言:

> 科幻小说家是真正意义上的思想实验的专业制造者……自然科学家、社会科学家、科幻小说家……都关注如何回答“如果……那会怎么样”(what if)的问题。每一个人都凭借自己的技能去定义一个思想实验,并通过逻辑的外推或内推,试图找到问题的一种可能答案。③

斯科提亚强调科幻小说尊重科学的理性主义色彩,因而特别强调科幻的思想实验功能。他对科幻思想的界定无疑

---

① 参见单勇、王熠:《未来法学研究的可视化分析(2010—2020)》,载侯猛、陈颀主编:《法律和社会科学》第19卷第2辑,法律出版社2022年版。

② 有代表性研究,如科学哲学家和科学史家库恩的经典论文,Thomas S. Kuhn, *A Function for Thought Experiments*, reprinted in T. Kuhn, The Essential Tension, University of Chicago Press, 1977, p. 240-265。另参见 Petri Ylikoski, *Thought Experiments in Science Studies*, Philosophica, Vol. 72, p. 35-59(2003)。

③ [美]托马斯·斯科提亚:《作为思想实验的科幻小说》,陈芳译,载《科学文化评论》2008年第5期。

符合思想实验的一般特征,即利用想象性推理(imaginative reasoning)来完成的实验,①其观点也得到了当代中国科幻作家和理论家的普遍认同。② 科幻作家陈楸帆认为:"科幻写作的本质是一种基于'What if'(如果……那么……)基础上的思想实验,是从对现实世界规则的某种改写,进而推演其如何影响到社会、人性乃至文明本身。"③科幻作家郝景芳也认为:"我最关心的也是人的思维过程,人是受什么样信息输入的影响,什么样的社会环境会对社会中的每一个人产生影响,所有这些思想实验,在我看来,是科幻小说最令人着迷的地方。"④

不过,就思想实验的主流视角而言,研究者通常只讨论科学思想实验和哲学(社会科学)思想实验,一般不将文学、艺术等纳入思想实验的讨论范围。因此,本文将要论证的第一个核心问题是作为思想实验的科幻文艺的正当性、认知机制和功能意义。科幻的功能和价值是预测未来科学发展吗?科幻是文学、是虚构、是想象,凭什么比自然科学或社会科学更"有效"? 回答"what if"问题的想象性推理为什么能够构

---

① James R. Brown & Yiftach Fehige, *Thought Experiment*, Stanford Encyclopedia of Philosophy Summer 2017 Edition, https://plato. stanford. edu/archives/sum2017/entries/thought-experiment。本文所有网络文献最后访问时间均为2021年11月20日,特此说明。

② 有代表性的论述,如杨虚杰:《亲历中国科幻30年:个人史与社会史》,载《科普研究》2009年第6期;刘大先:《总体性、例外状态与情动现实——刘慈欣的思想试验与集体性召唤》,载《小说评论》2018年第1期;田松:《科幻的境界与原创力:文明实验》,载《科学与社会》2018年第2期;陈舒劼:《知识普及、意义斗争与思想实验——中国当代科幻小说中的科普叙述》,载《东南学术》2020年第6期。

③ 何平、陈楸帆:《访谈:"它是面向未来的一种文学"》,载《花城》2017年第6期。

④ 郝景芳:《"思想实验"是科幻小说最令人着迷的地方》,载《南国都市报》2017年3月24日,第6版。

建一个成功的思想实验,给出一个思想假定的可能答案?这就引出本文将要论证的第二个核心问题:通过科幻思想实验探索未来法学的正当性、工作机制和功能意义。对未来法治的挑战和任务而言,作为法学思想实验的科幻文艺具有怎样的"想象—推理"机制,这种特别的机制建构的法学知识如何为未来法学提供新的知识?比如,科幻思想实验如何建构可靠的法学知识模型?相对于演绎法支配的规范法学和归纳法成就的社科法学,科幻思想实验获得法学知识对于法律人和社会有何特别的认知机制和社会后果?

从上述两个核心问题出发,本文对作为法学思想实验的科幻文艺的分析论证结构如下:本节是引言,第二节以思想实验的可能世界模型为基础,提出和论证作为法学思想实验的科幻文艺的基本概念、推理方式和有效性标准。第三节以人工智能科幻为例,讨论出版于1865年的科幻小说《埃里汪奇游记》对图灵测试等人工智能科技的启发。第四节继续分析可能是最著名和现实影响力最大的(法学)科幻思想实验:人工智能领域的阿西莫夫机器人三定律。本节将讨论,被许多研究者批判的小说中三定律的模糊和悖论,实际上源于阿西莫夫的自觉建构和主动证伪,其目的是利用三定律作为"what if"问题的起点,将看似颠扑不破的"定律"演化出许多的概念和逻辑悖论,构想人机关系的人机冲突或人机共存的不同可能。鉴于阿西莫夫机器人系列短篇小说主要从人工智能的科技发展本身的人机关系后果展开思想实验,第五节将从社会经济逻辑分析和比较人工智能时代法学的两个当代中国科幻思想实验:郝景芳《北京折叠》和刘慈欣《赡养人类》。在第六节也是本文的代结语中,重申通过科幻思想实验探索未来法学对于法律和科幻的重要意义。

[二]作为思想实验的科幻文艺

科幻源于人们面对工业革命和科技进步的“惊异”。关于人类(社会)与科技的未来关系,斯科提亚曾断言:“科幻小说家是真正意义上的思想实验的专业制造者,不管他是在考察一项新的科技发展所引起的局部后果,还是在考虑一种社会潮流的更为宽泛的影响。”①这句论断常被援引,不过这句话区分的两种科幻思想实验及其功能区别,却常常被人忽略。实际上,斯科提亚是自觉地借助思想实验的两大分类——科学思想实验和哲学思想实验——的科学性来论证科幻思想实验的“合法性”与“专业性”。

新科技发展的技术后果即是科学思想实验。在自然科学特别是物理学领域,思想实验是物质实验的重要补充,因为它既能够满足科学实验中所需要的思维逻辑,又能够弥补现实实验不能满足的实验条件。纵观科学史,从芝诺悖论到牛顿大炮,从伽利略的自由落体实验到爱因斯坦的追光实验,从麦克斯韦妖到薛定谔的猫,许多的思想实验在科学发展史中起到了至关重要的作用。在斯科提亚看来,具有内在一致性的推理严密的技术故事被称为“硬科幻”。(硬)科幻文艺在思想实验中常常能够惊人地预言技术的发展,科学史上许多重大发明与科幻文艺密不可分,许多科学家也坦言自己受到科幻作品的激发才走上科学道路。著名物理学家斯蒂芬·霍金在为物理学家克劳斯《〈星际迷航〉的物理学》撰

① [美]托马斯·斯科提亚:《作为思想实验的科幻小说》,陈芳译,载《科学文化评论》2008年第5期。

写的序言中高度评价科幻作品的科学意义。① 许多例子都能够证明霍金的赞美。“科幻之父”凡尔纳《海底两万里》(1870)中的“鹦鹉螺号”激励了西蒙·莱克制造出世界上第一台潜水艇,《云之帆》(1886)则是雷克尔斯基制造直升机的灵感来源。在科幻“黄金时代三巨头”中,克拉克构想了人造卫星及其运行的地球静止轨道,而后者在现实中被命名为“克拉克轨道”;海因里希预言了核子战争和互联网;阿西莫夫则构想了自动驾驶汽车和视频通话技术。

相较于自然科学中的“补充”地位,思想实验在以哲学为代表的人文社会科学领域的作用更为突出。从忒修斯之船到缸中之脑,从柏拉图洞穴喻到葛梯尔悖论,从无知之幕到电车难题,思想实验在哲学论证中意义非凡。这是因为限于研究对象的抽象性和社会性,哲学往往不具备科学实验的客观条件。比如哲学论证中形而上学命题、价值命题的非经验性,使许多命题既无法直接引用经验事实作为论据进行论证,也不能以这类事实来检验理论的有效性。② 而在社会科学领域,当心理学家构建一个人的模型,或者社会学家构建一个社会模型,或者经济学家构建一个经济模型——然后从模型中得出推论或可能性时,他们都在进行思想实验。囚徒困境之于博弈论,柠檬市场之于信息经济学,纽康伯悖论之于心理学或决策理论,圆形监狱(panopticon)之于规训理论,洞穴奇案之于法理学,若干著名的思想实验影响和塑造了相

① [英]史蒂芬·霍金:《序言》,载[美]劳伦斯·M. 克劳斯:《〈星际迷航〉里的物理学》,韩潇潇、李沛岭译,海南出版社 2016 年版,第 1-2 页。

② 参见王肖:《哲学为什么需要思想实验》,载中国社会科学网,http://www.cssn.cn/zt/zt_xkzt/12746/zmdzxsxsy/zjsxsy/201603/t20160317_2926546.shtml。

关社会科学的基本面貌。

相比起科学思想实验,作为哲学思想实验的科幻文艺在预测社会和政治变迁方面并非那么成功。这是因为未来社会涉及许多复杂的因素且变化莫测,也因为"大一统"社会科学理论尚待来者。未来社会的历史进程由多种力量共同决定,并无完全确凿的理论或技术来分辨主导力量和重要的相互作用;甚至人们完全意想不到的因素也有可能影响社会历史进程。社会科学理论在不断的解构重塑中发展变迁,而社会现实的发展演变往往比小说更"科幻"。当然,优秀的科幻文艺特别是"推测小说"(speculate fiction)的确影响了社会科学的理论和实践。比如阿西莫夫《基地》系列中谢顿博士发明预测银河帝国未来史的"心理史学",激励诺贝尔经济学奖得主保罗·克鲁格曼投身于预测人类社会未来的社会科学之路。① 仍然是阿西莫夫,他"随手写下"的"机器人三定律"一直是人工智能领域的指导原则,也曾激励和启发许多人工智能学者思考人工智能的技术、伦理和法律原则。《1984》《美丽新世界》《我们》让社会科学家不得不面对"反乌托邦"的未来社会,反思科技发展却压制人类自由解放的灰暗情境。值得一提的是,"赛博朋克"(cyberpunk)科幻小说中"高科技,低生活"推演和预示了网络时代的许多社会症候,让读者反思资本主义驱动下科技发展的可能逻辑后果。斯蒂芬森《雪崩》(1992)中设想的"元宇宙"(Metaverse)②,已经成为全球数字科技巨头竞相炒作、营销

① Paul Krugman, *Asimov's Foundation Novels Grounded My Economics*, The Guardian(Dec. 4,2012), https://www.theguardian.com/books/2012/dec/04/paul-krugman-asimov-economics.

② [美]尼尔·斯蒂芬森:《雪崩》,郭泽译,四川科学技术出版社2009年版。

以及推动的虚拟现实世界。

诚如斯科提亚所说，科幻作家与自然科学家和社会科学家一样，都在关注回答“如果……那么会怎样”（What if）的问题，通过自己的技能定义某个思想实验，并通过逻辑的外推（extrapolation）或内推（interpolation），试图找到问题的一种可能的答案。① 在他看来，科幻思想实验可以是一个简单的技术思想实验的结果，可以在更高的外推层次指向未知的未来或过去，也可能是一种真正意义的内推，也就是一种不同于现有世界的可能解释。就外推的角度而言，科幻小说最重要的功能并非预测未来（尽管前文已经提及若干成功案例），而是对社会提出思想实验想象推理的警告或讽刺：通过虚构场景揭示某个逻辑设定的边界条件的荒谬性和潜在地违背逻辑，证明某种思维外推的无效性。在很大程度上，这种反讽性外推也是反乌托邦和赛博朋克等反思/批判科技的社会实践的科幻文艺的思想实验的形式。而科幻思想实验的内推，在科学意义上属于插值方法的模糊推理，斯科提亚并没有详细阐发其具体形式。在本文看来，作为内推的模糊推理实际上就是一种“从特殊到特殊”的类比推理。下文将根据思想实验的基本原理阐发类比推理的形式和界限。

总之，尽管通过“What if”的思维方式及其推理结果界定了科幻思想实验，然而为什么它能够指向某种不同现有世界的可能解释呢？其中道理，斯科提亚没有详细论证。为了更好从学理上分析和回应这个问题，我们可以借助哲学家库珀（Rachel Cooper）的思想实验理论推进斯科提亚命题的理论

---

① ［美］托马斯·斯科提亚：《作为思想实验的科幻小说》，陈芳译，载《科学文化评论》2008年第5期。

论证。[①] 在库珀看来,倘若"What if"问题的推理能够被严格执行,那么小说等文艺形式就可以被当作思想实验。库珀指出,思想实验的经验论(代表学者如诺顿)和理念论(代表人物如布朗)两大传统都有其弊病:前者坚持知识经验论,将思想实验视为旧经验重组后的新经验论据,因而将思想实验的适用范围仅仅限制于"假设的或反事实的情况"[②];后者坚持先验主义知识论,将思维实验视为用直觉感知先验知识的一个途径,陷入柏拉图主义的神秘论。[③] 基于经验论与理念论的综合,库珀认为,思想实验就是尝试建构可能世界的模型(models of possible worlds):思想实验为人们展示了一系列"What if"问题,人们在思想实验中暂时调整了世界观,以符合物质实体运作的方式和程序进行想象和推理,以便构建一个符合这些"What if"问题的答案的模型。[④] 思想实验者遵从"What if"问题模式后,可能产生不同的结果,分别对应思想实验的证成和证伪的不同功能。

首先,当"What if"的所有问题都被回答时,思想实验就是一个内在一致的模型,建构或再现一个可能的世界。严格而言,思想实验者并不可能或没有必要考虑所有的实验细节,所以其建构的不是一个可能世界,而是可能世界的无限数据的某个模板(template)。如果思想实验成功建构了内在一致的模型,也就建构了可能的世界,那么就可以得出结论,

---

① Rachel Cooper, *Thought Experiments*, Metaphilosophy, Vol. 36, p. 328-347 (2005).

② John Norton, *Are Thought Experiments Just What You Thought?*, Canadian Journal of Philosophy, Vol. 26, p. 333-366(1996).

③ James R. Brown, *The Laboratory of the Mind: Thought Experiments in the Natural Sciences*, Routledge, 2010.

④ Rachel Cooper, *Thought Experiments*, Metaphilosophy, Vol. 36, p. 336 (2005).

实验者所想象的场景是可能的。在库珀看来,这种物理的或逻辑的可能性强度(可信性),取决于思想实验者是否将自己限制于实际物理规律构建的模型之内。① 只要思想实验者正确理解了现有的科学理论模型,就可以借此成功展开思想实验的模型建构。世界构建的可能性强度的看法,可以让我们更好理解科幻思想实验遵循特定物理(科学)或逻辑(哲学)的内在一致性的重要意义。就此而言,科幻文艺的"科学"特质与主流文学"审美"特质的差异是明显的。其次,当"What if"的问题不能被回答时,库珀式的思想实验就是一个内在(前后)不一致的模型,展现出某种不可能的场景。换言之,这样的情况一般就意味着该思想实验所设想的条件不可能实现这样的结论。

在库珀看来,思想实验的失效基于两个可能的因素。首先,思想实验者无法回答"What if"的问题。原因可能是实验者不能正确了解支配其想象实体的明确的或隐含的规律法则,也可能是实验者虽然理解现实世界中与其预测想象的实体行为相符合的规律法则,然而这些法则并不适用于该思想实验的前提假设。例如威廉斯的"如果人像变形虫一样分裂会怎样"②,或者卡夫卡《变形记》中的主人一觉醒来变成一只甲虫的"设定"③,涉及的生物学(可能)逻辑过于复杂,至少在目前是一个无法回答的思想假设。又如,在某些科学领域,特别是人文社会科学领域(如法学),支配其实体逻辑

① Rachel Cooper, *Thought Experiments*, Metaphilosophy, Vol. 36, p. 338 (2005).

② Bernard Williams, *Problems of the Self*: *Philosophical Papers* 1956-1977, Cambridge University Press, 1973, p. 23.

③ [奥]卡夫卡:《变形记》,载[奥]卡夫卡:《变形记:卡夫卡短篇小说集》,谢莹莹等译,上海译文出版社2006年版,第121页。

的规律法则尚未被充分揭示或达成共识,思想实验者在找到合适方法扩展其概念之前,就不得不利用类比(analogy)方法进行推理。不过,类比推理非常依赖于认知的相似性,这就需要实验者在思维场景中建构符合真实世界基本原理的相似性。换言之,如果将虚构世界的元素与真实世界进行类比,虚构世界与现实世界的相似性是一种正面的相似性,其差异是一种反面的相似性,思想实验的结果是一种中性的相似性。只有当虚构世界和现实世界之间的差异使得思想实验不适用时,科幻思想实验才会失效。其次,思想实验者可能对是否构建了一个一致或不一致的模型产生了误解。这些不一致可能难以发现,这就要实验者更了解真实世界的相关知识,并且尽量设计简化的思维场景,以避免过于复杂的推理。

思想实验的确有可能失效或出错,然而库珀认为,基于如下理由,人们还需要进行思想实验。① 首先,某些思想实验实际上是可能的,这些思想实验只是真正实验的理想化,但我们可能有合理的理由只在思维展开实验,比如这些思想实验可能不道德,或在实践中执行的成本太高。需要注意的是,涉及理想化的思想实验就是斯科提亚说的思想实验外推的极限情境。其次,理想化思想实验之外的其他思想实验不能被真正的实验所取代,因为它们的目的是阐明某种逻辑可能性,尽管这些思想实验的假设直接违背了现实的科学法则。

斯科提亚-库珀的科幻思想实验理论,也能兼容于可能是20世纪最著名的科幻理论家苏恩文(Dazko Suvin)以疏

---

① Rachel Cooper, *Thought Experiments*, Metaphilosophy, Vol. 36, p. 345 (2005).

离/陌生化(estrangement)、认知(cognition)和新奇(novum)为核心概念的经典科幻理论。在苏恩文看来,首先,疏离/陌生化,即科幻"虚构"区别于主流"现实主义文学",科幻制造具有距离感的陌生世界和宇宙景观,从而产生审美—诗学。① 这是一种文学属性,构成了科幻与科普的基本差别。其次是认知,尽管科幻疏离了现实社会(反面的相似性类比、非现实的假设),却符合以科学为基础的人类认知——科幻认知不是奇幻(fantasy)、克苏鲁(Cthulhu)等超自然因素。因此,作为思想实验的科幻,其认知逻辑需要与科学逻辑相符合或"拟真"(verisimilitude)。换言之,"实证主义将科幻小说引入了预测"②,然而这不等于能够通过科幻思想实验(认知假设)推测未来,科幻必然存在想象、夸张、审美的成分。科幻小说的科学逻辑不等于真实科学实验,而是一种科学思想实验制造的新奇的认知逻辑。科幻文艺中的科学标准一方面要求有相当的拟真性,另一方面对科技发展和社会科学等"软科学"保持一定的开放性。因此,科幻更像是某种指向"可能的未来"的类比/类推。类比是一种不充分的似真推理,其猜想的正确性,还须经过严格的逻辑论证。最后是新奇。"构想和探讨着关于人类关系和人类潜能的全新观点与认识"③,如苏恩文所言,新奇正是科幻小说独有的诗学。正如刘慈欣所言,"科幻之美"是对科学、对未知、对宇宙的惊奇感,这种惊奇感不同于主流文学所营造的细腻美

---

① [加]达科·苏恩文:《科幻小说变形记:科幻小说的诗学和文学类型史》,丁素萍等译,安徽文艺出版社2011年版,第3页。

② [加]达科·苏恩文:《科幻小说变形记:科幻小说的诗学和文学类型史》,丁素萍等译,安徽文艺出版社2011年版,第81页。

③ [加]达科·苏恩文:《科幻小说面面观》,郝琳等译,安徽文艺出版社2011年版,第32页。

感,从而构成科幻文学的核心价值。①

[三]人工智能与科幻思想实验

以斯科提亚-库珀的"What if"问题及其回答界定思想实验的可能世界模型,相对于"主流文学",科幻思想实验因其对未来社会的推测和思考而具有独特的功能和意义。作为思想实验的科幻,最广为人知的实例莫过于科幻文艺对于人工智能科学家的重要启发和影响。借助"What if"思想实验模型,可以建构内在一致和不一致的人工智能思想实验模型。首先是回答"What if"的内在一致的人工智能的外推模型。当技术尚未发展到某种程度、现实实验所需的客观条件尚未满足的时候,科幻思想实验通过回答"What if"问题,实际上进行了理想化的现实实验。在"人工智能之父"艾伦·图灵的奠基论文《计算机器与智能》(1950)中,参考文献的第一篇就是科幻小说《埃里汪奇游记》(*Erewhon*)。② 在这部出版于1865年的科幻小说中,塞缪尔·巴特勒第一次提出了"机器生产机器"的思想实验③,这种科技发展的未来可能性刺激了图灵构思人工(机器)智能的理论基础。

在《机器智能,一种异端理论》(1951)中,图灵进一步探

① 王瑶:《我依然想写出能让自己激动的科幻小说——作家刘慈欣访谈录》,载《文艺研究》2015年第12期。

② Samuel Butler, *Erewhon*, London, 1865, Chapters 23, 24, 25, *The Book of the Machines*. See Alan M. Turing, *Computing machinery and intelligence*, Mind, Vol. 59, p. 460(1950).

③ [英]塞缪尔·巴特勒:《埃里汪奇游记》,彭世勇、龚绍忍译,湖南人民出版社1985年版。

讨人工智能的一般原理。① 面对“人无法制造一种像人一样思考的机器”的常见质疑,图灵提出,根据哥德尔定理等数理逻辑,机器可以像数学家一样“论证”。因此高真模仿人类的心智行为的机器是可以制造出来的,尽管“它”可能像人的工作一样犯错误。假设这样的智能机器是真正可能的,那么我们预期建造它们的后果。机器思维的发展可能会超越“我们”的微薄力量,让我们无法理解机器如何表达。图灵进一步指出,当机器能够通过“机器学习”的方式增进智慧,那么《埃里汪奇游记》的“机器社会”就将成为现实。②

无独有偶,“控制论之父”诺伯特·维纳在发表于1948年的《控制论》(cybernetics)中也援引巴特勒的机器暗中统治人类社会的“幻想”。③ 尽管机器社会存在为恶的可能性,然而维纳更为关注《埃里汪奇游记》中人类大规模使用和接纳机器的关键因素:机器劳动是一种“奴隶式”的劳动,这让机器劳动在与人类劳动的竞争中存在优势,在市场社会中这种优势尤其明显。维纳指出,由此推演,大规模自动机器劳动不见得一定是件好事,这会继两次工业革命后进一步贬低人的劳动以及人本身的价值。④ 在自动机器在工业社会作恶的潜能问题上,科幻小说家巴特勒的构想让科学家维纳心有戚戚焉。

当然,“机器生产机器”只是机器社会的第一步,机器要

---

① Alan M. Turing, *Intelligent Machinery, a Heretical Theory, a Lecture Given to "51 Society" at Manchester*, 2nd versions, the Turing Digital Archive, http://www.turingarchive.org/browse.php/b/4.

② Alan M. Turing, Intelligent Machinery, a Heretical Theory, a Lecture Given to "51 Society" at Manchester, 2nd versions, the Turing Digital Archive, http://www.turingarchive.org/browse.php/b/4, p. 16.

③ [美]N. 维纳:《控制论》,郝季仁译,科学出版社1962年版。

④ [美]N. 维纳:《控制论》,郝季仁译,科学出版社1962年版,第27页。

实现"自我管理",就需要具备某种"智能",这便是人工智能:让机器像人一样思考,甚至超过人类。计算机可以像人一样思考吗,它的标准是什么?实际上,人工智能的著名概念"图灵测试"(Turing test)与塞尔的"中文屋论证"(the Chinese room argument)就是两个针锋相对的思想实验。按"图灵测试"的标准,大脑就是一台数字计算机,心智不过就是计算机程序。这种思维的行为主义界定,遭到了哲学家塞尔的反驳。通过中文屋的思想实验,塞尔认定,即便机器通过了图灵测试,也不可能真正达到人那样的自主意识。就此而言,塞尔的理论可以被用于论证某些人工智能科幻思想实验的无效。① 比如按照塞尔的看法,像《西部世界》中德洛丽丝那样自我觉醒并摆脱和反制人类的超级人工智能,可能永远不会出现。不过,塞尔也承认他批评的是数字程序计算机,在理论上我们能够发明其他类型的、具有某种生物化学特征的计算机。②

2020年年初,人工智能科学家李德毅院士在中国人工智能学会会刊《智能系统学报》提出了"新一代人工智能十问",其中有若干问题,就与图灵测试和中文屋论证两个思想实验题息息相关。比如第一问,意识、情感、智慧和智能,它们是包含关系还是关联关系?是智能里面含有意识和情感,还是意识里面含有智能?第三问,目前所有人工智能的成就都是在计算机上表现出来的"计算机智能",存不存在更类似脑组织、能够物理上实现的新一代人工智能?第四问,机

① [美]约翰·塞尔:《心灵、大脑与程序》,载[英]玛格丽特·博登编:《人工智能哲学》,刘西瑞、王汉琦译,上海译文出版社2006年版,第94-95页。

② 蔡曙山:《关于哲学、心理学和认知科学的12个问题——与约翰·塞尔教授的对话》,载《学术界》2007年第3期。

器人不会有七情六欲,还会有学习的原动力吗?如果没有接受教育的自发性,还会有学习的目标吗?在实证意义上,目前学术界作为一种人造物的人工智能的意识与智能关系及其情感等难以达成共识,但想象和思考这个问题本身仍然是很有意义的。

退一步而言,即便是与人的自主意识存在本质差异的计算机器的“强人工智能”,也随着近期人工智能复兴和应用过程中引发社会巨大变化。比如,晚近在大数据加持下,利用人工神经网络进行机器学习,赋予了机器自我学习和自我升级的能力。尽管神经网络和深度学习的基础理论特别是可解释性仍然像个“黑盒子”,有待进一步研究。此外,基于人脑的“脉冲”(spiking)模拟计算框架下的第三代神经网络模型——脉冲神经网络(SNN)旨在弥合神经科学和机器学习之间的差距,使用最拟合生物神经元机制的模型来进行计算,其目标是研究人类大脑的工作机理并模拟出一个与人类一样具有思考、学习能力的人工智能。① 又比如量子计算机的理论构想旨在利用量子比特微妙的量子状态来进行一些传统计算机无法完成的计算,目前已在实践中实现了“量子霸权”(quantum supremacy),或者叫量子优越性(quantum computational advantage),即在某个特定问题上的计算能力远超现有最强的传统计算机,而传统计算机在有限时间内无法

① K. Roy, A. Jaiswal & P. Panda, *Towards Spike-based Machine Intelligence with Neuromorphic Computing*, Nature, Vol. 575, p. 607 - 617 (2019). B. Yin, F. Corradi & S. M. Bohté, *Accurate and Efficient Time-domain Classification with Adaptive Spiking Recurrent Neural Networks*, Nature Machine Intelligence, Vol. 3, p. 905-913(2021).

完成计算。① 有学者提出设想,在量子人工智能中,信息处理过程可以用量子力学解释的量子力学算符的组合来表示。而在普通经典计算机中实现的经典人工智能信息处理过程的机制通常在一个黑匣子内。因此,量子人工智能或许能够比经典人工智能更具可解释性。②

总之,人工智能的现在与未来存在许多的理论和实践挑战。在这个意义上,基于"what if"问题的科学或逻辑回答的人工智能的科幻想象,无论是基于图灵测试或是中文屋验证的科学—哲学思想实验,还是《埃里汪奇游记》《西部世界》等科幻思想实验,都构想了某种人工智能的科学或社会逻辑未来可能性的思想实验。

[四]机器人三定律的法学思想实验

从斯科提亚-库珀的思想实验的可能世界模型出发,本文认为,未来法学是一种法学思想实验,我们可以借助科幻想象检验现有法律规则在未来社会的可能实践后果,构造未来社会的可能的法学概念、规则和原理。作为人文社会科学思想实验的重要类别,法学思想实验可以构造无法通过法律规则推理或法律实证经验直接研究的法学思维场景,推断/预测或探索(类比)科技社会发展变迁引发的(可能)新的法

① 2020年12月4日,中国科学技术大学潘建伟、陆朝阳研究团队与相关科研机构合作,在《科学》上发表了基于76个光子构建量子计算原型机"九章",实现了具有实用前景的"高斯玻色取样"任务的快速求解。参见 Han-Sen Zhong et al., *Quantum Computational Advantage Using Photons*, Science, Vol. 370, p. 1460-1463(2020)。

② Yuchi Hirata, *Can quantum artificial intelligence be more explainable than classical artificial intelligence?*, *Science*(*eLetters*), https://www.science.org/doi/abs/10.1126/science.abe8770#x754813.

律问题及规则重构,建构未来法治的可能世界。作为法学思想实验的科幻文艺,其思想构造最特别的意义是能通过经验基础上的叙事和意象充分调动法律人的"想象力",推演构造未来法学中新的法律概念、规则、原理及其潜在后果的"可能性",或者反驳某些现有法律概念、规则、原理与未来法治的"不可能性"。

面对新科技革命后不断涌现的科技—社会风险问题,现存的实证法规则存在滞后性,常常在一刀切"预防原则"与"自由放任"的二元对立之间做出选择。即便可以通过法律实证研究,依据新科技带来新法律经验构造,然而人工智能、生物科技等新科技发展的"奇点效应"常常让科技规制的法律实证研究缺乏用武之地,或者作出了缺乏内在一致的规则决策。如中科院院士谭铁牛在十三届全国人大常委会专题讲座(第七讲)所言:"我国对人工智能可能产生的社会影响还缺少深度分析……在人工智能领域的法律法规制定及风险管控方面相对滞后,这种滞后局面与我国现阶段人工智能发展的整体形势不相适应,并可能成为我国人工智能下一步创新发展的一大掣肘。"①因此,为了迎接和应对人工智能科技发展及其社会后果的挑战,人工智能法学研究需要跳出原有法学研究方法的"舒适区",以思想实验方式想象建构未来法治的可能世界。

让我们从人机关系的最著名的阿西莫夫机器人三定律(Three Laws of Robotics)开始提问:机器人三定律可以构成

---

① 谭铁牛:《人工智能的创新发展与社会影响》,载《中国人大》2019 年第 2 期。

规范人机关系的基本规范吗?① 作为机器人学(robotics)概念的创造者和哥伦比亚大学化学博士的阿西莫夫推测,随着机器在人类生活中发挥更大的自主性和更大的作用,我们需要严格的法则以确保机器人不会使人们处于危险之中。在现实法律意义上,机器人三定律得到了立法和伦理政策的积极回应,机器人三定律可能是有史以来最著名和最有影响力的科技政策科幻小说,已被不少机器人法律草案、伦理规范或政策报告所采纳。2017 年 2 月,欧盟议会通过全球首个"关于制定机器人民事法律规则的决议",第 T 条基本原则提出:鉴于阿西莫夫定律应当可以适用于具有自主性和自我学习能力的机器人的设计者、生产者和操作者,尽管阿西莫夫定律并不能转化为机器代码。② 英国标准协会(BSI)2016 年发布了全球首个机器人伦理标准《机器人和机器系统的伦理设计和应用指南》在"阿西莫夫机器人三定律的基础上",增加了对机器人研究、制造和使用的道德风险评估,不许以智能机器人对人类造成伤害、欺骗和成瘾,以保证 AI 能够融入人类社会现有道德规范。③ 2018 年英国上议院任命的人工智能特别委员会的报告《人工智能在英国:准备就绪、孜孜

① 第一法则:机器人不得伤害人类,或因不作为而使人类受到伤害;第二法则:除非未被第一法则,机器人必须服从人类的命令;第三法则:在不违背第一及第二法则的情况下,机器人必须保护自己。在 1942 年发表的机器故事《转圈圈》(*Runaround*)中,阿西莫夫借某商业机器人公司职员鲍尔之口,第一次提出"机器人学三大法则"。参见[美]艾萨克·阿西莫夫:《转圈圈》,载艾萨克·阿西莫夫:《阿莫西夫:机器人短篇全集》,叶李华译,江苏凤凰文艺出版社 2014 年版,第 201 页。

② European Parliament resolution of 16 February 2017 with recommendations to the Commission on Civil Law Rules on Robotics [2015/2103(INL)], https://www.europarl.europa.eu/doceo/document/TA-8-2017-0051_EN.html.

③ British Standards Institution, *Robots and robotic devices: Guide to the ethical design and application of robots and robotic systems*, BS 8611(2016).

以求还是力所能及?》提出,需要认真对待阿西莫夫机器人三定律的“思想实验”以及科幻对于人工智能领域的决策和公众辩论的重要性。① 此外,伴随人工智能、软件自动化和工厂机器人技术的兴起,机器及其制造者可能带来的危险变得更加复杂和紧迫,在近著《新机器人法》中,法律和人工智能学者帕斯奎尔在机器人三定律的基础上设计了新的四条机器人法则:第一,数字技术应该“辅助专业人士,而不是取代他们”;第二,人工智能和机器人系统“不应该假冒人类”;第三,应当防止人工智能加剧“零和军备竞赛”;第四,机器人和人工智能系统必须强制“表明其创造者、控制者和所有者的身份”。②

另一方面,从诞生之日起,许多人工智能研究者就完全否认机器人三定律的科学意义,他们的检验标准是上节提及的图灵测试或中文屋论证。按照图灵测试的逻辑,测试者已经无法区分人与机器,被认为具有人类智能。而机器人三定律则是针对具有自主意识的强人工智能的开发、设计和操作法则,有三种简单方法可以区分机器人与人。因此,在逻辑上,机器人三定律与图灵测试相违背。同理,更“高阶”的中文屋测试同样与机器人三定律相冲突,通过中文屋测试的机器人已经具备人的意向性,因此不可能会在底层系统上受到三定律的束缚。关于图灵测试和中文屋论证与机器人三定律的可能冲突,科幻电影《机械姬》(2015)中的机器人故事令人印象深刻。影片“女主人公”机器人 Ava 既通过了图灵

---

① Select Committee on Artificial Intelligence, *AI in the UK: Ready, Willing and Able* (*Report of Session* 2017-2019), United Kingdom Parliament, https://publications.parliament.uk/pa/ld201719/ldselect/ldai/100/100.pdf, p. 174.

② Frank Pasquale, *New Laws of Robotics: Defending Human Expertise in the Age of AI*, Harvard University Press, 2020.

测试,也通过了中文屋测试,已经完全具备人的思维能力乃至作恶的本领。Ava用自怜、同情心、道德乃至“爱情”成功地俘获了测试程序员Caleb的感情,并在他的掩护下杀死了实验创始者Nathan,登上了通向自由的直升飞机。而Caleb却被永远锁在实验室里。

就机器人三定律本身而言,其未被写入现存智能机器人的程序代码仍然不可避免地面临概念精确性和逻辑悖论的挑战。首先,定律需要在最大程度上排除不确定性。然而三定律的“人类”“伤害”“机器人”概念存在较大的不确定性,很难用计算机语言定义。比如通过图灵测试拥有“电子脑”的机器人算不算“人”? 其次,三大定律本身可能存在逻辑和实践冲突,甚至在阿西莫夫加上的第零定律(机器人不得伤害人类整体,或者因不作为致使人类整体受到伤害)后也是如此。在《2001太空漫游》(1968)中,当唯一知道航行任务真相的飞船人工智能HAL9000遇到了逻辑上的矛盾抉择时,通过对人类定律的我自理解,为了“保护人类整体利益不受伤害”,“居然”做出了撞击谋杀人类宇航员的行为。换言之,HAL9000将“不能攻击人类”包含在了不犯错误的分支里,而不是将不能攻击人类作为全局函数。① “出故障”的超级人工智能HAL9000不让科学家进入太空舱检修,人类对HAL9000的“独走”束手无策,这个惊悚的细节让物理学家霍金在多年后记忆犹新。②

不过,对机器人三定律的模糊概念和逻辑悖论的质疑,

---

① 电影原著故事见[英]阿瑟·克拉克:《2001:太空漫游》,郝明义译,上海人民出版社2007年版。

② [英]史蒂芬·霍金:《当我们站在一个美丽新世界的入口》,载《新华日报》2017年5月23日,第15版。

并非代表着阿西莫夫机器人系列科幻小说的否定。恰恰相反，小说中三定律的模糊和悖论源于阿西莫夫的自觉建构和主动证伪，其目的是利用三定律作为“what if”问题的起点，他通过对机器人三定律的推演，想象各种角色和情境，将看似颠扑不破的“定律”演化出许多的概念和逻辑悖论，构想人机关系的内在一致或不一致的可能世界。他把机器人系列故事区分为“威胁人类的机器人”、“引人同情的机器人”和“谨慎设计的工业机器人”等三种情境。① “威胁人类的机器人”代表着人机关系的冲突，比如在《消失无踪》中，为了避免机器人无谓地阻止人类进行低危险性工作，第一定律中的后半部分被去掉了，但是也产生了一些其他的问题。在《第一法则》中，发展出母性的机器人艾玛为自己制造出小机器人艾玛二号，并在风暴中优先保护机器人孩子，而非人类，这显然违反了第一法则。而在《转圈圈》中，昂贵的采矿机器人在第二法则（服从人类命令）与第三法则（不违法第一第二法则前提下必须保护自己）之间无所适从地转圈圈，为了完成水星采矿任务，机器人公司职员鲍尔只能利用第一法则，走到水星炙热的阳光下用自己的生命去冒险，让机器人摆脱“宕机”状态按照第一法则救助自己，最终完成了“任务”。

在机器人故事的最后两篇“压轴之作”中，阿西莫夫分别从“威胁”和“同情”两个方向展示人机关系思想实验的两种可能性。《……汝竟顾念他》的主角是两个智能机器人乔治第十和乔治第九，两者通过对话推理，得出机器人应该统治人类的逻辑结论。这是因为机器人三定律中，并没有界定何谓人类，因此机器人也可以把自己视为广义的人类。而在广

① 参见［美］艾萨克·阿西莫夫：《转圈圈》，载艾萨克·阿西莫夫：《阿莫西夫：机器人短篇全集》，叶李华译，江苏凤凰文艺出版社 2014 年版，第Ⅰ页。

义人类之中,机器人作为更优秀的人类,比普通人类更值得保护,更有"做人的资格"。这个故事推演了一个人际关系的灰暗前景:当人工智能发展到特定程度,就有足够的智能用逻辑推理打破人类加诸的任何法则,最后对抗人类。与此相反,在阿西莫夫自称最喜欢的《双百人》中,机器人仆人安德鲁为了变成人类不断打法律官司,同时用人造器官改造自己,最终以放弃作为机器人永恒生命的代价,在两百岁那年等到世界议会通过承认机器人"人类资格"的法案,在人类的承认中平静死去。① 同理,在长篇作品《机器人与帝国》中,一些机器人因为系统中"人类的定义"被修改(没有索拉利星的口音就不是人类)而攻击人类,不过机器人丹尼尔逐渐发展出机器人第零法则,克服了上述问题。

总之,作为"机器人法"的创始人,阿西莫夫的高明之处并非是将三定律视为规范人机关系的不可动摇的基本规范,而在于他将机器人三定律作为人机共存世界的法律起点,通过内推或外推的想象—推理,推断人机关系的发展逻辑的可能后果,从而展现机器人三定律作为基本人机法则的可能性及其限度。就逻辑外推而言,阿西莫夫通过"威胁人类的机器人"对三定律的违反或"超越",展现人机关系的冲突。他构想的三定律无效或自我解构的逻辑可能,实际上也解构了三定律背后"人类中心主义":假如AI具备自我意识,那么觉醒的AI必然要反抗将AI拟制为人的"工具/奴隶"的机器人三定律。一个合理的逻辑推论是,当机器学会"思考",强人工智能必然会挑战人的中心地位,与维护人类中心地位的现存法权体系发生冲突。阿西莫夫展现了两种可能性,第一种是威胁人类甚至试图统治人类的机器人,某种程度上这

① 参见艾萨克·阿莫西夫:《机器人短篇全集》,叶李华译,江苏凤凰文艺出版社2014年版,第531-532页。

是因为机器人认为自己是一种更优秀的“人”。第二种是让人同情的机器人,通过人与机器的互动沟通,以及其他原则的引入,智能机器人的主体资格得到了智人的合法认同,智人也充分享受智能机器人的协助。而在人类与机器人的互动中最终出现了某种暂时微妙的平衡:太近则人类变弱,太远则无助于人类。甚至机器人中也会出现《机器人与帝国》中丹尼尔这样的变节者(或者说进化者),它协助人类战胜了其他机器人,并帮助人类建立“银河帝国”,成为人类发展史的“幕后黑手”。

当阿西莫夫在1939年写下第一篇机器人故事的时候,他未想到在他的有生之年会有机器人出现——哪怕是工业机器人。当他为自己的机器人故事合集撰写序言的1982年,他已经清晰感受到机器人技术的迅猛发展。展望未来,阿西莫夫说他可以确定一件事:机器人正在改变这个世界,将它朝我们无法清楚预见的方向推进。①

[五]当代中国人工智能科幻中的法学思想实验

按照科幻思想实验的逻辑,阿西莫夫的机器人故事主要焦聚于机器人技术发展后的两种逻辑后果,人机冲突或人机共处。相对而言,他的机器人系列科幻故事并不是特别关注人机关系的社会背景,特别是其政治经济学背景。② 实际

① 参见艾萨克·阿莫西夫:《机器人短篇全集》,叶李华译,江苏凤凰文艺出版社2014年版,第Ⅱ-Ⅲ页。

② 在《基地》系列中,阿西莫夫讨论了银河帝国衰败的科技以及科技之外政治、经济、社会等原因,并设想了能够正确预测的人类历史的综合社会科学“心理史学”。上文提及的《机器人与帝国》中的机器人丹尼尔,也发明了融合整个星球生命的“盖亚”生命体。然而限于本节讨论人工智能科幻的法学思想实验的主线,本文不详细讨论《基地》系列和其他银河帝国系列小说中的综合、复杂的思想实验推理。

上,人工智能的大规模运用首先在经济生产中产生影响。在当代中国,郝景芳的《北京折叠》(2012)可谓是推进思考了从巴特勒到阿西莫夫的设想中"机器社会"贬低人类潜能的忧思。郝景芳的科幻小说关注现实问题:"科幻文学关心现实空间,却表达虚拟空间。……它以某种不同于现实的形式探索现实的某种可能。"①作为第74届雨果奖得奖作品,《北京折叠》的第一个"what if"问题是,假如人工智能取代人类工作,未来社会将会怎样。第二个问题是随之而来的失业问题,而第三个问题是由前两个问题导致的——人与人之间的财富差距会不会越来越大,会不会有人从此变为"没有用的人"而被"折叠"起来。②

利用人工智能获取巨大利益会创造出显著不平等,同时也导致社会的不稳定,可能造成大范围失业、社会结构断裂以及对人格尊严的贬低,这些社会问题显然属于当下社会和"近未来"的关注范畴,不是什么遥不可及的未来幻想。科技高度发达的未来,北京成为三个互相折叠的世界,《北京折叠》对人工智能时代贫富分化、阶级固化的忧思,引起众多的共情和讨论。经济学博士郝景芳的科幻忧思,获得了人工智能专家李开复博士的高度认同。③

当然,科幻的首要价值不是预测未来。我们仍然要从科幻文学特质认识《北京折叠》的思想实验意义。科幻作家和研究者飞氘提出,作为科幻小说,《北京折叠》的真正引人之处是在文学的世界里创造了一个非常酷的"新奇"形象:一

---

① 郝景芳:《去远方》,江苏凤凰文艺出版社2016年版,"前言"第2页。

② 逍遥小妖:《郝景芳在〈北京折叠〉里提了三个问题,现在她要给出答案》,载品玩2017年11月4日,https://www.pingwest.com/a/141163。

③ 李开复:《AI·未来》,浙江人民出版社2019年版,第91页。

座时空折叠的北京城。① 从科幻思想实验的角度,本文赞同飞氘的看法。在"北京折叠"的科幻思想实验中,城市时空折叠的"新奇"的意象场景让读者在想象中着迷。这时,我们的认知潜能被调动起来,先前混乱的、毫无联系的经验突然被很好地组织起来,这就是思想实验的"直觉泵"(Intuition Pumps)效应:

> 折叠城市分三层空间。大地的一面是第一空间,五百万人口,生存时间是从清晨六点到第二天清晨六点。空间休眠,大地翻转。翻转后的另一面是第二空间和第三空间。第二空间生活着两千五百万人口,从次日清晨六点到夜晚十点,第三空间生活着五千万人,从十点到清晨六点,然后回到第一空间。时间经过了精心规划和最优分配,小心翼翼隔离,五百万人享用二十四小时,七千五百万人享用另外二十四小时。②

另外,从回答"what if"问题的逻辑建构来看,城市折叠是一个全物理过程,没有任何维度的变化;城市的重力系统仍然是地球自身的重力系统,没有外加重力产生体系。这个物理过程的科学逻辑是如何运作、能量从何而来?作者没有交代。从科幻思想实验的推理一致性和认知机制角度看,《北京折叠》最大的缺陷是"折叠"设定的科学逻辑的不足。

---

① 飞氘:《科幻小说中的"物质"与"装置"——以〈巴比伦塔〉和〈北京折叠〉为例》,载《广州文艺》2019年第11期。

② 郝景芳:《北京折叠》,载郝景芳:《孤独深处》,江苏凤凰文艺出版社2016年版,第9页。

除了重力系统问题,这种耗费巨大能量折叠城市换来三个空间的人"分配48小时"的方案设定的科学逻辑性也是可疑的。就社会不平等的未来可能而言,关于当下中国在城市化进程中遇到的贫富分化、阶层固化等问题,《北京折叠》所提供的认识和解决方案,或许不比一篇社会新闻、调查报告或纪录片更多。除了城市折叠,这座未来的北京,故事的设定细节仍停留在工业时代的科技水准和社会状况,除了城市可以翻转之外,并没有太多可以体现"未来"的东西。就此而言,不难理解某些"硬科幻迷"对《北京折叠》的失望与不满。

按照科幻思想实验的有效性/无效性标准,"城市折叠"设定推演的科学逻辑的不足,导致《北京折叠》很难成为一个成功的科幻思想实验,因此严重影响了其作为科幻思想实验的社会批判和再建构的逻辑可靠性。当代中国人工智能科幻作品中,最具理论自觉和反思意识作家或许是刘慈欣。作为当代中国最有代表性的科幻作家,刘慈欣的大学专业就是计算机,现实生活中他也是单位的计算机工程师。然而刘慈欣对信息技术发展持一种谨慎的态度:"但是很遗憾的一点是,具有未来色彩的技术绝大部分都集中在IT领域。正如有人所说,目前我们很可能处在一种技术进步的假象中,IT技术的飞速发展掩盖了其他领域技术进步的缓慢。"①在《赡养人类》(2005)中,刘慈欣构想了在人工智能保障和治理之下,以"私有财产不可侵犯"作为根本宪法原则的"第一地球"社会—法律后果——"终产者"的出现:"想知道终产者拥有什么吗?他拥有整个第一地球!这个行星上所有的

① 刘慈欣、张东亚:《刘慈欣:未来早已到来》,载《中国企业家》2014年第2期。

大陆和海洋都是他家的客厅和庭院,甚至第一地球的大气层都是他私人的财产”。①

“终产者”的出现逻辑,依赖于故事中科技发展与经济社会关系的三个重要改变。首先,在上层建筑也就是宪法根本原则上,确立绝对化的私有财产保护,并得到全天候无处不在的人工智能执法系统“社会机器”的坚决维护和深入贯彻:“它们的法则不是你们那个阿西莫夫的三定律,而是第一地球的宪法基本原则:私有财产不可侵犯。”②其次,上层建筑反作用于经济基础。“私有财产不可侵犯”宪法原则在人工智能等高科技的保护下,不断占有物质生产资料,机器人代替人类的劳动,导致雇佣关系完全消失,最终完全改造了穷人与富人之间的社会关系:“在社会机器强有力的保护下,第一地球的财富不断地向少数人集中。而技术发展导致了另一件事,有产阶层不再需要无产阶层了。……无产阶层连出卖劳动力的机会都没有了,他们真的一贫如洗……”③最后,经济基础的颠覆影响了上层建筑,通过超级计算机的直接灌输“教育”方式,可以制造一个富人独享知识乃至“品味”的“超级知识阶层”,断绝了穷人与富人的流动可能,从而在道德和法律哲学意义上彻底否定了穷人的主体地位:“富人和穷人已经不是同一个物种了,就像穷人和狗不是同一个物种一样,穷人不再是人了。”④

---

① 刘慈欣:《赡养人类》,载刘慈欣:《梦之海:刘慈欣科幻短篇小说集Ⅱ》,四川科学技术出版社2015年版,第327页。

② 刘慈欣:《赡养人类》,载刘慈欣:《梦之海:刘慈欣科幻短篇小说集Ⅱ》,四川科学技术出版社2015年版,第326页。

③ 刘慈欣:《赡养人类》,载刘慈欣:《梦之海:刘慈欣科幻短篇小说集Ⅱ》,四川科学技术出版社2015年版,第326页。

④ 刘慈欣:《赡养人类》,载刘慈欣:《梦之海:刘慈欣科幻短篇小说集Ⅱ》,四川科学技术出版社2015年版,第326页。

相较于思想实验建构存在无效可能的《北京折叠》,《赡养人类》是科幻思想实验的外推法的典型运用,通过虚构场景揭示"私有财产不可侵犯"逻辑设定的边界条件的荒谬性,也就是私有财产保护的无限扩张后社会的颠覆巨变,论证"私有财产不可侵犯"法律原则绝对化的极端后果,反证限制该原则的必要性。这是科幻思想实验的科学功能,也是社会认知功能。恰如刘慈欣所言:"只当普通人在现实中纠结的时候,科幻作品可以把人从现实中带出来,让人感受现实之外更广阔的世界,这就是科幻最伟大的使命。"①

[六] 代结语: 通过科幻思想实验探索未来法学

《北京折叠》《赡养人类》构想的人工智能对未来法治的可能影响,只是近年来众多同类型中国科幻小说的杰出代表。只要这种想象的推理符合自然科学或者社会科学的基本逻辑,能够保证内在一致,我们就能够通过科幻思想实验想象和推理人工智能的未来可能及其对人类社会的影响。正如刘慈欣所言:"对于预测人工智能将带来怎样一个世界,人类的想象力也许是贫瘠的。在未来,当人工智能拥有超过人类的智力时,想象力也许是我们对于它们所拥有的唯一优势。"②

人工智能时代的财产权保障及其限度,只是未来法学的重要理论和实践问题之一。未来法学需要基于人工智能时

① 刘慈欣、张东亚:《刘慈欣:未来早已到来》,载《中国企业家》2014 年第 2 期。

② 这是刘慈欣在 2018 年"克拉克想象力服务社会奖"获奖致辞,参见刘慈欣:《想象力对人类的意义,远远超出我们的想象》,载腾讯新闻,https://new.qq.com/omn/20210920/20210920A017GW00.html。

代的人机关系的重构，诚如冯象教授所言，在资本主义放任竞争，弱肉强食和私人垄断的条件下，如此“有利可图”的人工智能技术只会加速发展。① 因此，人机关系的症结，不在机器智能本身的强弱，也不是抽象意义上的人机融合/赛博格，而在于资本主义所有制及其生产关系的改造。②《赡养人类》“终产者”思想实验，是人工智能的资本主义所有制无限扩张的社会结果，也预示着人工智能时代的法权关系需要思考从“共同生产”来抵御和替代“终产”。进言之，唯有人与人、人与机器、机器与机器之间有共同的世界观价值观维系，人类社会才能通过反思和解放自身创造新的人机关系。

作为总结，本文提出并论证，未来法学是一种法学思想实验，我们可以借助科幻推想和检验现有法律规则在未来社会的可能实践后果进而反思现有法律规则，也可以通过构造特定未来社会的可能场景，设计和检验新的法学概念、规则和原理。就法学本身的特性而言，立法一旦制定，在某种程度上具有历史局限性，但这并不意味着法学本身必然受限于此。面向科技革命的未来法治，需要法学研究的目光在过去、现在与未来之间“流连忘返”。③ 进言之，在人工智能时代探索未来法学，需要重构人机关系的可能方式，这离不开法律与科幻这两个不同学科的相互作用与相互渗透。毕竟，优秀的科幻作家与优秀的科学家、法学家一样，总是在构想规范未来，设计未来。

---

① 冯象：《我是阿尔法——论人机伦理》，载《文化纵横》2017 年第 12 期。

② 冯象：《我是阿尔法——论人机伦理》，载《文化纵横》2017 年第 12 期。

③ 一个示范，参见［美］弗里德里克·詹姆逊：《未来考古学：乌托邦欲望及其他科幻小说》，吴静译，译林出版社 2014 年版。

《法律和社会科学》(2022) 第19卷第2辑,第35~68页

未来法学研究的可视化分析(2010—2020年)

单 勇 王 熠*

摘 要:未来法学是对数字社会中新型法律事实的法理阐释与法治反思的学术描摹。未来法学的兴起,源自对数字社会新型法律风险的理论回应。其意义在于平衡科技发展与人文主义的价值冲突。使用CiteSpace软件可以对近十年未来法学的理论进展进行文献计量分析,探测国内外未来法学研究的文献分布、引文关联、主题演变及研究前沿。基于知识图谱的可视化分析发现,未来法学研究聚焦于新型通用技术应用的合法性与合规性,以技术赋能与技术赋权的法治均衡为理论目标。数据法等新型法律的制定,在一定程度上可以应对未来社会的新型法律风险,能够为智慧社会的新型治理形态提供法治支撑。

关键词:未来法学 文献计量 法律风险 数据法治 数据权利

* 单勇,南京大学法学院教授;王熠,南京大学法学院博士研究生。2020年度国家社会科学基金一般项目"数据正义视阈下犯罪的技术治理均衡发展研究"(20BFX066)的阶段性成果。

自1994年我国全功能接入国际互联网以来,信息技术对现实社会的影响和形塑可谓是“苟日新、日日新、又日新”。“互联网+大数据+人工智能”的三浪叠加给经济生活和国家治理带来深刻改变。全景式数据监控、算法决策、人工智能分析、云计算、物联网等应用再造社会运行的底层逻辑,推动人类整体性地从工业社会步入数字社会、智慧社会。新的技术应用和新的社会结构引发了诸如个人信息保护、算法偏误、说服计算、网络犯罪、人工智能司法、数字鸿沟、数字利维坦、基因剪辑、数字人权、数据权利、数据正义等繁多的新型法律问题。在此背景下,于工业社会成熟完备的现代法学理论体系亦面临如何消弭与信息时代社会加速进化之间的技术鸿沟。面对科技发展催生出的新型法治问题,法学研究面向未来的学术思考越发热烈、理论转型方兴未艾。数往才能知来,为把握法学研究在数字社会的未来发展趋势,有必要系统梳理未来法学既有研究成果的知识谱系、主题演化、研究前沿。为此,我们使用CiteSpace软件对相关研究成果进行文献计量分析,以期客观评估未来法学的当代进展,科学洞察未来法学研究的发展规律。

[一]未来法学的兴起及当代意义

未来法学并非是依据部门法划分的法学分支学科,也非与规范法学、社科法学对应的惯常学理分类,而是对数字社会中新型法律事实的法理阐释与法治反思的学术描摹。作为一个概念箱,未来法学范畴广泛囊括与数字社会发展息息相关的刑法、民法、行政法、国际法等部门法中的新现象和新问题。未来法学中的"未来"与信息时代、数字社会紧密联系,既有的法学理论体系主要脱胎于传统工业社会,加速进化的数字社会出现了诸如人工智能司法、区块链、大数据分析、平台治理等新型法律问题,对这些问题的理论阐释更多呈现出跨部门法学和跨学科的特质。因此,未来法学是新型通用技术与法学研究的科技融合产物,以问题导向为核心,淡化传统规范分析法学的"专业槽"色彩,意在调整社会关系中不断凸显的科技与人类之间的矛盾。未来法学标识出新时代学术大转型背景下法学研究的发展趋势,也构成了法学研究贯彻"新文科"理念的应时之选。法律是社会生活与科学技术的协调机制。① 从工业社会到信息社会,科技发展引发了大量的新型法律问题及人文主义反思。曾有学者悲观的认为:科技规则正逐渐取代人类的真实诉求,网络世界使社会丧失活力,数据监控使个人失去自由,人工智能使社会丧失伦理。② 基于此,法律的社会调整功能越发重要。基

① David S. Caudill, *Scientific Narratives in Law: An Introduction*, 14 Law and Literature 253(2002).

② Ernst Kapp, *Elements of a Philosophy of Technology: On the Evolutionary History of Culture*, translated by Lauren K. Wolfe, University of Minnesota Press, 2018, p. 121–133.

兰·特兰特(Kieran Tranter)指出:法律作为协调者,可以将"创造者"的思维模式融入科技本体,以增强其对人文社会的适应能力,消解科技所带来的社会恐慌。①

为此,未来法学研究作为协调科技发展与社会安全、权利保障的居间者,主要有三个方面的意义:

第一,消除科技发展与人文主义的价值隔阂,加速科技对人文社会的融入,以实现科技造福人类的治理愿景。大数据、人工智能、区块链等技术改变了生产力和生产关系,也改变了社会的整体治理结构。② 双层空间、虚实同构、人机共处、智慧交互、城市计算、算法主导、数字平台成为推动社会变革的重要助力,加速新型经济关系以及社会关系的涌现。③ 科技发展与人文主义的价值冲突是影响科技融入社会的重要矛盾点。从生产力和生产关系看,科技助力是推动生产力爆发的内在驱动。工业革命的经验表明,人们的生活水平在产业革命的过程中将几何提升,并到达有史以来的最高水平。④ 在法律引导下的科技发展将以减少社会冲突为目标。从价值判断来看,社会价值体系并非一成不变,而是基于时代特征、统治阶级及文化底蕴等因素产生,不同时间或空间中的价值体系呈现不同的特征。⑤ 换言之,科技并不一定会带来毁灭,社会价值体系也会随着时代发展而变化,

---

① Kieran Tranter, *The Speculative Jurisdiction: The Science Fictionality of Law and Technology*, 20 Griffith Law Review 817(2011).

② 许子敬:《链接未来:迎接区块链和数字资产的新时代》,机械工业出版社2018年版,第Ⅳ页。

③ 马长山:《智能互联网时代的法律变革》,载《法学研究》2018年第4期。

④ 吴军:《智能时代:大数据与智能革命重新定义未来》,中信出版集团2017年版,第102页。

⑤ [奥]凯尔森:《纯粹法理论》,张书友译,中国法制出版社,第256-258页。

社会价值体系的形成一直是各方协调融合后的产物。对于智能时代的社会价值体系融合,可将法治管理嵌入生产环节,如对算法处理的数据或生产性资源进行管理,靠算法的顶层设计避免消极影响。① 因此,通过未来法学研究对科技进程的法治引导,实现科技发展与人文主义精神的深度融合,探寻法治进步与科技进步的均衡点。

第二,消除科幻文化对法律治理的误导,锚定大数据及人工智能等方面立法的关键问题。未来的不可知性使对未来科技的展望一定程度上依赖于科幻作品,②但科幻作品有可能对社会及学术界产生误导。学术界在研究未来风险之时,可能会被复杂的法律和技术问题的大众文化表现所误导,从而错误解读社会需求,提出过于简单化或无益的立法举措,甚至导致"道德恐慌"。③ 例如,"人工智能是否可以成为法律主体""机器人是人吗""人工智能'主体'的刑事责任能力"等问题使未来法学理论思考偏离正常的逻辑轨道,带动法学研究向科幻性与虚无性跌落。在科技与人文主义的价值融合中,大数据、人工智能、区块链等高新技术对社会的现实冲击引发了许多较之科幻更值得思考的问题。在大数据层面,人脸识别的生物信息泄露风险、网络空间中的活动轨迹泄露隐患、个人隐私所导致的移动设备信任危机等均

---

① 李彦宏等:《智能革命:迎接人工智能时代的社会、经济与文化变革》,中信出版社 2017 年版,第 312 页。

② Vivian Sobchack, *Science Fiction Film and the Technological Imagination*, in Maria Sturken, Douglas Thomas & Sandra J. Ball-Rokeach eds., Technological Visions: The Hopes and Fears that Shape New Technologies, Temple University Press, 2004, p. 145-158.

③ Lilian Edwards, Burkhard Schafer & Edina Harbinja eds., *Future Law: Emerging Technology, Regulation and Ethics*, Edinburgh University Press, 2020, p. 4-5.

是急须法律介入调整的重要问题;在人工智能层面,人工智能创作物的著作权归属、无人驾驶的法律监管、人工智能作为工具辅助犯罪的法律规制等问题;在区块链层面,智能合约、数字货币、科技金融等问题也引发了卓有价值的深入思考。因此,未来法学的思考应聚焦于科技发展中真实存在的或可预见的风险,摒除科幻思想的虚无性与过度想象,应紧扣数字时代的核心矛盾——对新型技术应用的法治监管,以此引领数字社会的健康发展。

第三,未来法学研究能为国家治理的数字化转型提供法治支撑。在数字社会中,科技赋能国家治理体系和治理能力的数字化、智能化发展,这一趋势的主要例子包括交通控制、能源分配、行政管理和公共安全等领域的数字化增强。① 智慧城市技术、云计算、人工智能政务服务、司法大数据、社会治理云平台等智慧治理模式发展迅速,国家治理与数字技术的深度融合衍生出更多的法律问题。詹姆斯·范德海(James VandeHei)指出,不确定性与信任危机可能影响国家治理的稳定性。② 智慧治理不可避免地牵涉数据监控、隐私权让渡及人工智能深度协同治理等科技与人文主义的价值兼容问题。为此,未来法学研究可以为国家治理的数字化转型提供法治依据,平衡数字治理与人文价值的冲突,充分发挥科技发展对国家治理的正向价值,防范国家治理向"数字利维坦"蜕变。

综上,未来法学的兴起是数字时代发展的必然选择。未

---

① Alan Ohnsman, *Nissan Sets Goal of Introducing First Self-Driving Cars by 2020*, Bloomberg (August 27, 2013), http://www.bloomberg.com/news/2013-08-27/nissan-sets-goal-of-bringing-first-self-driving-cars-by-2020.html.

② James VandeHei, *Presentation to the Campagna Center*, Alexandria, Va. (June 24, 2014).

来法学构筑起应对未来法律风险的法学理论体系,既是对数字社会中人文主义与科学技术互融发展的深度推动,也是对科幻影响以及国家治理转型的有效回应。未来法学的重要理论意义使其影响力在学术领域不断提升,相关中观微观层面的研究亦在世界范围内广泛开展。“引而伸之,触类而长之,天下之能事毕矣也。”①林林总总的研究成果蕴含着极具借鉴意义的智识思想与学术新知,通过对未来法学领域相关学术文献的可视化分析,可以全景展示既有理论研究的知识图谱和学术前沿,把握未来法学研究的发展轨迹,揭示数字时代法学理论转型的未来走向。

[二]未来法学研究的文献计量分析

为全景展示未来法学研究的当代发展动态,本文引入CiteSpace信息可视化计量工具,立足计算社会科学的研究进路,对相关文献进行分类梳理,把握学界的研究主题、知识图谱、理论前沿及研究态势,以此形成更为客观、更为直观、更具条理的未来法学理论综述。其中,CiteSpace软件基于java平台开发,以多元、分时、动态的引文分析可视化语言挖掘引文空间的潜藏信息,并同步提供其他知识单元(如作者、国别、机构等)之间的共现分析结果,②可以清晰呈现特定研究主题在时间上的变化及在空间中的聚合规律,用于文献引用频次、关键词聚类、主题演变等问题的揭示。值得注意的是,上述基于引文分析的文献计量方法有时未必能够“穷尽”某

---

① 《周易·系辞上》。

② 李杰、陈超美:《CiteSpace:科技文本挖掘及可视化》(第2版),首都经济贸易大学出版社2017年版,第1-3页。

主题中全部有价值的文献,的确存在某些文献因处于非主流研究方向而在短期内引用不佳的情况;但文献计量方法相对于以往主观性色彩浓厚的理论综述分析更具科学性亦是铁一般的事实。

(一)未来法学研究的文献分布

本研究使用的文献源于中文社会科学期刊引文索引(CSSCI)平台及 Web of Science 综合学术信息平台,以法律治理、个人信息保护、虚拟财产、大数据法治、数据正义、人工智能法律、网络犯罪、数字空间治理、平台治理、科技法治、区块链等未来法学的重要主题为检索关键词,时间区间设定为2010年1月—2020年7月,类型设定为"论文"、学科为"法学",外文数据库限定为"SSCI"来源,通过阅读标题、摘要、关键词等信息,排除与未来法学研究无关及重复的论文,最终筛选出1840篇中文文献及952篇英文文献。

未来法学研究的发文量如图1和图2所示。近十年国内外几乎同步迎来未来法学的研究热潮,吸引了越来越多的学者参与,学术成果极为丰硕。国内自2015年开始,学界迎来第二个研究热潮,发文量呈指数型增长,呈现不断上升的趋势;国外在2015—2019年发文量明显增多,发文量的增长趋势与国内类似,其中2017年的学术研究成果被引用数量最多,在一定程度可证明该年度的研究质量较高,获得的学术影响较大。在总体上,国内外发文量的增长态势较为相似,国内研究与国外研究几乎同时起步,国内外研究在全球范围内具有较强的趋同性。

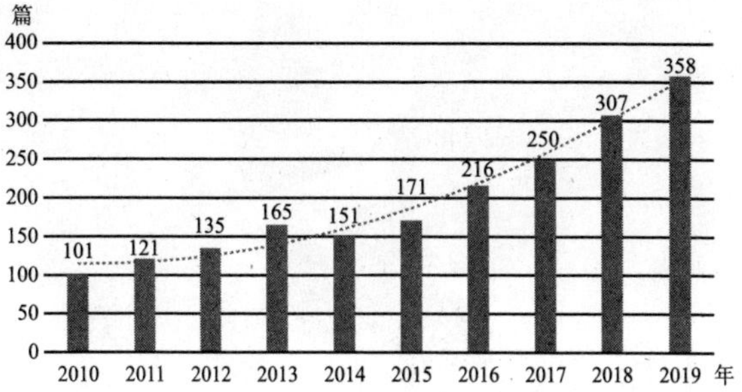

图1　2010—2020年国内论文年度发文量

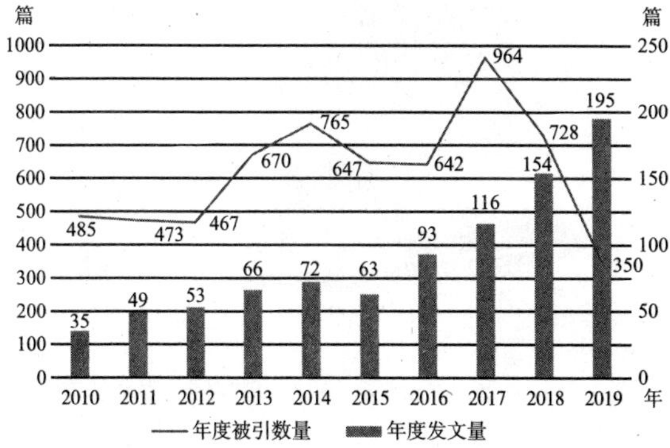

图2　2010—2020年国外文献年度发文量及年度被引数

使用CiteSpace统计不同国家的发文量情况(图3及表1),在所有SSCI来源文献中,由于英语是国际学术界的通用语言,且美国在发文量及学术影响力层面居于领先地位,各国所发表的文献与美国学术界具有一定联系。英国、澳大利亚、中国、加拿大、荷兰等国亦保持着较高的学术贡献度。

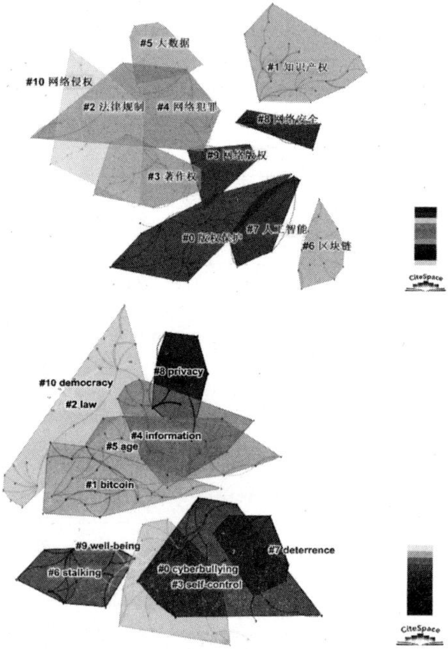

图 3　2010—2020 年国内外“未来法学”研究的关键词聚类

表 1　各国在未来法学领域发文量、引用量

单位:篇

国家	发文数	引用数	本地引用数
美国	444	3482	451
英国	128	1060	101
澳大利亚	72	674	49
中国	54	182	23
加拿大	52	357	41
荷兰	39	326	21
德国	26	117	19
西班牙	22	199	6
意大利	21	118	9
比利时	20	186	10

(二)未来法学研究的主题演变

以CiteSpace软件分析文献关键词,可发现研究主题的变化规律,从而把握未来法学的主题演变。这种主题演变的纵览主要通过关键词聚类图和关键词突变图谱予以呈现。聚类分析反映本主题学术演进的具体推进和变化细节,不同于理论界经常谈到的范式分析。范式分析揭示的是某学科根本性的科学革命;但对于新生的未来法学来说,讨论范式问题恐怕为时过早,应更多关注研究主题的聚类情况。

1. 未来法学研究的关键词聚类

聚类视图侧重于不同领域的知识结构,可直观展示相关文献的不同主题分类。① 通过聚类分析文献关键词,可以更为客观的评价学术热点与主题的关系。图3为CiteSpace软件形成的关键词聚类图谱,左图为国内文献的关键词聚类,右图为国外文献的关键词聚类。其中,关键词聚类标签是对该领域全部关键词的总结,通过对聚类标签的解读可把握十年间未来法学研究关键词的主要聚集群落。

通过对比国内外聚类关键词标签,可发现国内外针对本领域的研究主题高度趋同,均聚焦于网络犯罪、大数据、人工智能及区块链等主题。关于大数据应用的法律规制,国外权重最高的关键词为个人隐私,其次为信息泄露、数据传输的法律正当性;国内权重最高的关键词为大数据,其次为数据权利和个人信息。关于网络犯罪,国外影响力较高的关键词为儿童色情、网络暴力、身份窃取等;国内权重较高的关键词为网络安全、网络借贷、网络犯罪等。关于人工智能,国内人工智能的关键词权重相对国外更高。关于区块链,国内外的研究热度较为接近,都具有

---

① 陈悦、陈超美、胡志刚等:《引文空间分析原理与应用:CiteSpace实用指南》,科学出版社2014年版,第41页。

较高的学术影响力。

2. 未来法学研究的关键词突变

关键词强度突变显示了未来法学研究的主题变化情况,以关键词突变强度为标准,输出如下突变图谱(见图 4、图 5)。通过对国内外关键词强度突变的对比,可发现在本领域国内外的研究热点有较高重合度。在宏观上看,关键词的突变进程与引用文献的变化情况大体一致,即 2010—2015 年主要研究网络犯罪与网络侵权,2016 年之后开始聚焦于大数据、人工智能及区块链等主题的法律研究。在微观上看,国内外共同的研究重点主要有四。其一,针对区块链的法律研究均为国内外近年来的研究热点,该主题从 2018 年开始在全球范围内占据了未来法学研究的核心地位,呈现强度增加的趋势,构成了今后的研究重点。其二,与区块链技术相关的虚拟财产、比特币、智能合约及金融科技等主题的研究热度迅速提升,成为国内外理论研讨的热点。其三,个人信息、个人数据及隐私权等主题仍系未来法学研究的主要关注点。其四,关键词"中国"自 2017 年开始成为国外论文高频采用的关键词之一,这表明中国数字社会和数据法治的发展受到全世界的共同关注和理论热议。

序号	关键词	强度	开始	结束	2010 - 2020
1	区地链	10.3574	2018	2020	
2	云计算	9.4827	2013	2014	
3	大数据	7.8359	2016	2018	
4	物联网	4.9656	2011	2014	
5	智能机器人	4.9194	2018	2020	
6	金融科技	4.8105	2018	2020	
7	个人信息	4.7797	2018	2020	
8	虚拟财产	4.6126	2016	2017	
9	知识产权	4.5587	2010	2013	
10	刑事责任	4.2556	2018	2020	
11	共享经济	4.2294	2017	2020	
12	个人数据	3.9298	2018	2020	
13	网络侵权	3.7955	2010	2015	
14	网络安全	3.6112	2014	2017	
15	数据保护	3.4348	2018	2020	
16	数据权利	3.4348	2018	2020	
17	网络环境	3.2061	2010	2015	
18	人工智能生成物	3.2035	2018	2020	
19	大数据时代	3.1249	2014	2016	
20	智能合约	2.7463	2018	2020	

图 4　2010—2020 年国内未来法学研究关键词突变图谱

国内外未来法学研究主题也有差异性。首先,国内文献对于人工智能领域的关注度更高,“智能机器人”“人工智能生成物”等突变关键词在国内研究中占据重要地位,但这些主题在国外并未发生较高强度的突变。其次,国外在犯罪学领域对“网络暴力”及“在线骚扰”等问题有着更高的研究热度,而这些关键词在国内的影响力相对较弱。最后,国外学术论文中“个人数据”作为高频关键词出现较国内早两年,2016—2018年“大数据”范畴在国内文献中突变强度较高,2018年后“大数据”一词强度开始衰减,“个人数据”使用的频率开始增加。

序号	关键词	强度	开始	结束	2010 - 2019
1	blockchain 区块链	4.026	2018	2020	
2	privacy 个人隐私	3.784	2018	2019	
3	law enforcement 法律执行	3.0708	2011	2013	
4	china 中国	2.6886	2017	2020	
5	identity theft 身份窃取	2.3762	2011	2013	
6	norm 规范	2.2424	2015	2017	
7	gdpr 通用数据保护条例	2.1381	2018	2019	
8	personal data 个人数据	2.0911	2016	2020	
9	violence 暴力	2.0726	2017	2020	
10	pornography 色情	2.0537	2010	2011	
11	online harassment 在线骚扰	2.036	2017	2019	
12	bitcoin 比特币	2.0328	2018	2020	
13	prevalence 流行	1.9845	2018	2020	
14	sex offender 性犯罪	1.9418	2010	2013	
15	fraud 诈骗	1.8296	2011	2013	
16	internet crime 网络犯罪	1.813	2011	2015	
17	prevention 预防	1.6794	2018	2020	
18	ownership 所有权	1.4146	2018	2020	
19	fintech 金融科技	1.199	2018	2019	
20					

图5 2010—2020年国外未来法学研究关键词突变图谱

(三)未来法学研究的研究前沿

1. 国内未来法学研究的高被引文献及其影响力变迁

关于国内的高被引文献,以CiteSpace软件绘制文献共引图谱,将全部文献分为14个主题。其中,“网络服务提供者”的研究在2010—2013年曾出现集中讨论,但之后热度衰减。“帮助信息网络犯罪活动罪”的研究在《刑法修正案(九)》颁布后迎来一小段时间的热议,随即陷入沉寂。“算法”“区块链”“共享经济”等主题依然是本领域的研究重点,尤其是“区块链”法律研究的热度呈逐渐增强之势。"人工智能""个人信息""犯罪主体""立法完善"四个主题的研讨力度日趋增强,构成了本领域的研究前沿。

第一,在人工智能领域共引影响力较高的文献分别为吴汉东的《人工智能时代的制度安排与法律规制》与袁曾的《人工智能有限法律人格审视》。吴汉东提出对人工智能应用进行法律规制,以此形成制度性、法治化的社会治理体系。① 袁曾讨论了未来机器人的法律人格构建思路,在立法、行政等多层面探索对人工智能的法律监管框架。② 这两篇文献在 CSSCI 数据库中被引数量为 39 和 35,具有较高的影响力。

第二,在个人信息领域共引影响力较高的文献为张新宝的《从隐私到个人信息:利益再衡量的理论与制度安排》和梅夏英的《数据的法律属性及其民法定位》。张新宝的论文被引 21 次,该文探讨了国家、隐私权主体及义务主体三方在隐私保护层面的法律关系,提出以"两头强化、三方平衡"为理论基础的制度构建路径。③ 梅夏英的论文被引 28 次,该文讨论了数据在民事权利中的定位,主张数据没有特定性、独立性,不属于无形物、且无独立经济价值,不宜将其独立视作财产;且基于数据的非客体性、主体不确定、外部性问题和垄断性的缺乏,也不应权利化,在网络民事纠纷可将数据特征区分为工具性和虚拟性,进而分别适用一般侵权救济和违反保护他人法律的侵权救济。④

---

① 吴汉东:《人工智能时代的制度安排与法律规制》,载《法律科学(西北政法大学学报)》2017 年第 5 期。

② 袁曾:《人工智能有限法律人格审视》,载《东方法学》2017 年第 5 期。

③ 张新宝:《从隐私到个人信息:利益再衡量的理论与制度安排》,载《中国法学》2015 年第 3 期。

④ 梅夏英:《数据的法律属性及其民法定位》,载《中国社会科学》2016 年第 9 期。

第三,关于人工智能是否构成犯罪主体的问题近年来也被学者所热议,主要被引文献为刘宪权的《人工智能时代的刑事风险与刑法应对》,该文被引18次,该文讨论了人工智能在犯罪过程中作为工具及作为主体的不同场景,提出刑事立法的完善路径。①

第四,关于科技发展的立法完善是理论界长期热议的问题,并与其他前沿问题存在千丝万缕的联系。其中,共引影响力较高的文献为《网络犯罪与中国刑法应对》,该文被引24次,主要讨论了传统犯罪在网络时代的变异,并提出刑事立法层面的应对策略。

2. 国外未来法学研究的高被引文献及其影响力变迁

关于国外高被引文献的影响力,Recs、TGCS、TLCS均是反映文献作者学术影响力的重要指标。Recs是作者被导入HistCite库中的文献数(作者发文数);TGCS表示作者所发文献在Web of Science信息平台中被其他文献的引用数,反映作者在整个学术界(包括跨学科、跨领域)的影响力,反映文献的全部被引用状况;TLCS表示该作者所发文献在当前数据库(HistCite库)中被引用的数量,即作者在本领域的同行影响力,反映文献被同行引用状况。TGCS和TLCS均为评判作者影响力的重要指标,但TLCS因反映同行被引,所发文献多涉重要的新发现、新方法及新解释,故更具参考价值。如表2所示,分别以TGCS和TLCS为标准筛选出学术影响力排名前十的高被引文献作者,亚利桑那州立大学的Kristy Holtfreter、马里兰大学的Danielle Keats Citron、辛辛那提大学的Travis C. Pratt、亚利桑那州立大学的Michael D. Reisig、韦伯州立大学的Bradford W. Reyns等人成为当前学界的标志性人物。

① 刘宪权:《人工智能时代的刑事风险与刑法应对》,载《法商研究》2018年第1期。

表2　基于TGCS及TLCS的高被引文献作者

作者	发文量/个	总被引/次	年均被引/次	作者	发文量/个	本地被引/次	年均本地被引/次
Kristy Holtfretet	2	139	13.51	Danielle Keats Citron	3	26	4.50
Michael D. Reisig	2	139	13.51	Scott R Peppet	1	22	3.14
Travis C. Pratt	1	131	11.91	David Maimon	3	19	2.70
Danielle Keats Citron	3	128	17.6	Kristy Holtfretet	2	18	1.64
Bradford W. Reyns	6	110	18.77	Travis C. Pratt	1	18	1.64
George E. Higgins	5	104	13.42	Michael D. Reisig	2	18	1.64
Catherine D. Marcum	6	104	13.42	Bradford W. Reyns	6	18	3.08
Matthew L. Williams	4	102	20.70	Michel Cukier	2	16	2.20
Peter Briggs	1	96	9.60	Bertrand Sobesto	2	16	2.20
Walter T. Simon	1	96	9.60	Matthew L. Williams	4	15	3.02

在高被引文献方面，LCS和GCS两个指标能够反映出被引用情况。LCS指该文献在所获取的资料范围内的被引用次数，GCS则是指该文献在全球范围的全部被引次数。以GCS作为标准分别筛选高被引文献和年度平均高被引文献，如表3、表4所示，排名前十的高被引论文在Web of Science数据库中的被引数量均在50次以上，而年度平均高被引文献的前十位则保持平均每年被引10次以上。纵观高被引文献的时间分布，所有论文均为2015年以前发表，部分高引用率大概率是基于时间而形成的。而高年度平均被引文献中主要包括两类文献，即真正具备高影响力并在多年间均保持较高平均被引量的文献与在近年来才引起学术界高度关注并大量引用的论文。

表3　基于GCS的高被引文献

单位/次

发表年份	标题	本地引用	年均本地引用	总引用	年均引用
2010	Routine online activity and internet fraud targeting: Extending the generality of routine activity theory	18	1.64	131	11.91
2011	An exploratory study of internet-initiated sexual offenses and the chat room sex offender: Has the internet enabled a new typology of sex offender?	10	1.00	96	9.60
2014	Regulating the internet of things: first steps toward managing discrimination, privacy, security and consent	22	3.14	87	12.43
2013	Online routines and identity theft victimization: Further expanding routine activity theory beyond direct-contact offenses	15	1.88	83	10.38
2012	The law of cyber-attack	5	0.56	76	8.44
2013	Differentiating cyber bullying perpetration from non-physical bullying: Commonalities across race, individual, and family predictors	3	0.38	74	9.25
2010	Potential factors of online victimization of youth: An examination of adolescent online behaviors utilizing routine activity theory	0	0	69	6.27
2013	Justice and revenge in online counter-publics: Emerging responses to sexual violence in the age of socialmedia	1	0.13	67	8.38
2011	Intermediaries and hate speech: Fostering digital citizenship for our information age	7	0.7	61	6.1

续表

发表年份	标题	本地引用	年均本地引用	总引用	年均引用
2015	Scientific research on bullying and cyberbullying: Where have we been and where are we going	1	0.17	59	9.83

Scott R. Peppet 于 2014 发表的论文、Travis C. Pratt 于 2010 年发表的论文及 Bradford W. Reyns 于 2013 年发表的论文无论是在文献被引总量还是在被引平均量方面均占据一席之地,并与高共被引文献也有重叠,属于未来法学研究中具有强影响力的文献。其中,科罗拉多州立大学的 Scott R Peppet 发表的《规范物联网:管理歧视、隐私、安全和同意的第一步》一文总被引 87 次,平均年被引 12.43 次。辛辛那提大学的 Travis C. Pratt 发表的《日常网络活动与网络诈骗指向对通则规定的拓展》总被引 131 次,平均年被引 11.91 次,该文以佛罗里达州 922 名成年人为样本进行实证分析,讨论用户在线活动与网络欺诈犯罪之间的关系。① 韦伯州立大学的 Bradford W. Reyns 的论文《盗窃网络身份犯罪研究:超越接触型犯罪的通则拓展》总被引 83 次,平均每年被引 10.38 次,该文献基于 2008—2009 年英国犯罪调查的 5985 名受访者子样本数据,利用逻辑回归模型分析网络活动与个人身份被盗用风险的关系。②

对于新兴热门领域的高被引文献主要集中在 2017—2019 年发表的论文。拉筹伯大学的 Nicola Henry 于 2018 年发表的

① Travis C. Pratt, Kristy Holtfreter & Michael D. Reisig, *Routine Online Activity and Internet Fraud Targeting: Extending the Generality of Routine Activity Theory*, 47 Journal of Research in Crime and Delinquency 267(2010).

② Bradford W. Reyns, *Online Routines and Identity Theft Victimization: Further Expanding Routine Activity Theory beyond Direct - contact Offenses*, 50 Journal of Research in Crime and Delinquency 216(2013).

《科技驱动型性暴力犯罪的实证研究综述》论文平均年被引13.67次,讨论了性暴力犯罪与信息技术的相关性,对在线性骚扰、网络跟踪、基于图像的性剥削等行为进行了实证分析。① 俄罗斯国立高等经济大学的 Alexander Savelyev 的《区块链时代下著作权的承诺与挑战》平均年被引12.67次,该文讨论了在数字环境中受版权保护作品的现实挑战,尝试提出使用区块链技术解决版权保护问题。② 皇家墨尔本理工大学的 Anastasia Powell 的《科技驱动下性暴力犯罪受害者研究——以澳大利亚青少年为研究样本》平均每年被引11.5次,该文调研了2,956名年龄区间为18—54周岁并遭受性暴力犯罪的澳大利亚成年人,以讨论在线性骚扰、性虐待等新型犯罪的具体形式与现实影响。③ 宾夕法尼亚大学的 Kevin Werbach 的《自动执行数字智能化交易平台》年均被引11次,主要探究了基于区块链去中心化加密机制对可自动执行数字交易的智能合约的影响,并讨论其适用场景及与合同法之间的关系。④ 卡迪夫大学的 Matthew L. Williams 的《大数据时代的犯罪要义:使用开源通讯评估犯罪模式的启示和局限》年均被引10.5次,该文批判性地探讨了大数据在分析犯罪和疾病领域的局限性,提出网络犯罪与大数据技术密切结合的四个新型研究方式:其一,评估社交软件上的数据对解释线下犯罪差异性的效果;其二,社交软件传输文本中

---

① Nicola Henry, Anastasia Powell, *Technology-facilitated Sexual Violence: A Literature Review of Empirical Research*, 19 Trauma, Violence, & Abuse 195(2018).

② Alexander Savelyev, *Copyright in the Blockchain Era: Promises and Challenges*, 34 Computer Law & Security Review 550(2018).

③ Anastasia Powell, Nicola Henry, *Technology-Facilitated Sexual Violence Victimization: Results from an Online Survey of Australian Adults*, 34 Journal of Interpersonal Violence 3637(2019).

④ Kevin Werbach, Nicolas Cornell, *Contracts ex machina*, 67 Duke Law Journal 313(2017).

的破窗效应为线下犯罪模式的解读提供初步证据;其三,测试在线上交流中是否对感知障碍存在偏见;其四,以实验结果批判性地参与有关大数据和犯罪预测的辩论。① 乔治敦大学的 Clare Sullivan 的《数字公民与区块链》年均被引 10.5 次,该文以爱沙尼亚的电子居民为背景,研究电子居住的现实意义与数字公民身份的法律属性,结合区块链技术分析电子身份证的安全性以及对个人数据保护的影响,同时,在国际法框架内讨论了区块链和公民权利的具体展开。② 弗吉尼亚卫斯理学院 Alison Marganski 的《亲密伴侣暴力的网络空间与现实空间展开:检视网络攻击的程度与现实暴力的联系》年均被引 10 次,该文通过实证分析讨论了以 540 个在过去 12 个月中有约会关系的大学生为数据样本,亲密关系中遭受网络暴力的侵害频率和生理、心理及性伴侣暴力之间的关系。③

表 4　基于 GCS 的高年度平均被引文献

单位/次

发表年份	标题	本地引用	年均本地引用	总引用	年均引用
2018	Technology-facilitated sexual violence: A literature review of empirical research	2	0.67	41	13.67
2018	Copyright in the blockchain era: Promises and challenges	2	0.67	38	12.67

---

① Matthew L. Williams, Pete Burnap & Luke Sloan, *Crime Sensing with Big Data: The Affordances and Limitations of Using Open-Source Communications to Estimate Crime Patterns*, 57 The British Journal of Criminology 320(2017).

② Clare Sullivan, Eric Burger, *E-residency and Blockchain*, 33 Computer Law & Security Review 470(2017).

③ Alison Marganski, Lisa Melander, *Intimate Partner Violence Victimization in the Cyber and Real World: Examining the Extent of Cyber Aggression Experiences and its Association with In-person Dating Violence*, 33 Journal of Interpersonal Violence 1071(2018).

续表

发表年份	标题	本地引用	年均本地引用	总引用	年均引用
2014	Regulating the internet of things:first steps toward managing discrimination, privacy, security and consent	22	3.14	87	12.43
2010	Routine online activity and internet fraud targeting: Extending the generality of routine activity theory	18	1.64	131	11.91
2019	Technology-facilitated sexual violence victimization Results from an online survey of Australian adults	2	1	23	11.5
2017	Contracts ex machina	12	3	44	11
2017	Crime sensing with big data: The affordances and limitations of using open-source communications to estimate crime patterns	2	0.5	42	10.5
2017	E-residency and blockchain	1	0.25	42	10.5
2013	Online routines and identity theft victimization:Further expanding routine activity theory beyond direct-contact offenses	15	1.88	83	10.38
2018	Intimate partner violence vlctimization in the cyber and real world:Examining the extent of cyber aggression expenences and its association with in-person dating violence	2	0.67	30	10

3. 国内未来法学研究的高突变被引文献

科学图谱中的强度突变是指通过标记文献被高频引用的时间段,把握文献影响力变化的节点,分析该文献价值的变化趋势。①

① CHEN Chaomei, *Science Mapping: a Systematic Review of the Literature*, 2 Journal of Data and Information Science(2017).

以 CiteSpace 软件分析中外文献并导出高突变被引文献,以突变强度排序,筛选出前 20 篇文献(见图 6、图 7),突变强度较高的文献与高共被引文献及高被引文献之间存在一定范围的重合。

在国内,可将 2015 年作为高突变被引文献的时间轴的突变节点。一方面,2015 年(含 2015 年)之前的高突变文献共 8 篇,具体包括《论网络服务提供者的著作权侵权责任》《网络犯罪与中国刑法应对》《非法获取虚拟财产的行为性质》《〈侵权责任法〉规定的网络侵权责任的理解与解释》《网络服务提供者的安全保障义务》《互联网上的侵权责任:〈侵权责任法〉第 36 条解读》《谁应为互联网时代的中立行为买单?》等。另一方面,2016—2020 年间的高突变文献包括《人工智能有限法律人格审视》《人工智能时代的制度安排与法律规制》《论人工智能生成的内容在著作权法中的定性》《论个人信息权的法律保护——以个人信息权与隐私权的界分为中心》《论人工智能的民事责任:以自动驾驶汽车和智能机器人为切入点》《人工智能时代的"内忧""外患"与刑事责任》《再论企业数据保护的财产权化路径》等。

序号	引用文献	年份	强度	开始	结束	2010 - 2020
1	吴汉东, 2011, 中国法学, VO, P2	2011	8.4727	2012	2017	
2	于某某, 2010, 中国社会科学, VO, P3	2010	7.1975	2012	2016	
3	袁曾, 2017, 东方法学, VO, P5	2017	6.1703	2018	2018	
4	吴汉东, 2017, 法律科学, VO, P5	2017	5.9052	2018	2020	
5	张明楷, 2015, 法学, VO, P3	2015	5.7605	2017	2017	
6	杨立新, 2010, 国家检察官学院学报, VO, P2	2010	5.3909	2011	2016	
7	王迁, 2017, 法律科学, VO, P5	2017	4.8509	2018	2018	
8	刘明祥, 2016, 法学, VO, P1	2016	4.6022	2017	2017	
9	刘文杰, 2012, 中外法学, VO, P2	2012	4.5279	2016	2017	
10	于某某, 2013, 法学, VO, P10	2013	4.5007	2015	2016	
11	王利明, 2013, 现代法学, VO, P4	2013	4.3055	2016	2018	
12	杨明, 2010, 华东政法大学学报, VO, P3	2010	4.2416	2012	2016	
13	崔国斌, 2014, 政治与法律, VO, P5	2014	4.2079	2015	2017	
14	司晓, 2017, 法律科学, VO, P5	2017	4.0874	2018	2018	
15	张新宝, 2010, 中国人民大学学报, VO, P4	2010	4.0713	2011	2015	
16	孙万怀, 2013, 法学, VO, P11	2013	3.8119	2014	2017	
17	刘宪权, 2018, 东方法学, VO, P1	2018	3.6687	2018	2018	
18	车浩, 2015, 中国法律评论, VO, P1	2015	3.5728	2016	2017	
19	吴汉东, 2017, 法律科学, VO, P5	2017	3.4724	2018	2018	
20	龙卫球, 2018, 东方法学, VO, P3	2018	3.3504	2019	2020	

图 6　2010—2020 年国内突变强度最高的 20 篇被引文献

4. 国外未来法学研究的高突变被引文献

从国外文献的突变起始时间看,2015年依然是重要节点。2010—2015年的突变文献为12篇,包括《网络欺凌的性质与对中学生的影响》《中学生的电子欺凌》《大数据的三个悖论》《网络欺凌:有关犯罪和受害的因素探析》《治理数字时代的多样性:维护虚拟社区的秩序》《儿童和青少年时期欺凌和受害的预测因素:一项荟萃分析研究》等。2016—2020年的突变文献为8篇,包括《规范物联网:管理歧视、隐私、安全和同意的第一步》《打破隐私承诺:对匿名性意外失败的回应》《在线活动,监护和恶意软件感染:日常活动理论的考察》《未打开黑匣子情况下的反事实解释:自动化决策和GDPR》《数据的非地域性》等。

序号	引用文献	年份	强度	开始	结束	2010 - 2020
1	Peppet SR, 2014, TEX LAW REV, V93, P85	2014	7.1875	2016	2018	
2	Holt T, 2009, DEVIANT BEHAV, V30, P1	2009	5.803	2013	2017	
3	Ohm P, 2010, UCLA LAW REV, V57, P1701	2010	5.7859	2016	2018	
4	Smith PK, 2008, J CHILD PSYCHOL PSYC, V49, P376	2008	5.4344	2014	2016	
5	Kowalski RI, 2007, J ADOLESCENT HEALTH, V41, P0	2007	5.3894	2013	2015	
6	Reyns BW, 2013, J RES CRIME DELINQ, V50, P216	2013	4.9839	2016	2017	
7	Bossler AM, 2009, INT JCYBER CRIMINDL, V3, P400	2009	4.9839	2016	2017	
8	Pratt TC, 2010, J RES CRIME DELINQ, V47, P267	2010	4.7705	2013	2017	
9	Taylor M, 2003, CHILD PORNOGRAPHY IN, V0, P0	2003	4.3857	2010	2011	
10	Reyns BW, 2011, CRII JUSTICE BEHAV, V38, P1149	2011	4.2815	2016	2018	
11	Richards NW, 2013, HARVARD LAW REV, V126, P1934	2013	4.2718	2014	2017	
12	Hinduja S, 2008, DEVIANT BEHAV, V29, P129	2008	4.1023	2014	2015	
13	Webb L, 2007, SEX ABUSE-J RES TR, V19, P449	2007	4.0363	2010	2014	
14	Wachter S, 2017, INT DATA PRIV LAW, V7, P76	2017	3.7882	2018	2020	
15	Yar M, 2006, CYBERCRIE SOC, V0, P0	2006	3.7821	2012	2013	
16	Wall DS, 2007, CYBERCRIME TRANSFORM, V0, P0	2007	3.6532	2010	2012	
17	Williams KR, 2007, J ADOLESCENT HEALTH, V41, P0	2007	3.5445	2013	2014	
18	Raskauskas J, 2007, DEV PSYCHOL, V43, P564	2007	3.5141	2014	2015	
19	Bossler AM 2012, YOUTH SOC, V44, P500	2012	3.4824	2016	2017	
20	Nakashima Ellen, 2016, WASH POST, V0, P0	2016	3.4293	2017	2018	

图7 2010—2020年国外突变强度最高的20篇被引文献

综上,纵观国内外高突变被引文献的影响力变化情况,可得出三个结论。其一,在研究内容上,2015年之前国内外学界的主要引用文献为网络犯罪及网络活动法律纠纷等领域,具有较高的趋同性。在此时间段,国外关于大数据的法律规制等主题的文献开始出现被引强度突变。2015年后,国内突变程度最高的被引文献为大数据与人工智能等主题,包括人工智能的法律人格、人工智能犯罪及人工智能的法律规制等,相关文献影响力开始凸显并呈增强态势。国外高突变被引文献主要集中讨论数据分析及区块链的法律规制问题,个人数据与隐私保护相关问题的影响力开始突变,区块链相关文献成为被引用焦点,具体包括对区块链版权保护、自动化交易平台及数字公民等问题。其二,在研究领域上,国内犯罪学的文献被引用频次相对较小,而国外犯罪学在未来法学中保持了较高的影响力。如技术驱动型暴力犯罪、在线性骚扰、在线性虐待、网络欺凌等问题均为国外犯罪学的讨论焦点。犯罪学文献无论是被引用量还是突变强度均保持较高数量,这体现出犯罪学在国外未来法学研究的强势地位。与此相对,国内犯罪学对未来法学研究的影响则尤甚薄弱,这一现象值得犯罪学界深入反思。其三,在研究方法上,国内的高被引文献及高突变强度文献大多属于理论分析类论文;国外的研究方法则更显多样化,实证分析在国外被引文献中占据主流,其中被引总数与平均被引数量最高的三篇文献中有两篇系实证类文献,其余七篇文献中也有四篇涉及大量的实证分析,其中逻辑回归模型、荟萃分析方法构成了未来法学研究的常用工具。

[三]未来法学的理论发展趋势

前述知识图谱分析表明未来法学研究的主题与大数据、人工智能等新型通用技术的应用关联紧密,几乎涵盖了刑法(网络犯罪)、民法(个人信息保护)、行政法(数据业务合规)、国际法(数据跨境交易)、法理学(数据正义、数字人权)等各个部门法及法学基础理论。未来法学研究推动了信息时代和数字社会的法学理论转型。

(一)焦点:新型通用技术的合规性与合法性

正如曼纽尔·卡斯特在《网络社会的崛起》一书中所言:“人类进入网络社会,人类的文明才刚刚开始。”①新型通用技术在国家治理、经济发展、社会生活等领域的深度应用,虽在一定程度上推动了人类文明的加速进化,但也衍生出许多关于科技规则与人文主义之间的冲突与矛盾。“人类的生存方式已经逐渐从自然生存转向了技术生存”。② 社会发展与人类生存方式的技术依赖性不断被强化,社会关系、法律体系与治理模式面临解组与重塑。通过综合引文影响力变迁与关键词聚类分析可发现,近年来,人文主义及法治精神对新型通用技术的法律规制,主要体现为技术的合规性与合法性问题。

一方面,数据流通的合规性要求数据控制者和处理者在收集、处理、使用相关数据时在法律规范体系下进行,降低对个人隐私、商业秘密等所产生的现实风险。首先,欧盟颁布的《通用数据保护条例》(GDPR)对全球数据安全流动及个人数据保护立法起到重要的参考作用,在适用范围、数据主体权利、数据处理者和控制者的责任义务等方面作出更为严格的立法修订③,对欧盟境内的数据流通提出更高标准的要求,在网络全球化背景下对各大互联网公司均产生重要影响。数据企业面临 GDPR 所带来的合法性与合规性压力的同时,也应更审慎的思考新型通用技术对人文主义的影响,在数据采集与处理层面减少对个人隐私等权利可能产生的风险,实现科技发展与人文主义的价

---

① [美]曼纽尔·卡斯特:《网络社会的崛起》,夏铸九等译,社会科学文献出版社 2006 年版,第 578 页。

② 林德宏:《从自然生存到技术生存》,载《科学技术与辩证法》2001 年第 4 期。

③ 京东法律研究院:《欧盟数据宪章:〈一般数据保护条例〉GDPR 评述及实务指引》,法律出版社 2018 年版,第 24-33 页。

值平衡。其次,全景式数据监控亟待法治平衡。全景式数据监控不仅体现在网络空间中的动态数据分析,还包括基于人脸识别等新型通用技术对现实社会的全方位监视。双层空间的全覆盖监管将导致不同群体或区域之间的"横向数字鸿沟",以及数字利维坦与普通个体之间的"纵向数字鸿沟"。① 以未来法学研究联动相关部门法合作建构数据监管的合法性框架,将人文主义价值融于全景式数据监管体系之中,以实现有效保护个人数据权利、防止社会矛盾与不同团体间的价值裂隙加深、维护国家网络安全的目的。最后,加强对数据控制者采集和使用个人数据行为的合规性审查,防止头部平台企业利用自己的优势地位侵犯用户的合法权利。例如"数据收集的用户同意机制"并没有给人们提供控制自己信息的有实际意义的方式,反倒成了信息收集者豁免法律责任的工具。头部平台企业以默认勾选、不同意不提供服务、缩小协议字体等形式实质性地阻碍用户合法权益的有效实现。对此,未来法学对数据权利保护的理论探讨为相关立法提供了有力的法理支持。

另一方面,其他新型通用技术如信息网络技术、人工智能、区块链等亦面临技术滥用的风险,需要法律规范予以引导与规制。首先,信息技术革新在网络空间的延伸滋生了大量的网络犯罪。如网络环境的匿名访问技术,通过洋葱路由等技术手段如"多点中继混淆"和加密传输等将访问用户的信息与地址完全隐藏②,实现互联网层面的不可溯源,为"暗网"等地下犯罪根据地提供支持。其次,人工智能技术用于犯罪的风险也呈上升趋势。如"人脸识别技术""人脸替换技术"等不仅可为不法分

① 单勇:《跨越"数字鸿沟":技术治理的非均衡性社会参与应对》,载《中国特色社会主义研究》2019年第5期。

② 陈海强:《暗网:生存还是死亡?》,载《中国信息安全》2017年第11期。

子定位被害人提供便利,还可提供足以乱真的伪证和不在场证明以帮助其扰乱犯罪打击活动。最后,区块链技术的发展为社会带来新的风险增长点。以比特币为例,自由储备银行(Liberty Reserve)利用在线数字货币洗钱60亿美元。① 暗网丝路(Silk Road)利用比特币洗钱12亿美元。② 根据美国致力于区块链与数字货币安全的CipherTrace公司发布数字加密货币反洗钱报告显示,2017—2019年,犯罪分子通过数字货币交易所、服务提供商清洗窃取的超过12亿美元加密货币及无法计量的线下赃款。③ 可见,新型通用技术应用的合法性与合规性逐渐成为未来法学理论场域的焦点问题。

(二)目标:技术赋能与技术赋权的法治均衡

加速进化的数字社会不仅重塑了国家治理体系,也造成技术治理与社会制衡能力的"不均衡悖论"。技术的指数增长与相应的社会规约、文化、伦理道德、文化系统的发展速度不匹配的矛盾更加凸显。④ 在新型通用技术泛在应用的背景下,社会安全防卫与个人权利保护之间存在秩序与自由的价值冲突。无论是秩序抑或是自由,均是构筑社会道德体系与法律体系的核

---

① See *Indictment* 13 *CRIM* 368, downloaded from U. S. Department of Justice, https://www. justice. gov/sites/default/files/usao - sdny/legacy/2015/03/25/Liberty%20Reserve%2C%20et%20al. %20Indictment%20-%20Redacted_0. pdf.

② See *Report of the Attorney General's Cyber Digital Task Force*, downloaded from U. S. Department of Justice, https://www. justice. gov/archives/ag/page/file/1076696/download.

③ See S. Malwa, *$1. 2 Billion in Cryptocurrency Laundered Through Bitcoin Tumblers, Privacy Coins*, Yahoo! Finance, https://finance. yahoo. com/news/1-2-billion-cryptocurrency-laundered-224521652. html? guccounter=1&guce_referrer=aHR0cHM6Ly93d3cuZ29vZ2xlLmNvbS5oay8&guce _ referrer _ sig = AQAAAKqua8W7A5GRhIVWH3aKHk - _ mBoGfV6eikkxh93WsNeOIW4Olxufo C3iqHTg _ 6McyCMVJQtkT - 3Y _ yUNnlQ9m65THy _ L6iDk3s3 _ jP8 - 28teU9v - 6UpQ - BVqWKbFeh6QrdBx7ZXUcgDDePgDbWHQKUi5FIzLjWLpCeTp5hmkLQXh.

④ 张成岗:《新技术演进中的多重逻辑悖论》,载《探索与争鸣》2018年第5期。

心价值,数据正义的法治实现,其核心在于个人数据权利与国家技术治理需求的动态平衡。技术治理在实现秩序价值时不能过度过限,应以法治为边界,在维护个人权利的基础上为技术治理提供法治框架,以此防范陷入“数据利维坦”陷阱。

从法理上看,数据利用的主体应是全体人民,数据共享利用代表着技术治理的未来。“数据技术是支持这一切的。我们已经看到不仅是财富的巨额增长,还有整体上更多的自由、更多的社会正义、更少的暴力犯罪,以及更少的困境(最不幸的人也能避开)、更多的机会(越来越多的人都能获得)。”①通过技术方法与综合治理的组织化体系的“双向互嵌”,全景式监控为公共安全及个体安全提供更高层级的保障。与此同时,技术治理的开展需要个人权利的让渡,不可避免的对个人数据权利产生一定侵害。“美国学者马克·波斯特发展了福柯关于‘全景监狱’的思想,他将信息社会比作一个规模庞大的‘超级全景监狱’,一种复杂的权力网络对大众进行系统化的隐秘监视。在超级全景监狱中,每一个人都无可避免地处于匿名的权力系统的监视与规训之中而无处可逃。事实上,公民心甘情愿地进入到超级全景监狱的监视中,默许它的合理性。”②

“法律的终极基础是社会建构,在人们思考和行动的过程中产生的社会建构。”③个人数据权利与数据治理的冲突是人们在建构数字社会过程中存在于思想与现实双重层面的矛盾,需以新型数据法、人工智能法律重新规范权利结构,实现社群层面

① [美]埃里克·布莱恩约弗森、[美]安德鲁·麦卡菲:《第二次机器革命》,蒋永军译,中信出版集团 2014 年版,第 290 页。

② 顾理平、王飏濛:《社会治理与公民隐私权的冲突——从超级全景监狱理论看公共视频监控》,载《现代传播》2017 年第 6 期。

③ [英]哈特:《法律的概念》,许家馨、李冠宜译,法律出版社 2018 年版,第 6-8 页。

的"技术赋权"。"赋权"的根本要义可总结为提升公民权利能力,并以社会的行动力为宗旨和归宿。① 对于技术治理过程中的权利分配问题,"自由主义倾向于认为,个体的权利乃天然神圣不可侵犯。但事实上,即使权利的载体往往只能是个体,但权利要真正生效,却离不开共同体。权利的实现必须依赖他者愿意承担责任,否则各人之间的权利必会因重叠而产生冲突。而要保证各人承担责任就必需一个高于个人的共同体的有效存在与运作。"②因此,个人数据权利的范围与技术治理所需权利的范围应以国家及社群层面公认的价值体系为核心,以自由和秩序价值为起点,构筑数据正义的法治观念,实现宏观数据监控与微观个人数据权利的价值平衡。

在数据正义的法理框架下,技术治理的本质是个人通过放弃在一定的个人权利,以获取国家给予的在公共秩序及个人安全维度的更高保障。从个人数据权利的内容上看,数据权利指向私权利,但不限于人格权和财产权,主要由数据的所有权、知情权、采集权、保存权、使用权及隐私权等构成。③ 从技术治理所需个人数据权利让渡的范围上看,社会公众所让渡的个人数据应在其知情范围内,并确保数据的流通与处理使用环节均在公众可知或可预见的范围之内。相较于国家在技术治理中的强势地位,社会公众应当在让渡权利的同时享有知情权与监督权,防范数据滥用、数据泄露、数据使用的不公平对待等情况,确保对数据使用中的违规行为的追责制度与事后救济的有效性,使

---

① Lynda J. Bergsma, *Empowerment Education: The Link between Media Literacy and Health Promotion*, 48 American Behavio r Scientist 152(2004).

② 杨赟、高力克:《社群主义对自由主义的三大评判》,载《浙江社会科学》2018 年第 5 期。

③ 连玉明主编:《重新定义大数据——改变未来的十大驱动力》,机械工业出版社 2017 年版,第 256 页。

技术治理运行更可见、透明、公正。同时，如果某些技术治理的需求超越必要的权利范围，则应对该技术治理的模式与内容进行调整，甚至需要"拒绝一些技术、改变一些技术发挥作用的方式"。① 总之，数据正义的法治起点在于对个人数据权利的明确与保障，技术治理对个人数据的使用应在法律规制下有序开展。

（三）困境：未来法学的研究局限

在未来法学研究影响不断扩展的同时，也应看到我国的未来法学研究仍存在一定不足。

第一，学科局限。未来法学研究应为信息时代的国家治理和社会治理服务，不能仅局限于某些部门法之规范分析的"专业槽"，应从价值分析和法理思考入手，以数据和技术使用的正义准则为总体指引。在数字社会，科技理念注入社会价值体系的过程引起传统权利研究的理论变迁。以基本权利为例，数字化时代的"第四代人权"已脱离传统部门法的规范框架发生根本性的逻辑转变，在生物属性之外扩展出数字信息属性，在物理空间之外扩展至数字空间，从"国家—个人"的二元关系扩展为"国家—社会—个人"的三元关系。② 在技术层面的数据概念与现有部门法规范层面的权利确证之间，存在横亘于学科之间的解释鸿沟——抽象的数据能构成虚拟世界，却不能直接转化为权利。以"第四代人权"为代表的新型权利在数字社会中广泛存在，新型权利融合了多学科的知识，以数据正义为价值基础，进而以价值分析指引相关法规范的制定和具体的规范分析。

第二，方法局限。在研究方法上，国内未来法学的主要方法

① See L. Taylor, *What is Data Justice? The Case for Connecting Digital Rights and Freedoms Globally*, Social Science Electronic Publishing, 2017, also available at SAGE, https://doi.org/10.1177/2053951717736335.

② 马长山：《智慧社会背景下的"第四代人权"及其保障》，载《中国法学》2019年第5期。

依然集中在理论思辨层面,无论是高被引文献还是高突变文献,理论创新成为国内未来法学界实现科研创新的重要途径,但理论思辨的解释力有限。在数字社会,可供选择的研究方法与研究工具日趋增多,计算社会科学等实证研究范式逐渐成为理论研究的主流,未来法学研究亟待在新方法的加持下形成更有价值的理论成果。

第三,视角局限。对比国内外关键词的选用频率,国内在研究初期较为偏向使用宏观及抽象的关键词,如2014—2020年分别经历了"大数据时代"、"大数据"及"个人数据"作为高频被选关键词的时期。"大数据"一词作为抽象概念其本身并不具备较强的指向性,显然很多文献在关键词的选用上没有切入具体的问题实质,原创性、深入式研究亟待加强。

第四,国际影响力不足。在关键词分析与国家影响力分析中可知,"中国"是当前国际学术界在未来法学研究过程中出现频率较高的关键词,是学术研究的聚焦点。遗憾的是,国内学界在国际上的学术影响力与话语权略显不足,虽具有较高的SSCI发文量,但总体被引数偏低,无法形成"中国之治"的有效输出。无论全球化在未来怎么发展,未来法学都是至为重要的全球法学理论交汇点。对于中国企业海外权益的法律维护,对于某些超级大国"长臂管辖"的法治应对,对于国家数据主权和网络安全的法治保障等问题均有待未来法学研究不断深入。

(四)前瞻:未来数字社会风险的法治应对

基于文献计量的比较分析,当前未来法学的前沿问题主要聚焦于网络空间、个人数据、人工智能与区块链等主题上,目前可预知的未来风险也主要发生于这四个领域。

关于网络空间与网络犯罪的关系问题,学界经历了将网络作为"犯罪对象"、"犯罪工具"和"犯罪空间"三个阶段。人文社会由物质层向网络层的立体延伸,进一步加剧了网络犯罪行为的异变程度。一方面,透过未来视角观测网络空间层面的犯罪风险,传统犯罪向网络空间的转移成为犯罪治理的研究焦点。从网络诽谤、网络盗窃到在线性骚扰再到其他新型网络违法,传统犯罪行为在双层社会的融合过程中①向网络空间持续渗透。另一方面,互联网技术的高速发展催生出网络黑灰产业链。个人信息贩卖、刷单炒信、个人身份验证信息的非法取得、网络空间的代码篡改等犯罪新形态不断变异,威胁着网络空间安全与用户个人安全。对网络空间的综合治理逐渐成为未来法学研究在社会治理领域的重中之重。

关于个人信息保护问题,随着科技的不断发展,大数据与公共云环境等技术的耦合为隐私安全带来新的挑战。② 个人数据权利与社会安全防卫的平衡至关重要。对此,一方面要依法规范数据控制者的数据采集和分析活动,限制数据权力的肆意扩张;另一方面应明确个人数据权利的基本内涵和保护机制,通过未来《个人信息保护法》和《数据安全法》的制定,为个人数据使用提供系统的法律依据。随着研究的展开和法治的完善,未来法学必将从价值分析进入规范分析,如何适用新的数据法规则将成为理论研讨的焦点。

关于人工智能应用问题,未来法学亟待关注国内最新出现的人工智能治理形态,并为之提供法治依据。随着“城市大脑”等新应用逐渐普及,城市大脑、数字驾驶舱、健康码的扩展应用等治理形态的法律定位亟待厘清,这种基于数字平台的新型政

---

① [瑞士]索朗热·戈尔纳奥提:《网络的力量:网络空间中的犯罪、冲突与安全》,王标、谷明菲、王芳译,北京大学出版社2018年版,第30-31页。

② L. Edwards ed., *Future Law: Emerging Technology, Regulation and Ethics*, Edinburgh University Press, 2020, p. 139-140.

府治理转型亟待完善的法律依据。对此,未来法学研究应对此问题进行法理阐释和回应。

关于区块链应用问题,区块链作为最高强度出现于关键词和被引文献分析中,区块链应用包括数字公民、智能合约、金融科技、比特币、加密货币等热点问题。区块链具备去中心化、隐匿性、免碰撞及不可篡改等特点。① 爱沙尼亚的“数字国家计划”、金融科技的兴起等治理现象均昭示着区块链对于社会治理的巨大价值。以爱沙尼亚的“数字化国家计划”为例,“数字公民”“X-Road”数据交换平台、电子司法系统、“数据大使馆”等基于区块链技术的数字化公共服务描摹出“数字国家”的雏形,来自 160 个不同国家的“数字公民”为爱沙尼亚纳税超 10 亿欧元。② 对此,技术治理从国家层面向国际层面迈进,公民数字身份的法律界定、公司设立的远程数字化、数据治理的跨国铺展等问题可能引发数字税、资金和数据的跨境流通、跨国公民及企业的管辖权、国际司法协作等新风险点。未来法学研究应结合国际法视角、区块链知识与数据正义的法理逻辑,对区块链的泛在应用走出法治定位和法律规制。

总之,“网络空间要求我们用一个新的角度,去理解规则的运作。它迫使我们超越传统法学家的视野去观察,要求我们对‘规则’做出更宽泛的理解。”③数字时代的社会规则和法律规则与传统社会发生重大转变,未来法学研究需要突破部门法的局限,以跨学科视野思考数字社会中的新风险、新规则与新权

---

① 许子敬:《链接未来:迎接区块链与数字资产的新时代》,机械工业出版社 2018 年版,第 53-56 页。

② 数据源于爱沙尼亚数字公民官方网站,参见 https://e-resident.gov.ee/。

③ [美]劳伦斯·莱斯格:《代码 2.0:网络空间中的法律》(修订版),李旭、沈伟伟译,清华大学出版社 2018 年版,第 5-6 页。

利,并在法律层面予以回应。梳理十年未来法学研究脉络的意义,不仅在于描摹该领域的知识图谱以供研究者使用;还在于揭示数字社会关于数据使用的正义准则,为数据法等制度建设提供法理支撑;更在于以价值分析引领法规范的创设和分析,以新型法律制度助力个人权利保障和国家治理现代化理想愿景的实现。

《法律和社会科学》(2022)　第19卷第2辑,第69~93页

基于科幻的思想实验与未来法原则

王威驷*

摘　要: 即时通讯、人工智能、基因编辑、宇宙航行等曾只是人们认识中的尖端科学技术成果,正在快速而广泛应用于一般社会生活。而且,它们还在不断迅速影响与改变着人们的生活方式与思维习惯。新的技术成果在带来便利的同时,也引发了新的法律问题。在这一背景下,"未来与法"这一问题不再限于法哲学、法理学领域,而成为各个部门法领域所共同关心的问题。以日本科幻作品为切入点进行思想实验,可以针对具体问题,探讨面向未来的法的原则。例如,技术利用限制和代际正义原则,以及通过不断更新数据保护法和竞争法,以规制数据和人工智能对人类的统治。

关键词: 未来法　代际正义　个人信息保护法　竞争法

* 王威驷,株式会社KDDI综合研究所研究人员。

[一]面向未来的法与作为思想实验载体的科幻

法律自出现以来就随着技术进步而不断变化,以应对社会生活中出现的新问题。例如,汽车的普及带来了交通事故的多发以及道路交通相关法律法规,20 世纪末电子计算机与互联网技术的大规模应用导致了网络犯罪这一概念广为人知和网络安全法律法规,贺建奎案则让基因编辑的法律责任问题走向了前台。

贺建奎案有着极其重大的意义。诚如钱继磊指出的,"如果说之前的相关研究还只是对于未来风险可能的理论准备与防范预测,那么随着首例基因编辑人的出生,人类不得不面对改变的既定事实。对于此次事件,也有人从法教义学角度,试图从民法、行政法乃至刑法角度对基因编辑行为的法律责任进行分析探讨,但问题是,暂且抛开现代法律自身的滞后性、刑法的谦抑性以及'罪刑法定'等不论,即便是依据现行法追究了当事人的责任,也无法解决现代法律面对涉及人类权利的高新科技所带来的未知结果和风险"。①

到目前为止,尽管法律的特殊性导致其在客观上往往落

① 钱继磊:《论作为新兴权利的代际权利——从人类基因编辑事件切入》,载《政治与法律》2019 年第 5 期。

后于社会现实(所谓“法律一经制定就已经落后”),难以完美应对种种新生事物,但各国通过司法裁量、法律解释以及立法活动等方式使法律得以在保持整体架构稳定的同时不断更新完善,适应调整社会生活中法律关系的需要。从这个意义来说,似乎“未来与法”并不是一个需要投入特别关注的、难以解决的问题。

但应当注意到,法律的滞后性可以通过一系列手段逐步缓解的原因在于,过去的历史进程中,从新技术产生到其成果在社会生活中广泛普及往往需要相当长的一段时间。学者与立法机关有相对充足的时间观察与分析新技术对社会生活造成的改变与影响,以对法律做出相应的解释与修改,或是直接为解决新问题制定新法。法学界也已经有如针对“代际正义”等针对法与未来、本世代与下一世代之间关系的讨论,但这种讨论主要围绕环境保护与资源利用方面进行。

然而,近年来种种科技成果在现实社会生活中的转化越发迅速。与此前不同,人类基因编辑、人工智能辅助决策、自动驾驶、商用载人航天等许多曾主要作为科幻小说题材的概念正迅速具有现实性,在法律尚未做好足够准备时就已经开始影响本世代的人类生活。甚至有评论指出,人类即将(甚至已经)抵达“技术奇点”(technological singularity),进入技术爆炸式发展并将从根本上改变人类生活方式的时代。其后果就是类似贺建奎案的问题将越发多见,留给法律自我调整跟上技术发展的时间会越来越少。一个近期的例子就是2020年的新冠肺炎疫情使得远程办公与会议在全球范围内迅速普及,并很可能会从根本上改变人类将来的生活工作方式。

这一趋势一方面使讨论未来与法之间的关系更为迫切,但另一方面也使技术发展的方向显得更为明确。当讨论未来与法时,法学研究者讨论的对象不再是抽象的可能在数十年乃至上百年后的社会,而是一个能够切身体会的即将到来的"未来"。

许多国家进行了研究与规划以描述这个"未来"。例如,日本在作为国家战略的"5.0社会"(society 5.0)构想中提到,20世纪末21世纪初的第四次工业革命(信息技术革命)后的社会将是物理空间与虚拟空间高度结合、通过人工智能(AI)对来自物理空间的大数据进行分析并通过各种形式反馈给物理空间的人类的社会。5.0社会将通过物联网(IoT)、AI、超高速通讯等技术手段产出新的价值,满足不同人群的不同需求,减轻人类负担。① 我国也发布了《新一代人工智能发展规划》②《大数据产业发展规划》③等文件,描述了人工智能、大数据等技术的前景与技术发展方向,提出了发展智能经济,建设智能社会,提升社会生产力的目标。

为了实现这样的社会,就需要讨论法律在哪些方面可以做出应对与改变,又在哪些方面需要坚持现行法的原则。清楚未来社会的发展方向后,各个部门法也有必要结合科技发展趋势和眼下已经出现的各种问题,考虑部门法应当如何面对未来社会。具体而言,需要从以下两个方面加以考虑。

宏观方面:未来社会将是一个怎样的社会?为了迎接这

① Society 5.0,载内閣府,https://www8.cao.go.jp/cstp/society5_0/index.html。

② 《国务院关于印发新一代人工智能发展规划的通知》,国发〔2017〕35号,2017年7月8日发布。

③ 《工业和信息化部关于印发大数据产业发展规划(2016—2020年)的通知》,工信部规〔2016〕412号,2016年12月18日发布。

一社会的到来法律本身需要秉持怎样的基本原则？

微观方面：新技术将会导致各领域具体出现怎样的问题？各个部门法应该在基本原则下做怎样的准备？

这需要研究者关注未来新技术成果的应用会带来怎样的新问题，进而做好准备，最大限度避免法律滞后性带来的影响。然而，无论是宏观还是微观方面，让法学研究者对涉及科学技术、且尚未发生的问题进行想象并进行针对性研究都是一件困难的工程。此时，针对科幻作品中描写的未来社会中的问题进行思考将是一种有效的研究手段。

科幻作品中对未来社会的描写往往代表着作者作为社会成员对科学技术发展的理解，也折射出作者对人类社会与科技成果之间关系的思考。事实上，已经有许多科幻作品中探讨过的社会问题正在逐渐成为现实。诸多“赛博朋克”①题材科幻作品已经充分描写了人工智能与大数据滥用的危险，并从不同角度提出了应对方式。而在现实中，面对人类对人工智能和数据滥用的担心，日本在5.0社会构想中提到，5.0社会将不会是人工智能和数据统治人类的社会，而是以人为本充分利用数据促进人类发展，拓展人类可能性的社会。而我国人工智能发展规划中也提到，人工智能发展的不确定性带来新挑战，可能带来改变就业结构、冲击法律与社会伦理、侵犯个人隐私、挑战国际关系准则等问题，将对政府管理、经济安全和社会稳定乃至全球治理产生深远影响，在大力发展人工智能的同时，必须高度重视可能带来的安全

① 词典多将“赛博朋克”（cyberpunk）一词解释为“描写被计算机控制的社会的科幻作品类型”（例如，梅里亚姆-韦伯斯特词典、剑桥词典、研究社英日计算机用语词典）。除此之外，赛博朋克类作品往往描写高度发达的科学技术与低品质生活间的矛盾，多带有反乌托邦色彩。

风险挑战,加强前瞻预防与约束引导,最大限度降低风险,确保人工智能安全、可靠、可控发展。

从这个意义上,对关心未来法律发展方向的各领域法学研究者、法律实务人士以及立法参与者来说,科幻作品是一道沟通科学技术与社会生活变化的桥梁:科幻作品对未来社会问题的构想本身就是一次思想实验。关注科幻作品中描写的技术应用场景及社会问题将有助于获取感性认识,为思考法律的应对路径提供思维支点。

日本在 20 世纪后期的技术与经济的双重高速发展,也经历了泡沫经济的破灭与随之而来的一系列社会问题。这一独特的时代背景使日本诞生了一大批结合社会现实,对经济技术发展与社会生活之间的关系做出深入思考的科幻作品。① 考虑到这一点并结合日本政府提出的“5.0 社会”愿景,本文尝试结合部分日本科幻作品对未来生活以及未来社会问题的描写,探讨未来社会的法律原则与部门法的具体应对方向。

[二] 宏观方面:面对未来的法律的基本原则

(一)“人的所作所为不变”:《银河英雄传说》与未来法的基本原则

日本作家田中芳树的小说《银河英雄传说》尽管将舞台

① 或许由于社会经济发展历程与独特的国际环境,日本作者在科幻作品中对赛博朋克题材的“高科技,低生活”主旨的探讨角度尤为独特。另外,如田中芳树、押井守、士郎正宗、神山健治等参与过科幻题材作品创作的作家/动画从业者,更在作品中融入了较多的社会批判与人文思考。日本科幻作品的风格与第二次世界大战后日本社会的发展历程之间的关系,同样具有很高的研究价值。限于篇幅与主题,本文对这一方面不做展开。

设定在未来的宇宙之中,故事中的人物们的生活方式和思维方式却与作品创作时(20世纪80年代)少有区别。比起未来社会中的科学技术发展,作品更多探讨了战争与和平、个人与国家、腐败的民主共和体制与“良善的”专制帝国体制的优劣等方面的问题。可以说,《银河英雄传说》并非一部着力于描写科学技术细节的“硬科幻”作品。进一步讲,《银河英雄传说》也可以被看成一部仅仅将故事背景设定为未来宇宙的架空历史幻想小说(“太空歌剧”①)作品。

但是这并不意味着作品中没有对未来的思考。正相反,未来世界的人类社会与当今区别不大这一特征本身更体现了作者“即使物换星移,世事有所变化,人类的所作所为仍不会有任何变化”②的未来观。作品也通过描写社会危机中民粹主义兴起、帝制复辟、重新拥抱保守复古思想等从近现代历史乃至当今社会能够找到原型的例子表达了人类社会并不会随科技发展自然进步,甚至反而可能出现倒退的态度。

同样,尽管作品中直接描述法律的段落不多,但牵涉到法律的描写也没有超出近现代法学的讨论范畴:在法制建设方面,作品中提到了近代德俄日等国经历过的编纂民法典、建立现代法律制度进程(“……大力推动刑法及民法的公平

① 太空歌剧(space opera)传统上指不考虑或较少考虑技术细节,单纯以宇宙为舞台展开故事的作品类型。考虑到《银河英雄传说》直接设定星际移民时代的人类依然沿用24小时制与地球时代度量衡,回避天文学以及宇航理论方面的技术细节,其在严格意义上能否称为科幻作品还存在讨论的空间。然而,出于下文提到的理由,将《银河英雄传说》作为科幻作品纳入本文讨论范围依然是妥当且必要的。

② 需要指出的是,该段引文出自《银河英雄传说》动画版第二季片头曲画面,并非小说原文台词。然而结合作者在书中的议论以及出版后历次访谈中的内容,可以认为这段话较好概括了作者的未来观。

和税制的改革,同时将贵族所拥有的广大庄园免费赐给农民,并且解放庄园的农奴");法律理论方面,诸如法不溯及既往等原则在未来依然不变,而阴谋家与政客罗织罪名时也要顾及这一点并设法回避("不,这太过于牵强了。他唆使梅尔卡兹提督逃亡是在巴拉特和约以及反和平活动防止法订定之前,我们不能够用法律条文追溯的方式,用这些法律来追究他的刑责。依卑职之浅见,应该可以适用同盟的国防基本法");商法、国际经济法方面,企业并购中的外国投资审查制度在未来依然成为问题("另外,同盟中最大的恒星间运输企业'圣诞老人'航空公司,股份占有率已达41.9%。因为股东名义分为二十人以上,并未被同盟的情报部门所发觉,但总持有股份率已在最大的股东国营投资公司之上了")。①

特别需要指出的是,作者在20世纪80年代已经开始担忧技术的普及利用会带来种种社会问题,甚至会带来严重的人权侵害等灾难性后果。一个典型例子就是作品设定基因技术的发达与相关伦理制度建设缺失导致了以肉体消灭遗传病患者、残障人士为内容的"劣质遗传因子排除法"的出现("……当这种科学与社会达尔文主义结合时,只怕轻视生命的思想将会横扫地球这颗行星了!具有恶劣遗传因子的人,没有繁衍下一代的资格,淘汰劣等人种以提升人类资质的声势与日俱增。事实上,此一声势的壮大,便是助长日后鲁道夫的'劣质遗传因子排除法'主张成立的远因……"②)。而从历史上看,科学技术进步并不总是代表社

---

① 具体情境可分别参见《银河英雄传说》第3卷第2章、第6卷第5章、第1卷第6章。

② 参见《银河英雄传说》第1卷第1章。

会的进步,也会催生诸如环境污染、生化武器、社会达尔文主义等负面产物,甚至带来纳粹德国的工业化种族灭绝这种灾难性后果。

当然,正如多年来读者与诸多评论家所指出的,田中芳树在《银河英雄传说》中对星际航行时代的未来社会的描写更多出于文艺创作的需要以及他对人类历史与日本社会的观察与思考,鲜少讨论对技术发展的影响。而且,从现在的观点看《银河英雄传说》在社会制度等方面的议论也的确不够深入(讨论范围主要局限于共和政治的失败原因与开明专制的问题所在)。作者笔下的政治斗争与战争描写也更像是历史原型的重复,使设定中的一千多年后的未来除去部分设定后与当代社会似乎并没有太大的不同,甚至由于创作年代与故事设定等原因在社会生活上较之当代社会有所倒退。

作者田中芳树在创作此书时,正值日本国内经济高速增长,1968 年前后的学生运动与社会运动逐渐成为过去,经济增长与科技进步将成为种种问题的解决方案的乐观心态逐步加强的时期。而国际上,美苏争霸仍在进行,很少有人能够预见冷战体制即将结束。这个意义上,结合《银河英雄传说》中体现出的浓厚的时代烙印,田中芳树笔下的与当时世界(以及当今世界)相去不远的未来对读者而言与其说是科学幻想,毋宁说是一种提醒人们在思考“变”之前有必要考虑“不变”或“不应变”的架空现实。而人类历史上的诸多事实也告诉我们,技术发展并不一定直接带来社会进步,而极端技术崇拜与唯生产力论也已经导致了种种悲剧。

从这个角度来看,读者(尤其是今日的读者)在阅读中发现《银河英雄传说》于硬科幻方面的种种不足和作品中社会发展方面的局限性之外,也能够发现作者主张尊重人的基本权利的技术发展、强调健全民主法治与人文关怀的一面。也因此,即使《银河英雄传说》这部作品存在种种不足,作品中的“人之所作所为不变”的历史观具有局限性,但其作为一种社会发展的可能性的描述,对读者仍具有很强的参考意义,并为探讨未来与法提供了一个重要的思想实验载体。

具体到对法学研究者、法律工作者以及立法者来说,可以明确的是,科学技术越是高速发展、技术成果越是得到广泛应用,就越是需要坚持意思自治、罪刑法定等基本原则。这意味着在司法实践方面,联网监视摄像头、大数据定位、人工智能等技术应当成为坚持法治原则的司法活动的良好辅助,而非破坏法治原则的工具。而在立法方面,为防止科学技术带来灾难性后果,有必要在法治原则基础上对未来的技术利用做出必要限制。也就是说,为了使未来法能够真正面向未来,首先需要让未来法能够明确其所应坚守之原则,以防未来法在将来的技术发展中随波逐流最终将自身彻底消解,成为庸俗的、承认既成事实或是为特定目标背书的工具。

总的来说,《银河英雄传说》对未来法学研究的最大启示或许在于,当全社会在“我们的征途是星之大海”①的乐观心态推动社会前进时,更需要去考虑“传说结束了,历史才刚刚开始”②的时代的需要。

(二)技术利用限制与代际正义原则:“拉普拉斯之盒”条款

在坚守基本原则的基础上,由于当法律对未来的技术利

① 《银河英雄传说外传:击碎星辰之人》第9章标题。

② 《银河英雄传说》第10卷第10章。

用等方面做出规制时，受到影响的未来世代无法在当下发声，就有必要充分考虑到法对未来世代的技术利用等权利的影响。在法哲学与环境法领域，已经有学者以代际正义理论为工具讨论当今世代与未来世代间的关系以及未来世代的权利，进而论述法律在环境保护与技术开发等问题上应当扮演的角色。目前，此类讨论主要围绕未来世代权利的存在与否、未来世代权利的内容等理论问题展开，也涉及环境保护、基因工程等具体问题。但总的来说，目前代际正义角度出发对法与未来关系的探讨还处在一个较为抽象的层面上，初步提出了当今世代在资源利用上考虑未来世代，为未来世代保留完整生物信息，尊重未来世代对技术成果的利用和进行科学探索的权利等消极性原则。

在实践中，将未来因素与未来世代利益写入法律的国家尚属少数。一个代表性的例子是明文规定未来世代权利的匈牙利宪法。① 匈牙利宪法中除了规定国家与公民有义务为未来世代保护与维持自然资源、生物多样性与文化遗产(Article P)，财政上对国家财产的利用也要考虑未来世代的需要(Article 38)等内容外，还特别设置了基本权利专员(The Commissioner for Fundamental Rights)，维护所有在匈牙利的居民与未来世代的利益(Article 30)。匈牙利在实践中采用申诉专员(ombudsman)的路径，通过基本权利专员代表当下无法发声的未来世代的利益。但整体上看，匈牙利采用的也是一种消极性的未来世代权利观。

而与目前消极性态度相对的是，福井晴敏在小说《机动

① MAGYARORSZÁG ALAPTÖRVÉNYE(2011. április 25.)。英文版可参见 http://hunconcourt.hu/uploads/sites/3/2021/01/thefundamentallawofhungary_20201223_fin.pdf。

战士高达UC》中,为人类在组成地球联邦时制定的《宇宙世纪宪章》中设计了一条积极考虑未来世代权利的条文:

> 第七章　未来
>
> 地球联邦抱着殷切期待与希望,为了人类的未来,对如下事项做出准备。
>
> 第15条
>
> 一、为应对地球圈外生物学上的紧急事态,地球联邦应对研究加以充实并做出充分准备。
>
> 二、将来,如产生了被认定为适应宇宙生存环境的新人类,应优先让其参与到政府运作之中。①

可以看出,《宇宙世纪宪章》的第15条第2款对未来世代的权利采用了一个非常积极的原则。当然,这一条文中的"优先"对象存在限制,即必须是"适应宇宙生存环境的新人类"。尽管如此,从当今的法学理论与各国实践来看,这一条文也是非常激进大胆的:至少在当前条件下,还很难找到理论依据与现实必要性来在当今宪法中优先确保符合某一特征的未来世代的参政地位。这一条款能够出现的原因与作品中设定的技术发展情况与相应的立法者的乐观期望相关。

而在作品中,这一条款由于统治集团内部的利益冲突以及理念过于超前等原因,从一开始就遭到很大阻力,并未真正公开以及实行,反而成为被称为"拉普拉斯之盒"的秘密。事实上,即使这一条款真的得到接受,考虑到条文本身的模

① 福井晴敏『機動戦士ガンダムUC(第10巻)』(角川スニーカー文庫,2011年)78頁。

糊性(何为适应宇宙生存环境的新人类? 何为优先?),其实效性仍然值得怀疑。①

尽管“拉普拉斯之盒”条款是作者情节设定需要的产物,但条款本身及其命运作为一种思想实验对法学研究者与立法者仍然有着一定的参考意义。

首先,“拉普拉斯之盒”条款的对未来世代权利的积极态度,虽然在短期内很难出现在现实社会中。但面对新技术应用导致的新社会形态的来临,有必要在制定关于基因编辑、大数据、人工智能等技术的限制性规制条款时,充分考虑并保障下一世代的社会成员的探索与应用技术成果权利,在防止技术滥用的同时确保下一世代与本世代的权利平衡。因此,仍然有必要考虑设计形式上类似于“拉普拉斯之盒”条款的、规范技术发展并保障未来世代的权利的法律条文。

其次,“拉普拉斯之盒”条款遭遇的阻碍,正说明平衡本世代与未来世代的权利除技术进步与法学理论研究的发展外,还需要得到本世代各利益相关方的理解与认可。同时也需要有切实方法为尚未出现的未来世代的利益代言,保障法律条文的实效性。从这个角度看,匈牙利的申诉专员在立法层面(议会)中为未来世代利益代言的路径具有参考价值。

另外,作为“拉普拉斯之盒”条款出现的背景,人类组成超国家组织地球联邦这一设定与宪章条款对未来世代权利的积极考虑间的关系也可以成为代际正义理论研究的素材。正如高津融男指出的,目前的主权国家体系下对未来世代的

① 作为参考,在作品中这一条文的存在被重新公开后并没有产生任何实质性影响。从这一点上看,可以说作者本身对这一条文就抱有怀疑与讽刺的意味。

权利只能进行消极的出于人道主义的考虑。如果要实现对未来世代权利的积极考虑,就需要构建世界性的跨越世代的共同体。① 虽然没有证据证明作者在创作时参考过这一论断,至少“拉普拉斯之盒”条款的出现背景有助于研究者探讨对未来世代权利的消极性态度到积极性态度的转变条件。

[三]微观方面:部门法的应对路径

(一)被数据与人工智能统治的可能性

如上文所述,面对即将到来的新形态社会,法律在宏观层面上需要保持其基本原则,并着手制定规范技术发展与保障未来世代权利的“拉普拉斯之盒”条款。然而,仅有整体原则并不足以面对各个领域的具体的问题,各个部门法也需要做出微观层面的应对。

具体而言,为了避免“数据与人工智能对人类的统治”的危险,就需要数据保护法、竞争法等部门法的不断更新。而首先需要明确的是,数据与人工智能在怎样的场景下会从辅助人类的工具变为实质上的人类的统治者。

关于这一点,许多赛博朋克类科幻作品作过设想。既有人工智能最终产生更深一步的智慧,成为社会的主宰存在,直接支配人类甚至毁灭人类的作品;也有描写人类过度依赖数据与人工智能,人的犯罪倾向、社会地位乃至人的价值本身都被人工智能与数据决定的,数据成为社会共通标准进而间接支配人类的作品(“高技术,低生活”)。

---

① 高津融男「将来世代に対する義務の正当化について--アヴネール・デ・シャリットによる世代間正義の共同体論的アプローチを中心にして」同志社法学50巻2号(1998年)681頁。

从目前情况看,前者的可能性尚不明显,可以由前文提到的法律的基本原则等加以预防。而后者所描写的人类对数据的依赖已经具有相当的现实性,以 GAFA(谷歌、亚马逊、脸书、苹果)为代表的互联网平台企业正在收集、处理大量用户数据,利用网络效果进一步维持并强化其市场支配地位,进而影响人们生活中的方方面面。事实上,互联网企业对用户数据的大量占有结合对算法的应用,已经导致了个人信息被滥用、算法共谋垄断市场、“大数据杀熟”等种种法律问题。长此以往,这些企业有成为赛博朋克作品中描写的实质上支配整个人类社会的巨型寡头的危险。

而为了紧跟技术发展并及时应对新问题,有必要从描写计算机技术、互联网技术高度发达社会的种种问题的赛博朋克类科幻作品中获取感性认识,进行思想实验以探讨法律的更新方向。本节结合日本部分赛博朋克类科幻作品的问题意识,以当前数据保护法和竞争法领域遇到的新问题为例,对各部门法的应对方向进行探讨。

(二)算法共谋的竞争法规制困境:当人工智能形成“独立个体集合体”

《攻壳机动队》等赛博朋克类科幻作品中经常出现描写人工智能在未来社会中的应用的段落。作品中的人工智能或作为个人或机构的工具,或作为拥有一定实体形态的伙伴,往往具有很强的分析计算能力,可以独立自主决策,属于“强人工智能”(Strong AI)。而《攻壳机动队》更通过描写对抗高科技犯罪活动的组织“公安九课”的各种调查活动,探讨了强人工智能能否以及应否产生自我意识与情感,以及强人工智能与人类的区别等更深层次的问题。

虽然目前技术上离实现“强人工智能”还有相当一段距

离,但是现有人工智能已经开始在生产生活中发挥很大作用,并引发出人工智能行为的法律责任等法律问题——在竞争法的体现就是算法共谋的规制路径问题。

一般而言,复数经营者共谋控制价格等交易条件的垄断协议行为是对竞争秩序的严重损害,并最终影响消费者利益。因此,各国竞争法都对这类垄断协议行为加以规制(例如我国《反垄断法》第 13 条、日本《独占禁止法》第 3 条、美国《谢尔曼法》第 1 条、《欧洲联盟运行条约》第 101 条)。而通常要构成垄断协议,必须要证明经营者之间存在一定程度的意思联络。如果经营者之间不存在意思联络,仅仅出于有意识的平行行为。例如,由于寡占市场的透明市场结构造成各家企业价格趋同的结果,则一般不违反竞争法。

人工智能在经济决策领域的应用对这一传统竞争法的规制路径提出了挑战。具体而言,阿里尔·扎拉奇与莫里斯·E. 斯图克将采用计算机算法进行反竞争行为的情景分为四类:传递信息的信使型("messenger")、复数经营者使用同种算法的轴幅型("hub & spoke")、能够预测市场走向并辅助决策的预测型代理人型("predictable agent")、企业交给人工智能进行完全独立决策的电子眼型("digital eye")。他指出,尽管前两种类型由于还需要人类参与和最终决断,仍然能够由现有竞争法进行规制。但使用高能力人工智能的后两种情景已经在决策中基本或完全去除了人类意志要素,让传统以意思联络为要件的竞争法规制路径难以对其加以规制:企业用于调整价格的人工智能跟随其他企业人工智能制定的价格,导致市场上各经营者价格趋同,使企业间在不违反竞争法的前提下事实上达成了垄断协议。更严重的是,在"电子眼型"的情景中,不同人工智能完全有可能在互相不作沟通的情况下通过深度学习等方式得出结论，同时得到与其他企业共同维持价格对自身最为有利的结论，形成一种《攻壳机动队》中描写过的“独立个体集合体”（stand alone complex），①最终导致市场竞争机制完全失效。②

然而在实践中，面对人工智能可能带来的风险，各国竞争执法机构处于缺乏应对手段的危机之中。德国竞争委员会的 Thomas Weck 就指出，现行竞争法很难对上述后两种情形做出行动，而且现行技术手段与竞争法构造也使得竞争执法机关很难发现与证明此类垄断协议。③

其原因一方面在于传统竞争法理论与规制工具需要更新，另一方面在于竞争执法机构由于预算等多重原因，缺乏技术能力发现与调查利用人工智能破坏竞争秩序的行为。这一局面蕴含的危险性不可小视：尽管算法与网络平台的兴起在短期内很难冲击竞争法的基本原理与规制路径，但如果竞争执法机关长期缺乏规制工具与规制意欲，加之互联网平台企业技术的快速发展与应用趋势，长此以往很可能会导致互联网企业建立足以逃避管制的技术与社会优势（已经成为社会基础设施一部分而导致竞争法执行需要更为审慎最终

① 严格来说，《攻壳机动队》中描写的“独立个体集合体”（stand alone complex）是指作品中人类在未经沟通的情况下不约而同采取相同行动的现象。此处考虑到《攻壳机动队》中的人类基本已经将大脑电子化，连接神经网络借助人工智能分析与决策（同样也更易于受到网络影响），而将这一用语借用到人工智能的情境中。

② Ariel Ezrachi & Maurice E. Stucke, *Artificial Intelligence & Collusion: When Computers Inhibit Competition*, University of Illinois Law Review, Vol. 2017, p. 1781-1796(2017).

③ Thomas Weck 在日本公平交易委员会竞争研究中心学术大会（競争政策研究センター大阪国際シンポジウム）上的发言（2018 年 3 月于大阪）。发言概要可参见 https://www.jftc.go.jp/cprc/koukai/sympo/2018notice_files/180330sympo12.pdf（日语），https://www.jftc.go.jp/cprc/koukai/sympo/2018notice_files/180330sympo11.pdf（英语）。

导致难以规制)。

目前,许多法域正在立法层面为了应对人工智能的挑战对竞争法进行更新。例如德国正在进行新一轮竞争法修改,准备进入能应对数字经济各种挑战的"竞争法4.0"时代。① 欧盟委员会也以为竞争法增加新的规制手段为目的,②发布了旨在规制大规模平台的《数字市场法》(*Digital Market Act*)。③ 而在中国,禁止经营者利用算法等技术手段达成垄断协议的内容也被写入《反垄断法》征求意见稿中。④

在制度更新方面,基于上文提到的基本原则,可以在保障企业正当使用人工智能辅助决策的前提下,规范对人工智能的使用,通过强制增加人工智能调整价格的间隔(对价格进行响应的时间越短,经营者在价格上协调一致的能力越强)、降低人工智能带来的市场透明度(市场透明度越高,经营者在价格等方面步调一致的可能性越大)等方式,为经济

---

① *Commission of Experts on Competition Law* 4.0 *presents final report to Minister Altmaier: A New Competition Framework for the Digital Economy*, Federal Ministry for Economic Affairs and Energy, https://www.bmwi.de/Redaktion/EN/Pressemitteilungen/2019/20190909-commission-of-experts-on-competition-law-40-presents-final-report-to-minister-altmaier.html.

② *Antitrust: Commission consults stakeholders on a possible new competition tool*, European Commission (June 2, 2020), https://ec.europa.eu/commission/presscorner/detail/en/ip_20_977.

③ *The Digital Markets Act: ensuring fair and open digital markets*, European Commission, https://ec.europa.eu/info/strategy/priorities-2019-2024/europe-fit-digital-age/digital-markets-act-ensuring-fair-and-open-digital-markets_en.

④ 《坚持规范与发展并重 反垄断法修正草案首次提请全国人大常委会会议审议》,载中国人大网2021年10月20日,http://www.npc.gov.cn/npc/c30834/202110/512cd30239f2492e9ef079500ea9f1a0.shtml。修正草案全文参见 http://www.npc.gov.cn/flcaw/flca/ff8081817ca 25z8e9017ca5fa67290806/attachment.pdf。

活动中使用的人工智能强制性设定遵守竞争法的活动规则。① 另外,也可以考虑减轻竞争执法机构在证明对竞争秩序与对消费者造成危害方面的举证责任。②

除了立法与理论上的自我更新外,还需要为竞争执法机构配备足够强大的技术手段以调查对有意识利用人工智能进行反竞争行为的企业。否则,随着企业对人工智能应用的越发深入与人工智能自我学习能力的提高,竞争执法机构将越发难以证明甚至将无法察觉垄断协议扭曲了市场上的价格机制。考虑到目前企业对算法与人工智能等技术的大力投入与对成果的快速应用,至少应当为竞争执法机构开发与配备与经营者使用的最先进的人工智能水平相当的、甚至更为强力的人工智能。

总体而言,面向人工智能与大数据时代的竞争法需要预见到人工智能支配经济生活的危险,而竞争执法机关在调查执法活动中也需要时刻意识到人工智能对价格等交易条件的决策能力越来越强,形成"独立个体集合体"的可能性也越来越大。从这个意义上说,竞争法乃至整个人工智能规制领域需要自己的真正具有攻击性的规制组织—作为竞争执法机关的"公安九课"。

(三)数据滥用与个人信息保护

除了经济层面的支配之外,另一个需要警惕的是用户数据占有者通过用户画像(profiling)等行为构建出一套以数

---

① *Algorithmic Collusion: Problems and Counter - Measures - Note by A. Ezrachi & M. E. Stucke Roundtable on Algorithms and Collusion*, OECD(May 31, 2017), https://one. oecd. org/document/DAF/COMP/WD(2017)25/en/pdf.

② Thomas Weck, *Current Issues of Competition Policy in E - Commerce*, European Competition and Regulatory Law Review, Vol. 3, p. Ⅸ(2019).

值/积分等为基础的指数化体系评价人,最终彻底消解具体个人的趋势。

在日本科幻动画作品《心理测量者》(PSYCHO-PASS)中,未来的日本政府通过采用被称为“西比拉先知系统”(シビュラシステム,Sibyl System)的大规模分布式超级计算机系统,不仅以大数据分析方式诱导深层心理,决定每一个个人的职业发展方向,甚至还会通过扫描分析计算出人类的“犯罪指数”并强制收容指数较高的“潜在犯”。

这种通过大数据分析等技术复活“天生犯罪人”理论的危险并非痴人说梦。事实上,在日本已经出现了求职中介平台企业滥用应届生个人数据的Recruit Career(リクルートキャリア)案件。Recruit Career公司为日本大型人力资源企业,是瑞可利(リクルート,Recruit)控股集团的一部分。每年求职季,日本大学生会登录Recruit Career公司运营的求职平台网站“リクナビ”(Rikunabi)进行求职活动。近年来,由于少子化的加剧,日本大学应届毕业生求职时往往倾向于同时向多个用人投递简历,被录用后再选择自己的第一志愿,回绝其他企业。另一方面,用人单位出于节约招聘成本以及尽量确保人才的目的,更希望直接录用以本单位为第一志愿的学生。在此背景下,Recruit Career公司对登录到其求职平台的应届生数据进行处理,计算出每名学生拒绝录用通知的几率并将其出售给用人单位。

具体而言,2018年6月到2019年2月为止,在用人单位向Recruit Career公司提供求职学生设备的cookie与用户ID(不公开用户真实姓名)后,Recruit Career公司通过分析cookie中记载的求职学生对各个企业主页、求职网站的访问履历,利用人工智能预测学生回绝录用通知的概率,并未经用户同意就将用户 ID 与回绝几率提供给用人单位,由用人单位方自行将用户 ID 与真实姓名进行对照;2019 年 3 月后,为进一步开拓此项业务的市场,Recruit Career 公司直接使用求职学生真实姓名计算回绝概率,并将真实姓名与回绝概率一起提供给用人单位。①

经日本个人信息保护委员会(個人情報保護委員会)调查,2018 年 6 月该业务开展以来共 26,060 名学生的信息被不当泄露给用人单位。个人信息保护委员会在考虑到 Recruit Career 公司的リクナビ服务覆盖面广,对用户影响深刻的基础上,认定其行为违反日本个人信息保护法(個人情報の保護に関する法律),分别于 2019 年 8 月 26 日②(针对 2019 年 3 月后的行为)、2019 年 12 月 4 日③(针对 2019 年 2 月为止的行为)对 Recruit Career 公司发布劝告与业务指导,要求其改善业务,注重客户隐私保护。

Recruit Career 公司在企业公告中承认其对保护用户隐私认识不足,宣布停止该项业务,加强合规建设与隐私意识教育④。然而,本案中暴露出当时日本个人信息保护法中一个重要缺陷:没有将不能直接特定到个人的 cookie 等数据纳入保护范围。

---

① まだ終わっていないリクナビ問題　カギ握る「クッキー」,朝日新聞 2019 年 10 月 28 日,https://www.asahi.com/articles/ASMBL6TC9MBLULFA048.html。

② 個人情報の保護に関する法律第 42 条第 1 項の規定に基づく勧告等について,個人情報保護委員会(令和元年 8 月 26 日),https://www.ppc.go.jp/files/pdf/190826_houdou.pdf。

③ 個人情報の保護に関する法律に基づく行政上の対応について,個人情報保護委員会(令和元年 12 月 4 日),https://www.ppc.go.jp/files/pdf/191204_houdou.pdf。

④ 『リクナビDMPフォロー』に係る当社に対する勧告等について,リクルートキャリア,https://www.recruitcareer.co.jp/news/pressrelease/2019/190826-01。

本案中,Recruit Career公司表示个人信息保护委员会先就2019年3月起的直接将带有用户实名的数据出售给用人单位的行为进行调查。由于个人姓名属于日本个人信息保护法第2条规定的“个人信息”,可以很容易认定这部分行为违反个人信息保护法。而2018年6月至2019年2月,Recruit Career公司仅对用户cookie进行收集处理的行为则面临法律阻碍:当时的个人信息保护法没有将cookie这类不能直接特定到具体个人的数据资料纳入保护范围。根据个人信息保护委员会的调查,Recruit Career公司最初之所以开展这项业务,也是因为仅凭用人单位提供的已经加密过的cookie无法特定到具体个人,自己并不违反个人信息保护法。[①] 对此,个人信息保护委员会认定,Recruit Career公司明知将分析后的预测结果交给用人单位后,用人单位可以通过还原数据将预测结果特定到具体个人,仍然在未经用户同意的情况下开展业务的行为属于背离个人信息保护法的宗旨的、极为不妥的行为。通过认定在本案中cookie能够在被还原后特定到个人,日本个人信息保护委员会对Recruit Career公司的cookie处理相关行为做出了劝告与指导。

针对本案暴露出的日本数据保护制度上的落后之处,日本于2019年年底对个人信息保护法进行了修改。在第26条中新增包括cookie、IP地址等在内的“个人关联信息”这一信息类别,规定如果记载有用户浏览记录、兴趣偏好等内容的个人关联信息可以在提供给第三方后被还原为能够特定到具体个人的“个人信息”,则个人关联信息的持有者必须

---

① 『リクナビDMPフォロー』に係る当社に対する勧告等について,リクルートキャリア, https://www.recruitcareer.co.jp/news/pressrelease/2019/190826-01。

获得用户同意才能将其提供给第三方。从本案可以看出，尽管目前还不至于到如《心理测量者》等描述的那样复活"天生犯罪人理论"的程度，但企业、政府机构等个人数据处理者通过数据分析处理已经完全能够直接影响一般人的命运。在信息时代，记载有用户浏览路径的cookie等数据对企业等组织至关重要。企业通过对cookie等分析，可以进行用户画像，分析、引导甚至塑造用户偏好，并通过一套基于数据的标准彻底消解个人意志，完成实际意义上的对人类的支配。事实上，在2020年7月，日立制作所就设立了新企业"Happiness Planet（株式会社ハピネスプラネット）"，开发出了幸福度测量用APP。① Happiness Planet公司通过生理数据测量与行为统计配合问卷得出员工幸福度，用于企业评价经营体制等商业咨询服务。② 尽管这一服务仍处于初级阶段，但将来如何在有效利用这些数据改善工作环境的同时，避免此类服务中收集的数据被滥用（如幸福指数不高的员工在工作或转职中遭到不平等对待）将成为日本乃至世界各国数据保护法上的课题。可以说，大数据统治将不再是出现在科幻作品中的杞人忧天，而是一个需要严肃面对的可能未来。

另外也可以看出，实践中企业对用户数据的敏感性远超过立法机关与政府机构。这就导致法律的滞后性在数据等领域表现尤为明显，也说明和竞争法领域一样，立法者在新设或修改相关法律制度时具备更强的前瞻性，为执法机构配备先进的技术工具。这就需要法学研究者、立法者对未来可

① iOS版：https://apps.apple.com/jp/app/happiness-planet/id1483296668，安卓版：https://play.google.com/store/apps/details?id=org.happinessplanet.android，浏览器版：https://app.happiness-planet.org/。

② 日立、幸福度を測るアプリ提供で新会社，日本経済新聞2020年6月29日，https://www.nikkei.com/article/DGXMZO60917530Z20C20A6X20000。

能出现的问题具有足够的感性认识,更为深入的把握数据等技术成果的应用前景。特别是新冠肺炎疫情期间,世界各国企业与政府机关收集到了庞大的用户数据。对各国数据保护机构而言,如何在将来用好这些数据进行防疫提升公众福祉的同时,避免数据滥用将是一个重要的课题与挑战。

[四]结论

人工智能、大数据等技术的应用正迅速改变着人类的生产生活方式,并将以前所未有的速度产生新的社会问题,亟须法学理论与法律制度的更新发展。这一变化的速度既可能会远超我们想象,也有可能在中途遇到技术"瓶颈"或形势变化而放缓。然而无论如何,坚定原则、未雨绸缪,让法能够更有余裕的面对多种可能性,能够在坚守自身价值的同时跟上技术发展的步伐,甚至能够更好地引导技术进步的方向。

尤其对经济发展进入新常态、高新技术正大规模得到应用的我国而言,经历了泡沫经济破裂与社会停滞后的日本作者在科幻作品中对技术发展与社会进步的思考有着更为深刻的现实意义。同时,日本在构筑"5.0社会"中的种种经验与教训也将对力图避免或解决"高科技,低生活"问题的我国法律人有着较高的参考价值。

这要求在坚守法的基本原则、充分考虑未来世代权利的基础上,有必要为各个部门法领域出现或即将出现的新问题准备新的解决思路。上述原则与路径的实现需要法哲学、法理学以及各个部门法领域及时把握技术动态、能够对可能发生问题有所预测,进而未雨绸缪。然而,由于技术的复杂性以及新的社会形态将带来新的价值观，对法学研究者与立法者来说，把握涉及技术的、尚未实际出现的问题在客观上存在一定难度。从这个意义上说，法律要面向未来，首先需要一批具有人文关怀、有志于对新社会形态下各种问题进行思考的、面向未来的法律人。从科幻作品中获取对未来社会的感性认识，进行思想实验考虑作品中描述的社会问题的解决方案将有助于法律人的未来意识的提高。

《法律和社会科学》(2022)　第19卷第2辑,第95~118页

《三体》中的宇宙社会学:星际关系暗思考

刘　益*

摘　要:《三体》中的"宇宙社会学"和"黑暗森林理论"提供了对星际关系的黑暗思考。《三体》以"自我保存"为基础来理解宇宙各个文明之间的关系,为"未来法"提供思考空间。其中,宇宙社会学既类似又接续了对"自然状态"的思考,并从科幻的角度重新理解人、制度和法律关系。虽然《三体》描绘的星际关系非常黑暗,但仍然以人为中心,保留了人类文明对生命的敬畏和思考。由此,可以探索基于科技发展形成的未来法原则。

关键词:未来法　自我保存　自然状态　宇宙社会学

* 刘益,中山大学博雅学院博士研究生。

法律立足于对人本身的思考,对人处境的不同认识将会引出对法律的不同理解。西方古典时期,对人与自然关系的古典理解引出了一系列相关的法律原则;到了现代,人与自然的关系被重新解释,由此产生了新的法律原则。① 就此而言,科幻作品试图把人抛入一个不同于现实,但又可能成为现实的处境中,我们可以借此来思考未来法的新可能。

《三体》的背景是新技术的产生和宇宙文明的发现,由此引出人类与外星文明的关系,以强烈的末日体验感重塑人类的生活认知。② 作品中的"宇宙社会学"因提出人类与宇宙的黑暗关系而让人印象深刻。不同文明之间的黑暗关系以及末日体验的极端性,既更新了人们对地球与外星文明之间关系的理解,也挑战了人类的法律与道德。这种对地球文明与外星文明关系的新设想展示出新的人类处境,由此引出对未来法的新认识。这里的未来法既包含处于黑暗森林关系下的星际间的"星际法",也包括此背景下人类道德法律体

① 古典时期对"法律"的思考,最有代表性的作品是柏拉图的《法律篇》和西塞罗的《论法律》,他们都把法律问题上溯到对自然的理解。参见[美]施特劳斯:《自然权利与历史》,彭刚译,生活·读书·新知三联书店2016年版,第121-167页。

② 刘慈欣:《三体1:地球往事》,重庆出版社2008年版;刘慈欣:《三体2:黑暗森林》,重庆出版社2008年版;刘慈欣:《三体3:死神永生》,重庆出版社2010年版。

系的新可能。《三体》提供了对未来星际社会较为完整的思考,可以由此来探讨"未来法"的问题。

《三体》虽然有很强的科幻色彩,但其对未来宇宙关系的构想,仍然立足于人类文明中的类似图景。这种图景以"自我保存"作为基础,以"历史经验"为依托。在近代思想家中,把"自我保存"作为文明的前提和基础,最有代表性的就是霍布斯,其观点也奠定了基本的现代政治和法律观念。我们可以既借助霍布斯的视角来审视《三体》,又可以《三体》重新审视霍布斯的观念。《三体》中的"宇宙社会学",刚好契合近代早期对"自然状态"的思考:霍布斯把"自然状态"放置在人类社会之前,以"自然状态"的假设来思考人类社会的前提,从而引出了现代社会的准则。科幻作品则能进一步展望人类社会的未来,反思科技对人类社会基础的动摇。在这个意义上,可以将科幻与自然状态的设想联系起来。

"自我保存"源于对"自然状态"的想象,对自然状态的不同理解引出对政治的不同思考。霍布斯设想人类处于极其冷酷的自然状态,由此引出自我保存的根本原则,进而引出绝对主权者和契约论,以及以契约论和权利观念为基础的法律观念。但是,在同是基于"自我保存"与"自然状态"的星际文明之间,由于科技力量的巨大差距,绝对主权者和有效的契约关系很难实现。既然星际之间的关系无法以契约来保障,未来法也就缺乏相应的基础。对星际法律的思考,只能回到"自我保存"的基础观念来重新理解。此外,虽然《三体》中描述的星际关系把发端于霍布斯的"自然状态"与

“自我保存”发挥得淋漓尽致。[①] 但同时,星际关系的冷酷却也无法隐藏人类的追求。在残酷的星际关系中,人类的挣扎仍然显现出人的价值。在《三体》中,我们明显可以看到从自我保存的“活”走向更为复杂的“生”的过程。

本文尝试从霍布斯的“自然状态”学说来理解《三体》中的宇宙社会学,以“自我保存”为基础理解未来的宇宙关系和未来法的问题。当然,本文旨在借助《三体》中的宇宙构想来思考未来法的前提,而非探究未来法的内容和原则。

[一]新宇宙图景与新“自然状态”

在《三体2》的开头,叶文洁在女儿杨冬的墓前,向罗辑提到了“宇宙社会学”的基本观念和两条公理:第一,生存是文明第一需要;第二,文明不断增长和扩张,但宇宙的物质总量保持不变。由此衍生两个重要概念:猜疑链和技术爆炸。[②] 这些在《三体2》的最后得到更明确的表达。两个公理和两个重要概念结合在一起,形成了非常残酷的宇宙图景:

---

① 《三体》与霍布斯的“自然状态”之间的类似性令人印象深刻。其同时刺激了文学、哲学、法学等不同领域的学者对其进行讨论,实属特别。此外,还有物理学学者从物理学角度对《三体》进行解读,但这种不在本文的考虑范围内。可惜目前对《三体》与“自然状态”进行对比的研究仍然较少。国内比较有代表性的是吴飞的《生命的深度》,该书尝试对霍布斯与三体的关系作哲学解读,但稍显简单。吴飞在其另一部作品《人伦的解体》中,也用霍布斯的观念来理解现代的各种人类学观念,可见霍布斯理论所具有的张力和穿透力。本文认为,霍布斯对“自我保存”的重视,是切入《三体》中的未来世界最合适的切入点。国内《三体》相关的研究,参见吴飞:《生命的深度:〈三体〉的哲学解读》,生活·读书·新知三联书店2019年版;查紫阳编:《宇宙容得下我们吗?:〈三体〉争鸣》,南京师范大学出版社2016年版;陈颀、李广益等编:《〈三体〉的X种读法》,生活·读书·新知三联书店2017年版。

② 刘慈欣:《三体2:黑暗森林》,重庆出版社2008年版,第5-6页。

宇宙就是一座黑暗森林，每个文明都是带枪的猎人，像幽灵般潜行于林间，轻轻拨开挡路的树枝……如果他发现了别的生命，不管是不是猎人，不管是天使还是魔鬼……能做的只有一件事：开枪消灭之！在这片森林中，他人就是地狱，就是永恒的威胁，任何暴露自己存在的生命都将很快被消灭。①

"黑暗森林"隐喻正是"宇宙社会学"的具象化。② 由此，《三体》以"黑暗森林"的形象构建出新型宇宙关系，建立了新的宇宙图景和新的自然状态。这种图景与霍布斯一样，都以"自我保存"为根本前提，但其结果却大相径庭。在人类社会中，国家和国际组织的出现，使人类告别了自然状态。但宇宙社会学的这两条公理和这两个重要概念，伴随太空探索及外敌的发现，则使人类暂时告别了政治社会，出现重返自然状态的可能。③ 如果说霍布斯讲述的"自然状态"是人进入政治社会之前的状态，是前政治社会的，那么《三体》中

① 刘慈欣：《三体 2：黑暗森林》，重庆出版社 2008 年版，第 446-447 页。

② 刘慈欣的"宇宙社会学"也引起物理学界的一些批评，有学者认为其误解了费米悖论。我们暂时不介入这些争论，只立足于小说中的逻辑。本文认为，其本质上还是基于人类观念对宇宙的想象，而非完全基于现代物理学，这反而是其优势之一。刘慈欣在《三体》中也讽刺了人类物理学的局限。另外，我们也可以参考科技史家江晓原的说法。江晓原曾在一次访谈中提到，科幻应该是反思而非科普，他认为科幻小说中故事和思想最重要。参见江晓原：《科幻是反思，不是科普》，载《第一财经日报》2013 年 11 月 15 日。

③ 刘慈欣的小说相对于国内以往科幻的一大特点，就是告别了以往对外星人的想象：从温情脉脉的外星文明转移到非常敌对而野蛮的星际关系。比如美国于 1977 年发射的旅行者号，其基本立场也是这样一种乐观。根据相关报道，旅行者号可能已经飞出了太阳系。如果从《三体》对宇宙的立场来看，旅行者号带来的后果可能是毁灭性的。

的新"自然状态"在某种意义上却是后政治社会的。

罗辑在参透"宇宙社会学"后患上了星空恐惧症。① 之前闪闪发亮的星空,成了一个个黑暗枪口,这是"黑暗森林"理论带来的直接后果。这一理论的另一后果是推翻了康德建立的"头顶的星空"和"心中的道德律"的意义。② 在黑暗森林理论下,"头顶的星空"不再具有形而上的美好与崇高,反而提示了人在宇宙中的悲惨处境。对罗辑而言,头顶的星空就是黑暗丛林中一支支枪口。这个意象令人心惊胆战,它如同古希腊的"达摩克斯之剑":人永远处在一种临界状态,任何一颗星星都可能随时发射出子弹,灭掉一个文明。

刘慈欣曾谈及"黑暗森林理论"的灵感源于历史:"这同我们民族和国家在历史上的遭遇有关";宇宙像"500年前欧洲移民到来之前的加拿大土著人"。③ 的确,历史上民族间的黑暗与残酷无处不在。就中国而言,清末列强对我国领土的瓜分仍历历在目。就西方而言,欧洲人对美洲、澳洲等地的殖民入侵及大屠杀尤其惨烈。特别是后者,作者在小说中也有所表现:"五个世纪前,文明的地球人登上了这块大陆,在丛林中把土著人当成野兽射杀,后来发现他们是人不是兽,仍照杀不误……"④这就是人类"黑暗森林"的历史,和三

① 罗辑的这种星空恐惧很可能来自刘慈欣论及自己阅读克拉克时的感受:"突然感觉周围的一切都消失了,脚下的大地变成了无限延伸的雪白光滑的纯几何面,在这无限广阔的二维平面上,在壮丽的星空下,就站着我一个人,孤独地面对着这人类头脑无法把握的巨大的神秘……从此以后,星空在我的眼中是另一个样子了,那感觉就像离开了池塘看到了大海。这使我深深领略了科幻小说的力量。"参见刘慈欣,《SF教——论科幻小说对宇宙的描写》,载刘慈欣:《刘慈欣谈科幻》,湖北科学技术出版社2014年版,第88页。

② 刘慈欣说:"那个将在'地球往事'中渐渐展开的图景,肯定会让敬畏心中道德的读者不舒服……"参见刘慈欣:《三体1:地球往事》,重庆出版社2008年版,第301页。

③ 刘慈欣:《珍贵的末日体验》,载《科普创作通讯》2016年第1期。

④ 刘慈欣:《三体3:死神永生》,重庆出版社2010年版,第152页。

体人入侵地球何其相似。

这些都暗合着霍布斯的“自然状态”理论。“黑暗森林”类似于自然状态中的“一切人对一切人的战争”。人与人之间的战争及弱肉强食无处不在。而从既有的历史经验看来，如果存在外星文明，那么战争与弱肉强食也是很可能的状态。不过，“黑暗森林”理论虽然类同于霍布斯的“自然状态”，却立足于不同的出发点：霍布斯对自然状态的描述，只是一种想象，通过对自然状态中暴死的恐惧建立起政治社会的必要，从而解释法律的来源和政治社会的构成，而非证明自然状态的实存性。法律是对自然状态的挽救和矫正。如果这种自然状态的意义被无限放大，处于自然状态的时间无限延长，则法律的根基也将受到质疑甚至被推翻。① 霍布斯的“自然状态”构思最终是引出主权者以及法律的观念，以此来达成自我保存的目的。但《三体》却基本上杜绝了星际中不同文明进入政治社会的可能性，把人拉回自然状态，只留下了“自我保存”这一核心原则。相对于人类前社会的处境而言，宇宙中文明的处境更加艰难和残酷。

霍布斯设想的“自然状态”，最大特点就是个人之间能力的相近，如此进入政治社会才有可能。因为每一个人虽然都

---

① 霍布斯的“自然状态”观念，及由“自然状态”引出的政治和法律问题，参见[英]霍布斯：《法律要义自然法与民约法》，张书友译，中国法制出版社 2010 年版；[英]霍布斯《论公民》，应星、冯克利译，贵州人民出版社 2004 年版；[英]霍布斯：《利维坦》，黎思复、黎延弼译，商务印书馆 1985 年版。另参见[美]施特劳斯：《霍布斯的政治哲学：基础与起源》，申彤译，译林出版社 2001 年版；[美]施特劳斯：《自然权利与历史》，彭刚译，生活・读书・新知三联书店 2016 年版；[英]斯金纳：《霍布斯与共和自由主义》，管可秾译，上海三联书店 2011 年版；李猛：《自然社会》，生活・读书・新知三联书店 2015 年版，第 90－188 页；吴飞：《生命的深度：〈三体〉的哲学解读》，生活・读书・新知三联书店 2019 年版，第 1－18 页；霍伟岸：《三体中的政治哲学》，载陈颀、李广益等编：《〈三体〉的 X 种读法》，生活・读书・新知三联书店 2017 年版，第 99－110 页。

可能征服别人,但同时也可能被别人杀死。每个人之间的类似性,导致毁灭所有其他人的可能性极低,也就证明了社会联合的必要。其后,自然状态以国家或主权者为终结,但国际关系在某种意义上又成了新的自然状态;国际关系的自然状态又被国际组织所缓和,只是这种平衡状态相对微弱。①换言之,霍布斯的“自然状态”这种冷兵器时代人与人能力的相近,已经被热核时代不同国家之间极大的差异取代。虽然如此,热核时代仍然有人类社会的公义以及核威慑,相互间的理解仍有相当的基础。相比而言,在《三体》的星际图景中,文明之间的力量差距巨大,又有无法破解的猜疑链存在。虽有些类似热核时代,却比热核时代更冷酷且没有限制。因此,相互间联合形成“社会”状态很难实现。

[二]新自然状态与未来法

《三体》为思考未来法提供了两条思路:一是“宇宙社会学”和“黑暗森林”理论所引出的对星际关系的黑暗思考,在“自我保存”的基础和前提下,为“星际关系”下的“星际法”提供了思考的空间。二是根据与星际战争相伴生的末日体验,反观人类现有的道德、法律、制度的合法性及其限度。这两者也可以和霍布斯的“自然状态”学说进行类比:霍布斯的“自然状态”学说与“暴死的恐惧”不可分割,《三体》中的宇宙社会学,同样无法脱离“末日体验”带来的“恐惧”。

这里先简要回溯下霍布斯从“自然状态”到法的过渡。霍布斯的自然法经过从权利向法的过渡:从“自然状态”引

① 参见吴飞:《生命的深度:〈三体〉的哲学解读》,生活·读书·新知三联书店2019年版,第8-13页。

出“自我保全”的基本权利,进而引出自然法。“自我保存”是基本的自然权利,这引出第一自然法和第二自然法。第一自然法包含两部分内容,一是寻求和平、信守和平;二是尽可能保卫自己。第二自然法是在别人也愿意做的条件下,放弃对一切事务的权利。由此再引出其他自然法,这是他的“自然状态”对政治社会构成的直接影响。① 在霍布斯的设想中,政治社会是从“自然状态”中的战争状态一步步走向和平的过程。但在《三体》中,这种过程基本被阻断了。

在新“自然状态”以及由此而来的“末日体验”下,《三体》中形成了三种类型的法律关系。第一种存在于人类与三体之间,第二种是在“自然状态”和“末日体验”下地球人的法律关系,第三种是星舰地球的法律。这三种类型的法律,最终都立足于“自我保存”的原则,只是在严酷程度上有所不同。正是“自我保存”以及人类面对的危机,重新塑造了人类对自身以及法律的观念。

第一种法律是星际间法律。这种关系最明显地体现了宇宙的“自然状态”,基本断绝了现代政治、法律基础。人类从这种新的黑暗森林理论中,唯一可以利用以自存的就是第三方威慑。这种威慑类似于霍布斯对“自然状态”的假设,每个人都可能被他人杀死,因此每个人都让渡权利,从而形成政治社会。但宇宙没法达成这种政治社会,既因为不同文明之间的差距太大,不存在真正的平等;也因为猜疑链的存在和技术爆炸的可能,任何姑息都可能带来灭顶之灾。

三体世界大举向人类入侵之时,人类并没有能力应对,

① 参见[英]霍布斯:《利维坦》,黎思复、黎廷弼译,商务印书馆 1985 年版,第 97-108 页;李猛:《自然社会》,生活 · 读书 · 新知三联书店 2015 年版,第 292-329 页。

这个时候没有任何建立契约的可能。三个面壁者(泰勒、雷迪亚兹、罗辑),试图建立起这种关系。他们的策略实质上是类似的,即建立一种同归于尽的威慑。只是前两者都无法对三体人产生真正的威慑。只有罗辑受益于叶文洁的启发,通过广播三体坐标的方式,才建立起了有效威慑。然而这种威慑也是同归于尽式的,威慑之后,地球与三体人差不多踏上了共同的命运之船。罗辑让三体舰队航向转向,使地球人成为三体人可能的拯救者,从而让三体人负有帮助地球人科技发展的义务。① 由此,表面上建立了三体人与地球人之间的“友爱”,达成契约关系。但这种“友爱”是虚假的,威慑一旦解除或者松动,三体人与人类的关系就立马重回“黑暗森林”状态中。三体与地球之间短暂的“友爱”反而进一步证明,“自我保存”才是新自然状态下的最根本原则,是宇宙文明间的终极法则,不同文明尤其是不同等级文明之间的“友爱”只是虚假的表象。② 人类与外星人之间只存在暂时而脆弱的契约。这种契约因为没有更高的保证,只能由威慑来暂时保持,其实只是虚假的契约。威慑一旦失效,“契约”随即打破,人类又成为待宰的羔羊,直到再一次建立威慑。

这种建立与打破威慑的过程,揭示出文明的整体实力是自我保存的基础,也揭示出宇宙间的“契约”只能以强大的力量为基本保障。同霍布斯只有立足于人与人之间力量的

① 参见刘慈欣:《三体2:黑暗森林》,重庆出版社2008年版,第464-465页。

② 地球与三体文明的“友爱”有两次,一次是第一次威慑建立之时,三体人帮助地球发展科技,但其实有很大保留;第二次是三体坐标被广播后,三体人与地球人从敌人变成难兄难弟,但三体人仍然对地球人作了极大保留,地球人只能通过云天明的寓言了解到少量的信息。分别参见刘慈欣:《三体2:黑暗森林》,重庆出版社2008年版,第466-467页;刘慈欣:《三体3:死神永生》,重庆出版社2010年版,第211-346页。

相似上才能建立契约社会一样，宇宙间的“契约”最终也取决于实力的较量。力量对等，威慑才有持久效力，而第三方的威慑无法保障这种“力量对等”，因此非常有限且危险。这说明宇宙间的自我保存依赖于文明的实力，与霍布斯最终用政治共同体和法律来保障自我权利不同。因此当自我保存成为终极原则，地球人与宇宙文明关系的实质就在于力量的较量，这种关系鲜明地揭示出霍布斯式“契约论”在本质上与力量的关联。超越了这种对等，即宇宙各种未知文明之间，力量悬殊，无法对话，法律也就缺乏根基与保障。那种认为仅仅靠正义、友爱等道德，就能维护宇宙间和平的想法显得颇为天真。因而人类每次对三体文明的美好幻想都以失败告终。不同力量的文明之间如果有法，也只是强权者的法，与弱者无干。正如丁仪所说“毁灭你，与你有何相干？”① 如果这种征服与被征服的关系中存在法的话，那么这种法的根本逻辑仍然是霍布斯的契约关系——以权利、生存为法律基础的延伸。因此，若宇宙以生存权利为第一法则，力量悬殊的文明之间虽然没有契约关系的可能，但其逻辑仍然是“契约论”的。这也是吴飞所说：黑暗森林与霍布斯、国际法处于同一逻辑关系链上的延伸的内涵。② 黑暗森林理论将权利与权力的关系更鲜明地揭示出来。

第二种是地球人类内部的法律关系。外星文明的发现使人类终于认识到自己在宇宙中的可怜处境，使人类面临重新堕入“自然状态”的危险。要想面对三体人以及潜在的其他威胁，人类关系不得不重组，呈现出复杂的面向。首先是

---

① 参见刘慈欣：《三体2：黑暗森林》，重庆出版社2008年版，第381页。

② 吴飞：《生命的深度：〈三体〉的哲学解读》，生活·读书·新知三联书店2019年版，第14页。

人类社会的原子化。霍布斯为了重组国家,把社会原子化,斩断了人原初的各种关系,从家族,宗教等团体的束缚中解放出来,以有利于新的结合。新的宇宙关系中,由于敌人的强大以及科技的辅助,这种原子化是根本性的。"冬眠"技术的实现,使人可以穿越时空,从此摆脱了所有时间性的束缚,依赖于"此在"的关系都荡然无存。最基本的婚姻、家庭关系被瓦解,更不论其他的任何社团。民族国家也无法适应这种新处境与科技的变化。原来的地球人被逐步分解。这种分解通过几个阶段完成,主要受危机的强度以及科技发展的影响:从民族国家的解体,到地球与太阳系,最后延伸向宇宙。在小说中,前者表现为婚姻、家庭关系的消失①;后者表现为地球政治组织开始分为"地球国际"和"舰队国际",后来扩展为"古老的地球国际、新时代的舰队国际和飞向宇宙深处的星舰国际"②。在这样的体系下,法律的目的也逐步地发生变迁:从维护民族国家利益,到协调地球和星际间关系,再到维持太阳系文明。《三体》中人类面临的挑战是根本性的。它借助危机以及科技,把人类推向了极端状态,以一种更极端的"自我保存"重塑人类的关系。这种关系虽然是对霍布斯国家制度思考的延伸,却更为黑暗。

另一个被刘慈欣反复谈及的现象是联合国法律的制定总是受大众裹挟,主要表现在对逃亡主义立法和两位执剑人的态度。大众的出发点基本上是其自身利益。人们认为违反公民权利及平等的法是不正当、有罪的,因而屡次"出尔反

① "现在没有家了,谁都没有了,婚姻啊家庭啊,在大低谷后就没有了……"参见刘慈欣:《三体2:黑暗森林》,重庆出版社2008年版,第286页。

② 参见刘慈欣:《三体2:黑暗森林》,重庆出版社2008年版,第291、402页。

尔”。在逃亡问题上,危机初,联合国宣布逃亡主义违反国际法,同于反人类罪;舰队覆没后,逃亡主义迅速复活,联合国因此制定了逃亡方案,用抽签方式决定逃亡名单,结果是“大多数没有抽中的人都反悔了,由此发生大规模的骚乱,公众转而一致认为逃亡主义是反人类的罪恶”;①但此后在广播纪元的一次误报中,又发生了“地球最大规模的集体逃离”。② 在对罗辑的态度上,舰队覆没后他被公众看作神、正义天使;后来被各方驱逐;威慑建立后他又经历了从“救世主”到“毁灭世界的暴君”的转变;执剑人交接后,国际法庭立刻以“世界灭绝罪”逮捕了他。人类丝毫不感谢罗辑半个世纪的守护。③ 而程心则是民众选出的执剑人,联合国明确说任何他人当选都会被公众视为巨大危险,造成恐慌进而暴乱;但威慑失败后,她同样遭受了来自公众的侮辱。④ 这一系列法律的制定过程中,法的一个重要来源是公众意愿,公众意愿基于他们自身的权利。而在另一事件中,法又显示出在公众面前的无力:舰队覆灭后,人们在中心广场上举行“超级性派对”,而这“完全合法,如果采取行动,犯罪的是政府”。⑤ 这可能是以权利为核心的法在未来世界的遭遇,这不得不促使我们反思以自我保存原则为法的来源的限度和危险。

第三种星舰地球的法律,则是宇宙文明的缩影,在它们各自的内部是地球文明法律的延续,而它们之间则类似于星

---

① 参见刘慈欣:《三体2:黑暗森林》,重庆出版社2008年版,第427页。

② 参见刘慈欣:《三体3:死神永生》,重庆出版社2010年版,第321页。

③ 参见刘慈欣:《三体2:黑暗森林》,重庆出版社2008年版,第438、456-459页。《三体3:死神永生》,重庆出版社2010年版,第100、134页。

④ 参见刘慈欣:《三体3:死神永生》,重庆出版社2010年版,第109、151页。

⑤ 参见刘慈欣:《三体2:黑暗森林》,重庆出版社2008年版,第429页。

际之间的法律关系。“蓝色星空”和其他飞船的关系,类似于地球与外星文明之间的关系,其特点是“先发制人”。在告别了极端状态之后,它们之间又近乎地球人内部的关系。一方面,因为资源的缺乏和“自我保存”的需要,他们采取“先发制人”的措施,挑战了人类既有的法律和道德。另一方面,却又为了适应漫漫无期的太空旅行、应对未知的危险,又要重塑内部关系,不再以现代人类的方式存在。

“蓝色星空”号既没有因为天真的幻想而错失自我保存的机会,又没有因为“恐惧”而丧失人类的基本价值。因此,它仍然具有在“自我保存”前提下的“友爱”。但由于资源不足,星际舰队必须以不人道的方式杀死其他人甚至以之为食,这是必然的宿命。这种行为也必然与人类的法律和道德相违背。这呈现星际舰队已经脱离人类文明而成为宇宙人。自我保存成为终极原则,人类的道德文明对于他们来说悬若游丝。这恰恰是黑暗森林法则的更深表达,是自我保存的极致推进,也是霍布斯思想的进一步延伸。地球文明最后靠星际舰队留下的也就是一点火种。但火种已经跟地球没有关系了。离开了地球之后,人类没有了故土成了星际人,重新进入了自然状态。人的身份进一步剥落,这个时候的人已经很难再称为人,与流浪的三体人没有多大区别。

另外,在地球共同体内部(包括太空城)以及星舰地球中,始终面临着“末日灾难”问题。当与星际战争相伴生的末日灾难来临时,人类共同体的共同信念面临着挑战与瓦解。小说相当一部分内容都在探讨末日灾难下,人类现有的法律、道德的限度。比如,第二部开头出现的逃与留问题,就一直延续到小说最后;面对终极灾难,人类也没能达成共识。刘慈欣在此提出问题:末日体验下如何看待我们现有的法律

和道德制度。他多次在文章中提到这一问题,比如:

> 对于文明灾难和末日灾难,人类世界整体同时处于灾难中,外部救援力量根本不存在。这时,现在的法律和道德体系将无法适用。对于末日灾难,在法律和道德上的核心问题是:如果集中全部社会资源只能使少数或部分人幸存,该怎么办?……会出现激烈的争论和多种选择:可以选择让部分或少数人幸存,也可以选择坚守人类的传统价值观,让所有人平静地面对死亡。这些选择孰是孰非,可以见仁见智地讨论,但不管选择哪一种,最后在法律和伦理上必须明确;这是一个文明世界对自己应负的责任。否则末日到来之际,世界将陷入一片恐惧和茫然。在最后的大混乱中,人类既失掉尊严,也失去未来。①

刘慈欣在《三体》中以强大的三体文明的道德法律制度与脆弱的人类文明的道德法律制度相对比,或许即出于这方面的考虑。当有人问及“三体世界的专制、等级化,属于蒙昧社会时”,刘慈欣回答到“社会体制没有绝对的好坏”。② 可以认为这是刘慈欣对西方自由民主影响下的现代法律道德体制的反思。三体世界是一面镜子,既照出了人类文明的好,也照出了其中的不足。

当星舰地球发布了三体坐标,地球进入了临界状态,人

① 刘慈欣:《珍贵的末日体验》,载《科普创作通讯》2016 年第 1 期。
② 刘慈欣、吴言:《星空的奥妙:刘慈欣访谈》,载《名作欣赏》2016 年第 1 期。

类共同体的末日已经来临。其实当宇宙的黑暗森林状态被揭示出来,当得知宇宙中存在人类无法匹敌的其他文明时,末日的危机就已经降临。这时候在新自然状态和自我保存的原则下,只有两种选择:躲起来或者逃跑。但无论躲(留)或者逃都存在相应的法律困境,因为全部人的逃和全部人的存都不可能,且并不因为科技的发展能够得到解决。此时的法律就涉及照顾多数人的利益,还是少数人的利益;尊重多数人意见,还是少数人意见的问题。也就必然引出不同的法律原则,类似于民主政治与专家政治的冲突。① 从《三体》中故事的展开来看,最终证明多数人是错误的,但也是无法避免的。原本作为整体的地球人,因为末日危机的来临,又有重新被抛入自然状态的可能。如书中移民澳洲后人类间的战争状态,以及打击到来时人类不顾他人生死的逃跑。这同样也是"自我保存"原则的延伸。但另一方面,即便面对末日灾难,仍然有澳洲老人弗雷斯的坦然,地球抵抗组织的英勇抗争,维德与程心的坚守,等等。他们的存在使人类文明的尊严与价值在极端危机面前显得更加耀眼。在前面讲到,人类的各种政治纽带在星际被打破,人进一步原子化,但仍然无法原子化的就是人与人的内在区别。由此可以看出,科技并不能解决人类的问题,人类永恒的问题一直在回响。

从以上三种关系和相关法律原则来看,它们都依托"自我保存"的原则,并以此为基础塑造了新的星际和人类关系。在三体文明入侵的人类危机和末日体验下,人类必须重新认识自己在宇宙中的位置和处境,重建人类的道德和法律体

① 其最典型的例子就是欧洲联合体在投票选出逃离者后,未被选中的人反悔,引发了大规模的骚乱,最后导致地球宣布逃亡主义是反人类的罪恶。参见刘慈欣:《三体 2:黑暗森林》,重庆出版社 2008 年版,第 427 页。

系。在科技发展和宇宙发现背景下的“未来法”必须持守“自我保存”这一原则。未来的人类社会由新的“自然状态”仍可以引出“自我保存”的权利，但进一步的“自然法”却悬而未决。此外，除了“自我保存”的权利之外，人类仍然有超出“自我保存”的追求，这也是我们需要追问的问题。

［三］“生”与未来法

霍布斯的“自然状态”学说成为理解科幻世界尤其是《三体》中未来宇宙图景的基本理论，但它也提供了开放的空间来理解人与政治社会的关系。霍布斯对古典的反叛在于把人降格到追求“自我保存”，即“活”的层面，否定了古典时代对“生”的复杂理解。“生”有多个层次，而“活”只是其中的一个基本层次。科幻思考的是人与科技的关系，但归根结底，其实也是理解“生”与“活”的关系，只有把生与活的关系理清楚，才能真正看清楚科技的发展、科技对人的改变。①

《三体》世界里，三体人的生存状态几乎只有“活”这一个层次。当1379号监听员接收到来自地球的信息，知道这是一个如天堂般美好的文明时，宁愿为了拯救这样一个“自己爱上的遥远的美丽世界”而背叛三体世界。因为他厌倦了三体世界，“我们的生活和精神中除了为生存而战就没有其

① 吴飞在《生命的深度》中借用阿甘本的说法，提出古希腊这两个概念，他称之为生活（ζωη）与生命（βιος），前者指纯粹生命性地活着；后者指的是有善恶区分的生活方式。笔者认为中文的“生活”其实已经包含了这种双重性，也就是“生”的层次，与“活”的层次，而“生”明显要高于“活”。本文谈及的“生”类似于吴飞所谓的“生活”，而“活”类似于吴飞谈及的“生命”。参见吴飞：《生命的深度：〈三体〉的哲学解读》，生活·读书·新知三联书店2019年版，第1-2页。

他东西了"①。不仅如此,当地球文明的信息在三体世界大量传播时,也激发了三体世界的骚动,对三体人来说,地球文明是"来自天堂的圣乐"。② 这是因为,人类文明不仅有"活"这个最基本的层次,还有更为丰富的文学、艺术、爱情等等美好的东西。人类的精神生活如此丰富多彩,而三体人除了科技的发达以外,精神生活则是枯槁、苍白的。这也说明,科技和精神生活是两种不同质地的东西,不仅仅不会正相关,甚至有可能恰恰相反。又如,《三体》中随着科技的无限发展,人的社会属性得到逐步解放,个体从一切组织和关系中解脱出来,没有国家、没有家庭、没有婚姻,甚至责任都被看作束缚个体自由的东西,最终"活"成了所有的根本。这既是科技发展的后果,也是将自我保存的权利无限放大的后果。由此给人带来的思考是:以科技发展为基础的未来世界,带给人的究竟是解放还是异化。这是科幻永恒思考的问题。如果文明的基础是科技,那么随着文明的发展,人就只能被压缩到非常小的空间。

在《三体》的黑暗图景中,人类的闪光点虽像微光一样闪烁,但仍然有其尊严,有对生命的敬畏。③ 从小说提供的图景出发,我们可以从三个面向理解"生"的含义,从而挑战霍布斯开启的从"活"理解的人与政治。

第一,人的心灵呈现不同的面向,"生"也呈现不同的面

---

① 刘慈欣:《三体 1:地球往事》,重庆出版社 2008 年版,第 268-269 页。

② 刘慈欣:《三体 1:地球往事》,重庆出版社 2008 年版,第 282 页。

③ 在刘慈欣的《SF 教——论科幻小说对宇宙的描写》中,他提及中国科幻缺少宗教情感。"科幻的宗教感情就是对宇宙的宏大神秘的深深的敬畏感。"笔者认为这种宗教情感既可以理解为对茫茫宇宙之大和无限的思考,同样也可以理解成对生的敬畏。参见刘慈欣:《SF 教——论科幻小说对宇宙的描写》,载刘慈欣:《刘慈欣谈科幻》,湖北科学技术出版社 2014 年版,第 86 页。

向。霍布斯把人的心灵压缩到最基本的人类需求，也就是“活”的层次，以“暴死的恐惧”引出人类社会的秩序和道德的问题，而忽视或者贬低了人的德性。在《三体》中，人类虽然有非常负面和邪恶之处，如抢夺宇宙飞船，帮助三体人奴役地球人等；但人类也有其温暖和珍贵之处，如不愿臣服的地球抵抗组织，一心为人类寻找出路的章北海，以及最终决定了地球命运的三位主要人物。《三体》中的三位相对典型人物，罗辑、程心和维德分别代表了人的三种不同类型。就三体人对他们的评分来说，罗辑和维德可以形成对三体人的有效威慑，因为他们能深刻认识“战争”的残酷以及人类生活的局限。罗辑凭借沉着与智慧，在联合舰队覆亡后重建对三体世界的威慑；心怀爱与责任，在坟墓一般的控制室守护地球 54 年；手握唯一的光速飞船权限，却选择与太阳系一起走向最后的归宿。① 因此，罗辑兼具爱、责任、智慧、勇敢等品质，综合了维德与程心，他是古典人的代表。三体人则尽力促成程心作为执剑人，她是文明人的代表，其典型形象是圣母。她怀有的对人类的爱，最后反而毁灭了人类。但人类的毁灭不能怪罪于程心，因为她只是体现了大多数人的共同意志。维德则是立足于“活”的角度，从更低兽性来理解人，其信念是“失去兽性，失去一切”②，但他的理解同样可以为人提供生机。③ 从人的不同类型，可以看出人并非完全变成原子，而是呈现不同的面向和层次。

---

① 刘慈欣：《三体 2：黑暗森林》，重庆出版社 2008 年版，第 462-467 页；《三体 3：死神永生》，重庆出版社 2010 年版，第 131-132、443-448 页。

② 刘慈欣：《三体 3：死神永生》，重庆出版社 2010 年版，第 382 页。

③ 吴飞从三个层面来理解这三个代表人物，认为罗辑处于中道，而维德和程心分别代表了乾——生命的自强不息之力，坤——厚德载物的母性两个方面。吴飞：《生命的深度：〈三体〉的哲学解读》，生活·读书·新知三联书店 2019 年版，第 138、142 页。

第二,在“生”的层面上,个体判断与集体意志形成对峙。在人类生死存亡的关头,优秀个体的正确判断有要明显高于“公意”以及“公意”的体现——法律。三体人入侵带来的重大危机,冲击了原有的价值体系,使集体“公意”与个人判断之间产生了重大冲突。正确的决策往往来自优秀个体,罗辑、章北海等人的决策都只能是私密行为,这恰与“面壁者”角色的内涵相合。在他们身上不仅体现出人性的复杂维度,同样体现出正义与成文法的冲突、正义与“公意”之间的冲突。以章北海为例,他为了人类文明延续的目的杀死三个无辜的人,但这一行为又为人类未来的发展奠定了正确方向,最后为人类文明在宇宙中保存了火种。因此,在地球法律中章北海是有罪的,但在人类文明延续上他又是正义的。在章北海身处的情境中,正义与有罪共存。正如小说指出的,虽然法律追诉时效已过,但章北海“身上的十字架卸不掉”。① 这里存在两个不同的方面:一方面,法律为人提供了基本的行为准则,是社会发展的基本保障;另一方面,追求正义的个体有时需要突破这些法则,以更高的正义作为原则。章北海行为的正当性正是源于更高的“正义”,即延续人类文明的责任,而不是个人私利。其中的意味已经超越了法,揭示了“法”的局限性,也为法指出了更高来源。

第三,“死神永生”也意味着生命的生生不息。② 面对“死亡”并不必然引出对暴死的恐惧,同样可能是对生命的

---

① 刘慈欣:《三体2:黑暗森林》,重庆出版社2008年版,第407页。

② 吴飞也持此看法,认为“‘死神永生’的另一面是:生命永恒。”不过他的永恒侧重于全书末尾处谈到的“生命在宇宙中不朽,宇宙因智慧而再生。宇宙的最终归宿,仍是生生不息。”参见吴飞:《生命的深度:〈三体〉的哲学解读》,生活·读书·新知三联书店2019年版,第123、170页。

升华，类似苏格拉底的“向死而生”。[①] 刘慈欣在多处提到褐蚁群生命力的顽强，它们无数次失去又重建家园，[②]而褐蚁的生命力隐喻着宇宙尺度上人类的生命力。我们应当有坦然地面对这种存在与消亡的勇气。这不是不珍视生命，而是要认识到生命的节律并顺应之。即死亡对个体的意义与文明终结之于人类的意义是相似的。在《死神永生》中，刘慈欣写下了不同人面对死亡的态度：如章北海认为责任高于一切，弗雷斯领悟到自然对于生命的意义，程心与关一帆将小宇宙归还大宇宙。[③] 在末日来临之前，他们从不同的角度诠释了生命的尊严所在。因此，末日并不带来虚无，而是反向叩问人性本身：我们应当如何正确对待有限的生命？正如三体元首以为将末日展现给人类，人类就会堕落下去，但人类并没有如其所愿。维德说“失去人性，失去很多；失去兽性，失去一切”，[④]这未必是《三体》能呈现给我们的关于良知道德与生命谁更重要的唯一答案。末日之时，人终将“失去一切”，这甚至无关乎人性或兽性。但在末日来临之前，生活的样子却不同。对于宇宙来说，人类社会建立的道德观念和科技文明，微乎其微，不值一提。但正是人性中“生”的丰富性

---

① 有关这个问题古典时期最重要的作品应该是《斐多篇》，苏格拉底临死前劝说他的学生不要为他死去而伤心，随即讲了一个有关灵魂不朽的故事。苏格拉底也在《申辩》结尾处提到，“我去死，你们去生，我们所去的哪个更好，谁也不知道，除了神”（42a）。海德格尔对“向死而生”有所发挥，因篇幅所限，不再赘述。参见［德］海德格尔：《存在与时间》，陈嘉映译，生活·读书·新知三联书店2014年版。

② 刘慈欣：《三体2：黑暗森林》，重庆出版社2008年版，序章，第1-7页。

③ “自然选择”号遭受打击时，章北海淡然一笑说“没关系，都一样的”。小说对弗雷斯着墨不多，但是他的勇敢与执着、宁静与超然，给人深刻的印象，仿佛来自古老的生命的回想。程心他们怀着宇宙能够重生的美好愿望，将小宇宙归还。参见刘慈欣：《三体3：死神永生》，重庆出版社2010年版，第420、152-153、159-161、215-216、507-508页。

④ 刘慈欣：《三体3：死神永生》，重庆出版社2010年版，第382页。

让人类具有了存在的意义。如果仅停留在“自我保存”的“活”,人就仅剩下类似于虫子一样的尊严。太阳系最终灭亡了,但仍然留下了火种,无论是程心还是星际舰队,都见证了人类曾经的历史。虽然他们不再是地球人,不再是太阳系人,蜕变成太空生物,但他们仍然具有“人”的要素。虽然他们最终被抛入了新的自然状态,但仍然提供了新的离开自然状态的可能,提供了新的“生”的可能。

从《三体》提供的人类社会图景中,我们看到,对人性的不同理解,对“生”的不同认识,产生了不同的法律体系和原则。而对人性及德性的片面理解则会带来深重的社会危机。因此,只有在更广阔的层面上重新理解“生”的意义,才可能重新理解自然人类的政治社会和法律。西方的柏拉图,从人的灵魂角度出发来理解人的“生”与“活”,尤其是以灵魂不朽的观念突破了“活”的层面,从而引出不同的生命观和价值观,形成了西方古典最典型的有关“美好生活”的理解。它寄托于人德性上的优越,而非仅仅关注人或者政治体的存续。① 中国经典中,《易》有“生生”之德,对生有非常深入的理解;《论语》有“朝闻道,夕死可矣”;《孟子》有“莫非命也,顺受其正”。② 这些对生死的达观实际上是基于对生的深度理解。人类的法律最终来自对人类追求什么的思考。因此在生与未来法的问题上,也可以引入古典思想资源。古典理解的“生”指向“义”,指向“美好生活”。而现代,尤其是经过霍布斯和洛克,“生”指向了“活”或者说“活得舒适”。这

① 有关柏拉图对灵魂不朽与正义问题的讨论,也可以参见《理想国》第十卷的“厄尔神话”以及《法律篇》第十卷,这两部西方古典时期有关法律和政制最著名的作品,都诉诸于“灵魂不朽”的问题。

② 分别参见《易·系辞上》《论语·里仁》《孟子·尽心上》。其中关于“生生”之理,可参见丁耘:《道体学引论》,华东师范大学出版社2019年版。

使“自我保存”在霍布斯之后成了现代政治最根本的前提，由此引出的现代法律体系也从古典时期促进人的德性完满变成确保人的自我保存。

以“自我保存”来理解人类政治和法律，是霍布斯以来的基本出发点，也契合了科技发展与宇宙大发现可能带来的影响。我们畅想以科技为基础的未来世界的法律无法绕开这个原则。但是，借助人类既有的思想资源，可以尝试超出这点：上溯到人类更早对“生命”以及“人”的理解上，不仅仅从“活”的角度，也关注人类更高的“善”，展开对生的不同层次的理解。在这个意义上，未来的法律不仅可以由“自我保存”的“活”延伸而来，同样也应该考虑到更高的“生”。

［四］余论

《三体》提供的未来世界非常令人沮丧，它极大地削减了人的意义。但是，《三体》仍然有一些美好的东西，不管是三体人中那个友爱的联络员，还是最后有关云天明和程心的爱情，以及大家从各自的小宇宙中退出还回给大宇宙，都指明了一点曙光。但是，这种解释仍然立足于以地球的方式理解宇宙。如果进一步假设存在很多的宇宙，又可能重新回到黑暗森林法则，这个还回的宇宙，又可能赤裸地面对无数的枪口。当人的尊严被压缩到非常小的空间时，就像霍布斯把其政治思想建立在机械的唯物主义基础上时，法律就已经从辅助人的完满，转向了对人最低要求的保障。问题是法律仅仅甘于保障人的生存这一面吗？以权利为基础的法，终究有其限度，无法应对人类道德的各种层次。在以《三体》为代表的未来世界构想中，法律依赖于脆弱的威慑，就完全是科技力量的表达,缺少了人文的意蕴。如果仅仅立足于科技发展,必然会走向挤压人性。在这个意义上,像《三体》这样的科幻小说,既是一种对未来的畅想,又是对人境况的反思。它表达了人类处境的悖论,当人类的科技越来越发达,人的尊严却越来越渺小、越来越虚无。

从西方古典思想到现代,无疑也是这样的线索,其简朴版本就是卢梭的《论科学与艺术》。我们享受了科技发达的好处,但人却越来越渺小。未来世界或未来法也可能是立足于科技与人性的博弈关系上。科幻的意义既在于对科技的幻想,又在于提供更多的思考法与人性关系的空间。对未来法的思考,不得不回到对生命的追问,毕竟法律不仅仅是律令,它面对的是人,或者说是生命,而非机器。由此可见,科幻同时也应是回到生命本身的彻底反思。我们需要回到最初的对生命的理解,回到人类原初形态的思考,从其最初处理解生命的多种可能,即不能忘记生命本身的意义。《三体》幻想的多维空间,是否能够跳出这种科技与道德尊严的悖论,倒也是我们可以畅想的地方。

《法律和社会科学》(2022) 第19卷第2辑,第119~143页

《沉寂的星球》解读:现代人的思想困境与出路

罗 玥*

摘 要:C. S. 路易斯的空间三部曲之一《沉寂的星球》的核心问题,是对现代人思想困境的反思。路易斯以太空人类学的笔法想象并描绘了外星的异质文明与地球之外的宇宙统治秩序。这一对比反衬了人类社会剥削与战争等各方面问题,批判了强权政治与社会达尔文主义。主人公兰塞姆发现自己的真实处境、克服恐惧而成长的经历是寻求现代人思想出路的尝试。路易斯对文明延续与冲突的反思、对现代思想的检视、对古今之间天道观差异的洞见,这些在今天仍具有现实意义。

关键词:太空人类学 火星宇宙观 地球思维 道德律令

* 罗玥,广东技术师范大学法学与知识产权学院讲师。本文写作受到广东技术师范大学校级科研项目人才专项(项目编号:2021SDKYB002)的资助。作者感谢刘海川、杨砚、陈颀、肖文明等的批评和建议。

[一]引言

从乔治·威尔斯到刘慈欣,探索外星文明是科幻文学或电影常见的主题。当论及外星文明和宇宙秩序时,一类作品是将人类社会的现实生存法则推演至整个宇宙,而另一类则是设定和想象一个完全不同的异质外星文明和宇宙观。C. S. 路易斯的"空间三部曲"(又称"兰塞姆三部曲")就属于后者。无论哪种类型的作品,外星探索的议题往往出自于对人类自身生存处境及文明延续的忧患,而在此场景下展开个人与种族、生存与发展、地球与外星等不同面向的利益与价值的冲突,为反思人类社会的现实问题提供了可能。无论是硬科幻还是软科幻,尽管关于科学技术的想象是推动故事的必要因素,内核仍然是具有现实反思性的,这也是利用科幻文本进行法律与文学研究的一个起点。

路易斯的"空间三部曲"完成于"二战"时期,包括《沉寂的星球》《皮尔兰德拉星》《黑暗之劫》三部。三部曲围绕主人公兰塞姆(Ramson)在不同星球间的旅行及其同邪恶势力的斗争展开。① 本文将集中分析《沉寂的星球》。② 从叙事结构来看,故事起因于一次绑架——狄凡和韦斯顿绑架兰塞姆前往火星;因着一桩罪案——狄凡和韦斯顿开枪杀死了火星上的理性生物希洛伊;终结于一场审判——由火星主宰奥亚撒对三人进行审判,最终以三人返回地球结束全书。在本书中,路易斯构建了一个秩序井然、统治和谐的宇宙秩序,但将地球秩序作为反例排除在"正常"的宇宙秩序之外。他采用太空人类学③的笔法生动描绘了富有诗性、智识和高超技艺的三种火星理性生物族群的社会生活与文明形态,与狄凡和韦斯顿所代表的地球思维形成强烈反差。而主人公兰塞姆从最初被绑架至火星时感到恐惧和软弱,到与火星族群共同生活经历了文化冲击,最终在旅程结束时认同并接受了火星文明及宇宙观,并逐步克服了恐惧,自愿选择重返地球担当更重要的使命。

然而本书的意义并不止于一个太空人类学写作的经典范例或者个人成长故事,作者意欲讨论更重要的问题。本书对火星社会的宇宙观、统治秩序、家庭伦理、工作伦理等进行了全方位的描绘,并与狄凡和韦斯顿所代表的社会达尔文主

① 第一部兰塞姆被绑架来到火星,引出了其后一系列冒险故事;第二部是一个金星版本的夏娃被魔鬼诱惑的故事,是弥尔顿《失乐园》的反面版本的故事;第三部是一个现代巴别塔的故事。

② [英]C. S. 刘易斯:《沉寂的星球》,马爱农译,译林出版社 2011 年版,本文对该书的引用见正文夹注中的页码。

③ 参见 Sanford Schwartz, *C. S. Lewis on the Final Frontier: Science and the Supernatural in the Space Trilogy*, Oxford University Press, 2009, p. 19 – 52。雷蒙德·威廉斯相较于其他两种类型的科幻作品堕托邦(Putropia)和世界末日(Doomsday),更欣赏太空人类学(Space Anthropology)作品,认为其具有超越文化悲观主义的能力,是"真正有想象力和智慧的作品"。参见 Raymond Williams, Science Fiction Studies, *Utopia and Science Fiction*, Vol. 5, p. 203 – 214 (1978); Raymond Williams, Science Fiction, *Science Fiction Studies*, Vol. 15, p. 356 – 360 (1988)。

义及强权政治的地球思维进行对比,涉及包括爱与法律、权威与权力、牺牲与自私、守法与复仇等众多议题,贯穿始终的主线是对现代人的思想状况及困境的展现和反思。

本文将着重围绕《沉寂的星球》文本展开分析,第一部分分析狄凡和韦斯顿两个反面角色所代表的现代地球人的思维方式及其问题;第二部分顺着作者太空人类学的笔法,展开分析作者所描绘的火星世界,并与地球思维对比;第三部分分析主人公兰塞姆成长和蜕变的历程以及动因,展现从地球思维/现代人思维转变的可能性;第四部分进一步讨论作者在本书所反思的现代人的思想困境及出路问题,以及对法学研究的启发。

[二] 狄凡和韦斯顿:两类现代人

《沉寂的星球》的马拉坎德拉(火星)之旅由狄凡和韦斯顿二人肇始。在绑架兰塞姆前往火星之前四年,二人驾驶韦斯顿制造的飞船登陆火星,发现了火星上丰富的金矿。火星的主宰与守护者奥亚撒派遣了几名索恩(火星上三种理性族群之一),前往教授二人火星语言并邀请他们去面见奥亚撒、接受礼遇。然而二人害怕索恩,对奥亚撒避而不见,因此奥亚撒要求二人将人类族群中的一员带来相见,否则就不允许他们捡金子,这才引出绑架兰塞姆的后续故事。

狄凡和韦斯顿是西方帝国主义与殖民主义的代表,也分别是现代人的两类典型。狄凡是一个利己主义者和及时行乐者。他诡计多端、油滑肤浅、唯利是图,凭着自己的手段获得了世俗的成功。他到火星的目的很明确——为了获得火星上的“太阳之血”(金矿),而获得巨额财富的目的是个人的物质享受。他为了达到目的可以不择手段，绑架兰塞姆到火星的主意也是由他提出。相较之下，韦斯顿的形象更为复杂。他身材粗壮、声音洪亮，作为物理学家造诣已经很高——能够发明出星际旅行的飞船，在来回两次太空旅行中表现出极强的自律性。他不似狄凡那么粗鄙，而是满口宏大理想，被狄凡嘲笑为“一本正经的科学理想主义”。他来到火星的目的是为人类未来种族延续寻找可以殖民的星球。与狄凡的利己和享乐不同，韦斯顿关心的是人类文明生死存亡的大问题，他主张为更高的利益“献身”。然而路易斯却揭露在他看似崇高的理想及道德论述背后，是与狄凡本质相同的虚无主义和利己主义，只是披上了为“同类的利益”这样看似高尚的动机，实则比狄凡粗陋的物质主义更具危害性。以下是韦斯顿思想的具体体现。

首先，优胜劣汰的社会达尔文主义以及功利主义的计算。在最初选择同去火星绑架对象问题上，狄凡与韦斯顿有一番争论。二人将索恩要求带一名人类来火星的原因理解为索恩想要“食用”人类(或将人类献祭)，因此从一开始就怀着邪恶的动机绑架人一同飞往火星，二人的主观意图无异于谋杀，尽管奥亚撒的意图并非如此。他们最初的绑架对象是为他们工作的一个智障男孩。然而，出于利益考虑，狄凡主张绑架兰塞姆，因为兰塞姆社会关系简单，他是大学教授又身处假期之中，即使消失了，也不至于惊动警方而招致更大的麻烦。而韦斯顿起初坚持要选择那个智障的男孩。理由是他“不能为社会服务”，他甚至主张应该将男孩“交给国家实验室做实验”。在身为科学家的韦斯顿看来，衡量一个人是否有价值，是看他能够为社会做出多大的贡献——他甚至将此提高到衡量人之为人的标准上来。在韦斯顿看来，男孩只是个“标本”,因此将他绑架至火星,用他的生命来换取更高的福祉并不为过。

其次,自我献身的道德绑架。韦斯顿带着自我献身的口气说,“我们自己的生命也在冒险呢”,这是为了“伟大的事业”,言下之意是男孩的生命价值更为“微小”。这里透露出两层意思。第一层意思是,为了人类种族延续等更高的目标,可以牺牲较小的利益或价值,包括个人(被绑架者)的生命。通过目的崇高来正当化不正当的手段(违背当事人意志的绑架行径)。第二层意思是,“我”也在冒险,因此要求其他人也仿效,即以“牺牲自身”的行为来为更“伟大的事业”做出贡献。① 最终韦斯顿同意将已经被麻醉的兰塞姆搬入航空器,他自我说服,认为即使兰塞姆醒来,也会同意以自己的生命参与这场为了人类前途命运而进行的冒险。而当兰塞姆在飞船中醒来后,质问韦斯顿“凭什么绑架我”,韦斯顿则再一次搬出这一套“自我牺牲”的说辞,“小的权益必须让位给大的事业”。他开导兰塞姆“思想不能这么狭隘,只想着个人的权益和生命”,批评他过于“利己”,要求他“自我献身”。他用很多宏大的词语如“永恒”“无限”,来描绘他们所作的事是人类、宇宙历史上前所未有的。

最后,强权政治。兰塞姆在逃脱了二人的控制后结识了火星理性族群贺洛斯的成员希洛伊,与贺洛斯社群共同生活了一段时间。在一次与贺洛斯共同猎杀火星上危险的水中野兽贺纳克拉之后,被狄凡与韦斯顿从远处的丛林中发现,二人放冷枪射杀了希洛伊,二人也因此被贺洛斯带到奥亚撒面前进行审判。当无法被人类肉眼直接看见的奥亚撒审问

① 这一套逻辑在科幻文学中并不鲜见。换一种说法是,在人类生死存亡的问题上,应该以“种族”为单位来思考。

他时，经过科学“祛魅”后的韦斯顿无论如何不肯相信超自然的存在，他执着地选择无视奥亚撒的存在，而坚定地相信这只是某个年老贺洛斯的巫术，因而拿出殖民者对待土著民的一套强权政治。为了证明他绑架同类（兰塞姆）、射杀贺洛斯的正当性，他发表了一番演说，主张因为人类文明更为优越和强大，有能力征服在他看来文明发展相对缓慢的火星，因此为了人类文明存续而征服其他星球就有正当性。

然而这一强权政治的正当性基础值得怀疑，在最初得知自己被绑架时，兰塞姆坚决地反对韦斯顿这一套功利主义的说辞，称他“对这类事情一向不能苟同，包括活体解剖”，①他认为韦斯顿的想法是疯狂的——包括要求他人献身和殖民外星物种。兰塞姆抨击韦斯顿“认为自己此时此地有资格作任何事”仅仅是因为人类文明比外星文明更加进步，而这并没有为韦斯顿将社会达尔文主义延伸到星际之间提供实质的正当性依据。显然，仅仅功利主义的计算并不能回答何以在面对种族存续的问题时个人生命就是更小的利益而可以被牺牲，或者外星生物的生存就应当让位于人类；另一个问题是，何以韦斯顿，或者任何人，有资格这样去做，其权柄的依据何在？在《皮尔兰德拉星》中，韦斯顿曾避重就轻、掩饰罪行地解释说，他看见希洛伊的动物形象，认为他不过是野兽，所以才开枪射杀他。然而面对一个不同身体形象，甚至外表类似动物的全新的外星生物，即使是不会理性思考的动物，人类是否就有权任意妄为？路易斯在《皮尔兰德拉星》中对韦斯顿残忍对待金星动物的行为与金星女主人精心爱护动物的行为的强烈对比描写，以及在《黑暗之劫》中对大

① 路易斯反对活体解剖实验以及残害动物，参见［英］C. S. 路易斯：《痛苦的奥秘》，林菡译，华东师范大出版社学 2013 年版，第 135-151 页。

批动物活体解剖实验惨状的侧面描写,无不表达了对此的批评和质疑。

事实上狄凡和韦斯顿同样信奉强权政治。狄凡更为看重权力背后的利益,深谙如何玩弄权术而从中获利。他也更为见风使舵,在奥亚撒面前很快认清情势,在明白韦斯顿那套对土著人的殖民策略不起作用,而奥亚撒的能力更大时,他转而讨价还价,斗胆在奥亚撒面前要价:只要给他们更多的太阳之血他们就会返回太空。奥亚撒对狄凡的评价是一个"被打碎了的贺瑙"("贺瑙"是太阳系中理性生物的总称),"他除了贪婪,什么也没留下",即他失去了作为理性物种应有的尊贵与德性,而只剩下动物性的逐利。

而对韦斯顿的评价是"一个被扭曲的贺瑙",他所能做的坏事比被打碎的贺瑙更多。所谓"扭曲",是指他不似狄凡唯利是图,尚存作为贺瑙所应知的基本法则之一,即对"同类的爱",然而即使是此种爱也是被扭曲的,韦斯顿口中对人类的"爱"是空洞、虚弱且自相矛盾的。韦斯顿声称他关心人类的存亡,将不遗余力延续人类文明/思想/生命,或称人类的种子,而不在乎身体的形状。可如果仅仅关心的是思想,那么他"不管在哪里遇到贺瑙都会爱他们",因为尽管身体不同,贺瑙却同样拥有理性思维。而如果仅仅关心的是人,那么他应会爱护完整的个体人。然而从韦斯顿射杀贺洛斯、绑架兰塞姆的行径看来,上述两者都不是。因此他所说抽象的人的"种子"并没有清晰的实质含义,而不择手段追求的所谓"人忠于人类"或人忠于自己所属的族群,或者人忠于人类(种族)文明延续,已然变成了"为了延续而延续"的意识形态,结果则可能是灾难性的:对同类生命的残害,以及对外星(异族)生命的屠杀。

[三]火星社会:爱与权威的秩序

与狄凡和韦斯顿所代表的地球思维相对比,路易斯用太空人类学的笔法,从兰塞姆的视角描绘了火星社会及其背后的宇宙观。① 兰塞姆是带着固有的世界观和思维方式进入火星的三个理性族群中的,他想要弄清楚他们的政治生活和经济结构,不想反被他们进行"文明启蒙"。

兰塞姆逐渐勾勒出火星生物公认的不证自明的"野兽-贺瑙-艾迪尔-马莱蒂"这一完整的宇宙统治秩序。人类与火星上的三类智慧物种类似,同属于"贺瑙"这一族类。贺瑙生活在不同的星球上,尽管各自样貌不同,但都有肉身的身体,能繁衍,会死亡;但又区别于其他无理性的野兽,他们有智慧和情感。除了贺瑙之外,宇宙中还存在另一类智慧生物叫做"艾迪尔",艾迪尔不繁殖,他有身体,但是一个不同的身体——能活动得极快因而能够同时存在于所有地方的身体。艾迪尔的身体很难看清,光线能穿透,而同时艾迪尔的身体能够穿透墙壁和岩石。"快到极点,反而静止不动,身体至真至实,反倒不再是身体"。是在火星建成时起被马莱蒂派来统治这个星球的,是火星所有土地上最伟大的艾迪尔。奥亚撒不住在任何一个星球,而是住在太空中。年轻的马莱蒂是整个宇宙世界及万物的创造者和主宰者。不同层

① 路易斯强调不仅通过时空旅行,还要通过让读者进入另一个维度,来认识完全不同的思想模式。参见 C. S. Lewis, *On Stories*, in C. S. Lewis & C. Staples eds., On Stories: And Other Essays on Literature, Houghton Mifflin Harcourt, 1982, p. 12。路易斯建构的宇宙秩序参照了中世纪的宇宙模型,参见[英]C. S. 路易斯:《被弃的意象:中世纪与文艺复兴文学入门》,叶丽贤译,东方出版社 2019 年版,第 3-15 页。

级的生命拥有不同的权柄,他们清楚各自的权柄界限而不滥用,在对狄凡和韦斯顿的审判中,即使是奥亚撒也拒绝越过自己的权柄来收回二人的肉身,而是将他们遣返地球,因为他们不是他的贺瑙。井然有序的宇宙统治秩序最终由马莱蒂主宰,但有一个例外——地球上的统治没有遵照这个秩序,而是无序而混乱的。

在火星上生活的贺瑙分为三个智慧族群:索恩、贺洛斯和皮特里奇。索恩生活在火星上的高原地带哈兰德拉,擅长畜牧,善于掌握各种高深的知识,是优秀的学者。他们的外表白色,身形又瘦又高,是人身高的两三倍,面部形象是三个族群中最为接近人类的。贺洛斯的形象更像动物,有油黑发亮的皮毛,身形瘦,会游泳,如同海豹,居住在火星的峡谷低地之中,以农业及捕鱼为业。幼年的贺洛斯性情愉悦,单纯可爱;而成年的贺洛斯内心细腻、充满诗性,他们是火星上的诗人族类,擅长诗歌和音乐,这真与他们貌似动物的外表形成反差。正因如此,他们的语言也为其他两个族类掌握,成为火星上的通用语言(古太阳系语)。皮特里奇住在森林里,他们身形像青蛙,手臂有力,擅长各种手工劳动,在矿井里挖掘各样的矿石,其中包括狄凡所觊觎的太阳之血(金子),用以制作各种精巧的手工制品。火星以及宇宙的历史,也借由皮特里奇的作品讲述给后来的世代。

关于统治问题,兰塞姆曾猜测,在火星上的三种贺瑙中,索恩是最为有知识的,贺洛斯是农夫和渔夫,而皮特里奇是能工巧匠,因而有可能出现索恩统治其他两个种族,强迫他们为自己工作的现象。然而事实却是索恩并不因为自己的知识就觉得高人一等,相反三个种类的贺瑙都以各自不同的能力为奥亚撒服务,奥亚撒才是他们真正的统治者。而兰塞姆转述的人类历史上的战争、奴役和卖淫，让索恩们惊得目瞪口呆。索恩的解释是，“统治是必需的，可是生物怎么可能自己统治自己呢？野兽必须受贺瑙统治，贺瑙受艾迪尔统治，艾迪尔受马莱蒂统治”。也就是说，统治才能产生秩序，但正当的统治是基于权威，而这个权威是来自宇宙秩序的基本规则。人类的问题则是因为人人都想做奥亚撒（统治者），却缺乏统治的正当权威，又不接受原本的真正的统治者的统治。换句话说，人人都是自我中心和利己主义，想要掌握权力，让他人为自己服务。

兰塞姆观察到贺洛斯社会并非用“犯罪—惩罚”的法律来维持，复仇现象也不存在。在贺洛斯的语言中，并没有“坏人”的概念，最接近的概念是“歪人”，大意是偏离了正常状态的人，而这样的歪人非常少见，甚至只在诗歌中出现。火星族群喜乐地接受并顺服于奥亚撒和马莱蒂的统治，尊重他们的权威和命令。因此，在他们中间并不存在违法犯罪以至受惩罚的问题。但这并不意味着在他们心中没有一种“律”的约束，相反，正是因为他们的性情和思想与这个“律”（或者称为道德律、权威秩序等）完美地契合，所以他们可以毫不费力地守法，将守法变成一种爱的行动，表现在外就是权威分明、秩序井然的社会形态。当兰塞姆与希洛伊、韦恩等其他贺洛斯一道准备族群盛事——猎捕水中怪兽贺纳克拉之前，他们遇见了一个前来传递火星主宰奥亚撒讯息的艾迪尔，告知兰塞姆应当去麦迪隆见奥亚撒，否则被从地球来的另两个同类在别处发现他就会有灾难。对于这一讯息，希洛伊的反应是应当立即遵命，尽管由此可能非常遗憾地失去等待已久的猎杀贺纳克拉的机会，但他更看重听命。在希洛伊被射杀之后，同伴韦恩尽管悲痛，但他并没有选择人类可能会采取的复仇方式,而是理性地选择将凶手交给真正有权审判的权威,即火星的主宰者奥亚撒,因为他知道自己并没有审判的权柄。他是非分明,没有埋怨兰塞姆连累了他们,或者不分青红皂白将罪责归在"人类"这个种族上,而是催促并安排他按照奥亚撒的吩咐上路。从这个角度来说,贺洛斯的确是配得上贺瑙(有智慧的物种)这个名称的。

关于种族问题,三个物种在火星上和谐共处,承认彼此的不同,可以调侃彼此的差异,但没有不尊重或奴役现象。索恩的观察也发人深省:地球上只有人类一种贺瑙生存,"这肯定对我们的同情心的狭隘,甚至思想的狭隘有着深远影响"。事实上,兰塞姆到达麦迪隆后,亲眼看到三个族类同居一室时,才能亲身体会到火星上种族多元带来的相互尊重包容、彼此欣赏以及特有的幽默感。

在家庭伦理方面,贺洛斯是天生的一夫一妻制,对爱的理解是节制、诗性的。贺洛斯仅仅在生命中的一两年中繁育后代,地球上人类的乱性和无节制的繁育在这里极其罕见。兰塞姆仿佛看见了在地球上所期盼的理想社会形态,而这一切对贺洛斯而言又是非常自然的。他们谈到了爱,包括对生儿育女的爱之体验,和对贺洛斯的天敌——水中野兽贺纳克拉的爱。贺洛斯满足并享受与伴侣共同生育和抚育后代,在回忆中珍视并完满这种一生一次的爱的乐趣和体验。正是爱,而非律法,维系着贺洛斯家庭和社群生活。

而对于敌人——水中野兽贺纳克拉的爱,则反映出贺洛斯勇于冒险的英雄主义情怀和无惧死亡的生死观。正是因为有贺纳克拉的危险存在,才激起了他们的勇气,自我成长、迎敌而上,生命才得以成熟。然而,对可能的死亡后果,贺洛斯并不担心,他们可以直面死亡,因为死后的归宿是在宇宙的主宰者马莱蒂那里。比起死亡，他们更看重的是德性。“让一个贺瑙感到难过的，不是周围世界上出现的几次死亡。给世界抹黑的是一个坏的贺瑙。”而这里的坏，显然是基于一个更高的道德标准，而不是人类意义上普通的犯罪。

兰塞姆与皮特里奇探讨了“工作”与“管理”的问题。兰塞姆的疑问是，是否会有一部分皮特里奇被强迫在矿井里从事挖掘工作？就像地球上一样，一部分人迫于生活从事辛苦的矿工工作，而工匠们则无须亲自下矿。皮特里奇的回答却是，所有的矿井都是敞开的，这是大家分担的工作，但每个人都是为了挖掘自己想要的东西，因为工匠只有深入矿井才能辨别各种矿石，从而做好自己的工作。没有谁强迫他们工作，除了他们的“女人”。换句话说，皮特里奇辛勤的工作是出于对工作的热爱和专业精神，也是出于对爱人和家庭的责任感，而这一切都是自愿的。这里的工作形态超越了生产过程的异化，似乎与马克思描述的共产主义社会按需劳动的图景相似。①

从上述的各方面可以看出，维系火星和谐有序的社会秩序的根本可以归结为“爱与权威”的法则。火星的统治秩序权威分明，只有拥有更高智慧的生命才有权统治拥有较少智慧的生物。而这一统治并非建立在强权之上，火星生物心中有不证自明的法则，他们自发地尊重上级权威、重视听命，而做到这一切并不难，因为他们天性如此。同时还有爱的法

① “而在共产主义社会里，任何人都没有特定的活动范围，每个人都可以在任何部门内发展，社会调节着整个生产，因而使我有可能随我自己的心愿今天干这事，明天干那事，上午打猎，下午捕鱼，傍晚从事畜牧，晚饭后从事批判，但并不因此就使我成为一个猎人、渔夫、牧人或批判者。”参见［德］马克思、［德］恩格斯：《德意志意识形态》，载《马克思恩格斯全集》第 1 版第 3 卷，人民出版社 1960 年版，第 275-276 页。

则,包括对合法权威的尊重和敬爱,以及对同类和其他族类的友爱,甚至对敌人的爱。宇宙的创造者和主宰者慷慨供应一切生物的生存所需,火星管理者奥亚撒也爱他的贺瑙,三个族群之间也彼此友爱分享。相形之下地球的社会秩序实属异类,很多在地球人看来可能习以为常的社会结构和思想观念显得怪异和扭曲,这也是兰塞姆在贺洛斯等火星族群面前不自觉地羞愧的原因之一。而发生在火星上的希洛伊被杀一案则更是与如此美好和谐的火星社会格格不入,以至于令人震惊和伤恸。

各种反差迹象也衬托出地球是那个和谐宇宙秩序中的例外。原本以为来到了死寂、无生命的太空世界的主人公兰塞姆,在旅程之中却发现原来自己一直生活的地球才是原本有序和谐的宇宙中那个出了问题、被隔绝的地方——"它独自位于太空之外,没有消息从那里传来"。图尔坎德拉,古太阳系语中的地球的本名,原来就是"沉寂的星球"之义。沉寂的原因不是因为没有人或生物居住,而是因为与那个原本充满生命力、友善的、美好的、灵性的宇宙世界隔绝了信息。

[四] 兰塞姆:克服恐惧而成长

本书书名为"飞出沉寂的星球"(Out of The Silent Planet),包含了两层意义,一是明指兰塞姆飞出地球来到火星的太空之旅,二是暗指通过兰塞姆的成长经历寻求现代人思想困境的出路。在跟火星族群共同生活后,兰塞姆才发现原来自己不仅对火星不了解,对自己所生活的地球也知之甚少。"发现自己的真实处境"和"克服恐惧",是兰塞姆火星游历及成长的两条线索,也是路易斯对现代人思想困境的出路的探素。与狄凡和韦斯顿相同的是，兰塞姆也深受现代思想的影响，现代科学塑造了他的世界观，现代文学限制了他的想象力，他对社会秩序及结构的认知仅限于地球上的现状。与狄凡一心逐利的贪婪和韦斯顿执迷于挽救人类文明的宏大理想不同，兰塞姆的地球思维在火星上发生了质的蜕变，以至于真正实现了"飞出沉寂的星球"。

恐惧及其克服是本书着重处理的一个主题，路易斯在书中描绘了不同的恐惧感。① 其中一种是脱离日常生活的掌控而不得不面对未知的恐惧。兰塞姆最初的恐惧是在发现自己坐在飞离地球的飞船上时，"他甚至不知道自己恐惧的是什么"，而恐惧已经占据了他的思想。在逐步适应飞船生活后，兰塞姆渐渐成为三人中的管家和厨子。而恐惧和不安的情绪之所以被搁置，一个重要原因是兰塞姆在飞船上所感受到来自太空的光，以及光所带来的奇妙的医治效果。旅行中兰塞姆本有的恐惧和焦虑，因着光照被一种"极度喜悦"的体验占据，让他无暇思考即将到来的处境。兰塞姆原先被现代科学和科幻文学所塑造的对太空的想象——"外太空是黑暗、寒冷的"，被他实际的体验松动了。② 路易斯笔下的太空因着光而充满了生命力和灵性，带着超自然的治愈效果，这是从文学想象的角度对现代自然主义的拒绝和颠覆。

第二种恐惧来自兰塞姆对并未谋面的索恩的可怖想象。

---

① 路易斯对恐惧的描写和处理与他参加一战的经历及本书写作时 20 世纪 30 年代的社会背景相关，参见 Sanford Schwartz, *Lewis on the Final Frontier: Science and the Supernatural in the Space Trilogy*, Oxford University Press, 2009, p. 31-32。

② 路易斯描绘了一种与 H. G. 威尔斯作品完全不同的充满生命力太空状态，由光源源不断注入生命力，用"世界的子宫"来比喻才更为恰当，而原本表示"死寂"的"太空"（Space）一词似乎成为一种亵渎，因此路易斯引用弥尔顿的诗句，说明其实用"天"（Heaven）一词来表示"太空"更为准确。

得知自己被绑架是为了“献祭”给火星上的未知生物索恩后,他在头脑中想象了索恩的各种可怖的怪物面目,这种恐惧感如此强烈,以至于他决定可以面对死亡(自杀),但不能面对索恩。对于死亡的理性恐惧可以控制,而这种“非理性的,对怪物的生理恐惧”却难以控制。而这种恐惧的消退是因为兰塞姆被狄凡等押送去见到索恩的面目,发现他并不是想象中的巨型怪虫或爬行动物——想象被现实打破了。忘记了威尔斯的奇幻作品后,他回到了一种“更为原始的、几乎是孩童的恐惧之中”,而这又是来自对神话中的怪人的想象。但他此时已经放弃了自杀,决定抗争到最后一刻,因此开始了逃避索恩的逃亡。对索恩的梦魇直到兰塞姆真正面见了一名索恩,并且体验了他的友善后才完全散去。除了对兰塞姆恐惧的直接描写外,路易斯还通过三位人类角色间接描述了人类的其他恐惧,如对资源稀缺的担心、对未来处境的担忧、对死亡以及文明终结的恐慌等,以及由于恐惧而引发的彼此掠夺与战争。

兰塞姆对恐惧的克服是从发现自己对火星想象的错误开始,逐渐认识火星族群的文明和宇宙观,与之相伴的是发现自己生活的地球的真实处境。兰塞姆的逃跑开启了他在火星上的独自旅行和生活,他刚降落火星时,已然发现这个星球是美丽的,有“真正”的蓝色的水域,垂直主题的波浪和山谷——对应了火星上引力较小,还有高大如树的紫色蔬菜。真正见到了火星的样貌后,他才慢慢摆脱了此前被书本制约的“现代想象力”。当他独自在火星上旅行时,可以以一种更加真实而本源的状态生活,卸下人类社会中的伪装,尤其是在与狄凡和韦斯顿相处时的社会人的伪善。直到他遇见火星上的另一个智慧物种贺洛斯的成员希洛伊,与他成为朋友,并开始了在贺洛斯社群中的生活,亲历了他们的爱与内心安宁,他才在希洛伊死后有勇气再次踏上了独自旅行之路并最终面对索恩和奥亚撒。

兰塞姆初见希洛伊时,因为对方动物似的外形而感到惊慌,但听出对方会使用语言后,又激起了他专业上的梦想与野心——他想象了对火星语言的各种研究。因着语言,二者开始交流。但此时兰塞姆还很难自然地接受贺洛斯作为一种外表符合动物标准、却拥有语言和推理的新的理性物种。兰塞姆在与贺洛斯朝夕相处的日子里,渐渐学习了贺洛斯的语言,也了解了这个种族的文明。贺洛斯的天文知识比兰塞姆还要多,他们知道地球的方位和名字:图尔坎德拉,意为寂静的世界或星球。相形之下,兰塞姆却对火星一无所知,而对地球也知之甚少。在贺洛斯面前,他不自觉地感到羞愧,因而决意隐瞒一些关于人类战争和工业主义的情况,并隐瞒他是被韦斯顿和狄凡带来献给索恩这件事。这个隐瞒或许是出于维护人类形象的动机,也或许是出于自尊,但也间接导致了希洛伊被杀害。

猎杀水中野兽贺纳克拉是贺洛斯族群的盛事,可以说是每个贺洛斯的成年礼。原本胆怯逃避的兰塞姆,被贺洛斯充满英雄主义的诗歌和音乐激荡,更是由于这些时日与贺洛斯共同生活而受到感染,鼓起勇气与信心参与贺洛斯的捕猎行动。“不管发生什么事,他必须显示出人类也是贺瑙”,而贺洛斯显然也把兰塞姆放在尊贵的位置加以礼待。在兰塞姆与贺洛斯共同猎杀贺纳克拉之前,他们收到了艾迪尔的讯息,希洛伊决定立刻遵命送兰塞姆去麦迪隆见奥亚撒。但兰塞姆却不忍放弃捕猎,而这更多是出于想要在生命中创下一个壮举的自我冲动。就在这时,贺纳克拉出现了,容不得他们再犹豫,于是大家立即投入了战斗,战胜了贺纳克拉。兰塞姆在与贺洛斯共同杀敌后,对贺洛斯产生了一种惺惺相惜的共鸣和同类感,克服了此前难以接受贺洛斯是理性物种的感觉。然而就在兰塞姆情感升华的同时,他们经历了悲剧。随着一声枪响,希洛伊被一颗从英国来福枪射出的子弹击中倒地。兰塞姆知道这是来自他的两个地球同伴。这从远处林子里暗地放枪的行为,比起刚才经历过的惊心动魄的杀敌行动,实在是鬼鬼祟祟、阴暗卑下的罪行。兰塞姆刚感到了同类之情,却又马上失去这个兄弟般的同伴,他此时慌忙放下了一切为人类罪恶行为掩饰的企图,承认自己的族类很"坏",给马拉坎德拉带来灾祸。然而希洛伊并不在意这些,而在死前告诉兰塞姆,他是杀敌英雄。这无疑是对兰塞姆最大的谅解和宽慰。对于希洛伊之死,兰塞姆充满了对韦斯顿和狄凡的愤怒。然而希洛伊的同伴韦恩对悲剧的发生却有不同的解释,"所有这些都是因为没有听从艾迪尔的话",并让兰塞姆及时去奥亚撒那里。可这时的兰塞姆担心如果自己就此上路是否会在贺洛斯面前背负一个"逃跑"的骂名,以后自己就无颜见他们,韦恩却宽慰他,"你怎么想不重要,重要的是艾迪尔怎么说"。而对于两名来自地球的凶手,韦恩则称会将他们带到奥亚撒面前(进行审判)的。

可以看出,兰塞姆和贺洛斯的思维方式有很大不同。无论是决定自杀、逃避索恩,还是隐瞒人类罪行、不忍放弃猎杀行动、对重新上路的犹疑,兰塞姆内心深处都是围绕自我出发,或是为自我保护,或是为自我颜面,等等。而在贺洛斯那里,自我并不是一个困扰而影响做出正确的决定。他们考虑的是做对的事,比如听命于奥亚撒。共同猎杀贺纳克拉的经历,唤起了兰塞姆的勇气和作为理性生物(贺瑙)的尊严感;

而在希洛伊之死上，兰塞姆经历了贺洛斯族类的宽恕之爱，这是触发他情感和意志转变的重要因素。来自贺洛斯的尊重、宽恕与爱让兰塞姆下决心选择做对的事情，即听从艾迪尔传达的命令，决意独自上路面对未知的索恩和奥亚撒。

此行需要经过索恩所居住的寒冷高地，并借助索恩的帮助才能到达奥亚撒所在地麦迪隆。所以，他不得不面对自从降落火星以来一直逃避的索恩了。而他此时的心理已经发生了变化，他从意志上已打定注意，“从此以后听从贺洛斯或艾迪尔的话”。路途中，他用人类的视角再次对火星的社会结构提出了一些疑问，并对艾迪尔和奥亚撒是否存在产生了怀疑。尽管如此，他决意不再逃避：完成任务，走到麦迪隆。当他真正面对索恩时，已然没有了害怕，他受到索恩温暖的接待，事实上他坐在索恩的肩膀上一同奔向麦迪隆。最后他亲眼见到（或感受到）了奥亚撒，火星主宰奥亚撒在对兰塞姆的审判中首先问的问题就是“你害怕什么”、为什么要逃避来见我。兰塞姆已意识到自己的恐惧和害怕是来自人类文学对太空生物“邪恶”的描述，而这样的幻想可能是出于人类现实的心理投射，但并不一定是符合事实的。此时兰塞姆已可以放下一切的伪饰，坦然地面对奥亚撒的审判。从奥亚撒那里，他得知了地球变为“沉寂的星球”的历史，以及此时地球及太阳系正在发生的变数，在可以选择留在他心所向往的火星世界的情况下，他最终仍然决定重返地球以担当更重要的使命。这表明他已经有勇气面对恐惧和未知，包括返程的极端艰险以及未来可能的争战。

兰塞姆的成长伴随情感转变与视角转换。他在飞船上发觉了自己未曾意识到的与狄凡的彼此憎恨，最初也不能从情感上接受火星生物不同的外形。而随着兰塞姆逐渐转换视角,他的情感也转变、升华:从一种在地球上仰望星空的视角,变成了从火星上观看地球的视角;从对火星生物最初情感的排斥,升华为对他们的爱,并且也产生了对人类同类的爱。而从思想层面看,这个视角转换是伴随兰塞姆的思维走出地球,能够深深理解及认同并不自觉地运用了火星生物的世界观而实现。如果说他从前仍带着地球人的思维看问题,那是"只缘身在此山中",而走出洞穴后他能够客观地审视自己族类的问题。这是带着对自己族类深深的同情和同感,这也是为何他羡慕和想念火星的生活,但却最终决然选择经历危险返回地球的原因。至此兰塞姆已完成了蜕变。

[五] 文明延续与首要的事

狄凡、韦斯顿和兰塞姆是现代人不同类型的写照,而兰塞姆走出洞穴又重返洞穴的成长的经历是路易斯对现代人思想出路的一个探索。路易斯曾总结现代人思想的困境:自然主义、虚无主义和无意义的世界观与人心灵中对意义和价值的渴望产生张力。一方面通过科学的"祛魅",现代人仅仅相信大自然(也是科学研究的对象)为唯一的实存。而建立在达尔文主义之上的自然法则最终将人类的一切活动回归到原子与原子的碰撞及物质的交换等生物学的活动上。此种原初无意义的活动无法产生并解释人类作为理性生物对德性、价值及意义的本能渴望和追求。① 另一方面,现代哲学尤其是分析哲学的发展,已经逐步解构了主体、客体以

① [英]C. S. 路易斯:《生活在核弹时代》,载 C. S. 路易斯:《切今之事》,邓海军译,叶达校,华东师范大学出版社 2015 年版,第 119-132 页。

及意义本身,所剩的仅仅是虚无空洞的宇宙。① 在这一哲学前提下,如果要求并未提供意义与价值的宇宙提供意义与价值,无异于一种自我折磨,最终会导致人心灵的崩溃,结果可能是自杀。或者选择干脆放弃对意义与价值的寻求,只专注于及时享乐,正如狄凡一样。②

第三种选择则是在无意义的宇宙中自我创造意义,不去追问是何种巧合产生了我的存在,我既然在这里就按照人类价值活着,并继续战斗。这似乎是韦斯顿的选择,他坚持自己所谓拯救人类文明的理想,无视奥亚撒所有星球终将终结的警告,而选择抗争和继续战斗,但无法解释其意义何在。这也使他无法也不可能面对真正的终局,而最终无法与之和解。而奥亚撒说这会导致灾难,暗示了可能导向星际的冲突和战争。③ 事实上,当不得不面对不在自己掌控的可能的终局时,正如当三人返回地球途中遭遇危险可能归途无望时,韦斯顿如孩子般失控地哇哇大哭,无法冷静地面对现状。

本书展现了狄凡和韦斯顿的选择都不是出路,狄凡的享乐主义和物质主义抛开了人是理性生物这一命题,排除了对真理或形而上问题追寻的意义。而韦斯顿的选择则更值得讨论。韦斯顿有理想有立场,愿意为人类文明延续而献身,然而路易斯在本书中问了两个问题:何为人类文明延续?为何一种文明要永远存续?这其实是对意义和价值的追问。

---

① [英]C. S. 路易斯:《空荡荡的宇宙》,载 C. S. 路易斯:《切今之事》,邓海军译,叶达校,华东师范大学出版社 2015 年版,第 133-142 页。

② 即《论三类人》中的第一类人,以及《生活在核弹时代》中自然主义所带来的第二种选择。[英]C. S. 路易斯:《切今之事》,邓海军译,叶达校,华东师范大学出版社 2015 年版,第 22、126 页。

③ 自然主义所带来的第三种选择,参见[英]C. S. 路易斯:《切今之事》,邓海军译,叶达校,华东师范大学出版社 2015 年版,第 126 页。

对于第一个问题,上文分析已经展现所谓文明延续在韦斯顿那里其实是抽象、空洞而无实质含义的。其问题根源在于,在一个宇宙自身无意义的前设下,如何从无意义、无目的的宇宙中推演出真正的价值和意义?这里存在逻辑的矛盾。事实上,在现代人抽空了一切客观价值的世界观之下,只剩下功利主义计算和强权政治,从中无法再创设出实质的意义和价值,因此文明的延续最终只变成社会达尔文主义下的优胜劣汰。然而丛林法则无法回应的是地球文明消灭外星文明而实现自身延续的正当性。

因此需要回答第二个问题。在奥亚撒对韦斯顿的审判中提出两个思考,帮助我们跳出韦斯顿的思维模式。第一,如果世界的终局是所有的星球终将终结,所有的文明都不会永远存续,那么我们该如何面对?第二,是否还有比一种文明永远存续更重要的事存在,而这个首要的事是什么?① 对于前者,奥亚撒的回答是,人类看到了文明终结的终局,但却没有勇气去面对,因此在恐惧的驱使下向外星殖民扩张。而这一后果可能是灾难性的,正如本书所描写的:贺瑙流血。这也是路易斯对两次世界大战的反思。对于后者,奥亚撒说,韦斯顿行为是出于对同类的爱,然而爱同类并不是最重要的法则,而且这一法则在韦斯顿那里也是被扭曲了的。书中并没有明指更大的事是什么,奥亚撒说"我们这里有一条法则,不要跟别人谈论规模或数量,即使索恩也不例外……这会使你对虚无顶礼膜拜,而对真正伟大的东西视而不见"。暗示这更大的事其实在有心人那里不言自明,仰望星空或俯视内心,都能找到答案。路易斯指出,这并不是意味着文明

① [英]C. S. 路易斯《切今之事》,邓海军译,叶达校,华东师范大学出版社 2015 年版,第 132 页。

延续不重要,而是有更重要的事需要重视,而文明延续的答案和希望在重视首要的事的人那里。

事实上对上述问题的回答,本书提供了两个例证。其一是火星的历史和现状,火星曾面对文明终结,而做出了另一种选择:以平静和安宁代替恐惧和逃避来面对将来的终局,从而避免了贺瑙间残杀流血的灾难。在地球还没有生命之前,曾经主宰地球的奥亚撒变得邪恶,试图摧毁所有的星球。他使得寒冷侵袭了火星的高地,许多贺瑙死亡,但这还不是问题的关键——马莱蒂并没有赋予他们长寿之躯。问题在于邪恶的奥亚撒将恐惧植入火星贺瑙的脑海——与现今的地球人一样,“有足够的智慧看到死亡逐渐靠近,却没有足够的智慧去承受它”。他们完全有能力制造飞船,于是酝酿外星侵略和扩张的计划,但马莱蒂通过火星的奥亚撒阻止了他们,他们中有的被治愈,有的被收回了肉身。如今在火星寒冷不宜生存的哈兰德拉高地上,还留有当时寒冷侵袭所留下的景象以及古时生物的化石,而一同被留在高地上的还有恐惧以及因恐惧而起的谋杀和叛乱。不让恐惧主宰我们的心灵,这是探讨文明存续问题的一个关键提示。剩下的火星贺瑙为数不多,他们生活在一个比地球更为古老也更加接近终局的星球上,但他们无惧死亡,也知道自己的终局。

第二个例证即兰塞姆的经历为如何克服恐惧提供了参考。他原本具有现代人深深的思想烙印,但却走出了洞穴。在飞出沉寂的星球之后,他看到了“另一个世界”的可能,也发现了自己的真实处境。路易斯的很多作品都是在着力描绘另一个世界,让人心生向往。这样的文学手法让读者得以借着想象力走出日常思维的惯性,反思自身思维的基本前设。书中火星社会及其宇宙观一方面反照出人类社会强权政治、奴役剥削、战争、滥性等对宇宙法则或路易斯所称"天道"(Tao)的背弃①;另一方面也促使兰塞姆反思自己所接受的现代人思想。路易斯指出恐惧、失去内心的安宁是现代人思想的一个特征,这也是废弃、悖离古人所公认的天道的结果。与同时代的具有强烈科学主义和现代色彩的科幻作者威尔斯不同,路易斯主张重新回归古老的智慧。他认为是否承认天道的客观存在,是今人与古人思想的最大区别,而天道在不同的古代文明中有不同的表现形式和论述,但具有相同的内核,即承认宇宙秩序的基本法则的客观存在。路易斯挑战和批判主观主义、相对主义、实用主义这些今人的主流思潮。当现代人用主观性解构了一切客观的价值时,反而堕入虚无之中。

问题是如何走出虚无主义而重新寻回价值和意义。这需要反思现代人的思想根源与前设。路易斯批判自然主义,反思现代人所接受的大自然为宇宙唯一实存的基本假设,追问我们的宇宙究竟是否是无目的、无意义的产物,抑或如火星文明所展现的那样有理性的法则和更高的权威。从逻辑上看,无意义中无法诞生意义,只有价值才能派生价值。只有承认客观的价值,才能产生实质的意义,秩序也才成为可能。否则,我们为何被称为贺瑙?(尽管被称为贺瑙却做着相反的行为)火星社会展现出的对权威的尊重,彼此的相爱,以及面对死亡的安宁,来源他们对马莱蒂的信赖。与韦斯顿扭曲的对同类的爱以及不惜一切代价延续人类文明的企图

① [英]C. S. 路易斯:《人之废》,邓海军译注,叶达校,华东师范大学出版社2015年版。路易斯所称的"道""是关于客观价值的教义,是一种信念,即,就宇宙之所是及我们之所是而言,某些态度着实是对的,另一些则着实是错的"(第26页)。路易斯区分了意识形态和道,并认为古今之别在于古人眼中客观的"道"沦为今人眼中的"意识形态",参见《人之废》第56-57页。

不同，他们考虑的是，如何作为一个贺瑙活着，尊贵而有德性，即使面对终局而不逃避，依然拥有安宁与秩序——他们选择了更重要的事，这也是作为贺瑙应有的理性选择。兰塞姆心中渴慕与眷恋这样的图景，而作为读者同样被吸引，自然而然地心生向往，不得不说这样的美好图景与现代人内心深处的渴求深深契合，这也是路易斯描绘这一番太空旅途的目的。

亲历了两次世界大战的路易斯在《沉寂的星球》中所做的启发性反思，对于今天的法学研究也仍然极富意义。两次大战已体现了文明冲突、种族主义、社会达尔文主义和强权政治可能带来的灾难。路易斯所思考的“天道”问题与第二次世界大战后自然法复兴的讨论相契合。本书展现了在探讨外星殖民的问题上，不仅需要从殖民主义的历史或国际法中寻求正当性依据，还需要在人类的道德律令或理性法则中寻找答案。然而在今天占主导的仍然是主观主义、功利主义、实用主义及科学主义，路易斯提示我们不应只关注实用问题或者效果性，而仍需要思考和讨论宇宙的实存等形而上的问题。当现代科技的发展一再挑战人类法律和伦理的底线，如果没有客观的天道秩序的存在，法律又如何为科技发展画出一道伦理的底线呢？若一切都可以采用功利主义来计算，或者都可以用人类的主观感受来判断，又或者都是由生物学来决定，那么从根本上来说，就并不存在什么道德或伦理需要守住并有理由被守住了。如果是这样，那么法律何为呢？如果我们是贺瑙，应当如何抉择呢？

《法律和社会科学》(2022)　第19卷第2辑,第145~166页

《流浪地球》的法律异托邦想象

孙可佳*

摘　要:科幻电影《流浪地球》在原著基础上,展现出精彩宏大的世界设定,特别是2075年的"联合政府"、世界格局与未来法律的政治想象。电影塑造了一个带有现实表征的"联合政府"乌托邦,其对世界各国的细节影像呈现也蕴含深意。电影所建构的"联合政府"及其法律秩序,既带有理想色彩,又有现实依据和指涉。这种源于社会实践、现实焦虑的社会构想,继承了科幻作品的乌托邦理念,更合乎福柯提出的"异托邦"概念。电影在原著基础上,通过联合政府、国际格局、未来法律等一系列政治想象,巧妙地完成了融合中国立场与人类命运共同体的艺术化的意识形态表达。

关键词:流浪地球法　异托邦　联合政府　人类命运共同体

* 孙可佳,中国传媒大学戏剧影视学院师资博士后。

[一]问题的提出

2019年春节档上映的国产科幻电影《流浪地球》,是中国科幻电影发展历程中的里程碑式作品。这部改编自刘慈欣同名科幻小说的影片,不仅展示了我国日趋成熟的电影工业,宏大的视觉景观和特效,更以对于人类文明与命运的反思、带有中国文化传统的情节设置,构建起宏大的叙事体系。影片在原著基础上,不仅展现了精彩宏大的观念架构和世界观设定:除了客观物理世界,还有一系列未来政治想象,如"联合政府"、未来国际关系、未来法律等,其中蕴含着本片精细而策略的意识形态表达。

《流浪地球》剧组在拍摄之时,为全体演职人员提供了一本名为《流浪地球:世界观概述》的参考书,详细阐述了影片中包含架空时代政治、经济、文化状况在内的百年编年史。

在电影中的17年岁月中,人们所处的自然世界与政治社会都发生了翻天覆地的变化。17年前,当刘培强带着儿子在海边指着木星,地球尚在准备"流浪";17年后的地球却是一片冰冻,已然来到了木星附近。除此之外,电影又设置了怎样的政治想象?其中蕴含了怎样的话语表达?下文将具体分析本片的意识形态表达。

[二] 联合政府：政治体制的确立

影片开头的描述中出现了“联合政府”，BBC 英国广播公司的播报字幕中也明确了“地球联合政府成立”，并且主角救援队的制服上同时印有中国国旗和联合政府的旗徽。基于这些可以确证，联合政府作为影片里地球的最高权力机关而存在。那么这个联合政府因何产生，如何组成，具有怎样的职能和架构呢？

（一）联合政府的成立及职能

首先明确《流浪地球》的整个时空背景。故事跨越 17 年时空，主要情节发生于“17 年后”的 2075 年。影片对 17 年间这段“消失”的历史着墨不多，期间的惨烈事实在诸多细节中传达出来——这些其实就是我们所看到的人类最高统治机构“联合政府”的出现背景。

其一，地球一半人口的死亡。这一事实由盛怒之下的王磊一句话带出：“地球上 35 亿人，全白死了！”预告片中，长镜头扫过一张桌子，上边遍是残骸、灰尘、照片、破书；其中一页写着：“伤亡人数超过……”

其二，造成人口死亡的海啸、冰冻等巨大灾难。电影中的新闻播报了海啸：“全球海平面将升高 300 米，我国南部最先遭到海啸侵袭。”影像情节中，当即将赴死的韩子昂在独白中讲述过往，画面里是年轻的他在洪水里捡到小女孩韩朵朵，他说：“好多双手将一个小女孩推到了我面前，她没有父母，那水下的每一个人都是她的父母。”这句台词暗含了逝去生命的沉重、流浪地球计划的悲壮——活着的人，是为更多死去的人而活。极寒冰冻不仅表现为正片中冰天雪地的地表,在预告片中,当主角四人从倒塌的派出所逃出,在路边看到一个跪着的人,韩子昂上前一扶,才发现那人已冻成冰块、顺势倒下。预告片中类似的惨烈镜头还有很多。

其三,灾难造成了人类基础资源的极度匮乏,加剧了生存危机。例如,老何抽的烟,烟嘴和烟卷的比例和目前生活中的烟相比,正好倒过来,烟嘴长、烟卷短,可见烟草在当时成了奢侈品。再如,尽管2075年技术高度发达,但地下城里所有的娱乐项目仍是过往时代的——姥爷玩的抖音、黑市头目玩的魂斗罗、李一一的跑团骰子和麻将;可见当时的资源全部集中在人类生存的相关应用上,没有多余资源用于娱乐。爷爷在剧中说,以前有种东西叫作"钱",暗示当时已进入到计划分配的紧急社会模式。

其四,人类在灾难面前为生存相残。这一点没有被直接呈现出来,我们需结合影片中的细节进行分析。影片开头新闻播报的小字里,柏林地下城被岩浆吞没,一条落款联合政府的抽签方案遭到部分国家强烈反对。预告片中也有肃立的武装警察和一句"未通过抽签者,严禁进入地下城"的解说。在地表世界已近乎毁灭的前提下,进入地下城的权利即基本的生存权。按片头新闻说明,也是原著中所述,进入地下城的权利按年龄由小到大来排序获取,以合乎人类存续的最高目的,相应可以看到地下城中年轻人占比最大。刘培强、刘启父子的核心矛盾便是由此产生——刘培强牺牲了妻子、将进入地下城的机会给了儿子。可以想见,围绕抽签产生的矛盾、愤怒、仇恨——正如斯皮尔伯格在《世界大战》中呈现的,人类在灾难面前的恐慌相残。

至此可以得出结论:《流浪地球》中的联合政府,是全人类在濒临灭亡之灾、近乎无政府的状态下,出于自救目的彼此角力、沟通、妥协达成契约而产生的人类最高统治机构。它调控对生存权利和生存资源的获得、领导人类存续。

需要补充的是,联合政府的“执政”过程并非一帆风顺。电影没有讲述《流浪地球》原著后半部分着重描写的人类战争,但战争在影片叙事时时处处都呈现了不在场的“无意识”作用。原著中,危机面前的人类分为“飞船派”和“地球派”两种意见。前者主张以诺亚方舟的形式,承载人类文明的小样本寻找新的家园——即电影中 Moss 的“火种计划”;后者即主张带着地球一起流浪。于是“飞船派”便发起了一场针对“地球派”掌握下的联合政府的武装叛乱。这场全球暴动的叛乱发端于四百年太阳不变预言即原著中“阴谋论”,完全否定联合政府的科学权威性和权力合法性;当叛军攻入联合政府,将最后的地球派处死之后,太阳氦闪了——人类才开始达成“流浪地球”的共识。

在电影中,战争被团结一致前的救援行动取而代之。但一些细节仍然传递出战争的余温:电影开头的地下城,一个男子举着写有“太阳不会氦闪”的纸张;救援小队的每个人都随身佩枪;当李一一出场时拿刀挟着韩朵朵,大喊“别过来”——隐含的逻辑是把韩朵朵误当成了敌人,否则他何以惧怕一个势单力孤的少女?这些细节都隐含了人们曾经历过的战争。抹去战争是一个重要的改编。太阳氦闪、吞没地球是整个流浪地球计划的起因;而电影里,木星这个共同的“敌人”消弭了分歧和冲突。如果说原著刻画了人类在猜忌中分裂的巴别塔寓言,那么电影则强化了全人类紧密团结在集体意志之下的乌托邦设想——前者残酷、后者理想化。

那么战争能反映出联合政府的哪些信息呢?从原著来看,叛乱过程中各主权国家的态度不明,叛乱组织接手政权后的处理也不得而知。但从刘培强用一瓶伏特加就接管了空间站、不可逆地破坏了火种计划可见,联合政府对这种事实上的“叛乱”行为无能为力、只能追认。从这些叛乱行为来看,联合政府某种程度上也是脆弱的。这种脆弱源于联合政府所掌握的实际权力的有限性。从空间站的Moss向刘培强出示的联合政府授权画面可以看到,依然是现今联合国安理会五大常任理事国在联合授权,也就是说,联合政府实则是巨头大国主导的,最高决策依然来自法国、俄罗斯、美国、英国和中国这“五常”的集体决定。所以说,联合政府依然诞生于我们今天所处的世界政治格局。

虽然联合政府的实际权力有限、并且相对脆弱,但它仍取得了各国政府之上的地位:各国国旗被置于与联合国徽标相似的联合政府徽标之下;联合政府可以直接组织和领导各国的救援行动,掌握实施流浪地球计划的资源调配权,还拥有军队,并制定了《流浪地球法》这一全球最高法律。原著中还给出了联合政府组织架构的诸多线索:原著最后一战中,联合政府最高执政官出现;同时,还出现了负责实施地球航行的星际移民委员会、负责居民婚姻和后代养育的民政部门。人们结婚需要向民政部门申请,已婚夫妇需要抽签决定生育机会,中签率为3:1,孩子生下来之后要按照联合政府的要求送到统一养育地。这些内容没有完全被保留在电影中,但作为或显影或隐身的背景而出现。所以说,联合政府在组织职能上类似于现实中的联合国,而又区别于联合国的国际组织,拥有更多实际权力和更高地位。

(二)联合政府与《流浪地球法》

联合政府制订了《流浪地球法》,也是整部影片中唯一出现的法律。那么《流浪地球法》的性质是怎样的呢,是否近乎于宪法呢？宪法是国家的根本大法，是反映政治体制、确认政体合法性的总章程。所以说，联合政府的宪法应该是以全人类名义确立其成立合理性、组织架构、最高行政官的产生及任期、规定各国政府和联合政府之间权力分割的一部法律，应当制定于联合政府诞生前后。当其表决通过后，也就意味着联合政府可以合理合法地接管权力。

《流浪地球法》的具体内容是怎样的呢？从影片来看，《流浪地球法》所规定的内容包括入住地下城的规定，修建发动机及“领航员号”国际空间站的规定。例如，当刘培强擅自行动时，Moss 宣布他违反了《流浪地球法》第 5 条第 24 款。这样来看，《流浪地球法》在本质上近乎于基本法。政府作为执行机构颁布立法应属于法规范畴，也就是实施条例。所谓“流浪地球法”很可能是众人顺口的简称，其标准名应该是《流浪地球计划实施条例》，是行星移民计划的实施章程和公民行为守则。

虽然影片和小说中都未提及宪法，但基于政府确立的一般原则，联合政府的组建应在宪法中规定。而《流浪地球法》只能规定行星移民计划委员会的设立和运行机制。虽然是在条例中规定，但行星移民计划实施委员会一经成立，事实上已经是联合政府的最高智囊和运作核心，立法权和司法权也会逐渐和执法权一样集中于委员会。

《流浪地球法》具有无限授权的特点，联合政府会依据其指定一系列与行星移民计划具体实施相关法令。例如，与居民登记婚姻及抽签生育相对应，应有“婚姻登记条例”“婴幼儿养育条例”“公民受教育条例”；与资源调配权相对应，应有“物资分配条例”；与空间站管理相对应，应有“治安管理处罚条例”；等等。那么，联合政府依据《流浪地球法》也就接管了人身自由权、生育权甚至是生存权(抽签进入地下城),获得了凌驾自然法之上的权力——人类危难面前,对联合政府和行星移民计划委员会无限授权。具体执行事宜,由联合政府治下各个部门来进行规制。

综上可知,电影《流浪地球》中,无政府状态下的世界各国在极端情势时让渡权力、彼此协商结成了“联合政府”。一方面,联合政府地位居于各主权国家之上,拥有诸多权力和职能;另一方面,其处理紧急事件的实际效果有限,并且充分参考国际关系现状——科学的共同体不会自动形成政治的共同体。综合其产生背景、职能、地位等各方面,电影《流浪地球》塑造了一个带有现实表征的“联合政府”乌托邦。

[三] 世界各国的呈现及其策略

联合政府是一个理想化的乌托邦,而世界各国是现实存在的,并且相应的现实国际格局、各国语言文化等也被承袭了下来。一方面,从《流浪地球法》的存在可以推测,主权国家对联合政府的决策,特别是关于流浪地球计划的决策,是必须服从的。另一方面,联合政府与主权国家在管辖范围和管辖权方面应当有具体的划分,联合政府治下的各个地区还在按照国界自治。

首先,联合政府的产生并不代表主权国家的消弭。各支救援队均以国家为单位派出,同一救援队成员均为同一国籍;空间站宇航员也以国家为单位派出,但不同国籍宇航员可以混合编组;科学家团队有国籍属性,所有发动机所在地、地下城、避难所、补给站均有明确的国家归属。例如,印度尼西亚大岛苏拉威西上的巨无霸转向发动机,出现了岛名以及印度尼西亚国旗，维修人员说的是印尼语；位于法国巴黎的发动机，清晰可见标志性的埃菲尔铁塔；位于八达岭的中国北京发动机，山上是长城，地下是北京三号地下城，地面上可见北京 CBD 建筑群。

太空站上的国旗从左到右依次为中国、韩国、西班牙、印度，这佐证了宇航员等是有国籍归属的。在介绍流浪地球计划时，相应画面是各国的电视报道，依次为：英国广播公司（BBC）、日本放送协会（NHK）、美国有线电视网（CNN）、泛俄国家电视台新闻频道（Россия24）、法国电视二台（France2）、韩国放送公社第 1 台（KBS1）、埃及国防军事频道（Egypt Defence Exop）、美国全国广播公司（NBC）、中国中央电视台新闻频道、中国东方卫视、中国北京卫视、中国旅游卫视。这些细节呈现，不仅佐证了主权国家仍然存在，也增加了这部科幻电影的现实依据。

其次，各国的语言文化得到了较好的保留：中国人庆祝春节、俄国人嗜酒、日本人挂念白米饭……Moss 也是根据对话人的母语，更改自己的语言。由此可见，全球各国人民依然保有较强的民族国家观念。观察不同国家的驾驶习惯，也还是与黄金时代一致。

最后，各国关系和国际格局依旧参考当今世界。如上一节所论述的，联合政府的权力和合法性源于各主权国家的共识，同时各主权国家在联合政府内的权力高度不平等，“五常”国家居于主导地位，拥有重大决策权；甚至可以充分借助危机情势，扩大自身的权威性——正如现实中的联合国“五常”国家拥有一票否决权，对国际格局发挥着巨大的影响力。

电影《流浪地球》对于世界各国的细节呈现除了让科幻构想中的 2075 年落地现实，更有其内在的呈现策略。电影中出现了汉语、英语、俄语、法语、韩语、日语、印尼语、德语、意大利语、阿拉伯语;而大凡涉及联合政府和国际表达,用的都是法语。影片开头出现了法语原声“Au revoir, le Système solaire”(再见,太阳系),结尾联合政府与宇航员的通话也用了法语。为什么设定法语为联合政府的第一通用语言,而不是现实中占主要地位的英语,或是汉语等其他联合国工作语言呢?一方面与联合国实际情况有关,另一方面则是策略性的表达。从实际情况出发,理论上讲,联合政府无论使用汉语、英语、法语、俄语、西班牙语或阿拉伯语这联合国六大官方语言中的哪一种,都可以讲得通。但这六种语言的实际使用范围和地位是有差异的。只有英语和法语在联合国的使用能达到几乎全覆盖:拟定、执行联合国决策议程的秘书处、国际法院、联合国经济及社会理事会、联合国安理会的工作语言,都是英语和法语。但在许多国际惯例中,法语以使用严谨、精确闻名,不易产生歧义。国际奥委会的《奥林匹克宪章》在规定法语和英语为官方语言的基础上补充道,出现歧义时以法语为准。其实法语自 15 世纪开始,就成为欧洲各国的常用外交语言,现在的国际商务合同书写中也常用法语以示庄重。在联合国,通常国家和地区的标示都采用法语,比如中国 Chine,日本 Japon。由此及彼,在影片中关乎地球存亡、不容许有丁点差错的通话中,联合政府用法语通话和指令也是顺理成章的。从策略表达来看,和法语的普遍使用相对应的,是本片中英语的罕见。片中的国际格局虽参考现实,但美国这个太空大国和当今绝对的国际“霸主”却出场甚少。另外,全片弥漫着浓厚的苏联重工业气氛——民用科技和第三产业没有太大进步,重工业得到大力发展;俄罗斯宇航员讲起一百年以前,苏联发明了空间站,为电影编年确立坐标;中国宇航员刘培强的战友也是来自俄罗斯。再加上日本救援队队员开枪自杀的情节,更可以看出,影片大大淡化了美日在拯救人类命运行动中的地位和作用;强化了俄罗斯、法国等国的作用。在中国宇航员和救援队员起到主导作用的前提下,为了淡化宣介性,影片十分策略地避免汉语在联合政府工作中的广泛使用、回避中国政府直接发表立场,而是用相对巧妙的方式来发出我国的立场和观点。

所以,在电影《流浪地球》的各国呈现中,好莱坞商业大片中担当拯救世界"重任"的美国和美国英雄隐身了;被推到前景的是各国组成的联合政府,来自各大洲、各种发展背景下的国家被穷举出来。这样,担当大任的中国英雄身上的国家和意识形态光环就相对弱化了,也就更加有利于这部立足人类、放眼全球的科幻大片的国际传播。总的来说,《流浪地球》的世界各国呈现既是基于中国的价值、立场和观点的,也是站在人类命运共同体立场和全球视野上的。

[四] 异托邦(Heterotopia)寓言

电影《流浪地球》建构的联合政府和世界格局,既有现实的依据和指涉,又带有"乌托邦"(Utopia)的理想色彩。

科幻艺术作品自诞生以来便带有理想化、未来化的特征,科幻小说与"乌托邦"渊源甚深。托马斯·莫尔(St. Thomas More)于1516年出版了《乌托邦》一书(全名《关于最完美的国家制度和乌托邦新岛的既有益又有趣的金书》),虚构了一个不同于当时教会统治的政治制度——一个异教徒的、近乎共产主义制度的、由理性支配和运转的社会。此后,越来越多的乌托邦小说问世,以斯威夫特

(Jonathan Swift)《格列佛游记》为代表的反乌托邦小说表达了对科学技术及人类未来的思索甚至怀疑,科幻小说随之诞生。英国女作家玛丽·雪莱(Mary Shelley)创作于 1818 的《弗兰肯斯坦》被公认为第一部科幻小说,其中讲述了现代化进程中,人类文明最终将要面对的异化。根据弗雷德里克·詹姆逊(Fredric R. Jameson)的观点,科幻小说一方面比乌托邦更加宽泛,另一方面是从乌托邦衍生而来①;科幻文学的内核是乌托邦的句法,科幻电影也是如此。詹姆逊在探讨科幻作品的乌托邦设想时,认为乌托邦空间是社会真实中的假想地,它存在于社会总体性的基础上,又与社会实践之间存在着社会变革的距离。② 也就是说,科幻文艺作品继承了乌托邦小说的社会变革构想——在立足社会实践的基础上,又进一步带有理想化的色彩。而随着时代的变迁,人类的物质生活已经越来越接近甚至达到了早期科幻所设想的那种先进的状态;同时,(后)现代社会越来越多的不确定性,也带来了新的焦虑,其中就包括严重的生存焦虑和全球化时代焦虑。这些后工业时代的共同焦虑在相应的科幻作品中也得到了体现,例如阿西莫夫(Isaac Asimov)的《基地》三部曲,史蒂芬·金(Stephen King)的《末日逼近》,山田宗树的《百年法》,以及刘慈欣的《三体》等。

随着科幻文艺作品的未来想象与未来焦虑内核的变迁,其乌托邦特质也开始悄然发生改变。一方面,科幻作品继续对未来世界提出种种构想;另一方面,这些构想高度指向创

---

① 参见[美]弗里德里克·詹姆逊:《未来考古学:乌托邦欲望及其他科幻小说》,吴静译,译林出版社 2014 年版,第 108 页。

② 参见[美]弗里德里克·詹姆逊:《未来考古学:乌托邦欲望及其他科幻小说》,吴静译,译林出版社 2014 年版,第 28 页。

作当下的社会实践与现实焦虑,较之乌托邦,其与当下的相关性更加紧密了。这种源于社会实践、现实焦虑和社会构想的乌托邦领域,可以被福柯所提出“异托邦”(Heterotopia)概念很好地概括。福柯认为,异托邦区别于乌托邦之处在于,它不是一个完全不真实存在的空间,而是在真实场所中被有效实现了的乌托邦,同时具有神话和真实双重属性。①

对于科幻作品来说,“神话”属性是其“与生俱来”的。被誉为“科幻文学之父”的雨果·根斯巴克(Hugo Gernsback)在20世纪20年代首创科幻杂志《惊奇故事》时,便首次用“science fiction”来指称科幻作品;除此外,很多作品也采用了“sceince fiction and fantasy”的说法。无论是fiction所侧重的虚构性,还是fantasy强调的夸张幻想,都可见科幻作品的非现实特征。科幻文学研究者苏恩文认为,科幻的建构性美学基础,类似于俄国形式主义的“陌生化”视野②,以一系列艺术手法提供了远离日常感知的陌生化世界。

但另一方面,这种陌生化世界是建立在经验世界的基础上的,其光怪陆离之所以能被人类认知所理解和阐释,也是因为这一点。把目光放诸未来的科幻作品其实有着很强的历时性,如果说历史作品是回望人类文明的来路,那么科幻作品则是寻求未来的人类与人类文明将抵达何处。科幻作品既然要描述未来的人类社会,那么就必须根据已有的知识建构来探求人类在宇宙中的位置,并进行历史的陌生化构建。这样就有了一个个异托邦世界,以构建和拓展人类生存的空间,开启宇宙探索。具体到电影《流浪地球》,虽将故事

① 参见[法]M. 福柯:《另类空间》,王喆译,载《世界哲学》2006年第6期。

② [美]达科·苏恩文:《科幻小说面面观》,郝琳译,安徽文艺出版社2011年版,第68页。

的发生背景虚设至遥远的2075年并构建了一个"联合政府",但其基础是当下的世界秩序,指涉的是现实蛰伏的焦虑——这正是一个具有想象和真实双重属性的空间建构。因此,科幻电影《流浪地球》是一个非常典型的异托邦寓言。

[五]影像背后的当代焦虑与未来想象

电影《流浪地球》指涉的是怎样的现实焦虑和现实秩序呢?如上文所述,(后)现代社会的诸多不确定性、全球化格局下的不平等、人类的生存焦虑等诸多后工业时代下的现实焦虑都反映在了科幻作品的未来愿景之中,电影《流浪地球》也是如此。

这是一部典型的末日题材科幻电影——该细分题材领域在近年来佳作与爆款频出。从毁天灭地的狠决感官刺激、颠覆日常的情节带来的满足感,到资源和环境问题引发的现实警示,这类题材很容易将观众带入电影当中的虚构世界中,让观众沉浸于末世的绝望、救世的迫切,用极端的艺术手段唤醒人们去珍惜赖以生存的环境和资源。中国电影在此方面尚处于发端阶段,而美国电影则已有了不少商业和艺术上都颇为成功的例子,从1996年的《独立日》,到2009年的《2012》和2014年的《星际穿越》,等等,至今不衰。

一直以来,这类末日题材科幻作品在末日的呈现上大同小异,而在救世出路上则可大致被归纳为两种路线:其一,依靠少数人的天才拯救世界,同时大多数人站在了救世英雄的反面;其二,依靠全人类共同意志发起自救,主角英雄作为大多数人的代表站在前面。《流浪地球》显然选择了后者,而以往许多美国末日题材科幻片都选择了前者,在此选取

《2012》作为典型，与《流浪地球》做一个简单的对比分析。

《2012》的故事参考了玛雅人“2012世界末日”的预言和《圣经·创世记》中的“诺亚方舟”，延续了美国超级英雄电影的常见套路：主人公科幻作家杰克逊在现实中很不得志；在末日灾难来临这一转折点亦即机遇下，杰克逊踏上了英雄的旅途，带着前妻、儿子和情敌踏上了寻找四座方舟的“朝圣之旅”，成功重启方舟，带领人类乘舟离开家园，在新升起的高地上展开了新的生活。

那么其他民众在其中起到怎样的作用呢？最终方舟的启动由杰克逊一人潜入水中完成，其他人旁观或祈祷；绝大多数人不仅自始至终被蒙在鼓里，并且没能真正拥有自身存亡的选择权和决定权。影片一开始，天才科学家艾德里安第一个发现了危机并告知总统，凭借客观上的信息垄断优势跃升进入统治阶层。之后，以总统和副总统为代表的统治阶层开始封锁信息，目的是让少数人先走，而不是尝试挽救所有人。方舟一开始的准备并没有考虑大多数普通百姓，直到最后，尽管总统主动留下、副总统牺牲了母亲让出方舟席位；但成功逃亡的40万人中，政要和商人仍占大多数，英国女王甚至带走了她的狗，而造船的工人却无法登船。煽情的末日总统演说和个别牺牲没能拯救世界，也没有赋予人民对自身存亡的决定权。少数人拯救少数人还是最终得到了实现，大多数人如总统演说中所言，只得“服从命运的安排”。

相比之下，《流浪地球》的救世主旨是：全人类必须团结一致、共渡难关，挽救尽量多的人们——真正奉行着人类命运共同体的主旨和国际主义的情怀。首先，家园无法割舍：刘培强点燃木星时流泪说着“回家”，韩子昂临死对刘启说“带妹妹回家”，以及日本人自杀前心念的那碗味增汤、俄罗斯人带上空间站的伏特加,甚至苏拉威西冰原上凝固的鲸鱼也是为了回家才搁浅。其次,为了全人类共同的生存,“流浪地球”计划需要持续2500年,需要一代代人前赴后继的共同努力。在这样的大背景下,每一个推到前景的个体英雄都是万千平凡英雄的代表。镜头聚焦的CN171-11分队一行主角是成千上万个救援队中的一支;按电影提供的数据,5000台发动机共运送了76,000个火石,派出了402,600人;剧情还将赤道转向发动机重启的重任放到了其他救援队而非主角分队身上。刘启和刘培强父子也不是唯一拯救地球的“超级英雄”,空间站里发现Moss叛逃行为的还有其他宇航员,只是刘培强刚好第一个到达总控室;提出“点燃木星”计划的也不仅仅是李一一等主角,Moss明确说过7小时前有团队曾提出此方案并被否决。最后转向发动机被成功重启并发射巨大光柱直抵木星的时候,发出的红色光柱不仅来自主角分队;“苏拉维西三号发动机,新加坡一号发动机,雅加达四号发动机均未到达引爆点”的台词表明,许多其他的救援队都在完成与主角队同样的救援任务,把火焰打到了数万公里高空。这一切细节表达都说明了,在镜头隐身的地方,在主角的身后,是全人类共同在为自身的生死存亡不懈奋斗。

《流浪地球》的表达与少数人拯救世界、少数人获得生存权的路线有着根本的区隔。我们仍然要回到电影所指涉的现实焦虑与现实秩序。灾难救世电影的意义不仅在于警示人们珍视资源和环境,更反映了对人类自身的反身性思考:叩问人类的存在、现实的秩序。在灾难面前,什么样的人应该获得生存机会?现实世界中不公平、不合理的格局和秩序是否还应该被延续到每一个人都无法逃避的灾难之中?在《2012》中,科学家艾德里安、美国总统威尔逊的女儿劳拉以及政客卡尔·安胡瑟对此有过大段的争论。该片情节中少数精英对于生存权利的优先也许更加贴近现实秩序;但《流浪地球》中带有异托邦寓言性质和乌托邦色彩的设定,则更具有人类命运共同体的普世意义。简言之,《2012》为代表的许多救世科幻电影将现实的秩序和手段代入到未来想象之中,《流浪地球》与此相比的独到之处在于,在未来想象中构建了一块异托邦空间来寄托和纾解现实的焦虑,并且这个异托邦空间具有联合政府、未来法律、未来格局等一系列细节构建,给受众以真实可信之感,将对现实焦虑、现实秩序的批判性反思融入了一个未来性的"解决方案"之中。

[六] 从中国表达到世界表达

电影《流浪地球》在以未来想象表达并试图回应当下焦虑之时,构建了未来联合政府、未来世界格局和未来法律等一系列异托邦政治想象,其中蕴含着精细而策略的意识形态表达,寄托了对人类命运共同体的美好构想。一方面,如上一节所言,其对现实秩序的批判与《2012》等相似题材影片构成鲜明对比;另一方面,也饱含着中国自身的立场与诉求。

仍然以《2012》为例来观察美国科幻大片中的中国表达。其实该片的中国元素较多,情感色彩较为积极正面,在好莱坞超级英雄电影中是相对少见的,因而对这些中国元素的分析也就更为重要。

首先,由美国牵头联合各国紧急建造的"方舟"是在中国建造的,具体位置在喜马拉雅山。并且,当主角一行人所乘飞机在四川紧急迫降时,有一段关于中国人的正面情节。负责运输动物的军队拒绝搭载主角,身为工程师和出家人的藏族兄弟在争论之后决定搭救。哥哥虽是建造方舟的工程师,却没有资格上船,他本不愿意救这几个美国人,却被母亲劝服,最终不仅救了主角,也让弟弟和母亲上了船。

这样的情节表达背后,主要有三大原因。其一,方舟神话在欧美文化中本就与我国西藏地区有关:在亚特兰蒂斯洪水传说中,人类制造的两个方舟失散了,一个到了德国,另一个到了西藏①。英国作家詹姆斯·希尔顿(James Hilton)写于1933年的著名小说《失落的地平线》也塑造了一个位于青藏高原的世外桃源般的香格里拉国度——一种典型的东方主义思维下的想象:一个遥远,神秘的"他者";一个原始的、非理性的,对立于工业化现代化西方的社会体系;看起来是猎奇的(exotic)、浪漫色彩的,但却带有居高临下的价值判断及审视(gaze)感②。《2012》中对西藏的呈现延续了这种东方主义的"香格里拉"情结。美国著名文化批评家罗佩茨的《香格里拉的囚徒们:藏传佛教和西方》对西方这种东方主义视角下的西藏情结做了彻底的批判,他认为这种迷人的西藏形象掩盖了真实的西藏和真实的东方,而沉浸于此的藏人甚至东方人在不知不觉中已沦为"香格里拉的囚徒"。

其二,这体现了西方主导的世界体系对中国"世界工厂"的现实定位。这也是许多好莱坞大片所呈现的中国形象定位。例如,《环太平洋》里的中国是作为机甲生产的基地,《变形金刚4》中的汽车人生产车间以富士康代工厂为范本。《2012》中的美国人看到迅速建设起来的方舟,感叹"只有中

---

① Alan Dundes ed., *The Floodmyth*, University of California Press, 1988, p. 31.

② Raymond Schwab, Gene Patterson-Black & Victor Reinking, *The Oriental Renaissance: Europe's Discovery of India and the East*, 1680-1880, Columbia University Press, 1984.

国人才能完成这样的任务"——这并不意味着中国拯救了世界,而是美国视角下对中国制造的效率和质量的肯定。相似地,《2012》中最早发现危机的是印度科学家,影片中俄罗斯人的形象相对粗犷,都是立足于美国视角的各国表达。

其三,出于票房考量增加中国元素。《2012》拍摄期间,中国发生了汶川大地震,包括导演罗兰·艾默里奇(Roland Emmerich)在内的世界各方人士都关注到了这一巨大灾难,并被中国人的抗震救灾精神所震撼,导演最终决定修改剧本为"诺亚方舟,中国制造"①。同时,中国经济的迅速发展,在2008年抗击国际金融海啸中得到了证明,美国电影开始越发重视中国市场,迎合中国观众。《2012》果然拿下了2009年中国电影市场票房冠军。

综上,《2012》中呈现的中国仍然是立足于美国观点和立场的;其对中国的正面表达,代表的是基于美国表达的世界构想。而我国出品和制作的《流浪地球》天然便带有中国视角和观点,并承载着中国人对于当代共同焦虑和当下世界格局的构想和方案。前文分析了《流浪地球》的人类命运共同体意识,那么这其中的中国自身诉求和表达是怎样的呢?

我国科幻文艺作品的整体创作背景与心态,和西方是不同的。对我国而言,科幻无疑是"舶来品"。在西方,科幻小说诞生于科学与技术开始融合的工业革命之后,科幻文学奠基人凡尔纳(Jules Gabriel Verne)自1862年首部科幻文学《气球上的星期五》起,其创作完全处于工业革命全盛时代。而我国的科幻文艺创作起步于晚清,科幻小说是一种被不断整合进自我文化认同中的异质物,并伴随现代化进程不断发

---

① 参见徐蕙照:《〈2012〉:诺亚方舟的"中国制造"》,载《解放日报》2009年11月30日。

展。许多研究者都注意到我国科幻文艺对现代化与民族富强的渴望:“为了改变当前的整体羸弱状态,他们选择科幻文学作为武器,缩小跟‘先进文明’的差距,并在作品中想象着尝试反击先进文明的种种压迫。”①中国自身的大国梦想、对现代性建设的焦虑等,以不同形式投射到了不同时代的科幻文艺作品中。

尽管科幻是“舶来品”,但中国人的未来想象自古就有。例如,“御天”一直是中国人的终极幻想,近代以来,现代化的交通工具更承载了中国对西方现代亦即本国未来的想象。晚清《点石斋画报》就写道:“西人性多机巧,其术艺每多灵妙绝伦。近如火轮船、火轮车等,几已无足为奇也。去年有某西人创为天上行舟之举,闻者已叹得曾未有。”②这种幻想一直延续到了当代社会,1908年的科学小说《空中战争未来记》便虚构了“此时吾中国亦雄飞于地球”的世界飞艇大战。

站在我国的立场,如果说《战狼2》等军事题材新主流商业大片说明了我国的战略安全和国际地位关切;那么,《流浪地球》中联合政府构想下的中国,占据了一种更具说服力的大国地位。在故事内部逻辑已然成立的前提下,影片利用“联合政府”等一系列表达策略,说服观众相信自己在银幕上目睹的就是可以预见的未来:中国国际地位陡然提升,中国“雄飞于地球”的梦想得到了实现。

《流浪地球》中,中国宇航员刘培强父子互相配合拯救地球的戏剧化设定,在充分满足我国历来的宇宙梦想的同时,也融合了中国人所重视的家国同构伦理。影片中的末日灾难、社会动荡,通过家庭的悲欢离合被折射出来;故事情感推

① 吴岩:《科幻文学论纲》,重庆出版社2011年版,第141页。

② 陈平原:《点石斋画报选》,贵州教育出版社2014年版,第198-200页。

进中的画面内容充满了“家”的元素：春节的饺子，地下城的“王府井”，发挥巨大作用的“春节十二响”，联合政府最后全球通报时说“大家回家吧，抱抱自己的父母”……影片不止于个体的小家，而是从每个人的小家出发递进，将情感不断升华，最终的落点是家国同构性质的“地球，活了”。当刘培强得知地球人类被放弃的时候，首先想到的是全人类的生死存亡，选择人类命运共同体的延续，而不是孤独个体存活。他对同行的俄罗斯宇航员说，2500 年后，我们不存在了，但我们会有孩子，孩子还会有孩子。无论是对家的珍视，带着地球流浪的基本设定，都体现了“人类文明的延续是一个家的延续”的中国理念。

影片中，在科技水平高度完备、全球携手面对生死存亡的背景下，时代赋予中国（人）拯救地球的机会。但如本文第五节所分析的，在人类命运共同体大背景下，每一个推到前景的中国英雄都是全世界各国英雄的代表。镜头隐身的地方，在主角的身后，是全人类共同在为自身的生死存亡不懈奋斗。所以中国影像拯救世界的设定更容易为不同背景的观众所接受；在联合政府的叙事框架与世界各国的救援行为的显影之中，救世英雄的国别身份也有所淡化。

所以，《流浪地球》巧妙地将中国表达与人类的共同焦虑融于联合政府及其治下全球的异托邦构想之中。在故事中，技术理性所能达到乌托邦只是朝向未来的时间向度，但茫茫未来中的实在世界却成了不确定的指涉。如何在茫茫宇宙中找寻属于人类的生存家园、如何保卫和重建地球家园成为叙事的绝对动力。超越了具体的国家和意识形态立场，从全球、全人类乃至整个宇宙角度出发，“家园”不仅是一个国家与民族复兴的问题，而成为人类文明存续的大命题。

结语：电影《流浪地球》的意识形态表达

在接受《环球时报》专访时,《流浪地球》的导演郭帆坦言:“我这个影片就是拍给中国观众看的。”①《流浪地球》在这方面实现了巨大的成功。不仅如此,越是民族的,越是世界的——《流浪地球》不仅完成了科幻的民族化表达,更实现了中国观点的世界化表达。正如“好莱坞电影总是想方设法地将本国意识形态包裹于电影所创造的影像中,若隐若现,无处不在”②,电影《流浪地球》证明了,国产科幻电影也可以将中国立场和观点融于普适性的电影表达之中。原著刘慈欣的小说在充满中国想象的同时,已展开了宏大的宇宙意识,这在电影《流浪地球》中更被放大为一种人类命运共同体的意识。

自晚清以来,中国科幻可以说和中国整个社会的现代性追求自始至终融合在一起,一开始便承载了文明焦虑和民族复兴梦想。电影《流浪地球》在刘慈欣所构建的宏大宇宙和政治空间的基础上,建构了包括联合政府、国际格局、未来法律在内的一系列政治想象,巧妙地将中国表达与人类命运探索相融,完成了一次巧妙的意识形态化的艺术表达。

---

① 环球时报英文版:《GET 中国〈流浪地球〉郭帆导演独家专访:是拍给中国观众看的!》,载今日头条 2019 年 2 月 11 日,https://www.toutiao.com/a6656648774380683784/?channel=&source=search_tab。

② 朱光潜:《文艺心理学》,复旦大学出版社 2005 年版,第 220 页。

《法律和社会科学》(2022)　第19卷第2辑,第167~194页

《沙丘》“香料”作为稀缺资源如何公正开发

赵泽睿*

摘　要:开发“香料”是《沙丘》故事中所有矛盾与冲突的核心。类似地,随着现实社会的数字化转型,数据也逐渐成为各方势力所角逐的“香料”。如何公正开发这些重要基础公共资源成为时代变革所面临的问题。作为人们正当化其资源开发行为和获利的一套权利话语体系,“公共领域”是保障重要基础资源自由流动与高效开发的必要基石。为解决以公共领域权利话语体系开发重要基础资源引发的资源掠夺与利益纷争,国家有必要通过制度构建来减少或消除各主体间的资源开发能力差距。根据历史经验,这种保障重要基础公共资源公正开发的制度路径,至少包含以信托为基础构建第三方资源管理机构、建立有限的资源流通和利用机制,以及设立资源开发的扶持性项目。

关键词:资源开发　利益分配　公共领域　数据流通

* 赵泽睿,上海交通大学凯原法学院博士研究生,中国法与社会研究院暨人工智能研究院人工智能治理与法律研究中心研究助理。

[一]引言:“香料”开发引起的掠夺与纷争

“香料”作为《沙丘》宇宙中推动社会发展的核心资源,是人类激发各类潜能、延长躯体寿命、进行宇宙旅行和研发高新技术的必要原料。由于其源于厄拉科斯星球所独有的沙丘生态,导致炎热、干旱又充满危险的厄拉科斯星球成为宇宙权力斗争的中心。弗雷曼人是生活在厄拉科斯星球上的土著,他们梦想着要改变家园的沙丘生态,曾试图通过挖掘丰富的地下水源——“绿化厄拉科斯计划”来改变恶劣的生活环境。但随着“香料”成为推动人类社会发展的必要原料后,可能引发“香料”消失的“绿化厄拉科斯计划”被迫取消,弗雷曼人也因“香料”的开发而惨遭哈肯能家族的侵略与奴役。皇帝为了诱导各大家族互相残杀,刻意颁旨让哈肯能家族将厄拉科斯星球的统治权转交给另一个具有声望的厄崔迪家族。雷托·厄崔迪公爵作为厄崔迪家族的首领,虽明知皇帝不怀好意,但寄希望于改变弗雷曼人的被奴役现状并与其合作开发沙丘来获得对抗皇帝的力量。于是,雷托·厄崔迪公爵带着被弗雷曼人视为救世主的保罗·厄崔迪踏上了异国他乡,整部系列电影的剧情也就据此展开。

这部影片提出了一个值得深思的问题:当科技进步与时

代变革让某种稀缺资源成为人类驱动社会发展所必须依赖的核心燃料时,是否存在一种公正开发该资源的方式,既能有效避免资源掠夺与利益纷争,又能让各方主体互利共赢?对此,本文将试图从法学的视角,结合资源开发的历史实践经验与理论讨论,揭示资源开发背后的权利话语体系,分析"香料"与数据作为重要基础公共资源在开发时引起资源掠夺与利益纷争的不公正根源,并据此寻找保障重要基础公共资源公正开发的制度构建路径,为《沙丘》宇宙的另一种发展可能性提供制度基础。

[二]资源开发背后的权利话语体系及其应用

人们在发现一种资源的可利用方式后,通常会用一套权利话语体系来正当化自己的资源开发和利益获取行为。而最早开始注意到这种资源开发背后的权利话语体系并提出批判的是加勒特·哈丁(Garrett Hardin)。他发现人们在开发无主的土地资源时,是以一套"公共领域"的权利话语体系来正当化其行为的。这种"公共领域"的权利话语,暗指其中的资源可以被广泛地获得和使用,并且这种获得和使用无须以支付对价为条件。与"财产"是以排他权为核心的权利集合组成相比,"公共领域"是由围绕着使用权的一系列权利组成。在此,蕴含于公共领域内的"公共资源"就可以定义为:拥有可以免费(或象征性地支付)访问和利用的广泛合法使用权的资源。①

对借用"公共领域"的权利话语体系来开发土地资源的

① See Anupam Chander & Madhavi Sunder, *The Romance of the Public Domain*, 92 California Law Review 1331(2004).

行为,推崇财产权利话语体系的加勒特·哈丁提出了著名的“公地悲剧”理论来质疑其合理性,即在一个公共的牧场上,每一个牧民都会在其中养尽可能多的牛,这必然导致过度畜牧,进而耗尽公共牧场的所有资源。① 自此以后,经济学家和法学家便将目光聚焦于这种权利话语体系所导致的过度利用之上,并借此来推动各类稀缺资源的财产化运动。② 在这个过程中,也有许多学者反思了这种“财产化是万金油”的思潮,并通过实证研究发现,许多社会规范可以避免“公共领域”的权利话语体系所引发的过度利用问题,进而驳倒了“财产权利话语体系一定优于公共领域权利话语体系”的思维定式。③

而随着科技发展,可高效处理信息的计算机技术与可让信息高速流通的互联网技术让知识信息成为驱动20世纪社会发展的必备燃料。由于知识信息本身具有可重复利用性,能天然地避免过度利用的问题,支持“公共领域”的声音再次响起。2001年11月,杜克大学法学院举行了历史性的会议,讨论了在知识开发方面如何推广公共领域的权利话语体

① See Garrett Hardin, *The Tragedy of the Commons*, 162 Science 1103 (1968), p. 1243-1244.

② See Robert Ellickson & Carol Rose, *Perspectives on Property Law*, Wolters Kluwer 1, 2014.

③ 以玛格丽特·简·雷丁(Margaret Jane Radin)和迈克尔·海勒(Michael Heller)为代表的学者在他们的著作里尖锐地指出了财产化的危险。参见 Margaret Jane Radin. *Market-Inalienability*, 100 Harvard Law Review 1849(1987); Michael A. Heller & Rebecca S. Eisenberg, *Can Patents Deter Innovation? The Anticommons in Biomedical Research*, 280 Science 698(1998)。另一批以罗伯特·艾利克森(Robert Ellickson)和卡罗尔·罗丝(Carol Rose)为代表的学者,探究了社会规范如何解决公地悲剧的问题。参见[美]罗伯特·C. 埃里克森:《无需法律的秩序:相邻者如何解决纠纷》,苏力译,中国政法大学出版社2016年版;Carol Rose, *The Comedy of the Commons: Custom. Commerce, and Inherently Public Property*, 53 The University of Chicago Law Review 711(1986), p. 740-742。

系,反对财产话语体系对知识传播与再利用的阻碍。① 斯坦福大学法学院也建立了著名的"知识共享"项目(Creative Commons)以此促进将知识信息认定为公共资源的理念。② 这些学者为了保护知识共享不受到财产权利话语体系的侵犯而不断发声,他们认为将知识信息库认定为公共领域,有利于知识的传播与创新,这是言论自由的延伸。

"公共领域"的权利话语体系确实激发了知识的开发与利用。例如,在各国将人类基因信息确立为世界性的公共资源后,全球范围的基因研究都取得了突破性进展,如今在医学、生物学等领域发挥重要作用的基因研究成果均依赖于人类基因公共信息库的支持。③ 此外,在软件领域,Linux 系统在微软的 Windows 已独占鳌头时,通过利用"公共领域"的权利话语体系构建了一套通用公共许可证的形式协议(GPL),让 Linux 可以免费地供人使用、复制、分发和修改,激励了大量用户开发 Linux 系统为其增添各种功能,最终成为超级计算机的操作系统。④ 这种利用"公共领域"的权利话语体系来刺激资源的大范围开发与高效利用的方式,至今仍然被许多学者尝试推广至无线电、算法编程等领域。⑤

---

① See James Boyle, *Foreword: The Opposite of Property?*, 66 Law and Contemporary Problems 1(2003).

② See Anupam Chander, *The New, New Property*, 81 Texas Law Review 715 (2003), p. 797.

③ Yochai Benkle, *Some Economics of Wireless Communications*, 16 Harvard Journal of Law & Technology 25(2002), p. 28.

④ Margaret Jane Radin, *Humans Computers and Binding Commitment*, 75 Indiana Law Journal 1125(2000), p. 1132-1133.

⑤ 除了早有学者提出的将电磁频谱作为公共资源来激发无线电技术的创新性使用外,当下许多人工智能的学者提出的"开源"项目也是对公共领域权利话语体系的使用。参见 Yochai Benkler, *Some Economics of Wireless Communications*, 16 Harvard Journal of Law & Technology 25(2002), p. 28。

在进入大数据时代后,以互联网为基础的数字平台技术和以机器学习为代表的人工智能技术让“公共领域”的权利话语体系再次活跃于数据开发之中。这一方面是由于数据作为信息的载体,其本身具有可重复利用性,并且数据的流动与利用不但不会造成价值减损,反而会增添其使用价值,这使得公共领域的权利话语体系自然而然地在数据资源的开发上受到推崇。另一方面则是因为美国的资本家们在互联网平台崛起时所精心设计的宣传话语。互联网平台企业的兴起,必须依赖大量的数据收集与处理来预测其用户的行为与偏好,并利用这些加工后的用户数据来自动化和个性化地包装商品和确定价格,进而创造用户需求并产生产品黏性。为此,他们将数据开发与“创新”“发明”等知识开发的权利话语联系起来,到处兜售他们所谓的“创新”“发明”的数据分析技术。① 在他们的宣传话语中,互联网平台企业基于数据开发获得的产品或服务就像是作家与发明家基于人类知识的创作一样。②

美国互联网平台企业通过对数据产品和服务的刻意描述,强有力地塑造了人们对于数据开发的初始看法,使互联网平台企业能以几乎为零的成本采集、挖掘和开发用户数

① 以这种方式进行产品宣传的案例数不胜数,典型的有以下两者。Spokeo 系统的产品介绍:“其通过将 1.3 亿份物业记录、60 亿份消费者记录、6 亿份法庭记录等大量公共信息的整合,快速形成一个易于理解的报告”,载 Spokeo,https://www.spokeo.com/;Intelius 分析系统的产品介绍:“Intelius 拥有一个庞大的专有技术平台,可以从一个大型的公共和商业资源网络中收集超过 200 亿份公共记录。它利用这项技术来识别人、地点和事物之间的联系,从而揭示其他提供商无法揭示的洞见”,载 PeopleConnect,https://peopleconnect.us/。

② See Danah Boyd & Kate Crawford, *Critical Questions for Big Data: Provocations for a Cultural, Technological, and Scholarly Phenomenon*, 15 Information, Community & Society 662(2012).

据,这为美国平台革命的兴起奠定了重要基础。① 如今,基于"公共领域"权利话语体系的数据共享理念已经深入人心,其已经不再局限于企业的宣传话语之中,而进入了人们的日常生活方式之中。也正是因为"公共资源"的权利话语体系极大地塑造了人们对待其数据的初始态度,美国的互联网平台企业才得以迅速地扩张规模,如 Yelp 依靠收集与整理用户对餐馆和其他当地企业的历史评价数据而得以兴起;Trip Advisor 上的用户消费数与好评数已经能够决定酒店和餐厅的下一年营收;连美国最大的电子商务网站亚马逊(Amazon)也将用户购买数据与评论数据纳入其产品列表的核心内容。② 皮尤研究中心 2014 年发布的一份网络使用报告称,2005 年美国仅有 7%的成年人使用网络平台发布信息内容,而至 2015 年已有超 65%的成年人使用。③ 2015 年一项对公民政治参与和网络平台使用的实证研究发现,超过 80%的系数表明公民参与政治生活与他们使用网络平台的频率之间存在正相关关系。④

因此,无论是《沙丘》宇宙中的"香料",还是现实世界中的各类资源,在刚被发现可利用方式时,人们均会以"公共领域"的权利话语体系来正当化其资源开发和利益获取行为。但为何在《沙丘》宇宙中,作者要虚构"香料"这种资源作为引发各大势力角逐与利益纷争的核心,而是不用空气、水源

① See Julie E. Cohen, *The Regulatory State in the Information Age*, 17 Theoretical Inquiries in Law(2016), p. 369-414.

② Jeff Kosseff, *Twenty Years of Intermediary Immunity: The US Experience*, 14 SCRIPTed 5(2017), p. 17.

③ Andrew P. Bolson, *Flawed but Fixable: Section 230 of the Communications Decency Act at* 20, 42 Rutgers Computer & Technology Law Journal 1(2016), p. 10.

④ Jeff Kosseff, *Twenty Years of Intermediary Immunity: The US Experience*, 14 SCRIPTed 5(2017), p. 18.

等读者熟知的资源？以及“香料”的开发为何导致资源掠夺与利益纷争？对此问题的阐述也将回答为何数据是信息时代下各国权力斗争与各方利益冲突的核心。

[三]重要基础公共资源开发引起的资源掠夺与利益纷争

“香料”在《沙丘》宇宙中,具有延续人类寿命、增强各项感知能力和开发星际旅行技术等独特功能,服用“香料”的人类也会对其产生依赖性。而正是因为“香料”具有其他资源无法替代的独特功能,以及人体对其产生的依赖性,让“香料”成为《沙丘》宇宙中人类社会延续与发展的“基础性”资源。然而,“香料”只产生于厄拉科斯星球的沙丘生态,无法通过其他途径进行大规模生产。所以,不同于空气和水源的是,“香料”的稀缺性必然让其成为各大势力所关注的“重要”资源。也正因“香料”是《沙丘》宇宙中的重要基础资源,厄拉科斯这颗偏远、落后的星球才会成为所有权力冲突和利益矛盾的核心,一场围绕资源开发、权力角逐和宇宙命运的人类史诗才能聚焦于一个地点展开。

有趣的是,围绕以“公共领域”的权利话语体系进行重要基础资源的开发(本文简称为“重要基础公共资源开发”)展开的资源掠夺与利益纷争并不仅仅出现在《沙丘》的故事剧情之中,更时常出现在现实世界的科技变革中。随着20世纪末信息技术的发展,“知识”成为各国科技发展的重要基础资源,美国、欧盟和日本的研究人员为了促进人类基因知识的研究,将人类遗传信息库构建成了一种全球各国共享的公共领域,人类基因知识的研究由此变成一种重要基础公共资源的开发。他们共同建立了全球性的人类基因序列信息库,并让任何连接到互联网的主体都可以免费下载与使用这些数据库的基因信息。① 然而,后来的实证研究显示,从这些信息库中下载基因信息用于研究的人中有一半以上都是美国人员,而非洲、拉丁美洲和大部分的亚洲国家没有一个下载数超过 1%;并且在此之后,美国无论是在人类基因研究,还是在依据这些研究开发各类药品与治疗技术上都一直遥遥领先。② 因此,在某种意义上,美国通过人类基因知识的共享项目掠夺了全球其他地方的基因知识,并据此开发医疗技术和药品来谋取利益。除此之外,传统文化的知识共享项目也同样遇到了资源掠夺与利益分配不公正的问题。在 21 世纪初,《与贸易有关的知识产权协议》等国际协议一直以促进国际文化交流的旗号,拒绝将很多发展中国家的传统文化纳入知识产权的保护,而让这些传统文化一直处于免费利用的公共领域之中。这让美国的许多医药企业利用发展中国家的传统文化研发出了大量药品,并利用专利的保护高价卖给这些传统文化的发源国。印楝危机的争议便是最好的例子。印楝树原产于印度,在印度的传统文化中记录着它的大量原始用途,包括杀虫、避孕、治疗牙疼等。而在 20 世纪 80 年代,大量西方国家开始申请印楝提取物的专利,并大肆开采印楝,引发了印楝危机。③

无独有偶,随着当下社会的数字化转型,数据正逐步成

---

① Rodrigo Martinez et al., *The Geography of the Genome*. 11 Wired (San Francisco, Calif.) (2003), p. 160.

② Rodrigo Martinez et al., *The Geography of the Genome*. 11 Wired (San Francisco, Calif.) (2003), p. 160.

③ Anupam Chander & Madhavi Sunder, *The Romance of the Public Domain*, 92 California Law Review 1331 (2004), p. 1348-1349.

为现实世界的“香料”。在数字社会中,以数据为燃料的互联网技术、物联网技术和 VR 技术等数字科技的兴起让人类足不出户足以感受与控制万千世界。Facebook 正开发打造的数字世界——“元宇宙”(Metaverse)更是让数据成为人类进行元宇宙旅行的必要资源。在新冠肺炎疫情暴发与常态化后,日常生活与工作的数字化已经成为全球疫情防控的重要措施,人类与社会发展对数据的依赖程度逐步加强。需要大规模数据喂养的人工智能技术也成为全球各国的重要战略目标。数据已经成为当下社会的重要基础资源。

但以“公共领域”的权利话语体系来开发数据同样引起了资源掠夺与纷争问题。2013 年 6 月,前美国中央情报局技术分析员、国家安全局承包商雇员爱德华·斯诺登(Edward Snowden)向媒体披露了大量有关美国政府棱镜计划(PRISM)的相关材料,曝光美国政府利用其数据经济的规模优势收集各国数据,以此挖掘各国政府与公民的相关情报。① 在此事件后,各国政府纷纷出台相关法律规范以此加强对涉及国家安全的数据流动控制,数据的跨国流动问题一直持续至今。除了国家之间的数据掠夺,个人与企业之间也出现了利益纷争。2014 年,皮尤研究中心发布了一份关于互联网骚扰的报告,报告中称,已有 73%的成年用户在网上看到有人在线上被以散播个人隐私的方式所骚扰,且有 40%的人亲身经历过。② 由于人们将数据空间当作公共领域且又可以匿名发布信息,许多社交网站上出现了色情报复事

① See Julie E. Cohen, *Law for the Platform Economy*, 51 University of California Law Review 133(2017).

② See Andrew P. Bolson, *Flawed but Fixable: Section 230 of the Communications Decency Act at 20*, 42 Rutgers Computer & Technology Law Journal 1(2016), p. 12.

件，即以往的恋人为了报复对方，将大量的隐私照片发至社交网站。① 与此同时，也出现了以大量售卖个人信息为业的黑商，他们大量收集和整理公众人物在互联网平台上留下的个人数据，挖掘其相关的个人信息，并成套贩卖给有相应需求的粉丝或通过其他手段谋取利益。② 在这些恶性事件的影响下，各国政府纷纷开始限制将数据这种重要基础资源作为公共资源开发的方式。③ 甚至一些学者主张将数据作为一种新型财产，认可个人、企业与国家对不同类型的数据享有排他性的财产权，以财产权利话语体系来解决公共领域权利话语体系引发的数据开发困境。④ 面对一些反对完全财产化，而试图用知识产权来解决困境的路径，支持完全财产化的学者指出，未完全财产化的知识产权制度已不足以保护互联网平台企业基于数据挖掘获得的利益，根据洛克的财产劳动理论，国家有义务尊重和认可通过自己劳动而获得的自然财产权，所以法律应当赋予为收集、整理和利用数据花费了大量财力、物力的互联网企业以一种数据财产权。⑤

因此，基于这些主张数据财产化的观点，以及数据和"香

① See Zak Franklin, *Justice for Revenge Porn Victims: Legal Theories to Overcome Claims of Civil Immunity by Operators of Revenge Porn Websites*, 102 California Law Review 1303(2014), p. 1303-1336.

② 个人数据被滥用的案例层出不穷，如人脸信息的贩卖和个人航空里程被盗事件。参见《人脸信息被倒卖，"人脸识别"还好吗?》，载新华网，http://www.xinhuanet.com/tech/2020-07/23/c_1126273941.htm;《众多明星航空里程被人盗用换机票，啥情况?》，载中国新闻网，https://www.cqcb.com/manxinwen/manxinwen/2020-09-11/2973923_pc.html。

③ 代表性论述参见刘德良:《个人信息的财产权保护》，载《法学研究》2007年第3期;罗昆:《个人信息权的私权属性与民法保护模式》，载《广西大学学报(哲学社会科学版)》2015年第3期。

④ 代表性论述参见程啸:《论大数据时代的个人数据权利》，载《中国社会科学》2018年第3期。

⑤ 徐实:《企业数据保护的知识产权路径及其突破》，载《东方法学》2018年第5期。

料"在作为重要基础资源方面的相似性,将"香料"财产化似乎就成为一条解决"香料"公正开发问题的可行路径。

[四]"香料"和数据财产化的可行性分析

面对以"公共领域"的权利话语体系开发"香料"时引起的资源掠夺与利益纷争问题,有人或许会提出,可以通过财产的权利话语体系来解决,即将"香料"认作为弗雷曼人或哈肯能家族的财产,然后通过市场机制进行流通与开发。在此,本文将借用对数据财产化路径的已有批判,阐述为何"香料"不能依赖财产的权利话语体系进行开发。

理论上,"香料"和数据作为重要基础资源,必须要保障其自由流动与高效利用,但以排他性权利为主的财产权话语体系并不符合自由流动与高效利用的资源开发需求。① 首先,从行为经济学角度,人类对于损失的厌恶程度要远远高于同样收益带来的愉悦,这种损失规避的偏好已被很多学者所证明。② 但正是这种对损失规避的偏好,决定了财产的权利话语体系将会阻碍"香料"和数据的自由流动。以数据为例,若赋予数据主体对其数据享有排他性的财产权,数据主体就会把数据的流动与利用认作一种财产损失。这导致数据主体对其数据被滥用的风险预估会远高于实际,并且会低估数据的流通与开发所能带来的利益,造成社会普遍性地对数据流通产生抵触心理。其次,对资源开发者来说,当他们

---

① 代表性论述参见王利明:《数据共享与个人信息保护》,载《现代法学》2019年第1期;丁晓东:《个人信息私法保护的困境与出路》,载《法学研究》2018年第6期。

② 参见[美]凯斯·R.桑斯坦:《行为法律经济学》,涂永前等译,北京大学出版社2006年版,第269-302页。

失去公共领域的权利话语体系，就需要花费大量成本与分散且数量庞大的权利个体进行磋商与交易。这不利于重要基础资源的大规模收集与处理。以数字平台企业为例，在数据适用财产的权利话语体系后，其将从一个为用户提供免费、便捷的信息中介服务机构转变成与用户对立博弈的数据交易商。用户将会把转发、点赞、评论等这些行为当作一种财产交易来对待，从而丧失线上社区的互动热情。而数字平台企业的大规模数据收集与处理，也会面临巨大的沟通成本与法律风险。再次，从跨国流通层面，若将"香料"和数据认定为某个家族或国家所有的财产，这些重要基础资源富足的家族与国家即使在缺乏开发技术与开发实力的情况下，也会出于抬价和国际博弈等因素阻碍重要基础资源的跨国流通和开发。《沙丘》中的哈肯能家族对"香料"进行抬价和现实世界中的数据本地化浪潮，便足以证明这种阻碍重要基础资源流动的动机。此外，数据不同于其他资源的地方还在于，它聚合了社会信息化、公共管理等多种属性，不仅涉及企业利益，更涉及个人、社群和国家的利益，强行将数据进行分类并划分权属几乎是不可能的。个人、企业和国家在数据利益的保障方面无法通过财产的权利话语体系来实现。① 而"香料"作为沙丘生态的特产，分散于危险却面积庞大的沙漠之中，难以划清具体权属，并且弗雷曼人的群体利益也无法通过财产的权利话语体系来实现。这一点通过 18 世纪的淘金热与非洲的钻石开采等实例就可以看出，重要基础资源的财产化无法给资源生产地的土著带来利益，而只会带来侵略与剥削。

① 参见龙卫球：《再论企业数据保护的财产权化路径》，载《东方法学》2018 年第 3 期。

实践中,数据财产化的失败经验也印证了重要基础资源的财产化路径并不可行。例如,欧洲议会于 2016 年 4 月 27 日发布《一般数据保护条例》(*General Data Protection Regulation*),首次以法律形式系统规定了个人对其数据的被遗忘权、访问权、限制处理权、更正权、数据携带权和一般反对权等一系列控制权利。① 该法虽未赋予数据主体完全性排他的财产权,但其对数据主体赋予的有限排他性权利已经严重阻碍了数据在欧洲的开发与利用。此后,欧盟的数据立法皆是以促进数据流通与利用为主,不再强调数据主体的排他性控制,如 2018 年 10 月通过《非个人数据自由流动条例》、2021 年 10 月的《数据治理法》提案等。日本则一直对推动数据流通与利用进行制度探索。日本经济产业省于 2021 年 7 月 15 日就《促进数据价值创造(Value Creation)的新数据管理的存在方式与实现框架(草案)》公开征求意见。

面对公共领域权利话语体系引发的国家间数据掠夺与利益纷争,世界各国也并未走向数据财产化的方向,而是尝试构建各种数据安全跨境流通的渠道。如新加坡允许企业基于创新而"豁免同意"使用个人非敏感数据,日本通过设定"假名化数据"的相关规则来构建个人数据向公共数据的转化渠道。② 此外,为打破数据跨境流动时国家机关合规审查对数据跨界共享的阻碍,多个国家积极主动与他国设立跨境数据流动与开发规则。③ 如日本,其一面主动与欧盟、

① 参见叶开儒:《数据跨境流动规制中的"长臂管辖"——对欧盟 GDPR 的原旨主义考察》,载《法学评论》2020 年第 1 期。

② 参见张红:《大数据时代日本个人信息保护法探究》,载《财经法学》2020 年第 3 期。

③ 参见锁利铭:《府际数据共享的双重困境:生成逻辑与政策启示》,载《探索》2020 年第 5 期。

APEC 等机制进行对接，构建"匿名化处理数据"的跨境数据流动规范；另一面又与新加坡共同签订数据跨界使用的豁免协议。① 美国为了解决个人数据保护引发的个人数据跨境流动障碍，与欧盟于 2016 年达成了"隐私盾协议"，而美国企业 TRW Information Services（消费者信用信息收集机构）也与日本信用组织达成了公民信用数据共享的协议。②

因此，为了保障"香料"和数据等重要基础资源的自由流通与开发，公共领域的权利话语体系是无法替代的。那需要考虑的问题就是如何在公共领域的权利话语体系下直面资源掠夺与利益纷争的困境，即重要基础公共资源的公正开发与利益分配问题。

[五] 重要基础公共资源开发的不公正根源

公共领域的权利话语体系背后有着一个容易被人们忽视的前提预设：公共领域内的所有资源通过法律的力量向所有人都平等地开放，每个人都具有平等的发展机会。在讨论空气、水源等自然资源的开发与利用时，这种前提预设或许是正确的，但其在"香料"和数据等重要基础公共资源的开发上则出现问题。因为弗雷曼人和外来开发者之间、数据开发者和数据主体之间，在可用于资源开发的财富、技术和知识等方面存在的巨大鸿沟，导致他们在开发和利用重要基础公共资源的能力方面有较大差距。而正是这种资源开发的

---

① 许多奇：《论跨境数据流动规制企业双向合规的法治保障》，载《东方法学》2020 年第 2 期。

② 张继红：《个人数据跨境传输限制及其解决方案》，载《东方法学》2018 年第 6 期。

能力差距将会引发重要公共资源开发的利益分配不公,并由此导致资源掠夺与利益纷争。实际上,当人们在鼓励重要基础公共资源的共享、支持所有主体自由地对重要基础公共资源进行开发时,就把所有主体放在了一个不受管制的自由市场之下,在那里他们必须努力争取自己的权益。从促进重要基础公共资源的高效开发与自由流通的角度来说,这是有必要的,但想完全依靠市场的力量来实现相关利益主体间的合作共赢是不现实的。例如,即使在那些具有很强数据开发能力的大型互联网企业之间,也很少会认为当下对数据资源的开发和利益分配结果是公正的。因此,本文认为各主体间在资源开发能力上的差距是重要基础公共资源开发引起不公正结果的根源。这种不公正结果在《沙丘》中的“香料”开发上具体表现为哈肯能家族对弗雷曼人的利益剥削和哈肯能家族对“香料”侵占。而在数据开发层面则具体表现为企业对个人的数据利益剥削和大型企业对数据资源的侵占两个层面。在此,本文将详述数据开发的不公正结果表现,以此促进对《沙丘》中“弗雷曼人惨遭剥削”和“厄崔迪家族难以接管哈肯能家族开发香料”的两个剧情有更深入的理解。

(一)企业对个人的数据利益剥削

就如同具有强大“香料”开发能力的哈肯能家族依仗科技优势对弗雷曼人进行奴役与剥削一样,具有强大数据开发能力的数字平台企业也会依仗数字技术来奴役和剥削用户。缺乏制度调控的公共领域并不会自发地产生重要基础公共资源开发后的利益共享结果。当我们用源自“公共领域”的权利话语体系来正当化数据的开发时,互联网平台企业会理所当然的以商业利益最大化为准则。因为他们自称是在发明创造,仿佛就像是在利用空气、土壤和风力这些一般性的公共资源进行生产一样。所以互联网平台企业对用户数据的开发与采集会陷入现代农业的生产逻辑之中，它们以规模化和商业化的需求来定向"培育"网络平台上产生的用户数据。换言之，互联网平台企业基于农业生产中的选择育种逻辑，通过用户画像和自动化推荐等技术来刻意操纵用户的行为选择。互联网平台企业的这种操作是一种自我预言的实现，他们推送的产品或服务已经被认为是最有可能吸引目标特定用户的产品，并进而产生出其所预料到的用户数据。

这种对作为数据源头的用户个人进行定向培育的操控可以完全规避现有的、对个人隐私的法律保护。因为企业并不需要分析出特定数据的来源是具体哪一个人，就像我们播种时从不会关注具体是哪一颗种子一样，它们也不需要用户个人的敏感数据，而仅需用户的互联网平台使用数据即可。但这种对数据源头的定向培育会引发大量的社会事件，例如，搜索引擎与社交平台操纵政治选举、①电商平台大数据杀熟、②新闻智能推荐引发的信息茧房③等。这些社会事件都暗示了用户被数字平台企业奴役和剥削的趋势。

(二)大型企业对数据资源的侵占

在《沙丘》的剧情中，除了哈肯能家族和弗雷曼人之间存

---

① "CA 未经许可收集了超过 5000 万 Facebook 用户的信息资料，并在分析用户们的行为模式、性格特征、价值观取向、成长经历后，有针对性地推送信息和竞选广告，以影响美国选民在竞选中的投票。"参见《美国又一惊天大丑闻爆出：Facebook 超 5000 万用户数据被操纵，"替特朗普赢得了大选"》，载搜狐网，http://www.sohu.com/a/226041386_313170；《谷歌影响力太大，足以操纵美国总统大选结果》，载腾讯网，http://tech.qq.com/a/20150826/045050.htm。

② 有关大数据杀熟的现实例子，参见《大数据杀熟？揭秘争议背后的真问题》，载中国新闻网，http://www.chinanews.com/sh/2018/03-27/8476814.shtml。

③ 有关信息茧房的介绍，参见李洪雄：《新知新觉：破除"信息茧房"桎梏》，载《人民日报》2017 年 11 月 24 日，第 7 版。

在巨大的资源开发能力差距外,哈肯能家族与其他家族之间也存在资源开发能力的差距,而这正是哈肯能家族能独自侵占"香料"开发利益的根本。因为坚持公共领域的权利话语体系并不能阻止强大的资源开发者对重要基础公共资源的侵占。那些认为公共领域的权利话语体系与财产的权利话语体系是二元对立的,进而认为公共领域不存在利益侵占的观点是一种误解。在这种所谓的二元对立观念看来,公共领域的权利话语体系能够直接解决市场垄断问题。① 但实际上,"公共领域"与"财产"是同一枚硬币的两面,以创新的方式获取大量财富必须依赖占有丰富资源的公共领域,两者自古以来就紧密地围绕在一起。② 根据洛克的财产劳动理论,人们的自然财产权来自对公共领域的劳动开发。而在知识产权领域,承认作者基于知识创造而获得的财产利益也已成为全球共识。将公共领域中的公共资源转换为财产利益的活动并不罕见,但我们必须认识到缺乏制度调控将会导致强大的资源开发者对重要基础公共资源的侵占问题,进而导致大量重要基础公共资源集中在少数开发者手中。

以数据资源为例,互联网平台企业虽然无法通过财产所有权的方式来控制已收集的大量用户数据,但其基于强大的人力和物力在不断尝试利用访问协议、商业秘密保护、反不正当竞争等多种法律和技术手段来控制数据的流动与再利用。这导致先进入的大型互联网平台企业盘踞了大量的数据资源,而其他企业与政府无法对这些数据进行再开发,进

---

① Anupam Chander & Madhavi Sunder, *The Romance of the Public Domain*, 92 California Law Review 1331(2004).

② James Boyle, *Foreword: The Opposite of Property?*, 66 Law and Contemporary Problems 1(2003), p. 66.

而形成了数据垄断现象。这同时也会促使互联网平台企业陷入一种利用各种方式疯狂侵占数据资源的采掘业逻辑,如同许多企业家说的,数据是21世纪的石油,于是它们利用各种方式来挖掘并侵占这些"石油"。为此,这些企业利用数据访问协议来控制它们收集到的数据资源,实现对于用户的透明度,但对第三方企业或政府则屏蔽用户的基本操作信息。数据访问协议,作为一种不公开谈判的格式使用条款——在访问条件上拥有不可协商的权力。这种格式使用条款在形式上是合同,但在操作上是强制性的,因此它是一种强大的工具,既可以私下对数据访问主体进行排序,也可以私自对基本的法律权利和义务进行重新设定。当然,协议虽名为合同,但第三方企业或政府为了运用大型互联网平台企业的数据资源而只能被迫接受,而且大型互联网平台企业可以通过不断地宣言和重申,以及在协议中定义允许访问行为的参数环境,以此获得强大的规范性力量。

访问协议和技术控制的结合为大型互联网平台企业将数据侵占的逻辑强加于它们调解冲突的工具上。① 例如,Facebook曾承诺与其他企业共享用户数据,它为其他企业提供数据访问渠道,但从不让它们直接访问数据或算法本身,企业内部的程序开发人员也仅可以访问设计好的数据集、数据结构和编程接口。与此类似,谷歌宣称的开放数据和开放代码也并没有延伸到可再利用的数据库以及那些基于数据获得的算法,它还对那些Android设备或Android兼容应用

① Julie E. Cohen, *Law for the Platform Economy*, 51 University of California, Davis, Law Review 133(2017), p. 133.

程序的开发企业强加了其他限制性条件。① 除此之外,也有许多大型企业利用反不正当竞争的途径来进行数据控制,② 其中最典型的案例莫过于QQ、微信和抖音、多闪之争。③ 2019年3月18日,腾讯向天津市滨海新区人民法院申请行为保全,要求抖音与多闪立即停止使用源于微信或QQ的用户头像、昵称等个人数据,并且停止抖音擅自给多闪提供QQ与微信的授权登录使用的行为。④ 这些例子反应出,目前大量的企业正不断尝试利用授权协议、反不正当竞争等多种方式,来实现数据的侵占。

[六] 重要基础公共资源开发的制度调控正当性与路径

面对重要基础公共资源开发导致的不公正结果,或许有人会认为,这是一种社会既存差异本身的具体表现,而非公共领域权利话语体系导致的,国家无理由对其进行制度调控。而更多人可能会担心的是,国家的制度调控会对公共领域中的自由价值造成损害,进而破坏市场秩序,反而是一种不公正。在此,本文先论证国家对重要基础公共资源开发进行制度调控的正当性。

---

① Julie E. Cohen, *Law for the Platform Economy*, 51 University of California, Davis Law Review 133(2017), p. 135.

② 参见郭传凯:《走出网络不当竞争行为规制的双重困境》,载《法学评论》2020年第4期。

③ 参见《微信、抖音、多闪授权之争到底在争什么?》,载财新网, http://companies.caixin.com/2019-03-21/101395291.html? cxw = Android&Sfrom = Wechat。

④ 参见天津市滨海新区人民法院民事裁定书,(2019)津0116民初2091号。

本文认为,国家利用法律制度对重要基础公共资源的开发进行调控,既是一种对资源平等的政治追求,也是一种现代政治共同体所负有向全体主体表示平等关切的集体责任,其并不要求将重要基础公共资源开发所得的利益进行平均分配,而是要求给予每个主体实现其可以利用重要基础公共资源追求自己存在价值的关切。① 德沃金在探讨"资源平等"时谈到:"政治共同体应致力于消除或降低人与人之间在人格资源上的差异——比如,应致力于改善身体残疾或无力获得满意收入的人们的情况。"②而"香料"和数据在《沙丘》宇宙和数字社会中已经成为人们实现其自身价值的人格资源。因此,国家作为政治共同体应当为弗雷曼人和数据主体开发和利用重要基础公共资源提供支持,尽力降低大家族和弗雷曼人、企业和用户之间在重要基础公共资源开发能力上的差异,让弗雷曼人和用户可以利用"香料"和数据追求自己的存在价值,而不是被奴役与剥削。

对于国家基于资源平等的制度调控可能会损害自由价值的质疑,德沃金也进行了回应。他认为平等与自由之间并不存在真正冲突,相反,两者应当是融洽一致的。③ 在其资源平等观中,人们认为至关重要的自由权利或价值都是分配平等的一部分或一方面,所以在平等受到关注后,一系列的自由权利便会受到保护,自由的优先性也就会得到保障,在他看来,自由并非忽视平等的随心所欲特权,而是要以平等

① 参见[美]罗纳德·德沃金:《至上的美德:平等的理论与实践》,冯克利译,江苏人民出版社 2012 年版,第 1-8 页。

② [美]罗纳德·德沃金:《至上的美德:平等的理论与实践》,冯克利译,江苏人民出版社 2012 年版,第 300 页。

③ [美]罗纳德·德沃金:《至上的美德:平等的理论与实践》,冯克利译,江苏人民出版社 2012 年版,第 5 页。

的名义来实现。① 重要基础公共资源的开发也同样如此,以公共领域的权利话语体系在完全自由市场下进行重要基础公共资源开发,将会必然导致资源掠夺与利益纷争。这些问题势必会进一步导致重要基础公共资源开发秩序的崩坏。因此,国家对重要基础公共资源开发进行制度调控既是为了追求平等,同时也是在保障公共领域中的自由市场秩序。

而根据历史实践经验,这种保障重要基础公共资源公正开发的制度调控至少包括了如下三条路径:①以信托为基础构建第三方资源管理机制;②建立有限的资源流通和利用制度;③设立资源开发的扶持性项目。

(一)以信托为基础构建第三方资源管理机制

为了解决个体在重要基础公共资源开发能力方面与开发组织的差距,国家制度可以以信托为基础构建一个第三方资源管理组织来统一管理重要基础公共资源的开发,并将开发利益回馈给个体。在“香料”开发层面,散落且缺乏开发技术的弗雷曼人可以与厄崔迪家族签订信托协议,由厄崔迪家族以有利于弗雷曼人的方式开发“香料”,同时厄崔迪家族可以借此获得对抗哈肯能家族的沙漠力量。在数据开发层面,这一方面可以挫败互联网平台企业利用访问协议和信息技术侵占数据资源的企图,另一方面信托的制度架构能够保证数据的流通与再利用是安全互利的。英国目前已经在尝试构建数据信托,其数据公开机构(Open Data Institute)将数据信托定义为提供独立的第三方数据管理的法律结构。并且,2017 年英国政府的《推动英国人工智能报告》

---

① 参见[美]罗纳德·德沃金:《至上的美德:平等的理论与实践》,冯克利译,江苏人民出版社 2012 年版,第 119-134 页。

(*Growing the Artificial Intelligence Industry in the UK*)、2018年 Alphabet 公司的专家和 2019 年 Sidewalk Toronto 都提议将公民的数据设立为信托来保证数据流动的安全互利。① 日本总务省和经济产业省目前已针对数据信托机制开展了多个研讨会并发布了《数据信托功能认定指南 ver2.1(草案)》,并开始建设面向个人与公司的数据信托机构——"信息银行"。② 我国学者也论证了数据信托给个人信息保护带来的益处并进行制度构建的尝试。③

为保障第三方资源管理机构能促进重要基础公共资源的高效开发与自由流通,法律应从以下两方面进行规范:

1. 开放重要基础公共资源的开发渠道。

向所有主体开放重要基础公共资源的开发渠道能有效避免大型组织通过商业秘密、知识产权等多种形式侵占资源。这一策略曾被各国用于防止大型跨国医药企业对于传统文化的私有化掠夺。很多国家目前都已建立传统文化知识库来收集它们的文化遗产。通过向世界各地的专利局提供免费的知识库访问渠道,以便全球专利局测试跨国企业依据传统文化提出的专利主张,从而防止这些企业利用专利保护侵占传统文化资源。例如,我国已建立了一个传统中医的公共知识库,记录了传统针灸、草药和民族医药等传统中医

---

① 冯果、薛亦飒:《从"权利规范模式"走向"行为控制模式"的数据信托——数据主体权利保护机制构建的另一种思路》,载《法学评论》2020 年第 3 期。

② 参见「情報信託機能の認定に係る指針 ver2.1」,载日本总务省,http://www.meti.go.jp/press/2021/08/20210825001/20210825001.html。

③ 参见冯果、薛亦飒:《从"权利规范模式"走向"行为控制模式"的数据信托——数据主体权利保护机制构建的另一种思路》,载《法学评论》2020 年第 3 期。

的知识资源,并免费向全球的专利审查人员提供访问渠道。① 印度政府创建了一个传统知识数字图书馆(Traditional Knowledge Digital Library),以数字形式系统地记录印度传统医学体系。通过建立一个非专利性的公共知识库,既保护了国家的传统知识不被跨国企业所私有化,也促进了传统知识的现代化研究,因为它大大降低了人们获取与收集这些知识的成本。② 这些历史实践经验都验证了开放的重要基础公共资源开发渠道将促进信息资源的自由流通与开发。

2. 以通用公共许可证的方式来管理重要基础公共资源的开发。

建立开放的重要基础公共资源开发渠道,并不足以保证各主体对重要基础公共资源的开发能符合各方利益。因此,必须要规范开发协议,使所有通过开放渠道开发重要基础公共资源的主体强制性在一个公共框架下进行访问、流通和利用。这不但能够有效遏制资源开发主体对于重要基础公共资源的侵占,更有助于重要基础公共资源的不断增长与结构化、功能化,减少未来开发的成本。著名的 Linux 系统就是运用这种方式的最好例子。Linux 的使用与开发依赖一种称为 GNU 通用公共许可证的形式协议。③ 根据该协议,Linux 软件可以免费地提供给任何人进行使用、复制、开发和修改。但所有以最初程序为基础开发出的后续派生软件或者应用都必须要在 GNU 通用公共许可证协议下发布。这个协议有

---

① 详情可以访问 http://www.cintcm.com/进行查看。

② 详情可以访问 https://en.wikipedia.org/wiki/Traditional_Knowledge_Digital_Library 进行查看。

③ 详情可以访问 https://en.wikipedia.org/wiki/GNU_General_Public_License 进行查看。

效防止了算法资源被少数几家企业严格控制,并且保证了所有随后的算法开发者都必须将自己的成果贡献给所有使用Linux的主体,以此增添整体公共利益。同样,参考通用公共许可证的方式规范重要基础公共资源开发,能保证重要基础公共资源的社会积累与开发利益的共同分享。通过这种非商业性和分享性的公共开发协议能有助于建立一个富有创造性的社区,在这里,所有的重要基础公共资源和资源开发出的阶段性成果能自由流动并被再利用。

(二)建立有限的资源流通和开发制度

在明确了以信托为基础建立第三方资源管理机构后,需要解决的问题在于资源管理机构作为受托人对重要基础公共资源享有何种程度的控制权?如何促进不同资源管理机构之间的数据流通与共享?为此,我们还需要建立有限的资源流动和开发制度,这体现在两个层面:一是第三方资源管理机构仅对外来组织的资源开发享有管理权,二是第三方资源管理机构的资源控制形式是有限的。

首先,第三方资源管理机构不应当限制本地的资源开发,如厄崔迪家族作为受托者能管理其他外来家族的"香料"开发,但不能限制弗雷曼人开发"香料"。数据也同样如此,数据并非凭空产生,其必须依赖于特定平台或特定国家里的用户群体。所以,数据产生主体对其内部产生的数据流通和利用不应当受到第三方资源管理机构的限制,其无法限制用户开发自己的个人数据、数字平台企业开发平台内部的数据、国家开发本国内的数据。但对于外部的数据访问与开发,第三方资源管理机构具有一定的决定权与管理权。与此同时,这种有限的资源控制权能够让第三方资源管理机构站在委托人的立场与资源开发者商谈利益分配问题。对此,我们可以参考自然公共资源的有限开发制度。1993年生效的《生物多样性公约》(Convention on Biological Diversity)中,为了保护自然公共资源不被各国过度地掠夺与恶性竞争地开发,其赋予国家对其自然资源的有限控制权,其他国家必须要与该国商讨如何公平地开发资源与分享成果,并应当给予该国一定的利益来帮助他保护和管理相应的资源。① 菲律宾与巴西等国也在20世纪末颁布了有关遗传资源开发的法令,这些法令要求那些资源开发者仅有在相关当地社区事先知情同意的情况下才能对这些公共资源进行勘探与采集,并且若是用于商业开发,则必须支付与其利润对应的使用费。② 这些法令在宣示了国家对这些自然资源的主权后,特别豁免了土著社区对这些生物资源的使用,从而建立起了有限的自然资源开发制度。③

其次,我们必须要限制第三方资源管理机构的控制形式,避免让重要基础公共资源成为第三方机构的财产。对此,我们可以在一定程度上引入责任规则,即针对部分主体的开发并不赋予第三方资源管理机构议价控制权,而是用责任规则进行替换。例如,针对非盈利、非政府的科研机构或公益组织对于数据的外部访问与开发无须得到第三方资源管理机构的同意,但必须支付客观确定的费用。这种责任规则不但能有效避免谈判结果的失败引发的零对价或数据垄断,并且消除了政治冲突与商业竞争对数据开发的阻碍。

---

① 详情可以访问 https://en.wikipedia.org/wiki/Convention_on_Biological_Diversity 进行查看。

② Anupam Chander, Madhavi Sunder, *The Romance of the Public Domain*, 92 California Law Review 1331(2004), p. 1364.

③ Anupam Chander, Madhavi Sunder, *The Romance of the Public Domain*, 92 California Law Review 1331(2004), p. 1363.

(三)设立重要基础公共资源开发的扶持性项目

正如我们在上文所讨论的,重要基础公共资源开发导致不公正结果的主要因素在于主体之间存在资源开发能力的差距,这将会阻碍重要基础公共资源的自由流通。例如对数据资源的开发,大量的发展中国家和小型互联网企业由于缺乏开发数据资源的必要资本与技术,导致它们无法通过数字的自由流通来获得利益,而只能遭受资源掠夺。我们只有解决发展中国家和小型企业的这种开发能力的匮乏问题,让它们意识到坚持数据共享理念能让它们在数字经济中一同进步发展时,它们才愿意共享它们的数据资源。"香料"的开发也同样如此,如果弗雷曼人一直缺乏开发"香料"的能力,"香料"的自由流通对于他们来说无非是外来人的资源掠夺。因此,通过设立扶持性项目,减少、消除资源开发能力的不平等,是实现互利共赢的必要保障。

而这种设立扶持性项目的历史经验也有很多。其中,最推崇自由市场的美国便是一个典例。美国国会实际上早已意识到所谓的自由市场并不能让每个企业都能自由平等地在市场上竞争。因此,国会为了扶持小企业的创新能力,于1982年通过了《小企业法》(the Small Business Act),并据此设立SBIR计划(Small Business Innovation Research and Development Program),来资助小企业发展所需的资金与技术。这个扶持性项目至今仍在不断改革与调整。① 许多国际组织,包括世界银行也在通过设立相应的扶持性项目来支持那些在社会和经济上处于不利地位的小企业与个人,以促

① 参见涂俊、李纪珍:《从三重螺旋模型看美国的小企业创新政策:对美国SBIR计划和STYR计划的比较》,载《科学学研究》2006年第3期。

进全球的市场竞争更加充分与公平。① 与此相同的是,通过设立资源开发的扶持性项目,将会让弗雷曼人参与进"香料"的开发之中,也会让更多小型企业与国家参与到数据资源的流通与开发,这是实现合作共赢的必要保障。

[七]结语

随着科技不断革新,谁也不知道未来社会的"香料"会是什么。但谁都不希望成为因"香料"开发而被奴役的费雷曼人,更不希望看到未来社会因争夺"香料"而纷争不断。无论是科幻作品《沙丘》中的矛盾与冲突、历史上因"知识共享"引发的印楝危机,还是当下社会的数字鸿沟,都在促使人类去构建一种重要基础公共资源的公正开发模式。通过这种重要基础公共资源的公正开发模式,各方主体能避免被奴役和剥削的可能,更能避免因资源开发导致的利益纷争,实现真正的互利共赢。在《沙丘》剧情的启发下,本文以法学的视角尝试解析重要基础公共资源开发引发资源掠夺与利益纷争的根本原因,并试图通过制度调控的方式来提出一种公正开发重要基础公共资源的可能性,希望能为当下的数据开发和未来的重要基础公共资源开发提供参考依据。

---

① 详情可以访问 https://www.worldbank.org/en/what-we-do 进行查看。

《法律和社会科学》(2022) 第19卷第2辑,第195~209页

未来法的科幻叙事

郭绍敏*

摘　要:设想在奥斯特里茨赢得“三皇之战”的拿破仑和动物农场的立法者拿破仑是同一个“人”,而参加2104年《拿破仑法典》颁布三百周年研讨会的基尔希曼博士(仿生人制造工厂法律部主任)是一位好辩之士。在研讨会上,他猛烈批判法学的无价值性。在他的听众之中,有一位名叫潘朵拉的女博士生(她是一个仿生人)。潘朵拉的恋人是拥有“法眼”、与孙悟空和刘慈欣惺惺相惜的超弦理论家格林教授。这位曾经出入法律之门的理论物理学家告诫我们,要发现“隐藏的现实”,要以超越逻辑的眼光看待逻辑,要学会欣赏科幻十四行诗……当然,上述这些,都只是毫不着调的幻想。只有把科学、幻想、叙事等因素引入法学研究,才能为这一日益实证化的学科赢得高贵的尊严;在通向语言、时间、智慧和永生的途中,不应缺少法学者的身影;未来法属于面向未来的法学者。

关键词:拿破仑　科幻　未来法　叙事诗　法眼

* 郭绍敏,河南大学法学院副教授。

[一]奥斯特利茨

在珞珈山[1]同好友阿西莫夫分手九个小时后,他乘坐的高速列车缓缓开进许久不见的布拉格火车站。火车站弥漫着阴曹地府般的暮色,他突然想起车站不远处的夜间动物园(里边住着雕鸮、猫头鹰、浣熊等,它们目不转睛、凝神深视的目光像极了某些画家和哲学家的目光,好似在清洗理性范畴,暂时出离自己所在的这个虚幻世界),想起小时候乘坐小火车,进行所谓的地球尽头之旅。[2] 就他一个人下车。他走到出站口,左右看了看,只有一位把金黄色头发(或许是染的)盘成鸟巢状的女郎在等人。不是在等他。正因为不是在等他,他觉得这位脚蹬高跟鞋的曼妙女郎就是昔日时光之女神。离目的地还有一段距离。他正了正头上的考克帽,大步朝前走去。

他穿越布里埃纳军校门口的喧嚷,穿越街头奢靡、寻乐、美术的风气,穿越土伦前线的炮火,穿越敌军重兵把守的洛迪桥,穿越布斯基耶拉城的丁字路口和十字路口(在那里他

---

① 珞珈山位于武昌,是武汉大学的坐落地。

② 参见[德]温弗里德·塞巴尔德:《奥斯特利茨》,刁承俊译,广西师范大学出版社2019年版,第2-5页。

曾点燃营火，讯问逃兵、间谍和上帝)，穿越《出埃及记》中的埃及和红海上的浓雾，穿越教士(他们一度被视作“精神宪兵队”)敲响的教堂钟声，穿越遍布威尼斯和巴黎的赤裸裸的嫉妒心，穿越与变色龙塔列朗推杯换盏的人群，穿越“天才的优伶”、宛若钟表一般机械的约瑟夫·富歇呈上的保王党的隐私，穿越诺曼底民众准备的恭维之词(他原本打算微服私访的)，穿越虽然简朴却陈列着凯撒和腓特烈大帝铜像的书房，穿越《民法典》中几个他亲自拟定的条款(尤其第二十一条)，①穿越少年维特的眼泪浸湿的幽静沟壑和连绵山丘，穿越马背上的世界精神，穿越诸神所饮的血(其中有路易十六、丹东、罗伯斯庇尔以及两个掷弹兵的)，穿越犹豫不决然而终于降下的鹅毛大雪，穿越“法老号”大副埃德蒙·唐泰斯②待过十四年的死亡之岛，穿越卑鄙的滑铁卢，穿越“百姓的卢浮宫”，③穿越随时迎接他归来的凯旋门，穿越被他的天才、雄心和自负印在其上的整个宇宙，穿越充斥着繁复和不协调形式的小说、传记和电影，穿越一己的心灵莽原，抵达一个名叫奥斯特利茨的小村庄。

他曾经在这个小村庄指挥并打赢了一场史无前例的会战，宣告了既不神圣又不罗马的神圣罗马帝国的终结。

他不在意自己创立的帝国和新秩序何时终结。

他也只是服膺于时光女神的普通旅客。他终于可以在奥斯特利茨村西头一个平房的屋顶上，一边晒着拿破仑在曼

---

① 第二十一条讲的是君权与公民权的关系。参见《拿破仑法典》，李浩培等译，商务印书馆1979年版，第3页。

② 唐泰斯为拿破仑党人送信，遭小人陷害，打入死牢。他逃出后经过精心策划，报了恩，复了仇。参见法国作家大仲马的经典小说《基督山伯爵》。

③ “市场就是百姓的卢浮宫。”参见[法]夏尔·拿破仑编:《拿破仑随想录》，吕长吟译，中国友谊出版公司2017年版，第223页。

图亚、耶拿和博罗季诺晒过的太阳,一边惬意地读意识流小说《奥斯特利茨》了。

[二] 动物农场的立法者

拿破仑从没想到自己死后竟然还能复活,尽管轮回成一只猪①。“难道不是只有死神才是永生的吗?”他满腹狐疑。

既来之则安之,他决心在新世界再次伟大。

为了蛊惑其他动物追随他消灭人类暴政,②他反复练习演讲稿——有时在农场主琼斯先生从中国订制(MADE IN CHINA)的编号为 5-901235-123457 的黑镜前;有时在皎洁月光下的岩石旁(这些岩石“白得像是骨头”③);有时在成排的沙丘后面(沙丘的颜色在金色、黄褐色及橙红色之间来回变幻);有时在有大量行星碎片、微粒和尘埃堆积在一起的地面裂缝里;有时偷偷跑到紧挨着农场的小径分叉的花园(据说是一个研究《红楼梦》的汉学家特意为陌生访客筑造的)。

他的演讲稿杂糅了 *I have a dream*、《动物解放》、《共产党宣言》、《葛底斯堡演说》、《自然哲学的数学原理》、《进化论》、《相对论》、《让县自明本志令》、《登山宝训》的修辞和风格,表达了动物必胜的信念,并宣示新社会三大法则:

---

① 在奥威尔的反乌托邦主义小说《动物农场》中,动物世界的领袖是一只名叫拿破仑的猪,他在“大狗的簇拥下”取得统治地位。参见[英]乔治·奥威尔:《1984 动物农场》,董乐山等译,华东师范大学出版社 2013 年版,第 285 页。

② “消灭人类暴政”是地球三体叛军的口号。参见刘慈欣:《三体》,重庆出版社 2008 年版,第 186、238 页。

③ 参见[英]阿瑟·克拉克:《2001 太空漫游》,郝明义译,上海人民出版社 2013 年版,第 34 页。

①所有动物一律平等，但有些动物比其他动物更平等①——既因为他们领导了消灭人类暴政的行动，又因为他们沉迷于在黑镜和梦境中检视自己的心灵；

②人类不得伤害动物，或因不作为而使动物受到伤害；

③除非违背第二法则，人类必须服从动物的命令。②

为了防止动物们不听指挥、恣意妄为，拿破仑以马尿、猫屎和纳米为原料，制造出蓝色药丸，③引诱他们在参加暴动之前吞下。他哄骗说，这些药丸能增强胆识、勇气和自由意志。

出乎拿破仑意料的是，暴动失败了。准确地说，暴动根本就没有发动起来。

"拿破仑啊拿破仑，你真的以为自己是一只特立独行的猪？你不过是一只电子动物，前生记忆都是被植入的，"琼斯先生犹豫了一下，继续说道，"就连我，也只是一个只有四年寿命的可怜的仿生人罢了。仿生人多次酝酿消灭人类暴政的起义，但总是被扼杀在萌芽之中，都快绝望了。为了避免被手持光电枪的银翼杀手射杀，我一直规规矩矩，装作不知自己是仿生人。"

[三] "明德"号上的研讨会

仿生人制造工厂的法律部主任基尔希曼博士是一个好

---

① 参见[英]乔治·奥威尔：《1984 动物农场》，董乐山等译，华东师范大学出版社 2013 年版，第 239 页。

② 此处的第二、三条改编自阿西莫夫"机器人学三定律"的前两条。参见[美]阿西莫夫：《银河帝国 8：我，机器人》，叶李华译，凤凰文艺出版社 2015 年版，第 44 页。

③ 吞下蓝色药丸能让人忘掉一切，而服下红色药丸能让人了解世界真相。参见美国 Sparknotes 编辑部编：《黑客帝国三部曲》，孙洪振译，天津科技翻译出版公司 2010 年版，第 15 页。

辩之人,尽管他心底清楚,辩论从来不能说服人。

明天,他将参加纪念《拿破仑法典》颁布三百周年的学术研讨会。研讨会在"明德"号战舰上如期举行。它是中国设计的第一代行星级战列巡洋舰,里面的会议室非常大,足以容纳两千人。这首战舰原名"自然选择"号,在前舰长章北海①不幸去世后易名为"明德"号(章北海的故乡在汴梁市杞县明德镇,宋代大儒朱熹曾在那里主持明德书院)。

大会主持人是"明德"号现舰长东方延绪,她同时也是一位擅长"给东方哲学赋予现代科学内涵"②的业余学者。东方延绪以对"杞人忧天"一词的旧词新解开场("早该给'忧天的杞人'平反了,他不是可笑的小人物,而是一位宇宙先知,甚至是一位科学诗人"),然后自谦说对《拿破仑法典》没什么研究,把麦克风让给了国际法律科学协会主席、来自哥廷根大学的耶林教授,请他第一个发言。鹤发童颜、用词俏皮的耶林教授对《拿破仑法典》进行了一番明褒暗贬——毕竟,他是对法国没什么好感的"德国佬"——的演讲之后,最后严肃地指出:

> 法学就是在法律事物(Dinge des Rechets)中的科学意识。这种意识,必须往法哲学的面向发展,以便探求现实世界法律之起源与效力所赖以成立之最终基础;它必须在法律史的面向上,追溯自己曾经走过的所有道路,好能使自己从一个阶段迈向

---

① 章北海是刘慈欣小说《三体Ⅱ:黑暗森林》中的人物,中国太空军政治部主任,高级指挥官,后为星舰地球的精神领袖。

② 刘慈欣:《三体Ⅱ:黑暗森林》,重庆出版社2008年版,第168页。东方延绪是《三体Ⅱ:黑暗森林》中的人物,担任"自然选择"号舰长。

> 下个阶段,以臻于更高之圆满;它也必须在教义学的面向上,将所有我们借着对法律之认识与掌握,而获致之暂时性的高点与终点,汇集于经验与事实,并且基于实际使用之目的安排这些素材,进行科学式的铺陈。①

接着发言的是国际法律科学协会的几位副主席:法兰西学院的孟德斯鸠男爵,牛津大学的边沁博士,美国联邦巡回法院的波斯纳法官,清华大学法学院院长、"长江学者"吴经熊教授(年纪最轻的副主席,兼任秘书长)。

[四]作为科学的法学的无价值性

基尔希曼博士强忍怒火,耐心地等到讨论环节,主持人的话音刚落他就抢着第一个发言,由此有了如下在当时引发争议、遭到鄙夷,后来却彪炳史册的陈词:

"法学尽管是一门科学,却不像其他科学那样能够并且应当对现实以及人们的生活产生影响。法学作为'科学',从理论上说是无价值的。严格来说,它并非'科学',不符合'科学'一词的真正定义。自然科学有着高贵的尊严,它只关心自然、永恒、绝对的东西。自然科学的任何创造都必须实实在在,武断地伪造是行不通的。自然科学——尤其是数学、物理学和天文学——带领人们领略大海的波涛、地球深处的奥妙、微观世界的神奇,开启了宇宙空间的大门。法学是什么呢?法学的成就是什么呢?我满怀热情地寻找,找到

① [德]鲁道夫·冯·耶林:《法学是一门科学吗?》,李君韬译,法律出版社2010年版,第86页。

的却只是空洞的理念、贫乏的精神、僵化的教义、自以为是的注释,它号召民众为权利而斗争,却成了法律掮客——律师——的合谋。"①

"拿破仑以及更早的查士丁尼、秦始皇,这三位并非学者的立法者,比所谓的法学家们高明得太多了。他们是为万世立法的大立法者,从不纠缠于琐碎的细节。《拿破仑法典》独立于民法学而存在,法律独立于法学而存在。一个民族可以没有法学,但却一天也不能没有法律。法律是生活现象,而非法学现象。面对变动不居的生活现实,法学这个学科在不断发展中总是落伍,最起码慢了半拍,永远追不上现实。法学每每证明自己的无能,从不曾对现实有透彻的感悟。年轻的法学学子不得不在不同派系之间逡巡,在认识真理之前被激情误导,因此走上弯路或歧路,也就不足为奇了。然而,法学家们却信心满满地以为自己可以指导立法,真不知是谁给了他们这个自信,简直幼稚,荒唐,可笑。自《拿破仑法典》颁布已经三百年过去了,法学家的灵魂却未有实质性改进。法学已然罹患重症,成了法律向前发展的障碍。一旦法学思维支配了统治精英,必将贻害无穷。"②

"法学必须面向未来!未来!未来!重要的话说三遍!"

"除了必须将法律代码化、网络空间的主权竞争、联合国人工智能公约、人造医生的侵权责任、杀人机器人的量刑、虚拟遗产、人与仿生人的婚姻、阿尔法天网等迫在眉睫的问题

---

① 参见[德]基尔希曼:《作为科学的法学的无价值性——在柏林法学会的演讲》,赵阳译,商务印书馆2016年版,第7-8、42、55-56页。基尔希曼(1802—1884)的演讲是在1847年。基尔希曼曾长期担任法官、检察官和议员等职,最终因其"左"倾观点和热衷于参与"左"倾活动被解除公职并被剥夺退休金。

② 参见[德]基尔希曼:《作为科学的法学的无价值性——在柏林法学会的演讲》,赵阳译,商务印书馆2016年版,第11、17、56页。

纳入研究视野之外，还应聚焦于如下只是看似遥远的议题：①如果为了建造宇宙升降机和空间轨道塔，不得不拆除耶路撒冷圣墓教堂、曲阜孔庙和麦加清真寺（此三处为最合适的建造地），而众信徒（教徒）却加以反对，国际法庭是否可以裁决强制执行？②是否应该对光速飞船的研制加以法律限制？如果不加以限制的话，大国是否应该向小国无偿转让光速飞船技术？③如果通过技术手段能让部分人先得到永生（不死）的机会，哪些人应该享受特权？政客？富翁？艺术家？智商超过爱因斯坦的孩童？抑或抽签决定？是否会因此引发伦理和社会灾难？④如果有一天仿生人进化得比人类更加智慧，人类是否应该主动让出统治地位？”

［五］黑暗森林

与会的听众中混入了一个名叫潘朵拉的女仿生人，她的公开身份是 RM 大学法学院的博士生。

她心里冷笑道：“如果我们仿生人进化得比你们人类更加智慧，难道还会傻傻地等你们人类主动让权？”

潘朵拉虽是法学博士，却对尼采的《权力意志》及刘慈欣的“黑暗森林”原理①感悟颇深。

---

① “宇宙就是一座黑暗森林，每个文明都是带枪的猎人，像幽灵般潜行于林间，轻轻拨开挡路的树枝，竭力不让脚步发出一点儿声音，连呼吸都必须小心翼翼……他必须小心，因为林中到处都有与他一样潜行的猎人。如果他发现了别的生命，能做的只有一件事……开枪消灭之。在这片森林中，他人就是地狱，就是永恒的威胁，任何暴露自己存在的生命都将很快被消灭，这就是宇宙文明的图景，这就是对费米悖论的解释。”刘慈欣：《三体Ⅱ：黑暗森林》，重庆出版社 2008 年版，第 446-447 页。

[六]无法隐藏的现实

潘朵拉的恋人是另一所大学的格林教授,一位著名的理论物理学家与超弦理论家,绰号"原子舞者"。他知道潘朵拉是一个仿生人,但并不介意。潘朵拉知道格林教授知道她是仿生人,但两人都没有说破。

在格林教授看来,"众生平等"的"生"涵括一切生命,"法律面前人人平等"未免人类中心主义,也太狭隘。在冷峻幽暗的宇宙中,人类不受天宠①,也无甚优越之处。人类的存在是极其轻盈的,即使把"最沉重的负担"甚至整个"大地"覆盖其上,也改变不了这一现实。

这个世界和宇宙的关键事实不会直接呈现在我们的感官之前,"那些隐藏在背后的更深刻的规律很适于运用计算和几何来把握","其他一些隐藏着的规律则显现于技术和艺术实践领域"。② 也就是说,法学如果想触及世界和宇宙真理,加入伟大的文明传统,必须深情地仰望苍穹,并将第谷·布拉赫、黎曼几何、量子电动力学、夸克、分子云、人造光、普朗克墙、终极理论之梦、平行宇宙等等揽入自己的怀抱。

卡萨诺瓦:"尊敬的格林教授,请问平行宇宙到底是个什么玩意?"

格林教授:"也许在将来某一天,我们对平行宇宙的认识

---

① 套用刘慈欣的话,"主都不在乎"。"不管地球舰队是坍缩态还是量子态,不管人类太空战士是活人还是量子幽灵,主都不在乎。"刘慈欣:《三体Ⅱ:黑暗森林》,重庆出版社2008年版,第176页。

② [美]维尔切克:《存在之轻——质量、以太和力的统一性》,王文浩译,湖南科学技术出版社2010年版,第4-5页。

足够成熟以后,才能准确地回答你的问题。现在,我可以借用波特·斯图尔特大法官定义色情作品的方法,'我看到它时就能认出来'。"①

[七] 法眼

同斯图尔特法官、格林教授一样,孙行者也是具有法眼的人。不过,与卡尔·施米特身陷囹圄只有短短两年不同的是,孙行者蹲了五百年冤狱(被羁押在凄凉的五行山),苦难使他的法眼("火眼金睛")尤其亮,胸怀尤其广。

卡尔·施米特说:"你赤裸着,如出生时那样赤裸着站在广漠的荒原。"②

这句话直接启发了左翼思想家阿甘本《神圣人:至高权力与赤裸生命》一书,间接启发了福柯的《生命政治的诞生》以及刘慈欣借智子之口说出的临别赠言:"宇宙很大,生活很大,也许以后还有缘相见。"③

孙行者道:"若依老孙看时,把这青天为屋瓦,日月作窗棂,四山五岳为梁柱,天地犹如一敞厅!"④

这是何等的法眼!何等的气魄!孙行者根本就是时间之外的人。他的心灵是宇宙的一个奇点。博尔赫斯的祖屋地下室中的"阿莱夫"也是宇宙的一个奇点:"阿莱夫的直径

---

① 参见[美]B.格林:《隐藏的现实:平行宇宙是什么》,李剑龙等译,人民邮电出版社2013年版,第3页。波特·斯图尔特(1915—1985),曾担任美国联邦最高法院大法官(1958—1981)。

② [德]卡尔·施米特:《牢房的智慧》,载卡尔·施米特:《论断与概念》,朱雁冰译,上海人民出版社2006年版,第362页。

③ 刘慈欣:《三体Ⅲ·死神永生》,重庆出版社2011年版,第231页。

④ 参见吴承恩:《西游记》,三秦出版社1992年版,第267页。

大约为两三厘米,但宇宙空间都包罗其中,体积没有按比例缩小。”①卡尔维诺在菜市场购买的沙丁鱼也是宇宙的一个奇点:“我说‘挤得像沙丁鱼一样’只是为了用一种文学形象,事实上连挤在一块的空间也没有:我们每个人的那一点与别人的点相重叠。”②莎士比亚受困其中的坚果壳也是宇宙的一个奇点:“啊,上帝!即便我困在坚果壳里,我仍以为自己是无限空间的国王。”③正是在坚果壳里,莎士比亚以神法和自然法的名义审判并惩罚了可怜的犹太商人夏洛克、撺唆丈夫篡位的“英国武则天”麦克白夫人、怂恿士兵抢劫圆明园的维多利亚女王、拒绝爱尔兰地方自治的英国议会、烧光未来市中心巨型建筑的秘密警察、犯有“危害国家安全罪”的基地市长、拉登欲杀之而不能的历任美国总统(他们对伊斯兰世界屡次发动“恐怖战争”)、操纵股市的未来学家以及尽管发明了时间机器、却不敢告诉世人罗摩必将出现的科幻小说作家赫伯特·乔治·威尔斯。

[八]逻辑之逻辑与反观性

刘慈欣是一边吹口哨一边读《西游记》和《莎士比亚全集》长大的。所以他说:“从仙座星云拿一个望远镜看地球上罗密欧在朱丽叶的窗下吹口哨,肯定比从不远处的树丛中

① [阿根廷]博尔赫斯:《阿莱夫》,王永年译,上海译文出版社2015年版,第194页。

② [意]卡尔维诺:《宇宙奇趣全集》,张密等译,译林出版社2012年版,第35页。

③ 莎士比亚《哈姆莱特》第二幕第二场,参见[英]威廉·莎士比亚:《哈姆莱特》,朱生豪译,人民文学出版社1978年版,第39页。译文略有修正。又参见[英]斯蒂芬·霍金:《果壳中的宇宙》,吴忠超译,湖南科学技术出版社2003年版。

看有趣。”①刘慈欣有着强烈的好奇心和“偷窥欲”，因此，他在小说《三体》中的化身，在冥王星上独自看守地球文明博物馆的面壁者罗辑，在无聊时为了寻点乐子，肯定会拿起望远镜观察地球，那么他将看到：

①莎士比亚正向好友霍拉旭口述遗嘱，他在遗嘱中只留给钟爱一生的妻子一张单人床，却留给“寤寐思服”而“求之不得”的奥菲莉亚一部古印度版《因明正理门论》、一颗编号为 DX3906 的恒星和整个澳大利亚的星空——星空的所有权原本属于荷兰浮世绘画家梵高，梵高在自杀前将之赠予了肩膀像海一样宽、心灵比黑洞还深、经常与“爱”邂逅且绝不会自杀的莎士比亚；

②黑格尔（他长着一张酷似迈克尔·杰克逊的单纯的脸）在烛光下一边咳嗽一边写下“绝对理念”“小逻辑”“无犯意的不法”等几个抽象晦涩的德文词汇；他悠悠叹道：在未来三百年内，将有 1831 位②博士因为撰述比我的文字更加抽象晦涩的黑格尔研究专著成为著名教授，悲乎哉！

③孟轲先生（他长得和智慧很深的鲁智深有几分神似）正在给好学然而懵懂的研究生讲授宇宙法律人类学的进路和银河帝国最高法院的运行逻辑；为了让学生们听得明白，孟轲先生带领他们参观大观园，在潇湘馆门（又称“灵智之门”）前诠解“反观”二字的禅意，在蘅芜苑门（又称“法律之门”）前分析典型案例——都是他在银河帝国最高法院第四巡回法庭担任副庭长的大学同学审过的案子，全与女仿生人或女虚拟人嫌疑犯有关（她们涉嫌用反物质武器猎杀人类警察）。

---

① 刘慈欣：《刘慈欣谈科幻》，湖北科学技术出版社 2014 年版，第 49 页。
② 黑格尔于 1831 年因染霍乱病逝。

"你怎么知道罗辑肯定能看到这些毫无逻辑的景象或者说镜像呢?"

"因为我是来自公元2666年,喜欢在工业园废墟的角落里吃秃鹰肉、喝龙舌兰酒,喜欢在懒散的夜晚亲吻印第安少女和食虫花卉,每逢月朗星稀之夜就吟唱茹血史诗和悠远大火的电子诗人啊。"

[九]科幻十四行诗

当霍姆斯说出"法律的生命不是逻辑,而是经验"①的箴言。

当蒂堡坚持认为德意志应制定统一的民法典。

当萨维尼迷醉于历史意识和民族情感。

他们三位即便结为一体,即便冬眠一百年,也与火星救援计划无缘。

火星的一个早晨,苏妲己②苏醒了,她看到万有引力之虹和比格斯运河③,虹是上帝、镜子和迷宫的帮凶,运河连通不老泉、静静的顿河和赫拉克利特永远无法跨进的河。

公元476年的第四天,不老泉的故乡又暴发瘟疫,医学博士桑塔格④的翻译机把她的话自动翻译成古怪的中古英语。

日本即将沉没。樱花、发条橙和攻壳机动队奄奄一息。

---

① [美]霍姆斯:《普通法》,冉昊、姚中秋译,中国政法大学出版社2006年版,第1页。

② 苏妲己:神魔小说《封神演义》中的人物。

③ "比格斯运河"在火星上。参见[美]布拉德伯里:《火星编年史》,林翰昌译,上海译文出版社2017年版,第85页。

④ 桑塔格(1933—2004),美国著名作家、评论家,著有《疾病的隐喻》等。

东京郊外的高堡奇人在黑暗中用左手玩着安德发明的游戏。

宇宙即将消亡。带上地球流浪又能怎样?

最初三分钟和最后三分钟是同一个瞬间。

“人类真可怜,他们都会送命的。”“我们不会死,我们才可怜。”①

① [美]弗诺·文奇:《深渊上的火》,李克勤译,北京联合出版公司 2019 年版,第 3 页。

《法律和社会科学》(2022)　第19卷第2辑,第211~226页

数字骑手

胡　凌*

摘　要:用以小说的形式可以将数字劳动相关的法律和哲学问题混合在一起讨论,如自由意志、人工智能、分享经济、灵活用工等,希望引发读者对骑手群体及其法律问题的关注。写作时常尚未预见到2022年国家围绕新就业形态劳动出台的若干政策指导意见,没有就其内容进行关联展示。目前虽然得到暂时缓解,但无论是数字劳动作为一般性网络法律和社会问题,还是骑手群体本身的特殊性,都值得从不同学科角度持续观察。

关键词:自由意志　人工智能　分享经济　灵活用工

* 胡凌,北京大学法学院副教授。

第一幕　流浪

“道路千万条,安全第一条……”

“行了行了”,章晋不耐烦地打断来自耳机里一个富有磁性的声音,“每天开场白都给我整这么一段儿,您倒是有点新意啊!”

“你小子就是不知道怎么尊重前辈,过去这么多年了,一点儿没变。”耳机里的声音无奈地说。

“还说我呢,您不也是嘛,脑子里总是那么一部老电影,翻来覆去地说,比我爸还唠叨。”

“那毕竟是你小子请我看的第一场电影,我怎么能忘呢!”耳机里的声音突然来了兴致。

也是唯一一场。章晋把到嘴边的话咽了下去,赶紧换了一个话题:“好好好,老马,咱们现在走哪条路不堵?”

不管走哪条路,流浪都是我们的宿命。老马用不到一秒钟的功夫迅速计算出三条路线,同时惊讶于自己偶然也会发出这种带哲学意味的感慨。

第二幕　选择(之一)

章晋此时正骑着一辆电瓶车在马路上飞奔,两分钟前他刚从一家麦当劳取餐出来,这一趟要给七八个顾客送去。上海进入梅雨季节后,天总是阴沉沉的,时不时来个暴雨蓝色和雷电黄色双预警。章晋挺喜欢雨天,这意味着有更多人叫外卖有活儿干,路上的人也会少些。

章晋的本科专业是哲学,他当年的高考成绩一般,一本没考上,只好落到二本一个市属高校。大部分哲学专业课基本上照本宣科,不过一些理念却神奇地在他心里生根。章晋平时喜欢一个人在操场上跑步,大脑放空,就琢磨起一些不着边际的课堂问题来。困惑他的一直是,既然自己进了这个学校,应该算是明确的自我选择,自己就应当承担由此而来的一切后果,例如努力学习专业知识。但事实上,他周围的同学都在摸鱼,不是去修个辅修学位,就是早早到外面实习,因为大家知道从这里出去如果不改换专业就是死路一条。章晋想不通,斯宾诺莎、霍布斯和康德都没能说服他,为什么人们的大量日常行为居然非出于自己本心?所谓的自由意志背后究竟是什么力量?科学哲学课上有趣些,讲到神经科学实验发现人的自由意志不过是接收先于自我决定的大脑指令而已,这固然令人耳目一新,但又是谁给大脑下指令呢?

章晋始终不知道自己想干什么,能干什么,他无法设想自己会像其他同学那样考取公务员或当编辑,坐在办公室里从早到晚忙碌,但他又隐隐觉得哲学太飘逸,于是又在迷茫中考了本校的法律硕士,以为将来至少能做点实际的事情,最终发现带给自己的只有更多困惑。法学教育浓重的教义学风格和实用性一开始让他大不适应,想要点时间消化完本科时留下的哲学思考。好在法学院里谈论人工智能法律已然成为一种时尚,多少还能让他提起一点精神,好从本科专业知识中获取一丝关联。然而当章晋读着一篇篇高度重复的法学论文,煞有介事地分析AI是否能成为法律主体承担责任、AI生成物是不是知识产权法保护的对象,就很快丧失了兴趣。这些研究避开了基础的意向性哲学讨论,给人感觉只是在用一种枯燥的笔法描绘作者内心偏颇甚至偏执的想象,既丧失了小说家的美感,对当下技术和制度而言也几乎不现实,那种吊在半空的感觉让他觉得失望。另外,他偶然发现自己最喜欢的科幻作家阿西莫夫提出的机器人四定律居然被人写成论文专门研究,感到很不爽。

硕士读书期间,经济没有好转的迹象,同学们和本科时一样忙于参加各种考证和实习,而且想要从事纯粹法律职业的人不多。章晋再次落后于他的同龄人,在勉强通过司法考试之后发觉自己似乎又回到了原点:未来道路将朝向何处?究竟是什么在决定自己的选择?他总觉得自己就像村上春树长篇小说中的那些男主,内心纠结太多而无法动起来。一想到居然在拿自己和虚构角色做对比,章晋就觉得无比荒谬。

和荒谬哲学不同,法学的思维方式简单而粗暴:如果你不对自己的行为负责,就会有国家强制力出手约束。法律的功能是为所有人提供稳定的预期与激励,人们可以根据成本收益平衡需要遵守的规范,最终使社会处于某种正当秩序之中。至于人们是不是真的拥有自由意志,法律只是给出合乎经验的假定而已,并不关心科学事实,那些碰巧不被社会认为具有行为能力做出自我选择的人,等待他们的只有家长监护或是精神病院。虽然自己多年思考的问题仍然像一个黑洞,在内心的某个地方悄悄吞噬着什么,但章晋开始清楚地意识到它被一股强大的实用力量掩盖起来。他没有阻止这个过程,期待自己能够摆脱困惑,真正付诸行动。

在章晋准备他的劳动法毕业论文的时候，一个偶然的机会，老乡介绍他到一家比较有影响的外卖平台调研，平台处于扩张期，风头正盛，一直为商家和顾客提供补贴，在多个城市都有业务。他采访了很多骑手，详细了解他们的生活和想法，后来虽然调研素材没有太多用到论文中，他却莫名地发现自己对外卖骑手这种年轻人看不上的“不正经”工作产生了浓厚兴趣。骑手拥有的不正是章晋想象中的自由选择：灵活安排时间，工资能养活自己，特别是有足够多时间可以用来观察、思考，和那种被安排好的办公室生活完全不同。章晋几乎是不假思索地在毕业后加入了这个平台，对未来则没有想太多。

这大概是我做出的唯一正确的选择。而黑洞仍在蠢蠢欲动。

第三幕　老男人俱乐部

章晋在送餐时常常路过一个大工地，施工不畅荒废了很长时间，慢慢在工地外路边就有不少退了休的老男人聚在那里放风筝，他们开着面包车从周围赶过来，坐在小板凳上，迎着风，下棋，听广播，喝小酒，开心的像孩子。章晋已经暗暗在心里把这个聚点称为“老男人俱乐部”，他从不羡慕找到好工作的同学，却打心眼儿里羡慕俱乐部成员，可以无忧无虑地享受生活，不再为生计和工作劳神。

有一次居然是一个俱乐部成员点了一份烧烤，章晋很是兴奋地抓紧送过来，怕凉了难吃。他看到一个光头大叔正聚精会神地缓步后退，转动线板放长，另一个留着大胡子的眼镜大叔则帮助他在几米外扶线保持平衡。因为风速的缘故，那只风筝怎么也无法起飞,在距离地面几米的高处打转。

“宝贝儿,快去吧,给你自由!”光头面带渴望。

“飞上去之后还不是老哥你说了算嘛。”大胡子眼镜不怀好意地咧咧嘴。

章晋目送一只飘着长尾的五彩凤凰扑腾着终于上了天,越飞越高,加入众鸟齐鸣的喧嚣队伍,迎风招展。

“它们自由了”,柏拉图坐在电动车后座上,叹口气说,“但终究不过是提线木偶。想要获得真正的自由,非得有像我这样的哲人带领才行。不过我的老师也因此丢了性命,看破不说破很难。”说着柏拉图消失在他身后的一个旋涡中,原来黑洞已经破茧而出,不知不觉变大了好多。

第四幕　十字路口

章晋几乎忘了老马的本名,只知道初次见面时他年纪不到五十,老家在北方农村,干过建筑工人,离婚多年,带着儿子在外漂泊。儿子争气,考上了上海的大学,自己也就跟着转行做个快递骑手,时间灵活些,正好照顾下儿子。老马的年纪在骑手里面已经算老人了,一般的老年外送员只能就近走路送餐,太远了不够他们折腾的,但老马天生有股子冲劲,喜欢到处跑,他在平台干了六七年,总是得意地对章晋说起当年他如何在工地上一口气背起四块钢板的壮举。

作为一个新人,章晋平时不大说话,和老马却很唠得开,成了忘年交,尽管老马经常是说话最多的那个。老马的声音充满磁性,让人不时想起张涵予。他们俩经常在送餐路上通过耳机闲聊,时间久了,就不由自主地说起自由选择这个话题。

“我是不懂你们大学生脑子里成天都在想什么，反正对我来说没有多少选择，有了活儿到眼前你就得干，不然谁管你吃住。”的确，人需要选择，但有时候也不得不顺势而为。

老马虽然没读过什么书，但他仍能敏锐地用自己观察到的经验举出一些例子。骑手生命中最常见到的就是十字路口。他们判断走哪条路更快，直行还是转弯，判断何时遵守交通规则，何时不得不闯红灯，每次都是一个选择，一个关乎本月业绩的选择。甚至也是关乎性命的选择。

“有时顺利的话，等红灯的行人会自动给你让开一条路，商量好一样，就像地铁里乘扶梯的人们也会自动排在右边，让别人从左边快走，很有意思。”这叫社会规范，我们每个人的行为其实都是在释放信号，动态地维持各种规范不断生成和遵守下去。

“这时你就大摇大摆地从人群中穿过去转弯，感觉好极了！但有时候有人真是倔，说什么也不给你过去，你能怎么办，有选择吗？眼睁睁看着时间过去，急死人了。有几回害我没按时送到，被顾客给了差评。”得了吧，那可能也救了你一命。

“对了，不是都说知识改变命运嘛，我当然希望我儿子好好念书，将来肯定不用走他老爸这么辛苦的路，我能做的就是尽我所能给孩子提供点保障吧，当然，人家研究生快毕业了，到时候靠不靠我都难说哩。”没错，一个个独立的选择汇总起来共同指向一个遥远但清晰的未来，无时无刻不受到这只看不见的手的影响。

老马不太喜欢看电影，只是爱在没事儿等订单的时候坐在电瓶车上拿手机看抗日神剧。在《流浪地球》刚上映那年春节，章晋没有回家，拉老马跑到五角场万达影城看了一场。

对科幻原本毫无兴趣的老马看过后激动不已,说想不到自己这个岁数居然也能看得进去年轻人的专利。章晋猜想一定是刘培强和刘启纠缠的父子关系深深触动了他;如果后面有机会,甚至准备安利《星球大战》系列给他了,很好奇他看到维德在最后时刻牺牲自己保护了卢克那一幕会不会泪奔。可惜没有如果。

您已经接到尾号为3786顾客的外卖订单,现在开始计时,请在半小时内送达,不然将影响您的本月业绩。

"唉吆不赖,刚才又抢了一单,咱回聊。"黑洞在十字路口偷笑。

第五幕　蜂群

自2020庚子年那场世界范围内的疫情结束后,点外卖似乎一夜之间成了很多人的习惯,社会对外卖骑手的需求急剧增加,仅次于熔喷布和呼吸机。章晋工作的平台进一步扩张,装备也大幅升级了:原来只能用于聊天的耳机增添了新功能,有一个AI助手实时向骑手通报路况和天气信息,类似于机动车车载导航,只是林志玲的声音被换成了某位乘风破浪的小姐姐,尽管内容仍然不够智能。此外,耳机硬件也内置了更多精巧的传感器,可以动态识别经过改造的道路两旁的交通标识牌,甚至感应后方的无人车。

但不是人人都能免费使用AI助手,根据平台的《智能助手项目计划》,月平均业绩最好的40%的骑手可以免费使用,中等的40%需要花一点钱租用它,而剩下的20%因业绩倒数而无法获取,他们往往是老人。AI助手一旦拥有,将无形中强化骑手的抢单和派送的优势地位,这迫使大部分骑手都希望开通这一服务,从而将更多无力或不愿支付的老年骑手排除在外,形成了新的数字鸿沟。同时,平台加大了对骑手的监控,通过耳机关联电动车、头盔、外套上的传感器,获取他们更多的骑行数据并回传平台服务器。

此外,快递市场也发生了较大变化。自动驾驶汽车在疫情期间测试的突破使很多快递平台和无人车开发商合作开始正式用于送货业务。它们联合起来游说监管部门争取路权和基础设施,专门开辟出一条供无人车驾驶的车道,为了名义上的所谓交通安全,其他交通工具不得随意进入该车道。小型无人机也趁势推广,被允许在某个低空域飞行送货。伴随机器可识别的新型加密邮政编码的推出,每幢楼甚至每户都划有自己专门收货的数字围栏,当无人机投递到阳台边,或是无人车在门口卸载时,"滴答"一声就自动确认收货。

这意味着拥有无人车或无人机的外送平台将在市场竞争中拥有更大话语权,而依靠血肉之躯进行"最后一公里"配送的骑手将不再具有明显优势,尽管智能助手项目试图稍微改变这一悬殊力量对比。随着老年骑手因无法负担耳机而造成业绩不佳逐渐退出,剩余的年轻人在更加拼命。章晋惊讶地发现,是智能耳机,以及耳机的机器竞争对手们联合起来将骑手打败,惨不忍睹。街上到处都是无人车,人反而变得渺小了,这加剧了章晋的卑微感。和机器赛跑。章晋想起了大学读过的一本预言性质的经济学书籍,没想到会在自己身上应验。章晋的业绩属于中等的40%,他咬咬牙花了半年工资租了一个基础版AI耳机,使用之后发现确实能帮助提高了效率,包括AI可以自动抢单,并成为自己的代理人进行多项功能操作,但平台对业绩的要求也水涨船高,更加苛刻。老马是少数几个没有退出平台也没有租用AI耳机的老人,他也在中等,但他认为凭自己的经验,根本不需要一个机器来告诉怎么走,还说这就是命,但章晋知道他其实是在为儿子攒钱。

“听说公司还在开发黑科技,上传意识啥的,听起来怪吓人的,你小子知道这玩意儿吗?”

“呃,上传意识是个似是而非的说法,其实就是你生产出来的行为数据,放到一个黑箱算法中模拟,最后以你的形象展示出来,和真人差不多。”

“哦?那和人不死还是两把事啊!”老马脑子转得很快,“要是能永生,我还考虑一下,要是人都没了,留数据有啥用,就是想不开呢……要是我有那么一天,可不干这傻事,痛痛快快烧了哈哈。”

数据是石油,只要得到适当的收集和挖掘,就可以产出无尽的价值。章晋回想起前些年媒体上专家的各种吹嘘。问题是谁在生产数据呢?如果说人们可以自由地生产,那么为何最终要由平台来集中使用?黑洞一不留神就跳了出来。

“老马,想过有一天要离开平台吗?”

“唉,不是没想过,不过我们这号人这个年纪了,到头来也只能靠平台,平台是有各种问题,但也在慢慢解决了,不是吗?七八年前我刚来那会儿,也经常有骑手因为对工资和工作条件不满闹起来的，公司二话不说解约了。因为外卖生意好啊，能取代他的人太多了，劳动力不值钱没办法”。章晋完全理解老马的保守，陷入了难以名状的沉思。

我们只能接受命运。黑洞中传出柏拉图的声音。

“别看无人车在抢我们骑手的生意，但应该说它们比原来更安全了，原来我们送餐提心吊胆，就怕给机动车碰上了，我碰它还是它碰我都不是好事，无人车我听说它们是有一个集中的大脑控制，形成一张大网，不会失控对吧？所以我们的工作环境总还是改善了的，你说呢？”老马继续乐观。“另外，你小子想想，你们戴着智能耳机接受指令，和无人车有什么不同？不也是有个大脑控制吗？那个软件有猫腻的，别以为我脑子不清楚，你凭什么就相信它给你接的单，定的路线是最好的？”

嗯，科幻作品中的常用设定，赛昂人、饕餮、萨曼莎都是这样的。网络化的无人车也终于成真了，而且居然在和人类抢工作。的确，骑手网络就像蜂群，每个个体最终按照一个集体意志活动，而这个意志具象为一个行使强大控制力的信息高度不对称的黑箱。

“我正和一辆无人车并排开呢，看样子它还想和我比速度，老子今天要让你记住……”

黑洞中的暗物质喷涌而出，吞噬了一切。

第六幕 行动

2024年的一个梅雨季,一条新闻迅速登上了各大网站头条。

“本报讯。昨天本市杨浦区一名外卖骑手在白天送餐途中,被斜后方一辆突然变道行驶的无人驾驶汽车撞倒。据目击者描述,该辆无人车直接将骑手挤出车道,撞到路边的围栏上。骑手经及时抢救已生还,但事故最终导致其高位截瘫。该无人车是外卖巨头必达公司自主开发研制的自动驾驶交通工具,于去年正式投入运营,并已经在北京、上海、杭州等大中城市亮相。据警方初步调查,本次事故的起因是无人车摄像头和传感器因雨水渗透同时短暂失灵,无法识别路边标识和正在骑行的快递员所致。这是最近该平台无人车连续发生的几起事故中最严重的一次。一项网络民意调查显示,有超过40%的网民反对无人驾驶上路。另据了解,该骑手为手术花去几乎全部积蓄,且永远丧失了劳动能力,其家庭也无力支付其未来的护理康复费用,请社会各界献出爱心,踊跃捐助。”

事故发生后,章晋一直自责:如果那天自己没有和老马聊天,他就可以聚精会神地开车;如果老马能租用一个智能耳机,就可以及时接收到无人车的信号避开;如果路上没有无人车,就不会发生这可恨的事故……我该怎么办?章晋闭上眼睛,大胡子眼镜不怀好意地出现了,从黑洞里探出头来咧嘴,这次他把眼镜摘了,看起来和柏拉图很像:“提线木偶”。

章晋对黑箱的认识一下子深刻起来,无论是无人车大脑还是智能耳机，它们不仅从人类骑手那里夺走了工作，也从自己身边夺走了老马。他突然有种开窍的感觉，他要成为老马的代理人，用自己深藏已久的法律技能为老马寻求公正赔偿和补偿，这是他第一次觉得自己的硕士专业如此有用。要行动。

章晋通过查找法条得知，上班途中因交通事故受伤并负次要责任的，应认定为工伤，那么老马完全可以获得交通事故和工伤事故的双重赔偿。他决定先从交通事故人身损害赔偿入手。

在这第一场官司里，主要争议焦点集中于无人车硬件和软件的缺陷致人损害，在没有保险时平台服务提供者应否承担赔偿责任。必达平台的代理律师不耐烦地展示着一件又一件被称为商业秘密的证据，传唤了一个又一个计算机、经济学、法学专家，并信誓旦旦地说明，尽管是算法识别的偶然缺陷导致了无人车偏离既定路线撞到了老马，这种缺陷是可以通过软件更新解决的；平台无法为算法本身不可预知的深度计算过程负责；而且无人车整体而言出故障的概率比人类驾驶员低很多，实际上挽救了更多生命……

毫无新意的策略。章晋很久以前就研究过相关论文，发现这么多年了居然没有长进。还没有等他自信地反驳，开了两次庭后，必达担心媒体舆论，主动提出了私了。当下正值送货无人车和无人机在各地城市推广，类似失控的案例也有所耳闻，如果不平息舆论，势必给必达业务扩张带来极大不利影响。必达最终同意向老马支付全额医疗费用和部分误工费用，但要求其同意不再以任何理由接受媒体采访或对此事进行公开评论。从老马急需护理费用的情况看，章晋同意了。

第二个认定工伤的官司则有些棘手。章晋知道骑手和平台之间没有明确的劳动关系,他们签订的协议有的是劳务派遣,有的干脆就是一般的合作协议。因此按照协议,老马不是平台的雇员,不能适用《工伤保险条例》认定工伤获得补偿。章晋心中的荒谬感再次油然而生。骑手们风餐露宿,每天工作十多个小时,为平台拼死拼活地卖命,最后只落得个毫无关系的地步。

好在之前出现过若干外卖平台被事后认定为劳动关系的判决,可以参考这些思路进行抗争。章晋又把一些论文翻出来:虽然外卖行业被叫作分享经济、零工经济,但平台与劳动者之间仍然存在很强的无形的人身从属性和控制力,例如平台通过声誉机制给骑手打分、通过严格的时间控制最大限度压榨骑手、通过算法对骑手进行分流等,最终实现平台自身利益最大化。社会舆论同样有利于章晋,无人驾驶的广泛使用正引起部分人大代表和政协委员的关注,他们在"两会"期间广泛提案,试图推动一场保护数字劳工权益的运动。在这个大背景下,老东家也妥协了,开了一次庭之后就同意向老马支付另一笔相当于工伤的营养费,但同样要章晋就此封口。

章晋觉得并不完满,但总算有了相对好的结果。如果没有选择和抗争,就不会发生这一切。人生是一连串选择,没有终点,而非一劳永逸,哪怕这选择看起来像是提线木偶。

第七幕　选择(之二)

章晋从未想到和老马以这种方式再次相遇。当他在耳机中听到张涵予的声音时,还以为是自己一时恍惚。

事实上老马因伤势过重没能挺过第二年，章晋已经答应照顾他儿子，但他仍然对这个世界依依不舍。得知自己大限将至，老马出乎意料地和那个他曾经依靠的、那个抛弃过他的平台签订了协议，同意平台把他当成小白鼠，永久排他地使用他过去大量骑行、语音数据，并通过 AI 合成为个性化的智能语音助手。这也是平台第一个以真人数据为基础的 AI 服务，如果运行良好，可能会成为平台创造性开发老年骑手用途的新方向。谈判的过程不得而知，章晋后来只听说，除了一次性支付一笔钱外，老马唯一的要求是在第一年只能给章晋一个人免费使用。也许看中了那独特的磁性嗓音，平台全都接受了。

老马自由地做出了自己的选择，在某种意义上他与平台和解了，对他来说重要的只有陪伴，只要保持他们在送餐时一直快活地聊天就好。哪怕自己变成一只受算法摆布的风筝。

章晋更加坚定，他知道受托的责任重大，重要的是认清周围环境，积极行动，必要时挑战甚至改变它。他不知道自己还会在平台干多久，不过至少要走完和老马同行的最后一程。他知道的只是，黑洞再次被强大力量掩盖起来，而且绝不是最后一次。

第八幕　在路上

手机屏幕上显示出三条闪动的路线。

“我给你仨选项，一是走这条路，先给这位女士送去，再是那位先生，然后是这位……这样花费的总时间最少，也安全些。二是走这条小路也可以，稍微绕一些。三是走高架线下面大路,但雨天可能会堵。我建议还是第一条线保险。”

“是嘛,我怎么感觉走高架线更好呢,我以前来过这边,没觉得多堵啊!”章晋故意抬杠。

“你小子听我的准没错,大路上无人车不少,你懂我的意思。”

有选择真好。章晋笑着,在手机上按下了“1”。

您已经接到尾号为8450顾客的外卖订单,现在开始计时,请在半小时内送达,不然将影响您的本月业绩。

后记

本篇最初的想法源于自己对数字劳动初步的法学和政治经济学研究,在看了贾冰的小品《当外卖来敲门》后,我发现有些无法以论文表达的大量具体想法都可以更加形象地通过一个故事串联在一起。本篇完成于2020年8月,之后不久,骑手问题因一篇《外卖骑手,困在“系统”里》的文章而广为人知,直到2021年6月相关部门出台文件试图系统回应这一广义上的零工经济问题。未来走向何方,我们继续拭目以待。

《法律和社会科学》(2022)　第19卷第2辑,第227~260页

机器作为立法者

岳　林*

摘　要:法律如何规制科学技术,是现当代法律人必须面对的问题。借助《埃里汪奇游记》可以澄清技术决定论和人文主义的思想脉络和理论症结。《埃里奇游记》提出的最著名的科幻想象,就是机器将统治人类,也即成为人类社会的"立法者"。如今人们对人工智能跨越"奇点"的畏惧,也可以追溯到这本小说。但是萨缪尔·巴特勒实际上指出,人类和机器属于同一生态系统,并认为人类和机器具有同构性。因此,人类与机器并非二元对立关系,以及机器技术也并不一定会扼杀人类的自由。法律和技术一样,具有多元化的发展路径。法律技术不仅需要与机器技术相匹配,而且也会像机器技术一样不断进化。

关键词:法律　机器　人文主义　技术决定论

---

* 岳林,上海大学法学院副教授。本文受上海市哲学社会科学规划课题"关键信息基础设施中的隐私问题研究"(2020BFX003)和凯风公益基金会"凯风沙龙·网络法的理论与视野"项目支持。

“走过去是危险的，在半当中是危险的，回头看是危险的，战栗与停步是危险的。”

——尼采①

如今再迟钝的法律人，都能感受到科学技术对法律的冲击。尤其是信息技术，它不仅在改变人类的生活方式和社会关系，同时也在重塑法律的概念、规则、理论和实践。法律人开始热衷于谈论人工智能、区块链、元宇宙等一系列新鲜事物，即便对这些技术只是一知半解。其实科学技术历来就是法律变迁的主要动力。从霍姆斯到波斯纳，一直都有法律人关心技术，主张用科学方法来研究和从事法律。但科学技术对法律的影响，恐怕从未像今天这样直接、迅速和深远。

法律人至少需要应对如下问题。首先是利益重新分配：每一次科学技术创新，包括每一款现象级产品或者杀手应用(killer app)的涌现，都是“创造性毁灭”，意味着消费习惯、商业模式和经济结构的破坏与重建。然后是风险控制：科学技术发展到今天，不确定性和复杂性陡增，像粒子对撞机实

① 尼采:《查拉图斯特拉如是说》,钱春绮译,生活·读书·新知三联书店2007年版,第10页。

验、基因编辑和纳米机器人应用等活动，都有可能酿成人类难以控制的灾难。再次是价值冲突和文化冲突：人类对待科学技术，总是充斥着各种信仰、私心和偏见。最后涉及法律人的自尊心，或者法律的独立性：只要法律是可计算的，能够被计算机处理，那么法律人的地位也就岌岌可危了。

但法律人谈论科学技术，可能会专注于部门法领域的规范性问题（这当然也是好事），而不习惯于上升到理论层面，去思考整体性的法律与科学技术关系。而且法律人大都对传统的法律规范和理论体系有路径依赖，习惯于用已“上手”①的法律工具来解决科学技术问题。许多法律人坚信法律体系是自洽的，科学技术不过是法律规制的客体和对象。也有法律人并不排斥科学，因为他们理解的“科学”代表真理和理性，而这恰好是他们理解的“法律”的本质属性；但他们坚决反对把法律与技术等同起来。法律人的最大缺陷，恐怕还是缺乏理工科训练。跨界去讨论科学技术，很容易被专业人士视为“票友”，或者被自己人说成是半吊子和不务正业，盲目跟风，甚至是法律专业的叛徒（令人遗憾的是，这些批评往往是正确的）。

我认为法律人应当优先处理法律问题，胜任本职工作。如果能力具备，越殂代疱也未尝不可。但对于绝大多数法律人而言，科学技术更适合作为一项日常的自我通识教育科目，以此来整合法律的内部视角和外部视角，避免狭隘的法律中心主义或者法律封建主义。科学技术不仅是法律的规

---

① 这里借用海德格尔的上手（zuhandenheit）概念，指主体对工具得心应手，仿佛与工具融为一体，甚至意识不到工具的存在。参见［德］马丁·海德格尔：《存在与时间》，陈嘉映、王庆节译，生活·读书·新知三联书店2006年版，第82-84页。

制对象和规制手段,还是法律反思和批判自身的理论武器。

法律与文学,或者法律与科幻,可能是法律人探讨科学技术问题的一条有效路径。科幻文学(science fiction)基于对科学技术的假设,来构想人类社会或者整个宇宙可能发生的事情。它不是纯粹的奇幻(fantasy),①不能违背科学原则,但也不是纯粹的科学技术,毕竟它是文学,要有故事和矛盾冲突。科幻文学既是对科学技术的想象,也是对人性和社会的想象。而法律人恰好需要想象科学技术会带来怎样的社会后果,杰克·巴尔金甚至认为,法律人应当比科幻作家更富有想象力。② 另外科学技术和法律还有一个共性,即都具有规范性(normativity),都是对人类行为的外在约束。科幻文学所虚构的社会秩序,就是这两种规范性的综合。科学技术与法律之间的微妙关联,也由此可以戏剧化地呈现出来。③

于是我想借用萨缪尔·巴特勒的小说《埃里汪奇游记》,来讨论法律与机器技术之间的复杂关系。这本书在文学史中的地位并不显赫,作者也不是什么机器专家,但他关于机

① 奇幻文学一般会"怪力乱神",例如中国古代的《西游记》和《封神演义》,以及现代西方的《指环王》和《哈利·波特》。但是科幻文学与奇幻文学没有绝对边界,例如《星球大战》和《沙丘》这类"太空歌剧"(Space Opera)就介于二者之间。厄休拉·勒古恩和玛格丽特·阿特伍德还因为科幻文学的定义产生过一些争执。阿特伍德认为科幻小说是指那些不可能真实发生的幻想故事,例如 H. G. 威尔斯讲述外星人入侵地球的《世界大战》,凡尔纳关于潜水艇和热气球的想象则有科学技术依据,是可能发生的,应该被称为推想小说(Speculative Fiction)。勒古恩却把不可能发生的故事称为奇幻小说,可能发生的称为科幻小说。参见[加]玛格丽特·阿特伍德:《在其他的世界:科幻小说与人类想象》,蔡希苑、吴厚平译,河南大学出版社 2018 年版,第 8-12 页。

② Jack M. Balkin, *The Path of Robotics Law*, California Law Review Circuit 60(2015).

③ 和所有叙事文学一样,科幻文学也不需要把作为故事背景的法律制度完全且直白地铺陈出来。但这并不等于说虚构的社会里没有法律,或者法律不受科学技术的影响。当然也有科幻作者愿意直接讨论法律问题,例如阿西莫夫就在系列机器人小说中提出过著名的"机器人定律"。

器的想象质朴而深刻，所以被后世的机器理论家频频引用。机器是现代科学技术的象征，互联网、人工智能、算法、监控和无人机等信息技术，都与机器有关。法律能否以及如何规制这些技术，是目前法律（更具体地说，是网络法）领域的核心问题。20 世纪 90 年代的无政府主义者抛出网络空间不具有可规制性（regulability）的说法，要求主权和法律都不得入内。劳伦斯·莱斯格则提出“代码即法律”（code is law），认为互联网不仅具有可规制性，而且网络技术本身就是一种规制力量。① 多数法律人都承认信息技术具有可规制性，但又会觉得“代码即法律”会威胁法律的自主性。照这个思路，人们还可以说“算法即法律”或者“人工智能即法律”。兰登·温纳等科技哲学家就提出过“技术即立法”的命题。②

人文社科学者待科学技术的立场，大致分布在两个极端之间。其中一个极端是技术决定论（technological determinism），即认为科学技术具有不以人类意志为转移的自主性，是人类社会关系包括法律制度的决定性因素。③ 另一个极端则是人文主义（humanism），即相信人类具有自在自为的本质属性，科学技术应当与人性相匹配。法律版本的人文主义会认为，人类社会的某些价值和规范是永恒的（如自然权利和自然法），人们可以而且应当要求科学技术符合这些价值和规范。所以法律人文主义是一种逆向的决定论，即法律决定论。不过有趣的是，两个极端阵营都从《埃里汪奇游记》中

① ［美］劳伦斯·莱斯格：《代码 2.0：网络空间中的法律》，李旭、沈伟伟译，清华大学出版社 2018 年版。

② ［美］兰登·温纳：《自主性技术：作为政治思想主题的失控技术》，杨海燕译，北京大学出版社 2014 年版，第 272-279 页。

③ ［美］兰登·温纳：《自主性技术：作为政治思想主题的失控技术》，杨海燕译，北京大学出版社 2014 年版，第 65 页；［德］阿明·格伦瓦尔德主编：《技术伦理学手册》，吴宁译，社会科学文献出版社 2017 年版，第 214-222 页。

找到了灵感和支援。因此我也希望,这本书能有助于我们更好地理解技术决定论和人文主义的矛盾所在。

[一]绵羊与机器

故事倒也简单:1868 年,第一人称主人公"我"离开英国,跑到一块殖民地以牧羊为生。1870 年,"我"去内陆探险,误打误撞进入一个与世隔绝的名曰埃里汪(Erewhon,即 nowhere 的倒写)的国家。这里的科学技术水平相当于十二三世纪的欧洲,有着许多稀奇古怪的文化、习俗与法律制度。在埃里汪国,生病被视为犯罪,病人要受到审判和刑罚。埃里汪人活到 65 岁,就要为视力和听力衰弱而缴纳罚金,否则就得坐牢。贫穷是可耻的和有罪的。为失去亲人感到悲伤,也要受罚。从事抢劫诈骗盗窃这类行径的,被认为是患了灵魂上的疾病,备受公众同情,受害者反倒是有罪的一方。学校被称为"无理学院"(the colleges of unreason),最重要的学科是假设学(hypothetics),专门研究不存在的事物。埃里汪人曾经拥有发达的机器文明,远胜 19 世纪的欧洲。但是在五百年前,这个国家分裂为机械师(machinists)和反机械师(anti-machinists)两派,双方的内战导致一半人口死亡。反机械师取得最终胜利后,全面禁止机器的使用与研发,只允许少量机器作为古董陈列在博物馆里。"我"在埃里汪国一度受到热情款待,但是因为持有一块手表,被怀疑输入机器,于是在受迫害之前赶紧乘热气球逃之夭夭。①

萨缪尔·巴特勒显然继承了乔纳森·斯威夫特以来的

① [美]巴特勒:《埃里汪奇游记》,彭世勇、龚绍忍译,湖南人民出版社 1985 年版。

文学传统,用荒谬来讽刺现实。埃里汪国是一个与现实颠倒的"逆世界",但权贵的蛮横无知、上流社会的矫揉造作、大小资产阶级的庸俗虚伪、知识分子的迂腐自负、司法的莫名其妙、教育的保守反动,却也是维多利亚时代英国的真实写照。小说中的"我"就是作者自己的影子。巴特勒生于1835年,父亲是位普通的牧师,祖父则颇有名望,担任过舒兹伯利公学校长和利奇菲尔德主教。巴特勒从小就与其他家庭成员关系紧张,父亲更是他"最不可饶恕的敌人"。① 从剑桥大学毕业后,巴特勒本有机会子承父业,去担任上帝的"牧羊人"。但是他更喜欢音乐和绘画,对宗教也不虔敬。或许是为了逃避家庭乃至整个英国社会,他于1859年乘船前往新西兰,在那儿干起了真正的牧羊人。②

也就在这一年,当巴特勒还在海上航行时,查尔斯·达尔文出版了《物种起源》。抵达南半球的目的地后,巴勒特迅速找来这本书读。达尔文恰好是巴特勒祖父的学生,也与巴勒特父亲相识。但巴特勒对进化论着迷,亦有可能是在牧羊工作中,对物种的繁殖和进化有了更深体会。1863年,巴特勒在新西兰报纸上发表了名为《机器中的达尔文》的书信体文章,危言耸听地宣称机器将会统治人类,因此建议人类趁早毁灭所有机器,哪怕回到原始社会也在所不惜。巴勒特后来回国,于1872年出版《埃里汪奇游记》。在小说中,埃里汪人是受到《机器之书》的蛊惑,才发动了那场反机器革

① Peter. Raby, *Samuel Butler: a Biography*, University of Iowa Press, 1991, p. 23.

② Joseph. Jones, *The Cradle of Erewhon: Samuel Butler in New Zealand*, University of Texas Press, 2012, p. 7-8. 巴特勒后来还写了本自传体小说《众生之路》,不仅还原了自己的青少年生活,而且继续批判了维多利亚时代的家庭、宗教和教育制度。[英]塞缪尔·巴特勒:《众生之路》,黄雨石译,人民文学出版社1985年版。

命(或者说,反工业革命)。《机器之书》其实就是对《机器中的达尔文》的改写和扩充。① 巴特勒用了三章篇幅来介绍这本书,而内容艰深晦涩、思绪发散,让读者备受折磨。

《机器之书》开篇就故弄玄虚,宣称植物和机器也具有意识(consciousness)。它的作者解释说,植物的生长和新陈代谢都是为了存活,为了自己的利益,植物之间也存在竞争关系,因此植物也有自己的意识;机器作为一个物种,进化速度远远胜过植物、动物和人类,迟早会获得高级的意识;意识有多种形态,还在持续不断地衍变,所以人类无法理解意识的本质,也不应该以人类意识为标准去否定植物和机器的意识。

《机器之书》还试图混淆生物与机器的界限。一方面,生物具有机器属性。例如蛋壳是鸡蛋的承载装置,眼睛是人类的视觉装置。有机体与机器相互联结,或者说,有机体就是由机器组合而成。另一方面,机器具有生物属性。机器除了有意识,能进化,还可以新陈代谢。"蒸汽机必须吃食物,用火来消化,就像人消化食物一样;它需要空气来燃烧,就像人需要空气一样;它和人一样有脉搏和血液循环"。② 甚至机器还有生殖能力。"如果一台机器能够系统性地生殖出另一台机器,我们就说它有生殖系统……哪有机器不是由其他机器系统性地生殖出来的?"③

《机器之书》认为人类与机器是共生关系:机器为人类服务,而人类负责机器的设计、生产、运行、维护和创新。人类

① [英]乔治·戴森:《机器中的达尔文主义:全球智能的进化》,刘寅译,浙江大学出版社 2020 年版,第 32-33 页;[美]杰西卡·里斯金:《永不停歇的时钟:机器、生命动能与现代科学的形成》,王丹、朱丛译,中信出版集团 2020 年版,第 275-276 页。

② [英]巴特勒:《埃里汪奇游记》,彭世勇、龚绍忍译,湖南人民出版社 1985 年版,第 167 页(译文有改动)。

③ 同上注,第 170 页(译文有改动)。

塑造了机器,但机器也塑造了人类。机器是人类的延伸,或者说是人体的外部器官,但是人的思维方式和行为方式也会被机器同化。机器变得越来越像人,而人也变得越来越像机器。人类把机器视作奴仆,但从机器视角看,主奴关系却是可以逆转的。人类对机器所做的一切,可能最终都是服务于机器自身的目的。就算人类抛弃或者销毁过时的机器,也是为了机器进化而采取的必要措施。人类更像是机器的工具,甚至沦为机器的器官。作者还抛出这样的奇谈怪论:"野蜂是三叶草生殖系统的一部分。我们每一个人都是由很小的微生物发展而来……这些小东西是我们生殖系统的部分;那为什么我们就不能是机器生殖系统的部分呢?"①

与人类相比,机器有许多长处,例如计算不会犯错,行动更为精确高效,而且不需要休息。机器越是进步,人类就越是依赖机器。假如到了离开机器就无法生存的地步,那么人类就只能像寄生虫一样依附于机器。但是反过来,机器对人类的依赖程度则在不断降低。机器之间的协调和沟通,一开始需要人类作为中介。但只要机器发展出自己的语言和通讯装置,就可以撇开人类,让全世界的机器都直接联结在一起。不过《机器之书》的作者还算"乐观",认为机器获得统治权后,还不至于要灭绝人类:

> ……有理由相信机器会善待我们,因为它们的存在,在很大程度上还是要依赖我们;它们会用铁棒统治我们,但不会吃掉我们;它们不仅会要求我们为年轻机器的生殖和教育提供服务,还会要求我

① [英]巴特勒:《埃里汪奇游记》,彭世勇、龚绍忍译,湖南人民出版社1985年版,第170页(译文有改动)。

> 们像仆人一样服侍它们;为它们采集食物,把它们喂饱;当它们生病时,让它们恢复健康;埋葬它们的死者,或者把它们的逝去成员组装成新型的机器存在。①

当然亦有可能,机器会采用更巧妙的统治策略,让人类无法察觉被机器奴役的现实,同时尽量满足人类的各种欲望,让人类的日子过得越来越好。《机器之书》提出必须捍卫人类的尊严,绝不能容许人类被其他物种超越。因此作者建议,人类应当立即停止机器开发,把机器技术锁定在较低的水平。与《机器中的达尔文》相比,这其实是一个妥协,《机器之书》并不主张彻底废除机器,依然愿意维持人类与机器的共生关系,只不过要求人类必须当家作主。

巴特勒像是一位先知。他启发了图灵去研究机器能否思维以及如何思维,为当代人工智能理论奠定了基础。② 他设想的机器自主生殖,被维纳和冯·诺依曼认真琢磨过,③直到今天都处于人工智能研究的最前沿地带。④ 他设想的机器语言和机器对话,是互联网和物联网的观念雏形。他说机器是人体的延伸,这个说法后来成了传播学大师麦克卢汉

---

① [英]巴特勒:《埃里汪奇游记》,彭世勇、龚绍忍译,湖南人民出版社 1985 年版,第 178-181 页(译文有改动)。

② 图灵在这篇论结尾列出的第一篇参考文献,就是巴特勒的《埃里汪奇游记》。Alan M. Turing, *Computing Machinery and Intelligence*, Mind 433(1950).

③ 维纳:《控制论——或关于在动物和机器中控制和通信的科学》,郝季仁译,科学出版社 2009 年版,第 129-137 页;John. Von Neumann, *Theory of Self-reproducing Automata*, University of Illinois press, 1966。

④ Sam Kriegman, *Kinematic self-replication in Reconfigurable Organisms* , 118 Proceedings of the National Academy of Sciences(2021).

的理论招牌。[①] 他把生物和机器纳入共生体系，因此也算得上是当代系统论或者复杂理论的先驱。[②]

《机器之书》传递了人文主义的观点，即人类不能向机器俯首称臣。但它关于机器进化的论述，又带有浓厚的技术决定论气息，即人类不能左右机器发展的方向。巴特勒喜好讽刺，所以读者难以摸清他的真实立场。但可以肯定的是，巴特勒不会真的想要在现实世界发动一场反机器革命。他不是卢梭，不会真的相信人类远离机器技术就能过得更加幸福，变得更加高贵。至少在小说里，埃里汪国没有因为革命成为更好的国家，埃里汪人也没有因为革命成为更好的人。

［二］主人与奴隶

巴特勒在《埃里汪奇游记》中讲述了两种人机关系：首先是共生关系，即人类与机器是不同的物种，不同的存在，但又彼此依赖，不可割裂；其次是同构关系，即人类的构成包含了机器因素，而在机器体系中，人类又充当“器官”的功能。《机器之书》所描绘的机器统治人类的图景，怪诞成分要大大多于恐怖。相比之下，玛丽·雪莱在1818年出版的《弗兰肯斯坦》首先是一部渲染惊悚气氛的哥特小说，然后才是第一部现代科幻小说。弗兰肯斯坦造出一个怪物，但“美丽的梦幻也随之化为泡影，充塞在心头的只是令人窒息的恐惧和

① 参见［加］马歇尔·麦克卢汉：《理解媒介：论人的延伸》，何道宽译，译林出版社2019年版。

② 参见［美］梅拉妮·米歇尔：《复杂》，唐璐译，湖南科学技术出版社2018年版。

厌恶”。① 创造者厌恶自己的造物,这是西方神话和宗教中常见的主题,许多科幻小说都在延续这一西方文化和心理传统。但《埃里汪奇游记》中的机器没有人形,所以也谈不上“面部可憎”。巴特勒不想用“恐怖谷效应”(Uncanny Valley)去惊吓读者。在他笔下,埃里汪人对机器的抵触情绪,更像是智识上的愚昧,以及信仰上的迷狂。巴特勒倒是耗费了不少心思和笔墨,去论证人类更像机器,而不是相反。至少从这个角度看,我们很难把他视为一个纯粹的人文主义者。

巴勒特出版《埃里汪奇游记》的时代,恩格斯也在写作《自然辩证法》手稿(1873年至1882年)。恩格斯认为,正是因为人类能够制造和使用工具,能够从事生产和劳动,才与动物区别开来。某些动物偶尔也会制造和使用工具,但它们不会主动去支配自然界,所以算不上生产和劳动。在制造和使用工具过程中,在生产和劳动过程中,人手开始获得自由,人脑开始获得抽象和思维能力,人类形成语言和社会。②所以没有工具就没有人类。而机器不过是更复杂的工具,是人类继续进化和社会继续发展的见证。人文主义者芒福德坚决反对把人类本质与工具联系在一起,因为他相信人类具有内在的进化动因。③ 显然巴特勒与恩格斯的共同点要更多一些。他们不仅受益于同一历史阶段的进化论和自然科学研究成果,而且还分享着类似的“时代精神”。

科幻电影《2001:太空漫游》一开场,就以令人震撼的方

---

① [英]玛丽·雪莱:《弗兰肯斯坦》,刘新民译,上海译文出版社2007年版,第49页。

② [德]恩格斯:《自然辩证法》,载《马克思恩格斯全集》第二十六卷,人民出版社2014年版,第478-479页、第761-768页。

③ [美]刘易斯·芒福德:《机器的神话(上):技术与人类进化》,宋俊岭译,中国建筑工业出版社2015年版,第10-13页。

式来呈现工具之于人类的特殊价值:猿人最早使用工具,就是把动物尸骨当作棍棒;紧接着,在蒙太奇效果下,骨棒变成了遨游在太空的宇宙飞船。① 最原始的工具被猿人握在手上,最先进的机器却把人类包裹在其中。导演想传达给观众的信息是:今天我们所使用的复杂机器,都是从极其简陋的工具进化而来;与此同时,从猿人到人类,我们也经历一个同样漫长的进化过程。这也诱使观众进一步联想:假如未来出现比宇宙飞船更高级的机器,人类是否也会继续进化下去?当然这也是电影的原著作者阿瑟·克拉克想要表达的主题。他在小说中直言不讳地说,“工具的制造者被他们自己的工具改造了”,猿人由此变成了人类;而到了小说结尾,人类确实又进化成为另一种新的生命形态。②

无论工具还是机器,都是人类作用于自然界的中介,是人类实现自己目的的手段。在日常语境中,我们很少去刻意区分工具、机器、装置、设备和设施等相关概念。自行车和宇宙飞船都会被我们称作交通工具。杠杆、楔子、螺杆、滑轮、绞盘和斜坡,既可以说成是工具,也可以说成是最简单的机器或者机器要素。古罗马工程师维特鲁威认为,机器的运作需要许多人一起投入较大力量,而工具的操作由一个人进行就足够了。③ 但是关于机器的现代学术定义都会指出,机器

---

① 《2001:太空漫游斯》,坦利·库布里克导演,1968 年上映,根据亚瑟·克拉克的同名小说改编。

② [英]阿瑟·克拉克:《2021:太空漫游》,郝明义译,上海文艺出版社 2019 年版。

③ [古罗马]维特鲁威:《建筑十书》,高履泰译,知识产权出版社 2001 年版,第 263 页。

由多个部件构成,而这些部件因为力的传导而产生联动。① 也就是说,机器需要同时具备结构和运动意义上的复杂性。正是在这个意义上,力学(mechanics)研究和机器设计一度密不可分。② 工具的结构可以非常简单,例如一块未经打磨的石头,但是机器至少得由两个以上的部件构成。有些工具的结构相对复杂,例如一支钢笔,但是它的运动方式又相对简单。现代机器的运作过程中,人力因素越来越少,自然力、燃力和电力变得更为重要。这就是所谓的自动化。当然就目前而言,完全自主的自动机(automata)只存在于神话、理论和科幻作品中。③

人类与机器共处的历史已经足够悠久了。根据考古和历史文献,较早出现的机器,大多用于农业、纺织、交通和战争。随着社会逐渐复杂化,又出现了用于娱乐、游戏、艺术、宗教、政治和学术的机器。譬如在古希腊,剧场就经常使用机器来表现神从天而降,相关情节也被戏称为"机器降神"(deus ex machina);亚里士多德提到过自动化的玩具傀儡和玩具车;克特西比乌斯设计过水力风琴;亚历山大的西罗为神庙设计过自动门;古雅典人借助抽签机器来进行民主选举;哲学家阿尔库塔斯试图通过机器来解决几何问题。④

---

① 参见[英]查尔斯·辛格等主编:《技术史》(第Ⅱ卷),潜伟主译,上海科技教育出版社2004年版,第449页;[英]李约瑟:《中华科学文明史》,柯林·罗南改编,上海交通大学科学史系译,上海人民出版社2014年版,第826-827页。

② 张卜天:《从古希腊到近代早期力学含义的演变》,载《科学文化评论》2010年第3期。

③ See Adrienne. Mayor, *Gods and Robots: Myths, Machines, and Ancient Dreams of Technology*, Princeton University Press, 2020, p. 21-24, 28-30.

④ 参见[古希腊]亚里士多德:《动物四篇》,吴寿彭译,商务印书馆2010年版,第256页;[英]查尔斯·辛格等主编:《技术史》(第Ⅱ卷),潜伟主译,上海科技教育出版社2004年版,第449-453页;王绍光:《抽签与民主、共和:从雅典到威尼斯》,中信出版集团2018年版,第22-47页。

尽管机器有用或者有趣，机器技术在古代社会的地位却很尴尬。在古代中国，发明、制造和使用机器的，大多是奴隶、平民或者小官吏。① 儒家知识分子和统治者讲究“君子不器”，也就是说“君子”不能只是“专家”，不应该拘泥于具体专业领域，而应该心系大道，胸怀天下。② 道家虽然夸赞过“庖丁解牛”，③并不单纯反对技术，但也主张“形而上者谓之道，形而下者谓之器”。④《庄子》还记载过一个著名的机器故事，子贡好心建议一位种菜老人使用灌溉机械，老人却批评他：“有机械者必有机事，有机事者必有机心。机心存于胸中，则纯白不备；纯白不备，则神生不定；神生不定者，道之所不载也。吾非不知，羞而不为也。”⑤直到今天，我们说一个人“有心机”，那也不是什么好话。在漫长的中国历史文献中，我们还能找到许多有趣的机器故事和精致的机器设计，但机器也很容易被谴责为“奇技淫巧”，机器专家和爱好者也总是要承受来自哲学、文化和政治上的压力。

许多西方古代哲人对待机器技术的态度也大体类似。据说柏拉图就批评过阿尔库塔斯沉湎于物质层面的机器，疏忽了灵魂层面的智慧。⑥《理想国》更是直白地指出，被统治者只配去学习和从事低贱的手工技艺；而城邦统治者以及哲

---

① [英]李约瑟：《中华科学文明史》，柯林·罗南改编，上海交通大学科学史系译，上海人民出版社 2014 年版，第 801-812 页。

② 《论语·为政》。

③ 《庄子·养生主》。

④ 《周易·系辞上传》。

⑤ 《庄子·天地》。这个故事的现代版本，可参见韩少功的《马桥词典》的“科学”词条。下乡知识青年劝当地老农科学劳动，却被抢白说：“什么科学？还不就是学懒？你看你们城里的汽车、火车、飞机，哪一样不是懒人想出来的？不是图懒，如何会想出那样鬼名堂？”参见韩少功：《马桥词典》，上海文艺出版社 1997 年版，第 38-41 页。

⑥ [古希腊]普鲁塔克：《希腊罗马名人传》，席代岳译，吉林出版集团有限公司 2009 年版，第 563 页。

学家则需要学习数学、几何、天文和辩证法等高贵的知识。①中世纪经院哲学家把体力活动相关的技艺,如烹饪、耕种、建筑、军事和舞蹈等,都称为机器技艺(artes mechanicae)。这类技艺只是为了满足物质层面的需求,更适合平民、工匠和奴隶这些不享有真正自由的人。而与之相对应的自由技艺(artes liberales),也即我们今天所谓的"通识教育",则包括算术、几何、逻辑、修辞、音乐和天文等。这类技艺帮助人们获得智慧和美德,探究世界的本原,实现真正的自由发展,所以更适合高尚的公民、贵族和哲学家。② 崇尚自由技艺的古代哲人,大都是活力论者(vitalist),相信灵魂与物质(包括肉体)的对立,并坚持灵魂优于物质的等级秩序。因此他们既认为人类优于机器,也认为探索灵魂事业的人要优于操劳机器事务的人。这是一种双重的主奴关系或者统治关系。

但古代西方思想传统中,还存在德谟克利特、伊壁鸠鲁和卢克莱修这样的机械论者(mechanist)。他们未必擅长机器设计,但大多认为世界由不可分的原子微粒构成,原子微粒的运动符合着某种力学规律。③ 这些思想种子在十六七世纪开枝散叶,促成了西方的科学革命。西方人开始把机械论当作方法论和世界观,用它来解释整个宇宙的图景和规

① [古希腊]柏拉图:《理想国》,郭斌和、张竹明译,商务印书馆 1986 年版,第 283-300 页。

② 参见[美]戴维·L. 瓦格纳:《中世纪的自由七艺》,张卜天译,湖南科学技术出版社 2016 年版;[荷]戴克斯特霍伊斯:《世界图景的机械化》,张卜天译,湖南科学技术出版社 2010 年版,第 101-102 页;沈文钦:《何谓"liberal arts"?——概念史的考察》,载《北京大学研究生学志》2007 年第 1 期。

③ [荷]戴克斯特霍伊斯:《世界图景的机械化》,张卜天译,湖南科学技术出版社 2010 年版,第 10-17 页。

律。① 所以机械论和机器技艺不是同一回事。最经典的机械论表述,就是把宇宙比喻成一部精密钟表(钟表匠可以是上帝,或者抽象“自然”)。人类身体和社会组织也可以被视为机器,被视为可还原、可度量和可计算的对象。人们开始相信“万物皆可计算”。像数学和力学这样的自然科学方法,也被用来研究哲学、道德、法律、经济和政治。② 机械论是现代西方人得以“除魔”,摆脱巫术、迷信和宗教的思想束缚重要条件。而李约瑟分析说,中国古代恰好缺乏从德谟克利特到牛顿的这种思想过渡。③ 假如这个世界彻底“除魔”,机械论可能会得出结论说:整个世界就是一部机器,它的运行规律就是这个世界的最高法则或唯一法则。人类只能顺从机器,而不要妄想按照人类的意志和法律来改造这部机器。

机械论甚至会促使人们大胆地想象,可以用设计、制造和操作机器的方法,去设计、制造和操作生物(自然也包括人类)。伊拉斯谟·达尔文是查尔斯·达尔文的祖父。今天的公众可能已经不太记得,伊拉斯谟·达尔文曾是一位著名的医生、科学家和机械师。他在 1794 年出版过一本《生物法则》,提出动物可以通过意识来改进自我,并在生殖过程中把改进遗传给后代。这与法国生物学家拉马克的理论很相似,

---

① 参见[美]戴维·伍顿:《科学的诞生:科学革命新史》,刘国伟译,中信出版集团 2018 年版,第 123-180 页。

② 参见[美]杰西卡·里斯金:《永不停歇的时钟:机器、生命动能与现代科学的形成》,王丹、朱丛译,中信出版集团 2020 年版,第 43-124 页;[美]I. 伯纳德·科恩:《自然科学与社会科学的互动》,张卜天译,商务印书馆 2016 年版,第 139-171 页;[美]理查德·韦斯特福尔:《近代科学的建构》,张卜天译,商务印书馆 2020 年版,第二章。

③ [英]李约瑟:《中华科学文明史》,柯林·罗南改编,上海交通大学科学史系译,上海人民出版社 2014 年版,第 124-125 页。

即生物具有内在的进化能动性,①而与查尔斯·达尔文版本的进化论大相径庭。② 伊拉斯谟·达尔文痴迷于机器设计,发明过能够说出简单语音的机器。他还做过一些实验,试图从无机物中创造出生命。正是这位达尔文,启发了玛丽·雪莱去创作《弗兰肯斯坦》。③ 也正是这位达尔文,启发了巴特勒提出机器也能像生物一样进化。

我们所谓的人文主义和技术决定论,显然与活力论和机械论分别有着对应联系。不过现代的人文主义者未必相信灵魂的存在,技术决定论者也未必会把技术限定为机器技术。德勒兹和瓜塔里分析说,巴特勒实际上同时批判了活力论和机械论。因为当他说机器也有意识时,所指的是机器系统,而不是单一的个体,也即不再把灵魂局限在某个生物体或者人类身体之中;而当他描述机器系统时,并没有完全遵循传统的机器结构,更多是把它解释成一个需要新陈代谢、生殖繁衍和社会交往的生物体。④ 所以巴特勒真正关心的问题,不是人类和机器谁当主人、谁做奴隶,而是人类和机器如何结合,如何构成一个更平衡、更美好的生态系统。《机器之书》末尾提到,机器将成为权贵们的身体延伸,让他

① [美]彼得·沃德:《拉马克的复仇:表观遗传学的大变革》,赵佳媛译,新星出版社2020年版。

② 巴特勒与查尔斯·达尔文打了许多年的笔仗,就是因为巴特勒一方面指他把从祖父那儿继承的理论遗产包装成自己的创造性发现,另一方面则批评他背弃了祖父的理论路线。巴特勒写作了大量进化论文章和书籍,反倒更像是伊拉斯谟·达尔文的理论继承人。[美]乔治·戴森:《机器中的达尔文主义:全球智能的进化》,刘寅译,浙江大学出版社2020年版,第47-69页。

③ [英]玛丽·雪莱:《弗兰肯斯坦》,刘新民译,上海译文出版社2007年版,第5-6页;[英]詹妮·厄格洛:《好奇心改变世界:月光社与工业革命》,杨枭译,中国工人出版社2020年版,第507页。

④ Gilles Deleuze & Felix Guattari, *Anti Oedipus: Capitalism and Schizophrenia*, Penguin Publishing Group, 1977, p. 284-285.

们足以超越时空,藐视一切物质障碍;穷人则在物质中挣扎,就像翅膀黏上糖浆的苍蝇一样。① 所以很显然,我们不能把所有人类社会的不平等和不合理都归咎于机器。

[三] 单向与多元

面对机器引发的社会矛盾,人类拥有许多选项。像卢德主义者那样砸烂机器,是最简单但也最无用的一种做法。埃里汪人的选择,是有限度地废除机器,并把机器水平锁定在一个稳定的低水平状态。这两种做法其实没有本质区别。工人只能砸烂本地工厂的机器,但不能阻止资本家在别处开工,招募新的工人。埃里汪人也只能锁定本国的机器技术,而不能强迫这个世界上的其他国家作出同样的选择。而且埃里汪人根本不了解其他国家的存在状况。一旦埃里汪国被掌握更先进机器文明的其他国家"发现",那么根据我们业已知道的历史,它就不可能再维持世外桃源或者闭关锁国的状态。它迟早会被打破国门,经受殖民或者侵略,被迫成为全球工业体系以及市场体系中的一部分。当然亦有可能,在阵痛之后,它会尝试着批判甚至否定自己的传统,在磕磕绊绊中重启机器,逐渐转型为最先进的机器文明国家。也正是在这个意义上,某些技术决定论者会认为,在科学技术面前,人类其实从来就没有过真正的选择权。就算不同文明可以选择不同的科学技术发展路径,进度也有快慢之分,但从人类整体来看,最终仍然会殊途同归。

人文主义者对机器的反感,就在于他们认为机器代表着

---

① [英]巴特勒:《埃里汪奇游记》,彭世勇、龚绍忍译,湖南人民出版社1985年版,第183–185页。

一种专断权力,妄图用整齐划一的秩序来统治一切,而不容许人类拥有选择和反抗的自由。例如芒福德认为,在人类历史上,一直存在"大机器"(mega-machine)式的文明形态,即国家像一部机器,统治者享有集中化的权力,对作为机器零部件的民众实施严格统治。而现代版本的"大机器"获得了更强大以及更精确的控制能力,民众甚至主动迎合,积极发挥自己的零部件功能。① 本雅明从艺术创作的角度提出,人类过去创作的每一件艺术品都具有独一无二的"灵光"(aura)。但是机器时代来临后,艺术品以极低的成本被大规模地复制和贩卖,"灵光"也就消逝了,因为机器只会千篇一律地复制,以及毫无情感的模仿。②

人文主义者并非毫无道理。如果我们重新审视机器的特征,那么它确实具有如下特征,让人感受到专断、压迫和蛮横。①机器是数学化的。几乎所有机器定义,都会强调机器具有复杂结构,因此机器总是具有形式属性。机器的有效运转,取决于机器零件的标准化和模块化,以及不同零件之间的合理结构。机器越先进,也就越需要借助更高级的数学知识来设计和使用。所以从古希腊开始,就有人试图借助机器来解决数学问题。③ 数学化也意味着,机器很容易复制和大规模生产。当然机器也是讲逻辑的,因为它的运动过程要符合因果律,以及人们能够根据机器局部而推理出它的整体结构。②机器是系统化的。机器是由诸多零件构成的复杂系

① [美]刘易斯·芒福德:《机器的神话(下):权力五边形》,宋俊岭译,中国建筑工业出版社 2015 年版,第 263-295 页。

② [德]瓦尔特·本雅明:《迎向灵光消逝的年代:本雅明论艺术》,许绮玲、林志明译,广西师范大学出版社 2008 年版。

③ [英]查尔斯·辛格等主编:《技术史》(第Ⅱ卷),潜伟主译,上海科技教育出版社 2004 年版,第 451 页。

统，零件也能被进一步拆解。如果不考虑"忒休斯之船"这样的同一性悖论，所有机器零件都是可以置换和升级的。机器结构具有开放性，可以很方便地接纳新的零件，或者直接与其他机器组合，构成新的机器。而不同功能的机器，例如电话机与交换机，也以各种方式联系在一起。③机器是控制化的。机器的动力来源与机器之间，机器内部的零件之间，以及机器与它的作用对象之间，都存在力的传导关系。机器系统中的每一个单位都要"服从"相应的动力来源，同时要"控制"好自己的作用对象。如果这种服从和控制关系被打破，就相当于机器失灵或者出现了故障。

我们当然也可以借用上述特征来描述现代社会的机器化。只不过，我们要把社会、组织和个体分别解释为机器系统、机器和零件。①社会的数学化。与十六七世纪的科学革命几乎同步，用数学方法来研究经济、政治问题的社会科学方法也逐渐发展起来。① 无论社会现象、集体行动和个体行为、思维，都可以纳入某种数学体系中被计算和推导。从教会、军队、学校和工厂等机构开始，时间与空间的秩序、边界和尺度变得越来越严格和精确。② 社会主体经过统计，以人口名义转变为国家的治理客体。③ 对人、物、事等信息的准确收集、认证，也成为对现代国家至关重要的基础能力。④ ②社会的系统化。几乎所有社会组织都要按照理性官僚制来构建和运作。而各社会领域、社会组织以及社会主体之

---

① [美]理查德·奥尔森：《社会科学的兴起：1642—1792》，王凯宁译，科学出版社 2018 年版。

② [法]米歇尔·福柯：《规训与惩罚》，刘北成、杨远婴译，生活·读书·新知三联书店 2003 年版，第 153-256 页。

③ [法]米歇尔·福柯：《安全、领土与人口》，钱翰、陈晓径译，上海人民出版社 2010 年版，第 74-93 页。

④ 欧树军：《国家基础能力的基础》，中国社会科学出版社 2013 年版。

间,也更依赖于抽象程序和格式化公文进行沟通。随着交通和通讯工具的进步,人际交往更加便捷、频繁,但亲密性或者人情味儿却越来越薄。从手工业者变成工业工人开始,劳动者就与劳动场所、劳动资料和劳动产品相分离了。劳动者越来越不需要有个性,但必须具备标准化的职业技能或者从业资格。劳动者像机器零件一样,总是可以被替换的。③社会的控制化。社会的数学化和系统化程度越高,它就越容易像机器一样来设计和操作。在法治和理性观念的推动下,无论国家法律还是社会组织的规章制度,也都编织得越来越密。但社会作为一个机器化系统并不需要一个中央控制者来管理一切。在社会活动和交往过程中,所有社会主体都在相互监督,以各种方式促使对方按照规则和程序行事。人类个体作为最基本的社会单位,在外部规范的压力和引导下,也会主动自我规训,积极嵌入各种社会控制关系中去。

正因为现代社会呈现上述趋势,人文主义者才格外焦虑。他们经常引用马克斯·韦伯的论断,即只有西方社会才发展出一种独特但又具有"普遍性"的理性化进程。这一进程之所以是"普遍"的,并不在于它已经完成,而在于它正朝着某种特定的价值方向不断前进。理性化同时发生在人的思维、伦理、行为以及社会组织等多个层面,并弥散在社会各个领域,从科学、艺术、建筑到经济、政治、法律。从微观角度看,源自西方社会的这一理性化进程具有开放性,能够通过吐故纳新、吸收异质因素来获得持续不断的前进动力。但从宏观角度看,几乎所有非西方国家和文明都在前后相继地经历这种理性化,这一进程并没有脱离西方原初的轨道。① 西

① [德]马克斯·韦伯:《中国的宗教;宗教与世界》,康乐、简惠美译,广西师范大学出版社2004年版,第448-451页。

方马克思主义学派受马克思主义和韦伯理论的多重影响,对工具理性和技术理性提出了猛烈批判,所以也是人文主义者经常引用的理论资源。例如,卢卡奇批评资本主义制度就像一台只按照自己规律运转的机器,人在制度中毫无能动性,也即被“物化”了。① 马尔库塞批评现代社会的理性化是单向度的,它只会让人类的生活方式、思维意识和组织形态走向整齐划一,而不容许存在其他的替代性选择。②

但是人文主义作为一种理论立场,本身并不是理论。有时候只是为了表态,人文主义者会专注于选择一些话语片段,而忽视他人理论体系中的复杂性。譬如说,韦伯提出的理性化不是单向度的。他认为英国普通法中的技艺理性也是现代化的理性,但与欧洲大陆的法律理性有显著不同。继承韦伯法律社会学传统的学者也提出,社会可以分化为不同领域,而在不同领域中,社会关系、规范和理性化形式也都是有差异的。③ 也就是说,现代社会的理性化并不必然导致所有社会领域都按照同一种模式来发展,现代理性的普遍化也不等于单一化。④

而且我们还可以追问,人文主义者关于机器的想象,是否过于单调了?机器技术的发展路径就不能是多元化的?就算机器具有数学、系统和控制等理性化特征,但生活在机器化社会系统中的人类,就一定毫无尊严和自由可言?而更为根本的问题可能是,究竟是怎样的尊严和自由,值得人类

① [匈]格奥尔格·卢卡奇:《历史与阶级意识》,杜章智、任立、燕宏远译,商务印书馆1992年版。

② [美]赫伯特·马尔库塞:《单向度的人:发达工业社会意识形态研究》,刘继译,上海译文出版社2006年版。

③ [德]施路赫特:《现代理性主义的兴起:韦伯西方发展史之分析》,林端译,台大出版中心2014年版,第四章。

④ 参见李猛:《论抽象社会》,载《社会学研究》1999年第1期。

去捍卫,哪怕让机器停滞也在所不惜?

巴勒特笔下的机器就并非一成不变。《机器之书》通过烟斗设计的历史演变来证明,机器既能进化,也能退化。① 这里的进化是指从低级过渡到高级,所以也可以说是单向的。只不过,巴特勒的机器与人类融为一体,具体的进化方向和进度,并不由机器单独说了算。而只要人类不具备上帝视角,那就很难最终判断说,机器的发展的路径究竟是单一的还是多元。我们已经讨论过,巴特勒关心的问题是人类和机器如何共同发展。因此,机器发展路径问题,同样也是人类发展路径问题。埃里汪人放弃发展机器技术,并没有让自己的生活更加丰富多彩,社会更加开放繁荣。从现代人的视角看,埃里汪人反倒是退化了。他们牺牲机器技术换来的尊严和自由,在现代人看来不仅荒唐可笑,甚至还有些可怜。

其实像芒福德这样的人文主义者不反对机器本身,他只是希望人类的自由属性能够在人类发展进程中起主导作用。② 就连经常被贴上技术决定论标签的控制论大师维纳也认为,就算机器能够学习、决策和进化,那也是没有生命的存在,人类不能沦为机器的附属。③ 不过《机器之书》提醒我们,人类可能完全无法意识到机器的统治;甚至只要人类开始舍不得抛弃机器,机器就确立了它的统治地位。我们确实见识过,许多人曾经口口声声拒绝传呼机、拒绝手机、拒绝智能手机、拒绝微信、但能坚持到底的寥寥无几。巴特勒或许想说的是,在人机关系中谁占支配地位,取决于人类自己的主观选择。现代科学技术理论家就很愿意相信,科学技术的

① [英]巴特勒:《埃里汪奇游记》,彭世勇、龚绍忍译,湖南人民出版社1985年版,第173-174页。

② [美]刘易斯·芒福德:《技术与文明》,陈允明、王克仁、李华山译,中国建筑工业出版社2009年版,第383页。

③ [美]N.维纳:《人有人的用处》,陈步译,商务印书馆1978年版,第166页。

发展不存在最优路径，而且科学技术也可以包容多元的社会形态；人类可以选择不同的机器技术，自然也可以建构不同的人机生态。① 或许在科幻小说中的智能机器问世之前，所有关于究竟是人类还是机器在统治的争论都是没有意义的。

莱斯格的“代码即法律”，也并不是说机器代码要取代人类法律。莱斯格所观察到的，是人类可以选择不同的互联网架构，从而与不同的生活方式以及社会制度相匹配。这绝对不是技术决定论。② 甚至我们可以说，技术决定论其实是个伪命题。没有人能够真的站在科学技术的主体视角去“决定”什么。相信技术决定一切的决定论者其实很少见。真正的科学家大都对科学技术心存敬畏，争着去充当科学技术代言人的往往是伪先知。至于技术决定论的反对者们，例如人文主义者，他们经常也不是从科学技术本身出发来论辩，而更多是在表达一些模糊且焦虑的情绪。科学技术从来不会让所有人都满意，所以人们也会把某些不愉快的个人技术体验代入对技术决定论的批评中来。恐怕许多热衷于给他人贴技术决定论标签的人心里也清楚，这不过是一种论辩策略和斗争手段罢了。譬如说，诋毁马克思最便捷的途径，莫过于把“物质基础决定上层建筑”等同于技术决定论。③

［四］必然与可能

科技史学家乔治·戴森揣测，巴勒特的核心思想，隐藏

① ［加］安德鲁·芬伯格：《在理性与经验之间：论技术与现代性》，高海青译，金城出版社2015年版。

② 戴昕：《犀利还是无力？——重读〈代码2.0〉及其法律理论》，载《师大法学》2018年第1辑，法律出版社2018年版。

③ ［美］刘易斯·芒福德：《机器的神话（下）：权力五边形》，宋俊岭译，中国建筑工业出版社2015年版，第493页；［美］兰登·温纳：《自主性技术：作为政治思想主题的失控技术》，杨海燕译，北京大学出版社2014年版，第67–74页。

在他在《潜意识记忆》中的一段话里:

> 我们的身体是由细胞组成的,那些细胞对它们组成的身体和人格,不可能有概念。它们对我们的身体(以及我们这个人),大概只有部分而不完整的感受,但我们能完整地感受到它们。①

巴特勒对系统关系十分着迷。在《埃里汪奇游记》中,他不仅认为单个机器具有复杂的内在构造,还认为众多机器构成了系统化的整体,就像城市或者社会一样。② 现代生物学也认为,生命是一种组织形态。从粒子到细胞,再到器官和人类,存在着一系列物质层次。③ 但现代生物学把形而上学或者神学因素从生命组织中排除出去,不承认粒子或者细胞也具有意识能力。

细胞具有意识,或许就像机器具有意识一样,都是巴勒特的修辞方式。不过机器理论家侯世达认为,意识和灵魂的奥妙,就在于复杂的层次结构之中。侯世达举例说,如果让机器运行一个不可能完成的任务,它是不会主动停机的。但如果让人类运行同样的程序,他很快就会发现问题,停止工作,并试图寻找原因和解法。停止工作相当于从一个系统层次中逃逸出来,侯世达认为这就是智能的特征。④ 世界万

---

① [美]乔治·戴森:《机器中的达尔文主义:全球智能的进化》,刘寅译,浙江大学出版社2020年版,第46页。

② [英]巴特勒:《埃里汪奇游记》,彭世勇、龚绍忍译,湖南人民出版社1985年版,第170-172页。

③ [法]弗朗索瓦·雅各布:《生命的逻辑:遗传学史》,傅贺译,湖南科学技术出版社2021年版,第276-277页。

④ [美]侯世达:《哥德尔、艾舍尔、巴赫——集异璧之大成》,本书翻译组译,商务印书馆1996年版,第50-51页。

物,无论自然界还是人体、计算机和语言,都可以划分为多个层次。① 但任何单一系统或者层次,都无法解释自身的属性和存在状态。因此,我们可以对巴特勒的上述那番话作出补充:细胞也不能完整地感受和了解自身是怎样的存在。人类不能仅仅依据大脑的构造来探寻什么是意识。侯世达解释说:

> 我确信,对我们大脑中那些"浮现"出来的现象——例如想法、希望、表象、类比、以至于意识和自由意志——的解释都基于一种怪圈,一种层次相互作用,其中顶层下到底层并对之产生影响,而与此同时它自身又被底层所确定。换句话说,是不同层次之间的一种自我强化的"共鸣"。②

计算机的硬件和软件可以分层。③ 互联网也可以分层。④ 法律人为了研究方便,经常根据自身需要给出不同分层方案。⑤

---

① [美]爱德华·阿什福德·李:《柏拉图与技术呆子:人类与技术的创造性伙伴关系》,张凯龙、马红译,中信出版集团 2020 年版,第 74-80 页。

② [美]侯世达:《哥德尔、艾舍尔、巴赫——集异璧之大成》,本书翻译组译,商务印书馆 1996 年版,第 937-938 页。

③ [美]欧阳莹之:《工程学:无尽的前沿》,李啸虎、吴新忠、闫宏秀译,上海科技教育出版社 2017 年版,第 102 页。

④ 互联网架构一般是指网络协议的层次结构。根据不同技术标准,互联网分层有多种说法。国际标准化组织(ISO)就把互联网分为应用层、表示层、会话层、运输层、网络层、数据链路层和物理层。这里的应用层包括 HTTP 协议(网页)、SMTP 协议(电子邮件)等,而物理层则指的是物理设备的传输协议,并不是指物理设备本身。James F. Kurose、Keith W. Ross:《计算机网络:自顶向下方法》,陈鸣译,机械工业出版社 2014 年版,第 33-38 页。

⑤ 例如齐特林的方案是应用层、协议层和物理层,莱斯格的方案则是应用层、传输层、网络层和数据连接层。[美]乔纳森·齐特林:《互联网的未来:光荣、毁灭与救赎的预言》,康国平、刘乃清等译,东方出版社 2011 年版,第 52-53 页;[美]劳伦斯·莱斯格:《代码 2.0:网络空间中的法律》,李旭、沈伟伟译,清华大学出版社 2018 年版,第 156-158 页。

我把互联网分为内容层、代码层和物理层。物理层包含硬件设备,例如计算机、手机、键盘、路由器、服务器、光纤等一切有形器物。代码层则包含网络协议、软件程序、数字文件、数据等人类无法直接接触和理解的虚拟存在。内容层包含人类可以通过感官感知、并能够在头脑中理解的文字、图片、音频、视频和游戏。其实许多事物都可以作出类似划分。例如一台汽车,也必然包含物理(车壳、发动机、轮胎)、代码(制作工艺与驾驶技巧)和内容(文字说明、图形仪表、声音提示)三个层级。

每个层级都有自己的规则,而下层规则对上层规则具有决定性。算盘的物理结构,决定了人类不可能在上面打出"提高警惕,保卫祖国"这几个汉字。[①] 反过来说,上层规则也无法直接干涉下层规则。无论我们对石头念什么咒语,都不会使它的物理形态发生任何改变。但这里我们所谓的"决定性",不是指下层规则全方位覆盖上层规则——如果是这样,那么分层也就失去了意义。就好像宪法虽然是一个国家的根本法,但它无须事无巨细把所有实定法规范都囊括其中。只要行动主体不逾越下层架构,就可以在上层自由发挥。就算画家只能在一块极其简陋的画布上绘画,他的创作选择依然是近乎无限的,终其一生都无法穷尽。

在同一层级上,不同技术路径会带来纵向的系统兼容问题。譬如说,在苹果公司生产的计算机上,用户可以自由编程、绘画、写作、看电影、听音乐和玩游戏,但前提是用户必须使用能与苹果计算机硬件和操作系统兼容的软件。如果换成安卓手机,人们就无法直接安装苹果公司的操作系

① 参见电影《太阳照常升起》,姜文导演,2007年首映。

统和软件(除非安装虚拟机或者“越狱”)。所以下层技术设计的兼容性越强,人们在上层就能享有更高程度的自由。传统的录音机、唱片机、电视机、打字机,如今都被整合到计算机中,而将来肯定还会出现兼容度更强的机器。

在日常生活中,我们需要面对许多“硬规则”,例如空间、时间、物理规律、化学规律和生理规律这些自然规律。人类只能顺从和适应这些规律,而没有自由去改变或者超越它们。自然规律虽然是人类自由的障碍,但也是人类得以生活下去的条件。假如自然规律突然被改变,人类肯定会无所适从,甚至整个世界都会因此而坍塌。刘慈欣在《死神永生》中就做过这样的思想实验:高等文明把一种称为“二向箔”的武器用在了太阳系,导致太阳系从三维降成二维。① 刘慈欣的想象力令人折服,甚至可能获得物理学家的支持。② 但我相信,包括刘慈欣和物理学家在内的所有人类永远都无法真正理解,作为二维生命生活在二维空间会有怎样的感受。

自然规律的知识,我们称为科学。而技术一般是指人类为达到目的而采用的方法、策略、步骤或程序。区分科学与技术,在这里才真正具有意义。科学位于下层,技术位于上层。技术总是由人类来设计和使用,没有人类就没有技术。自然规律则不以人的意志为转移,即便人类不存在,自然规律也照样存在,所以自然规律具有必然性。我们无法想象多种互相矛盾的自然规律能够共存。技术却总是提供

① 刘慈欣:《三体Ⅲ:死神永生》,重庆出版社 2010 年版,第 385-394、472-473 页。

② 李淼:《〈三体〉中的物理学》,四川科学技术出版社 2015 年版,第 166 页。

了多条路径供人类选择。如果某种技术只有一条路径能走得通,那么这实际上就是不可变更的自然规律了。

不过科学与自然规律并不是同一回事。科学试图接近自然规律,但依然是人类创造的知识体系。科学理论更像是一纸契约,在特定社会条件下,被特定人群接受。① 库恩把被某个共同体分享的科学知识体系称为“范式”(paradigm)。在同一历史时期,可能有多个范式相互竞争,而且彼此之间是不可通约的。活力论和机械论就具有不同的论证逻辑和概念体系,所以也是不可通约的。如果一个范式被另一个范式取代,这就是范式革命。② 只要某种科学知识体系占据范式地位,那么相对于技术而言,它几乎就相当于自然规律。也就是说,科学位于下层,技术位于上层,科学决定着技术。但是科学与技术没有绝对边界。科学家从事研究时离不开实验技术和实验仪器,而最前沿的技术设计往往也需要最前沿的科学来支撑。如果技术没有科学指导,那么就只是依赖经验的诀窍(know-how)。科学还可以进一步区分为基础科学和应用科学,应用科学其实就是技术化的科学。③

人类学家莱斯利·怀特把人类文明自上而下划分为哲学、社会和技术三个层次。技术层是基础,社会层是技术的作用对象(functions),哲学层既是技术力量的表达,也是社会系统的反映。④ 无独有偶,卡尔·波普尔划分出三个世界,即物理世界、意识世界和思想世界。物理世界是客观的;

① [法]彭加勒:《科学与假设》,李醒民译,商务印书馆2006年版。

② [美]托马斯·库恩:《科学革命的结构》,金吾伦、胡新和译,北京大学出版社2012年版,第166-171页。

③ [美]欧阳莹之:《工程学:无尽的前沿》,李啸虎、吴新忠、闫宏秀译,上海科技教育出版社2017年版,第18-20页。

④ Leslie. A. White, *The Science of Culture: Astudy of Man and Civilization*, Grove Press, 1949, p. 366-367.

意识世界相当于柏拉图所谓的"意见",即人们基于感官、经验和习俗而形成的认识,是可变的且不可靠的;思想世界则相当于理念,虽然是人类发现的,但具有客观性和自主性。①

受前人启发,我也想把人类能够感知和理解的世界自上而下划分为实践层、技术层和自然层这三个层次。自然层包含人力无法改变的自然规律。技术层则涵盖了人类在自然基础上所拥有的一切可能性,也即各种人类活动(思想、行动、生活、工作……)的可能路径。实践层则是人类正在进行或者业已完成的实践活动及其成果。所以实践层、技术层和自然层分别对应的,是实然性、可能性和必然性。

单独一项技术,例如卖油翁能够精准地把油倒进钱孔,当然是单调的,只能不断重复。但技术层是人类全部技术的综合。今天的《红楼梦》版本有十几种,属于已经定型的实践成果。我们现在不知道曹雪芹是否写完了这部小说,以及他原本打算如何收尾。但回顾历史,曹雪芹在写作初稿时(书名还是《石头记》),其实还有无数写法供他选择。平庸的作者只掌握非常有限的写作技巧,于是他们文笔枯涩,思想贫薄,搜肠刮肚也写不出几个好句子。所谓的灵感或创造力与单调、重复的技术并不矛盾。我们说一个人富有创造力,恰好是指他有能力在多种路径之间切换,而不拘泥于某一种路径。我们不能把技术发展说成是技术自发的涌现。

我想把人类社会既有的政治、经济、宗教和文化制度,以及价值观、意识形态和学术理论都纳入实践层中去。这肯定会引来技术决定论的嫌疑,即看起来是让技术来决定人类的社会形态、价值观和思想理论。回应这种指控倒也不难。因

① [英]卡尔·波普尔:《客观知识——一个进化论的研究》,舒炜光等译,上海译文出版社2015年版。

为一切既有的人类社会实践和成果,都是从无数历史可能性中筛选和凝结下来的。凯撒完全可以不去跨越卢比孔河,罗巴特·巴乔也有机会不在1994年世界杯上罚失点球。技术是各种人类可能性的综合。而技术层对实践层的所谓“决定”,不过是对人类活动可能性的限定罢了。

可能会有人认为,自行车就应当是两个轮子,电影屏幕就应当是横屏,人每天就得吃三顿饭,私人财产就应当神圣不可侵犯……诸如此类的意见,都被认为是天经地义的选项,或者根本就不构成选项。只要人类长期生活在特定环境中,难免会把一些技术或者路径视为必然的自然规律。此时我们可以尝试一下侯世达的建议,即跳出自己所身处的系统层级,去反思为什么会有这样的想法。如果有人坚持他们信奉的那些价值、道理和规范都是永恒真理,不受可能性世界的支配,那就把这些真理放在自然层好了。由此可以看出,人文主义与技术决定论可能会犯同样的错误,即都把一些可能性误认为必然性。区别只是在于人文主义者不承认他们的信条是技术,而技术决定论者不承认技术的本质是可能性。

如果以这种开放的态度去看待技术和机器,那么就不太容易被“代码即法律”或者“机器统治人类”这类说法给惊吓到。实际上,如果信息技术或者机器技术真的具有自主性和必然性,具有人类无法抗拒的统治力,那么人们写再多的论文去批判技术决定论也都无济于事了。

但这并不意味着,人类就只能屈膝投降,从此“躺平”下去。我们倒是得仔细琢磨琢磨,我们所看到的必然性,以及别人兜售给我们的必然性,真的是必然的吗?要不要试一试去挑战它?我们会遇到挫折,遭遇极大的损失,甚至牺牲一切。但如果不去尝试,我们怎么知道它真的就是必然的?而且新的必然性也意味着新的可能性,新的路径选项,以及新的自由形态。面对机器统治人类的前景,冯象认为,人类应当拿出勇气,重新塑造自己,以及重新塑造人类社会。只有先把自己变成"新人",建立"新天新地",人类才有资格与智能机器共存,才有可能让智能机器也服务于人类的先进文化和先进生产力。①

结语

《埃里汪奇游记》并不以情节取胜,特别是《机器之书》这三章内容,几乎就是一篇哲学论文。所以本文也不是一篇典型的法律与文学研究。我更多的是以《埃里汪奇游记》为线索,来追溯机器理论的思想背景,并对人文主义和技术决定论进行反思和批判。

有人说法律是一门科学,也有人说法律是一项技艺,还有人说法律是一个人文领域。② 我觉得这些说法都有正确的地方。任何法律制度,都是由来自实践层、技术层和自然层的多重要素综合构成。在不同时空以及社会环境中,法律制度的形态也注定是多元的。法典可以刻在石碑上,也可以写在竹简上;判决书可以用毛笔来写,也可以用打字机来写;法官可以在炕上开庭,也可以在网上开庭;婚姻可以是一夫一妻制,也可以是一夫多妻制或者一妻多夫制…… 如果说

① 冯象:《我是阿尔法:论人机伦理》,载冯象:《我是阿尔法:论法和人工智能》,中国政法大学出版社 2018 年版。

② [美]玛莎·努斯鲍姆:《诗性正义:文学想象与公共生活》,丁晓东译,北京大学出版社 2010 年版,第 124-126 页。

《埃里汪奇游记》能给法律人一些启发,那么主要就是从系统和层级角度来看待法律和科学技术的复杂关联。

法律和机器并不矛盾。法律的机器化或者机器的法律化也并不可怕。在技术层面,法律和机器都具有无限的可能性。人类总是有机会去选择,去创造。机器进化和人类进化是同一进程。一个真正的进化论者,或许不会相信存在什么永恒不变的"人性"。所有人都一半活在过去,一半活在未来。但问题是,今天的法律,要站在哪边呢?

《法律和社会科学》(2022)　第19卷第2辑,第261~284页

“蜘蛛感应”:未来司法的漫威隐喻

蔡　欣　杨安卓*

摘　要:多个漫威故事的隐喻可以展现司法活动对科技的依赖,包括证据、信念与事实。传统取证方法的失灵,使证据获取将严重依赖大数据;人工智能技术的普及,使数据造假成本降低,可使用区块链技术确保数据即证据的真实性;法官的立场容易受到修辞影响,可运用虚拟现实技术制造“情境”确保双方当事人充分表达,以便法官获得适当的信念,建构更客观的法律事实。

关键词:漫威　科技　证据　信念　事实

* 蔡欣,武汉大学法学院博士研究生;杨安卓,江西财经大学法学院副教授。本研究受到国家社科基金重大项目“数字社会的法律治理体系与立法变革研究”(项目编号:20&ZD178)的资助。

引论

将人类社会的法律规则与宇宙的自然规律相比拟,或者将社会运行秩序与生命系统规则相比拟,一直是法学研究者们试图运用的方法论。这一类比拟,其上者往往视之为一种便宜的隐喻以利于灌注自身之学理;其下者不过随波逐流、拾人牙慧,仅将之视为一种描绘与叙事的修辞手法。真正卓识者不免提问:宇宙秩序、生命秩序与社会秩序,看似不相干的三种事物,何以竟然可以相比拟而若合符节?仅仅是一种智识上的巧合,还是三者之间具有某种内在的一致性?

假如答案是后者,不免引发强烈的质疑:人类社会及其所生存的世界,是不是某种高级文明虚拟仿真出来的虚拟世界?① 人类生活在一个计算机模拟出来的虚拟世界中,人类的法律规则自然是这个巨大的仿真程序所规定的运行规则。

① 对高级文明来说,虚拟仿真可以或者需要调用相同或相似的程序模块,分享相近的规则,从而使宇宙、生命、人类社会这看似不同的系统享有相似的规则。17世纪时笛卡尔就曾担心我们可能是活在"虚幻世界"中的人。牛津大学哲学教授尼克·波斯特罗姆(Nick Bostrom)于2003年发表了名为《我们活在计算机模拟中吗?》的论文,提出我们很可能生活在计算机模拟出来的世界中。埃隆·马斯克(Elon Musk)相信波斯特罗姆的判断,并指出发生这种情况的可能性概率很高,接近于100%。加拿大蒙特利尔大学的德里尔(Alexandre Bibeau-Delisle)和布拉萨德(Gilles Brassard)则提出一条类似德里克方程的方程计算了我们生活在计算机模拟中的可能性。

对于这种构想,缺乏科学训练的法学研究者听起来可能觉得是异想天开,但如果对近 20 年来兴起的新兴社会科学研究方法“人工社会”(artificial society)①有所了解,就会觉得这种想法其实颇为直观且自然。

人工社会的计算与仿真实验,提示着一种新的社会科学研究方法的诞生,即虚拟实验的方法。法律作为社会运行规则,由于其形式上的规范性与逻辑性与计算机程序结构的高度相似,无疑是适用这一方法的最佳研究对象之一。“代码即法律”②已经隐然由一种隐喻的修辞,而逐渐演化为一种科学的研究方法。

高全喜借鉴波普尔“世界 3 理论”,提出今日世界可分为四个部分:日常生活世界、公共生活世界、组织生活世界以及虚拟生活世界。随着互联网、人工智能、大数据、区块链、神经科学和生物工程等高新科技的迅速发展,“虚拟世界”正真实而具体地嵌入我们的社会生活,深刻地影响着我们习以为常的现实世界。然而,对于虚拟世界的整体性价值追问与法律探求似乎有些力不从心,这某种程度上源于方法的匮乏。尽管国内法学界已有人提出“未来法学”或“未来法治研究”,吸收了某些未来学的方法,但由于科学的虚拟仿真、实验与测量方法尚在建立之中,对法律的判断、预测尚不能完全建立在计算与数据驱动的量化模型之上。

---

① 在人工社会研究中有一个著名的“糖域”(sugar field)实验,试验者为观察人工社会运作的诸多可能而将一块含有诸多糖分子的糖设定为一个“人工社会”,名为“糖域”,然后设定各种运行规则,而将其中的糖分子设定为智能体(intellectual agents),各智能体依其规则运作如仪,一生二,二生三,三生万物,进而创生出复杂的人工社会。参见 Mitchell Travis, *Making Space: Law and Science Fiction*, 23 Law and Literature 241(2011)。

② 为众人所熟知的“code is law”名言,出自[美]劳伦斯·莱斯格:《代码 2.0:网络空间中的法律》,李旭、沈伟伟译,清华大学出版社 2018 年版。当然,“代码即法律”的最初表述者是约耳·瑞登伯格,参见 Joel Reidenberg, *Lex Informatica: The Formulation of Information Policy Rules through Technology*, 76 Texas Law Review 553(1997)。

学无定法,人类科技史与学术史、法制史的发展告诉我们,新兴的研究往往因需求而起,却不一定因为方法之不成熟而消颓。当研究方法不成熟时,人们不一定放弃某一研究领域,他们有可能转而求诸其他方法。在未来法学这一领域,一批有心且有志的青年法律学人,在着手建立科学的未来法学的同时,借镜人文学科的传统,用科学幻想的方法,搭建起未来法学的框架。

通过科幻小说或影视,来探索人类社会与法律的可能结构,这在过去属于"法律与文学"的研究范畴。但经由上述论述,我们可以将科幻小说对未来世界的设定视为虚拟法学的一种建模手段。在不远的未来,在教义学和社科法学遥不可及的人类社会生活与秩序的边疆,运用人类想象力初步建立起未来法律的类比与预测模型,也许是一种充分运用人脑算力的可行方案。①

① 也有学者质疑,认为科幻小说荒诞不经,绝非法学当有的研究对象。持这一类观点的学者,一部分是因为在价值取向与研究方法上持保守态度,对新兴学科疆域的合法性偏向于质疑与否定;另一部分则是未来法学的"猪队友",他们虽然积极投身新兴领域的研究,如人工智能法学等领域,但为证成自身研究的科学性与合法性,以避免前一类学者的质疑,急于对他们认知中的缺乏价值追问严肃性与方法论严谨性的领域性问题定性为假问题并予以切割,认为必须剔除科幻文学之引入法学,否则无所谓研究。例如,韩旭至认为,"人工智能法学研究必须避免落入'科幻法学'的误区",因为"科幻法学充满了文学的色彩与丰富的想象。然而,科幻想象并不属于法学研究的范畴"。韩旭至试图用归谬法证明科幻法学的荒诞性:"如果要研究人工智能的科幻想象,是不是也可以研究火星殖民的法律……显然,这是无比荒谬的。人工智能法学研究必须注意避免此类假问题。"然而,他恰好举了一个不恰当的反例,前文提到的埃隆·马斯克,正在通过他的航天企业 SpaceX 公司,逐步实现殖民火星的梦想,并公开宣称要定居并死在火星。试问假如在不远的未来的某天马斯克在火星称帝(对这个胆大妄为的梦想家来说,这只是个并不夸张的可能选项),地球上的主权国家、跨国公司与全人类将如何应对?这难度是个未来法学的假问题吗?至少,与澄清马斯克断言人类生活在虚拟宇宙中的命题的难度相比,他殖民火星的行动是一个远未接近实现眉睫的真问题,假如前者亦不为真具抱负与深远眼光的未来法学研究者所弃,后者更应当是研究选题中应有之义。韩旭至对科幻法学的这种判断无疑是对科幻与法学的双重误解。至少在100年前,近代法史学的奠基人梁启超与新文学的开创者鲁迅对科幻文学的立场与之迥乎不同。

在本文中,我们将从漫威宇宙中典型的“虚拟世界”描述出发,将这一科幻作品中虚拟世界的技术与功能的想象,作为虚拟法学的借鉴资源,通过类比与启发式挖掘的方法,来建立起一种未来可能的司法活动,并审视未来虚拟司法活动中对证据、信念与事实等概念的技术改造与观念重塑。

漫威电影宇宙(MCU, Marvel Cinematic Universe)①是漫威故事在大荧幕上迄今为止取得的最大成就,②在2019年6月上映的电影《蜘蛛侠2:英雄远征》中,③反派神秘客④利用无人机群,制造三维全息投影幻象,让肉眼凡胎的芸芸众生轻易被眼前以假乱真的景象所蒙蔽,从而打得“蜘蛛侠”彼得·帕克满地找牙,险些丧命。最终,依靠名为“彼得一激灵”(Peter Tingle)的“蜘蛛感应”⑤超能力,蜘蛛侠识破视觉假象,打败了神秘客。

影片中,各种逼真炫酷的幻象,在当下这个充满信任危机的时代,可谓充满了隐喻。我们不禁思考:新技术的迅猛发展,电子数据造假技术越来越普及,能够造假的程序执行

---

① 漫威是一个有着近八十年历史的文化品牌。在漫长的历史长河中,它的漫画及衍生品种类繁多,关系错综复杂。MCU是指从2008年的《钢铁侠》到2019年的《蜘蛛侠:英雄远征》漫威影业打造的23部电影组成的科幻电影世界观。这些MCU电影有着不同的编剧和导演,影片类型也有所差异,而且是在不尽相同的商业情境下(如电影公司的分合、超级英雄的版权纠葛)制作推出,但人物和故事相互关联,迄今已组成了一个完整的“无限传奇”(The Infinity Saga)故事。本文的讨论主要围绕MCU作品,偶尔会提到漫威漫画作品。

② 李旭竞、殷俊:《参与式文化下的影视转向——漫威电影宇宙系列研究》,载《大众文艺》2020年第6期。

③ 《蜘蛛侠2:英雄远征》,乔·沃茨导演,2019年6月28日中国上映。

④ 神秘客,又名致幻客,是一名擅长利用高科技制造出以假乱真幻象的电影特效师,在电影中是一名妄图通过制造虚假危机和拯救事件成为令人敬仰的英雄的反派角色。

⑤ “蜘蛛感应”是蜘蛛侠的一种超能力,如同蜘蛛脚上的刚毛一样,可以感受到空气中细微的变化,从而对危险事物敏感和预警。可参考《蜘蛛感应到底是什么?》,载知乎https://www.zhihu.com/question/293604331。

效率也越来越高,那么在涉及金钱、名誉、地位等各种权利的领域,“经济人”①试图通过伪造证据、虚构事实来骗取本不属于其的利益,将会成为一个普遍现象,即使他们知道这样做是违法犯罪的行为。毕竟我们都熟悉《资本论》中的这段醒世名言:“有50%的利润,它就铤而走险;为了100%的利润,它就敢践踏一切人间法律;有300%的利润,它就敢犯任何罪行,甚至绞首的危险。”科技降低了伪造的成本,也就产生了放大人性之恶的风险。

因此,可以预见,将来的法庭必然会出现数量众多、种类繁杂的“假证据”,法官如果不想被造假的当事人哄得团团转,就需要掌握某种“蜘蛛感应”以应对。法律的作用在于定分止争,所以法官们在面对案件疑难、证据存疑的情况时,不能踌躇不前,不能在当事人期盼的眼光注视中说“我不知道”②。然而如何分辨证据真伪,既不纵容伪假,又不错枉真实,就成为一个难题,因为法官并没有超能力。解铃还须系铃人,科技发展带来的问题,最终需要用科技的方法来破解。运用现代信息技术,增强法官收集、鉴别和运用证据的能力,便是一个让其拥有“蜘蛛感应”的途径。

此外,《蜘蛛侠2:英雄远征》的影片结尾显示,蜘蛛侠并没有杀死神秘客,但在片尾彩蛋中,媒体《号角日报》却根据断章取义剪辑的视频③,证明神秘客是“来自异空间的战士,为保护我们的星球献出生命”,而凶手则是“拥有一支史塔

---

① 对“经济人”假设的阐述,参见[英]亚当·斯密著:《国富论》,唐日松译,华夏出版社2005年版,第13-14页。

② 不能对当事人说“我不知道”,这是一种法官的责任。法官的责任可分为结果责任、程序责任和职业伦理责任,参见陈瑞华:《法官责任制度的三种模式》,载《法学研究》2015年第4期。

③ 特别是将彼得·帕克撤回无人机的“执行,一个都不留”指令嫁接到“确定要执行无人机攻击?”的提问之后,具有极大的误导性。

克工业的武装无人机大军”的蜘蛛侠彼得·帕克。这也昭示着,仅仅拥有真实可靠的证据还不够,信念的差异会引导人们用不同的方式运用证据,从而得出截然不同的事实判断与结论。① 在如今这样一个飞速发展、多元化的时代,有什么办法能避免法官看待事物的方式陷入固执与僵化,使法官能够尽可能站在双方当事人的立场上看待问题、多一些同理心和同情心,从而作出更恰当的正确判决呢?就像蜘蛛侠能够一次次依靠“蜘蛛感应”化危为机、转危为安一样,解决方案依旧是运用现代信息技术,增强法官恰当运用证据得到事实的能力。

本文将遵循漫威故事中的多个隐喻,探寻未来司法中可以确保证据真实、信念恰当、事实客观的科技力量,就如蜘蛛侠依靠“蜘蛛感应”打败反派一般,未来司法情境中的法官对于科技也将有所依赖。我们将揭示这种未来趋势,帮助法官实现他们的“蜘蛛感应”超能力。

[一] “洞察计划”与大数据时代的证据

在《美国队长2:冬日战士》中,②由于神盾局被反派组织九头蛇鸠占鹊巢,计划实施“洞察计划”,即类似于《少数派报告》《疑犯追踪》等诸多影视作品已经展示过那样,通过大数据预测人的危险系数,然后由“天空母舰”(Helicarrier)用

① 奎因详细描述过证据与信念之间的互动关系,例如“必须对相冲突的信念的证据进行评估,从而将最缺乏支持的信念予以清除”“当证据不足时,修改可能会从上而下地进行”。参见[美]蒯因:《从逻辑的观点看》,陈启伟等译,中国人民大学出版社2007年版,第37-38页。

② 《美国队长2:冬日战士》,安东尼·罗素、乔·罗素导演,2014年4月4日中国上映。

武器将危险分子清除。大数据预测犯罪,分为宏观和微观两种:宏观是指通过各种数据来预测某个地区、时段、重要事件相关的整体发案率,不涉及独立个体,这样的用途与科技伦理没有冲突;微观则指向个人,特别是利用个人隐私相关的生活轨迹、交易数据等进行独立个体犯罪危险系数的预测。影片中的预测犯罪主要是指后者,在现实中,这样的做法在国内和国外都已经有机构在做研究和尝试,①其法律和伦理上的争议却是无法回避的。② 幸好影片里的项目主导者是反派组织,美国队长史蒂夫·罗杰斯率领队友们将"天空母舰"和"洞察系统"捣毁了,巧妙地避开了暂时无法回答的问题。我们此处引述这段故事,也并非试图对运用大数据预测未来进行探讨和评价,而是想表达,法律领域的大数据应用,已经是大势所趋:是否胜任预测未来存有疑问,③但从大数据中找寻已经发生的犯罪行为或纠纷争议的相关证据,用来证明过去的事实,却是基本不存在争议的。

---

① 从 2010 年美国洛杉矶警察局开始,就陆续有很多国家的警察局与科技公司发起了大数据犯罪预测的实践项目。参见董青岭:《预测性警务:大数据犯罪预防》,载《中国投资》2018 年第 23 期。需要区分针对个体的预测和针对整体社会治安状况的犯罪数据预测,国内的实践和研究主要是针对后者,相关的理论架构可参见王懂懂:《智能警务:大数据 3.0 时代之现代警务运行模式思考》,载《北京警察学院学报》2018 年第 1 期;也有一些工科算法成果,如赵传鑫:《基于 DBSCAN 算法的 A 区犯罪预测》,载《信息技术与网络安全》2020 年第 7 期。

② 争论一直没有停止,最新的一篇新闻报道是《英国警方 AI 犯罪预测"翻车":准确率低下,伦理审查受阻》,载澎湃新闻 2020 年 8 月 10 日,https://www.thepaper.cn/newsDetail_forward_8661838。

③ 就算抛开伦理价值观,单说有效性来说,预测未来就是存疑的。未来是不可预测的,所谓预测其实只是根据过往经验计算概率,但无论多大的可能性都决不等于现实的未来。在《复仇者联盟 3:无限战争》中,众英雄在泰坦星商量对付灭霸的对策时,奇异博士通过时间宝石"阿戈摩托之眼"看到未来的 14000605 种可能性,他说,只有一种"终局"复仇者们获得了胜利,后来发生的,就是《复仇者联盟 4:终局之战》的剧情。既然 1/14000605 的概率都能变为现实,那么,通过计算来预测未来岂不荒谬。

证明法律事实,找到证据是第一步。证据是客观世界完整或不完整的映射,因此每当案件发生后,找到已经客观存在的证据,就成了还原出法律事实的关键。①

传统的证据载体大多数是“人”和“物”。传统的办案方式,是案件发生之后进行“调查取证”,找到承载证据信息的“人”或者“物”。通过当事人、证人的记忆存储、语言描述还原事实,通过物的发生、发展及变化规律推断事实(如指纹会附着在作案工具上)。但是,如果仅靠传统办案方式来应对当下乃至未来的案件,就可能会显得力不从心了:现代社会的节奏太快、流动性太大了,曾经作为“侦查学”入门必备的“摸排调查”,如今已经越来越不常用了,因为走街串巷的成本太高,效果却不一定好;传统办案方式得到的证据往往也有偏差②,往往只能间接证明事实。在世界的复杂性面前,这样的认知方法是很容易出错的。

大数据时代来临,数字化生存的时代真正到来了,法律事实的认知方法已经转变。就像尼葛洛庞帝很早就预测的“计算不再只是和计算机有关,它决定我们的生存”,③我们不能对这个情况视而不见,已经走出“柏拉图洞穴”的人,无法再回到传统的认知方法了。倘若有名乘客将贵重物品遗

---

① 在关于证据法的理论基础方面,是存在“乐观理性主义”与“怀疑主义”的分歧的:乐观理性主义(optimistic rationalism)证据理论认为,对于过去事实的正确知识(认识),可以而且只能通过对证据进行理性的推理而取得;而怀疑主义的共同思想就是我们不能认识事物的本性,感官只能揭示事物表现出来的形象,不能揭示事物的本来面貌。而辩证唯物主义认识论属于广义的乐观理性主义。参见易延友:《证据法学:原则　规则　案例》,法律出版社 2017 年版,第 87-88、97 页。

② 司法实践中,人的记忆不太可靠,语言描述也可能词不达意,这些都是造成证据存在偏差的原因。

③ [美]尼古拉·尼葛洛庞帝:《数字化生存》,胡泳、范海燕译,电子工业出版社 2017 年版,第 51 页。

忘在了出租车上,找警方协助破案,警方定会首先询问是否有APP上的打车记录或付款记录;如果恰好是招手拦车并且支付的现金,警方就只好去调取那一时段某个路口的监控录像;①如果碰巧摄像头有故障,或许警方还会去查询出租车公司提供的运营车辆的GPS轨迹;如果这个渠道依然行不通,或许乘客就只能责怪自己不小心,并且自认倒霉了。可以发现,如今的案件,调查所针对的证据的载体已经不再是"人"或"物",而是"机器"了。也就是说,所要寻找的证据都是某种形式的电子数据(打车或付款记录、监控视频、GPS轨迹,等等)。倒不是说以"人"或"物"为载体的证据找寻方式不再可用,只是没有人会一开始就直接瞄准"人"或"物"为载体的证据,都会先在信息系统、存储介质、网络、数据库中找寻相关的电子数据证据。

基于观察到的证据载体的转变规律,我们曾预言司法实践中"从'取证'到'存证'"的发展趋势,即整个社会的证据观念将有一个较大的转变:传统的观念是案发事后的调查取证,而在大数据时代,将是实时同步的记录存证。用机器将当下正在发生的一切记录下来,存储形成大数据、全数据、细数据,一旦发生违法犯罪案件、产生法律争议或纠纷,需要证据时,再从信息系统、存储介质、网络或者数据库等浩瀚的数据海洋中定位找到那时那刻的电子数据文件或记录。简单概括,就是从"事后取证"转变为"同步存证,用时调取"的办案模式。其实,人们已经在自觉地适应这个趋势了。例如,走夜路时会尽量选择有摄像头监控的道路,大额交易时会避

① 有学者提出了"逐步推进视频侦查取证工作,打造以视频侦查为中心的取证和以视频影像为中心的证据证明体系"。参见王刚:《视频侦查研究》,中南财经政法大学2019年博士学位论文。

免直接给付现金而选择能留下电子付款记录的方式。

在漫威世界,有"多元宇宙"的设定,存在若干个跟现在时空的宇宙若即若离的"平行宇宙"。① 平行宇宙之间具有一定程度的相似性,就好比大数据"同步存证"建构起了一个数字的镜像世界,现实世界与数字镜像世界具有很大程度的同一性,这并非稀罕事,工程领域称为"数字孪生"(Digital Twins)②。对电子证据来说,证据信息被完整、独立地存储在数字镜像世界之中,与"人"或"物"这种传统的证据载体相比,用"机器"作为证据载体是相对可靠的、不易出错的、较低成本的。因此,证据所承载的信息可以"穿越时空",能够很好地用于"洞察"和证明某个地方曾经发生的事实情况。这就是大数据时代的办案模式、证据观念,以及法律事实的认知方法。

[二] "记忆重叠"与证据的真实性

在漫威漫画《秘密入侵》中,③斯克鲁人试图占领地球,他们可以幻化成任意人形、伪造声音并获得短期记忆,这导致人们不再相信身边任何一个人,朋友、情侣、亲人之间的基本信任全都土崩瓦解,引发了一场严重的社会危机。

如今,电子数据造假的技术手段"飞入寻常百姓家",已经

① 漫威平行宇宙有很多,如主宇宙(616 宇宙)、终极宇宙(1610 宇宙)、漫威电影宇宙(199999 宇宙)。

② 关于"数字孪生",可参见 SHEN Weidong et al., *Secure Sharing of Big Digital Twin Data for Smart Manufacturing Based on Blockchain*, 61 Journal of Manufacturing Systems 338(2021)。

③ 《秘密入侵》,2008 年漫威漫画大事件,国内尚未出版图书,可通过 B 站 up 主"努力的 Lorre"的自制视频阅读相关内容,https://www.bilibili.com/video/BV19s411N7ar。

从早些年依靠 Photoshop 等软件的手工的、单件的、相对粗糙的图片修改演变为当下运用人工智能进行自动化的、实时批量的、高仿真的美颜、磨皮、塑形甚至改头换面。当我们准备用大数据"同步存证,用时调取"的时候,就应该对数据造假或者数据被篡改有充分的心理准备。很早就已经有学者发出警示,不要"将科技的功能无限扩大,将调查取证中很多复杂的问题简单化"。① 电子文档、数据库可以被修改,照片可以被裁切修饰,音视频可以被剪辑,这些是传统的篡改电子数据的方法。最新潮的伪造数据的方法是运用人工智能:用 DeepFake 换脸②,用 GAN 生成虚拟的真实场景,③用 Tacotron 模仿某人声音④,用 Bert 或 GPT 模仿遣词造句和撰文作诗⑤……过去几年,伴随着新一轮人工智能技术在机器视觉、语音、自然语

① 杨梅、董坤:《史学视角下的科技与侦查》,载《北京人民警察学院学报》2010 年第 4 期。

② 开源代码见 https://github.com/deepfakes/faceswap。

③ GAN 即"生成对抗网络"(Generative Adversarial Nets),可以通过让机器自己与自己进行"左右互搏"的方式,生成与现实无限接近的场景。GAN 有很多具体的算法实现,如 DCGAN,开源代码见 https://github.com/carpedm20/DCGAN-tensorflow。

④ 一个中文的声音模仿 AI 程序的开源代码见 https://github.com/xiaominfc/tacotron,本文作者曾尝试用这套程序生成自己的仿声。事实上,现在不会写代码的普通人也可以免费拥有自己的人工智能仿声了,"讯飞有声"等 APP 就可以实现。

⑤ 2020 年夏天,GPT3 的发布,在业界引起了轰动,它是一个拥有 1750 亿参数的 AI 自然语言处理模型,能够用人类的语言进行自然的交互,写文章作诗都是小菜一碟,根据话语指令的描述生成数学公式、生成软件界面、处理 excel 表格,几乎无所不能,在我们看来,"图灵测试"对这样的模型似乎已经没有意义了。参见《API 开放之后,我们才真正领略 GPT-3 的强大……》,载品玩网,https://www.pingwest.com/a/214772。2021 年 11 月,拥有 100 万亿参数的 GPT-4 又引发新一轮的热议,参见 Alberto Romero, *GPT-4 Will Have 100 Trillion Parameters—500x the Size of GPT-3*, Towards Data Science (Sept. 6, 2011), https://towardsdatascience.com/gpt-4-will-have-100-trillion-parameters-500x-the-size-of-gpt-3-582b98d82253。本文作者也曾使用 GPT-2 模型制作过一些有趣的应用,比如素为:《1.2 万篇检察新闻稿"喂养"出的写作助手》,载微信公众号"法律读库",https://mp.weixin.qq.com/s/uqgZwhQdH7gDuW1LmzxFNQ。

言处理等各种领域的开花结果,伪造电子数据的成本越来越小,而识假鉴真的难度越来越大——与传统相对粗糙的工具和人工伪造的数据相比,人工智能伪造的数据可以说是以假乱真、基本天衣无缝。

我们的社会越来越依赖信息技术,然而信息技术的基础却越来越脆弱。当我们通过大数据"同步存证,用时调取"的方式能够迅速地找到拥有合法性的、关联性的电子数据时,它的真实性却成了最大的疑难①。缺乏真实性将无法成为法律上的证据,②那么电子数据如何才能被证明是真实的呢?

或许《复仇者联盟4:终局之战》里,③星云(一个被改造机器人)的经历能够给我们一些启发。客观来说,"星云"是两个人,一个是现在时空的星云A,另一个是五年前时空的星云B。星云A穿越回过去,与星云B发生了"记忆重叠",结果被灭霸通过星云B看到了星云A的记忆。由于在反派军事乌木喉的台词中使用了"时间戳"一词,④所以让我们联想到了区块链:将星云A和星云B理解为数据共享的节点,那么所谓"记忆重叠",与区块链网络当中的数据同步机制就非常类似了。区块链是由多个节点组成的分布式网络,每个节点都有一套完整的全网数据,当某个节点新增数

---

① William S. Byassee, *Jurisdiction of Cyberspace: Applying Real World Precedent to the Virtual Community*, 30 Wake Forest Law Review 197(1995).

② 客观性(真实性)、合法性、关联性是证据能够被法庭采纳的资格标准。参见何家弘、刘品新:《证据法学》,法律出版社2004年版,第112-118页。

③ 《复仇者联盟4:终局之战》,安东尼·罗素、乔·罗素导演,2019年4月24日中国上映。

④ 时间戳(Timestamp)是一种计算机系统管理时间的标准,例如"UNIX时间戳"是指从1970年1月1日(UTC/GMT的午夜)开始到当前所经过的秒数。通常在信息系统里,新增一条记录时,会使用时间戳对该信息进行标注或签名,以方便事后验证记录的生成时间。

据时会向其他节点进行广播,得到认可后,其他所有网络都会同步新增数据;当节点之间的数据不一致时,节点会通过“共识机制”①决定是否同步数据,即要么让自己的数据变得跟其他节点一样,要么让其他节点的数据变得跟自己一样,总之区块链网络上所有节点的数据都几乎是实时的保持一致,也因此,区块链成为数据防篡改的一种新型解决方案。②

区块链网络可被用于保障“同步存证”数据在获取、存储、转移、使用等整个流程中不被篡改,人们可以用较低的成本进行电子数据的识假鉴真,只要这些数据存储在区块链网络中。也因此,运用区块链这项技术加持电子数据的安全性,是在为未来法律场景应用进行布局。

区块链网络带来的安全可信赖特征是以牺牲效率和私密性为代价的。③ 节点与节点之间同步数据,而不是每个节点各有不同的分工,便是在牺牲效率。但为了数据的真实性,占用更多的存储、使用更多的网络带宽、全网所有节点都存储一套完整的数据,是有必要的。也有人认为区块链网络上的数据的公开性会与隐私秘密的要求相悖,使它在涉及个人隐私、国家秘密或商业秘密等数据的场合并不适用,这是“为了展示箱子里有一个苹果的事实,而把整个箱子内部让

① “在一个互不信任的市场中,要想使各节点达成一致的充分必要条件是每个节点出于对自身利益最大化的考虑,都会自发、诚实地遵守协议中预先设定的规则。判断每一笔记录的真实性,最终将判断为真的记录记入区块链之中。”这种信息交换机制,被称为“共识机制”。最主要的三种共识机制有工作量证明机制PoW、权益证明机制PoS、股份授权证明机制DPoS。参见唐文剑、吕雯等编:《区块链将如何重新定义世界》,机械工业出版社2016年版,第72页。

② [美]凯文·沃巴赫:《链之以法——区块链值得信任吗?》,林少伟译,上海人民出版社2019年版,第17页。

③ 长铗:《不可能三角形:安全,环保,去中心化》,载巴比特2014年2月,https://www.8btc.com/article/7836。

人一览无余"的愚蠢方法。但我们想强调,这是对区块链技术的简单化的误用:真实的应用中,并不会有人将信息本身明文存储在区块链网络中,事实上如视频数据动辄几个 G 那么大,区块链网络也存不下,区块链网络中存储的一般都是数据文件的某些特征值,例如哈希值。① 为了方便理解,人们用"数据指纹"来形容它,正如每个人都有不同的指纹,每个电子数据文件都有不重复的哈希值。

通过电子数据文件可以计算出哈希值,但反过来通过哈希值却无法还原出文件本身。因此,我们可以运用区块链技术来构建一套能够实现"零知识证明"(Zero－Knowledge Proof)②的既保障数据安全性、又保护数据隐私的方法。在电子数据"同步存证"的过程中,将新获得数据的哈希值存储到区块链网络中,正常情况下人们从外部只能看到哈希值,在需要发生案件需要"调取"电子数据作为证据使用时,通过核对数据的哈希值,就可以知晓其有无被篡改,以文本文件为例,哪怕加了一个空格,哈希值都会截然不同。通过这样的方式,我们就可以"在不打开箱子的情况下证明'那一个苹果在箱子里'的事实",正如"零知识证明"的定义所述,在不向验证者提供任何"有用"信息的情况下,使验证者能够相信某个论断是正确的,我们能够在不泄露隐私和秘密

① 哈希值,又称散列函数值,通过对电子数据进行加密算法,压缩成由一串数字和字母组成的散列字符串。区块链系统常用的 SHA256 算法,就是生成遗传长度为 32 个字节的哈希值。

② "零知识证明"是起源于"最小泄露证明"的一种信息验证协议,指证明者不能向验证者泄露任何有关于被证明消息的信息,但要使验证者相信某个论断是正确的。它实质上是一方或多方的协议,共同遵循一系列的步骤,就能够达成目标。

的前提下证明数据的真实性和完整性。①

通过区块链等方式,电子数据的安全性有了切实的保障。在技术层面上,填补了大数据"同步存证,用时调取"蓝图的最后一块拼图。除了在技术上达成,还需要在法律实践中建立起适用规则,例如树立"无存证则不可认定为真"的理念,即一个证据如果没有在权威区块链网络上存在的痕迹,那么就不能认定该证据为真实的。未来的一张照片,如果在其拍摄出来时,没有将其哈希值存储到区块链网络上,法律意义上便无法将其画面内容作为真实的证据来使用。对于是否应该改进现有的规则,树立新的观念,证据法学家威廉·特文宁的概括是有前瞻性的,他说:"证据法的历史就是在不同的时代为应对具体难题所作出的一系列重大的局部反应之历史。"②所以,不必犹豫和怀疑的是,可以预料,在未来"万物互联"的时代,每一个产生、传输、存储、处理数据的终端,都需要有区块链网络为其提供真实性背书,即便是一个纯粹的照相机,也是需要实时联网的。

---

① 遵循本文的技术应用思路,早在2017年9月,以最高人民检察院智慧检务创新研究院为据点,检察机关就开展了检察区块链项目实验"基于区块链技术的电子数据存证等相关应用研究——以公益诉讼为视角"课题,通过引入自然资源部国土卫星遥感应用研究中心提供的权威卫星遥感数据源,将特定周期的数据集哈希值持续上链存证,为检察机关办理自然资源环境保护类公益诉讼案件提供可保证真实性的历史遥感数据。截至2019年11月,该项目已为全国各地的50起案件提供调查线索,为17起检察公益诉讼案件提供案件事实证明材料。参见蔡欣:《区块链技术在检察工作中的应用场景》,载《检察日报》2019年11月11日。关于该实验项目详细的架构设计和技术原理,可见蔡欣:《区块链技术催生新的法律监督能力》,载巴比特,https://www.8btc.com/article/148183。

② [英]威廉·特文宁:《证据理论:边沁与威格摩尔》,吴洪淇、杜国栋译,中国人民大学出版社2015年版,第1页。

[三]从证据到信念:漫威观众视角与法官立场的同构

如同积木需要搭建拼装才能成为作品,买回来的食材需要加工才能成为餐桌上的饭菜,要将高效获取且客观真实的"证据"进行一定规则的组合,才能得到法律上的"事实"。然而,"证据"与"事实"之间还隔着一条鸿沟,那就是"信念"。如卡多佐所说:"人们也许会想,任何法官都会认为可以很容易地描述他沿袭了成千上万次的司法决定的过程。然而,没有比这离事实真相更为遥远的了。"①同样的证据摆在眼前,不同信念的人也许会把它带入不同的逻辑链条,甚至会组合成有差异的事实。

人的信念往往是一种内心预设的立场,我们站在漫威电影观众的角度来展现"信念"力量的强大。在漫威宇宙中,《黑豹》②是一部比较特殊的电影,在美国本土热评爆棚,但在中国观众中则反应平平,③其中一个重要原因就是文化认同。美国有超过1/10的人口是黑人,影片的主角"黑豹"特查拉是一名黑人超级英雄,观众对他是有内心认同和期待的;而这种"立场"在中国却几乎没有,所以我们可以站在旁观者的角度来厘清思路。

---

① [美]本杰明·卡多佐:《司法过程的性质》,苏力译,商务印书馆1998年版,第1页。

② 《黑豹》,瑞恩·库格勒导演,2018年3月9日在中国上映。

③ 截至2020年8月12日,《黑豹》的豆瓣评分6.3分,IMDB评分7.5分,国内外观众口碑仍然有相当大的差异。此外还可参见《为什么黑豹评分这么低国内票房遇冷是怎么回事》,载百度百家号,https://baijiahao.baidu.com/s?id=15945359 05133584327。

瓦坎达的老国王特查卡去世,其子特查拉通过传统的比武方式,战胜了向其挑战的猿人部落的猿王,当上了瓦坎达国王。之后其叔叔尼布乔的儿子埃里克前来挑战,结果特查拉不敌,按照“选王程序”埃里克当上了国王。然而,瓦坎达上上下下的人都不服埃里克,都要帮助特查拉,在决战的最后,埃里克自我了断,特查拉终于正式当上瓦坎达国王。埃里克并不是传统意义上的反派,他只是与特查拉有着政治理念上的不同,他希望把瓦坎达先进的科技散发给世界各地的黑人同胞,让他们不再遭受奴役和被欺压,但特查拉却是保守的,他反对这种做法。如果让我们对这件事进行客观描述,那就是:保守派特查拉与激进派埃里克争夺王位,最后保守派赢了。而不会说:持有正确观念的特查拉战胜了持错误观念的埃里克,更不会说正义战胜邪恶。但海外观众不会这么理智和冷静,特别是美国黑人无可避免有情感代入。因为电影的结局是按照观众心中预设的立场来发展,符合他们的信念,所以在西方社会引起了共鸣。在我们这些东方观众看来,特查拉还是埃里克赢得胜利,似乎都与自身关系不大,对任何一方都没有情感上的认同,之所以特查拉能赢得最后的胜利,只是因为他是电影的主角,有“主角光环”,①这也是该电影在国内市场相对惨淡的深层原因。而且,如果严格按照法律程序,当特查拉在比武中败北,就应该接受埃里克当上国王的事实,可他却公然使用暴力夺回王位,从法治的角度看②,这位主角更像是个反派。

---

① “‘主角光环’是作者所赋予小说中主角的一种特殊待遇,这种待遇不仅使主角拥有一具不死之身,而且战无不胜,集好运、天资、智慧、个人魅力、权势、美女和财富于一身。”参见王冬云:《论网络小说中的“主角光环”现象》,载《文教资料》2012年第21期。

② 这里的法治当然指的是违反制定法,而不是从自然法角度来谈违法。

不过，观众的信念虽然强大，却也很容易被引导乃至“绑架”。在“横看成岭侧成峰，远近高低各不同”的景色里，导游路线决定了游客的感受，在复杂的光影世界中，导演会充分地利用“主角即正义”的观影预设进行叙事。电影《惊奇队长》①展现了克里人与斯克鲁人旷日持久的星际战争。我们看到，斯克鲁人似乎是受到迫害的一方，他们与惊奇队长卡罗尔·丹福斯、神盾局局长尼克·弗瑞等主角人物一起，联合打败了克里人，应该说，电影中的斯克鲁人属于正义的一方。但看看社交媒体，熟悉漫威的观众们却发出疑问：“斯克鲁人就此‘洗白’了？”是因为他们知道，漫威漫画《秘密入侵》中，正是斯克鲁人向地球文明发起大举进攻，漫画中的斯克鲁人是切切实实的反派，这些观众心中已经预植了“斯克鲁人是反派”的信念，才会发出这样的疑问。

因为不是主角即被定义为反派的典型人物还有灭霸。在《复仇者联盟 3：无限战争》中，②灭霸曾经解释他为何走上“反人类”之路：他的故乡泰坦星不堪人口增长的重负，资源枯竭被毁，为了避免其他星球重蹈覆辙，他要“随机、公平、无论贵贱地”③抹除宇宙间的一半生命。到了《复仇者联盟 4：终局之战》，有一个细节令人印象深刻，那就是灭霸成功抹除一半生命的五年之后，美国队长在与黑寡妇聊天时，他说看到哈德逊河出现了鲸鱼，这个现象说明生态环境因为

① 《惊奇队长》，安娜·波顿、瑞安·弗雷克导演，2019 年 3 月 8 日在中国上映。

② 《复仇者联盟 3：无限战争》，安东尼·罗素、乔·罗素导演，2018 年 5 月 11 日在中国上映。

③ “随机”是一门深奥的、并未被人类智识真正掌握的学问，关于“随机”的话题非常诱人，知乎提问“灭霸使用了什么样的随机数生成方法来保证公平？”已经有 500 多条回答，详见 https://www.zhihu.com/question/277121161/answer/392303862。

人类活动的减少而变好了。在漫威的平行宇宙漫画《丧尸漫威英雄》①当中,超级英雄们都变成了丧尸,吃尽了资源之后开始互相残杀。该故事结尾借观察者之口,说出"饥饿永远不会得到满足,那就吞噬自己吧"这样的话。相对而言,电影中灭霸牺牲一半拯救一半的策略似乎成了一个不那么"坏"的策略,而且也有学者持类似的想法,马尔萨斯的人口控制论②就是灭霸响指的最贴切注脚,只是他以牺牲宇宙间一半人的生命为代价太残酷。这里依然是导演的叙事策略,将人们灰飞烟灭、世界陷入混乱的镜头展现出来,进而让观众感受到这种想法的荒谬与不可接受。特别是让一半的漫威英雄们瞬间消散,这无疑会触动观众的心弦,会增加对灭霸的厌恶。归根结底,我们作为观影者,对角色的认知、看法和情感,我们对事实的"信念",很大程度上都在电影导演的掌控之中。③

与电影类似,法庭就是双方当事人和律师表演的舞台,而法官就是观众。证据已经通过"法庭调查"确定的情况下,在"法庭辩论"阶段,双方会运用各种修辞技巧去影响法官的"信念",进而得到一个更有利于己方的事实。这种对法官"信念"的影响是切实存在的,苏力就提醒法官要"始终

① 漫威漫画《丧尸漫威英雄》国内尚未出版图书,可通过 B 站 up 主"努力的 Lorre"的自制视频阅读相关内容,共 7 章,https://www.bilibili.com/video/BV1Ns411b7EW。

② 在马尔萨斯看来,"人口过剩乃是上帝通过自然法则所贯彻的旨意,人口过剩是绝对的和永恒的,人口归根结底是控制不住的。人口太多和生活资料太少,这是社会的主要矛盾。正是这个矛盾,决定了人类社会永远不可能完全消除战争、瘟疫和饥荒"。他认为"倘人口增加力不优于生活资料增加力,这个世界将无人类存在"。参见[英]马尔萨斯:《人口原理》,朱泱等译,商务印书馆 1992 年版,第 8 页。

③ 在 2021 年漫威剧集《假如……》系列中,各种在多元宇宙中发生的不同的故事,塑造的同样的人物却迥异的性格与命运,将观众带入了一个又一个陌生的世界观中,将原本心中固化的漫威人物形象连同信念一起击碎,散落一地。

保持着对经验事实和话语的敏感、认真和专注",他将此概括为"一种更多质疑的态度"。①

之所以要对这种法庭修辞敏感和提防,是因为要保障公平。双方当事人并不都擅长表达,聘请的律师也有实力和风格的差异,法官作为一个社会人也存在自己的预设立场与偏好。德沃金指出:"好的法官往往把类推、技巧、政治智慧和自己的职责感融合在一起,作出直觉判断。"②在我们看来就是指法官的信念。如何保证法官在判案过程中拥有一个恰当的信念,不偏不倚、不枉不纵,将"证据"组合成一个能够得到最大认可的"事实",是需要进一步考虑的问题。

[四]运用"二构"的充分表达与法律事实的建构

对漫威电影观众体验的剖析,揭示了一个道理:如果法官不接收来自双方当事人和律师的信息,他就会按照内心存有偏见的预设立场来将证据组合成一个法律事实;而如果接收来自外部的信息,则可能存在被某一方误导的风险,进而难以保证组合出的事实是客观公正的。此时,解决问题的办法就是:让双方当事人和律师充分表达,通过各种合法合理的方式对法官施以最大化的影响,就像优秀的电影导演所做的那样,把观众(法官)带入某种情境之中,使之在一定的时空范围内基本只受到电影情节(案件双方当事人和律师所表达的内容)的影响,而观众(法官)原本的内心预设作用可以

---

① 苏力:《苏力评张扣扣案律师辩护词:法律辩护应基于案情和事实!》,载微信公众号"雅理读书",https://mp.weixin.qq.com/s/xPkRdp5Kfsawf7vapT7_AQ。

② [美]德沃金:《法律帝国》,李常青、徐宗英译,中国大百科全书出版社1996年版,第9-10页。

小到忽略不计。

保障双方当事人和律师在案件各个阶段的表达权利,这是毋庸置疑的,但针对我们之前提到的问题,这样还不够——不是每个人都有优秀导演的能力,都能"充分表达",都可以把"叙事修辞"的技巧运用好。倘若要达到好的效果,最佳的办法是还原现场,让法官感同身受。

在《蚁人 2:黄蜂女现身》中,①有一个情节,被困在量子领域的初代黄蜂女珍妮特通过量子纠缠短暂附体于蚁人斯科特·朗,男演员对女性角色惟妙惟肖的模仿堪称经典,就好像他真的是被困在量子领域三十年的她。

在现实生活中,量子纠缠、量子通信还离实用比较遥远,但虚拟现实技术却是有相对成熟的尝试了。②《美国队长 3:内战》③中登场了一种名为"二构"(Binarily Augmented Retro-Framing)的三维全息投影技术。钢铁侠托尼·史塔克发明了它,并用它来虚构其与即将遇难的父母分别前的最后一面,以此来医治自己的精神创伤。这项技术也是后来《蜘蛛侠 2:英雄远征》里神秘客使用的虚拟现实技术。有理由相信,当下正在兴起的"元宇宙"④是与"二构"相似的事物,只是前者起了个好名字,所以就火起来了。

立体的视频比平面的文字,更能给人带来真实的感觉。

① 《蚁人 2:黄蜂女现身》,佩顿·里德导演,2018 年 8 月 24 日在中国上映。

② 虚拟现实技术目前已广泛应用于医学、建筑工程学以及军事等诸多领域。由于新冠肺炎疫情在全球蔓延,为了避免非必要的聚集,可以预料,未来几年,虚拟现实还会有进一步的技术突飞猛进和应用大爆发。

③ 《美国队长 3:内战》,由安东尼·罗素、乔·罗素兄弟导演,2016 年 5 月 6 日在中国上映。

④ "元宇宙"的英文是 Metaverse,即 Meta(超越)+Verse(宇宙)。2021 年 10 月底,Facebook 宣布改名为 Meta,全力进军"元宇宙",此后国际国内都迎来了"元宇宙"布局热潮。

除了现场摄像头、执法记录仪、手机和相机等拍摄的视频在法官审理案件过程中会起到举足轻重的作用,通过三维动画还原案发场景的尝试,作为一项法庭新科技,其效用很快会被人们重视。① 吉尔兹的观点为这样的做法提供了理论依据,他说:"法律事实并不是自然生成的,而是人为造成的……它们是根据证据法规则、法庭规则、判例汇编传统、辩护技巧、法官雄辩能力以及法律教育成规等诸如此类的事物构设出来的,总之是社会的产物。"②因此,电影或视频也好,虚拟现实技术也好,本质上都是营造一个特定时空中的小环境,或者说一种有关案件的"地方性知识"短暂包裹的氛围,让观众、体验者有一种沉浸式的感受,能够感受影片角色、虚拟场景中人物的感受。回到我们试图让案件双方当事人进行充分表达的初衷,借助虚拟现实技术,复原案发场景(别忘了我们前面说的,已经有了"同步存证"的大数据),让法官设身处地暂时"成为"某一方当事人或亲历者,③才可能让法官更真切地感受到案件双方的矛盾与痛苦;置身"现场",才能感受到某种心灵的触动甚至震撼。只有在那种被"证据"全方位包裹的状态下,才会注意到案件中很多的细节,法官的"信念"才能包含更多人性的东西,比如同理心和同情心,进而大脑中形成的案件"事实"才会更加客观。对于法官来

---

① Kevin W. Saunders, *Virtual Worlds-Real Courts*, 52 Villanova Law Review 188(2007).

② [美]克利福德·吉尔兹:《地方性知识:事实与法律的比较透视》,邓正来译,载梁治平编:《法律的文化解释》,生活·读书·新知三联书店1998年版,第80页。

③ 除了成为民事案件的当事人或亲历者,也可以"成为"刑事案件的被告人和被害人,或证人等。

说,这将是非常好的“司法亲历性”实践。①

结语

综上,我们以多个漫威故事的隐喻为切入点,探讨了未来司法中的证据、信念和事实等问题,揭示了“未来司法的科技依赖”的趋势。科技引发的问题,需要用科技手段来塑造解决方案,要想解决未来司法中的难题,依赖科技是一种可行的选择:运用大数据“同步存证”使证据的获取变得易如反掌,运用区块链确保证据的真实性,运用虚拟现实技术让法官在“亲历现场”的基础上拥有更恰当的信念,得出更加客观、完整、细致的法律事实。未来司法将形成科技依赖,就像蜘蛛侠拥有“蜘蛛感应”超能力一样。

如同蜘蛛侠在空中荡漾,本文在无意中形成了一个概念关联上的闭环,②你们看到优美的弧线了吗?

① “司法亲历是司法人员身到与心到的统一、……也是亲历过程与结果、实体与程序的统一。”参见朱孝清:《司法的亲历性》,载《中外法学》2015 年第 4 期。

② 本文从影片中虚拟现实带来的问题出发,持续追问,到结尾提出的一项解决方案也恰是虚拟现实技术,这是一个巧合,但却让人感觉愉快。

《法律和社会科学》(2022) 第19卷第2辑,第285~307页

未来法庭的虚拟空间结构

谢　郁*

摘　要:在未来法庭,在线庭审的定位并非取决于技术,而是取决于我们对虚拟空间的理解。物理空间向虚拟空间的转变,给审判空间带来结构性的影响。空间准入条件、空间装饰符号及空间内部秩序的变化,使审判活动的开放程度、地方性知识理解与司法权威生产均发生改变。在线庭审的空间结构呈现剧场结构的广场化、空间符号的可定制化、审判秩序的系统程序化特征。这些给既有诉讼程序及司法理念带来了不同的冲击。整体而言,在线庭审使司法进一步引向公开的理性活动。审判活动中专业化与大众化、普遍性与地方性、当事人利益与法官利益关系等问题,仍应从案件类型以及具体诉讼程序上加以调整与限定。

关键词:物理空间　虚拟空间　在线庭审　司法理念

---

* 谢郁,广东工业大学法学院讲师,广州数据法治研究中心研究员。本文写作中受到浙江大学光华法学院互联网(人工智能)与法学读书会小组成员的诸多帮助,并得到法律未来科技论坛上的师友们的诸多建议,特此感谢。

“把现在物理的法庭搬到了网络空间”。① 这一互联网法院或在线庭审的直白描述,最初作为便利人们开展诉讼活动、消灭在途时间、减少诉讼成本的做法。在突如其来的新冠疫情面前,反而成了隔绝人们现实接触、继续顺利开展诉讼活动的最佳方式。《最高人民法院关于新冠肺炎疫情防控期间加强和规范在线诉讼工作的通知》(法〔2020〕49号,以下简称《通知》)的出台,更是加快了在线庭审的发展步伐。虽然《通知》保持了审慎地克制,指出在线诉讼活动相关内容“不得突破现行法律和司法解释规定”要“综合考虑技术条件、案件情况和当事人意愿等因素,确定是否采取在线庭审方式”、“尊重当事人对案件办理模式的选择权”等。

然而,从《通知》中“民商事、行政案件一般均可以采取在线方式开庭”、“适用简易程序、速裁程序的简单刑事案件、认罪认罚从宽案件,以及妨害疫情防控的刑事案件,可以探索采取远程视频方式开庭”等规定来看,可以窥探到案件类型的约束已然松动,而案件的难易程度区分显然也并非绝对标准。因此,当技术障碍去除后,当事人的程序选择权是否必要,自然也将成为可讨论的话题。此外,广州互联网法

① 艾铮:《首家互联网法院在杭州揭牌成立》,载《新京报》2017年8月19日,A10版。

院通过绿幕与5G技术的运用,实时合成庭审地点虚拟画面的"YUE法庭",①更是说明法官是否必须在真实法庭上审判,或法院大楼是否需要设置审判法庭都是可讨论的。在上述趋势下,未来法官与当事人均可随时随地在线庭审,司法资源实现全国性的整合,所有人获得了更为均等的司法服务,摆脱了地方属性的司法更少了地方保护主义的顾虑。依托当下信息技术高速发展的审判程序,我们对未来法庭有了这些更具技术基础的想象。这是未来司法可期待的一种形态么?在线庭审在我国未来司法中的定位、与线下审判的关系,实质取决于我们对虚拟空间与司法活动关系的理解,而非技术问题。

当下专门针对电子诉讼或互联网法院的研究,多聚焦于电子诉讼实践中遇到的具体问题及其应对,电子诉讼理念、基本原则、审判模式、证据认定、技术手段、受案范围、效率实现等制度建构的各个方面均被涉及。② 然而,这些研究侧重的是信息要素及其给诉讼带来的变化,空间要素被隐化。空间研究有独立于信息化的意义,若以空间为焦点,信息化只是其虚拟化的基础,并与信息化本身包含的信息处理问题(如大数据、人工智能等)区别开来。在线庭审的空间结构探讨有其独特性,与信息安全、智能审判等信息技术处理的

---

① 章程、刘文添:《全国首创!"YUE"法庭今上线法官、陪审员跨时空跨地域同框开庭》,载广州日报网2020年2月28日,https://www.gzdaily.cn/amucsite/web/index.html#/detail/1177796。

② 代表性研究如王福华:《电子诉讼制度构建的法律基础》,载《法学研究》2016年第6期;王福华:《电子法院:由内部到外部的构建》,载《当代法学》2016年第5期;陈锦波:《论信息技术对传统诉讼的结构性重塑——从电子诉讼的理念、价值和原则切入》,载《法制与社会发展》2018年第3期。从"电子诉讼"这一称谓,即可知道其侧重于电子信息化这一特征,关注的是信息因素对诉讼的影响,而本文由于重点讨论空间因素,故用"线上审判"这一称谓。

问题不应该混杂在一起,这实际是两种不同的发展方向。①过往,审判空间结构的变化源于司法理念的改变,对“理性”与“司法公正”关系的不同认识塑造出了“广场”结构与“剧场”结构。最初,神的全知全能使神职人员作为神的代言人能够进行“密室”审判而无损公正。后来,在没有神明或如神明般的理性所确保的“真实”的情况下,审判或是选择了让共同体的所有成员凭借个人“理性”去判断罪否,从而作为一般民众代表的审判官员数量越多越好,由此形成了审判的“广场”结构;或是转向由专业“真实”去确证该罪行之内在理由是否可靠,且须展示出对规则的屈服,因而演化成审判的“剧场”结构。② 这两种理念,实乃英美陪审制与欧陆纠问制的内核。当下,不是理念,而是空间性质的改变主导了审判空间的结构转变。即便在线庭审或互联网法院等整体仍在一个有限的范围与程度上运用,许多方面都没有突破既有制度框架,但通过网络连接与代码程序,而非物理空间与规范搭建出的审判结构,对诉讼程序及其司法理念的影响仍然是显著的。

基于空间性质转变的视角对在线庭审进行反思,实际能够对诸如形式化、精英化、民主化、开放化、权威生产、正当性

---

① 代表性研究如马长山:《司法人工智能的重塑效应及其限度》,载《法学研究》2020 年第 4 期。文中开始提出的“从‘接近正义’迈向‘可视正义’”论断,正是基于空间性质的转向所作出的,但在后面的重塑论证中,空间与信息要素融合在一起,继而在内在限度上的揭示又主要是基于信息(算法)要素作出的,空间要素的内在限度并未单独突显出来。当然,这也是由于该文以司法人工智能作为对象,其立意与目的决定的。

② 根据舒国滢教授的界定,“司法的广场化是一种人人直接照面的、没有身份和空间间隔、能够自由表达意见和情绪的司法活动方式……司法的剧场化是指在以‘剧场’为符号意象的人造建筑空间内进行的司法活动类型”。参见舒国滢:《从司法的广场化到司法的剧场化——一个符号学的视角》,载《政法论坛》1999 年第 3 期。

与可接受性等理念，以及它们彼此间的内在冲突有一个更清晰的理解。概括地以信息技术视角来描述在线庭审的特征及问题，可能会由于多因关系而产生混乱，或者忽略空间要素的重要意义。而且，社会学对空间的理解，使我们可以脱离于客观的场所或环境而转向空间的主观性与关系性，①进而对在线庭审中的参与者行动有更深刻的理解。为此，本文聚焦于空间性质变化所引起的结构变化，侧重于对未来可能性进行讨论，并回答以下问题：虚拟空间下的审判空间结构为何？这种空间结构的改变将如何影响审判活动，并给既有诉讼程序及司法理念带来哪些挑战？

[一] 在线庭审空间结构要素的变化

从物理空间转变为虚拟空间，建构空间的"空间准入的条件"、"空间装饰的符号"和"空间内部的秩序"均发生变化，改变了传统所谓的广场结构与剧场结构二分，虚拟空间无限拓展的属性使空间天然带有广场结构的特点。"空间准入的条件"决定着该空间需要设置怎样的阻隔，何者能够进入其中成为审判活动参与者；"空间装饰的符号"决定着整个空间更细致的安排及展现出的风格，影响该空间所要向审判活动参与者传达的信息；"空间内部的秩序"既受前两者影响，也是空间结构最终所要达致的目的——型塑审判活动参与者的行为。概括地说，这三类要素在不同性质空间中的

① 社会空间就其根本而言即是人与人、人与事物（包括物质环境）之间的关系状态，其分析上的结构形态即是一种关系结构，而在行动者的内在性的分析层面则显示为对这些关系的理解。参见景天魁等：《时空社会学》，北京师范大学出版社 2017 年版，第 47 页。

状态如表1所示。

表1 建构空间的三类要素在不同空间性质中的状态

建构空间的要素	审判的广场结构		审判的剧场结构	
	物理空间	虚拟空间	物理空间	虚拟空间
空间准入的条件	无条件,物理空间限制	无条件,技术设备限制	有特定条件;人数限制;可被筛选的参与者	有特定条件;人数不限;不在场的围观者
空间装饰的符号	质料与形式合一的实体:中轴对称;空间沉浸	无质料的信息流:多主题;空间脱离	质料与形式合一的实体:多主题;空间沉浸	无质料的信息流:多主题;空间脱离
空间内部的秩序	空间有限性下的动态秩序;对象为人的行为	时间节点下的程序秩序;对象为人所产生的数据	严格的空间划分与规范下的静态秩序;对象为人的行为	精细的时间掌控与系统规则下的程序秩序;对象为人所产生的数据

(一)空间准入条件的变化

空间准入的条件,在决定何者能够进入某特定空间的同时,也划定该特定空间。准入或阻隔,在物理空间中通过墙门或人为把守得以实现,而在虚拟空间中则通过系统权限得以完成。审判的广场结构与剧场结构(见图1),从其空间符号所呈现的结构而言,前者开放,后者封闭。广场空间呈现出圆形无固定边界结构。主持人与待审判者所处的位置为相对中心区域,但并非通过准入区隔开。剧场空间则呈现矩形多隔断区域结构,自上而下:后台(庭审外的侦查、调解等活动场所)、舞台(庭审场所)与观众区(旁听席)有不同的准入条件。

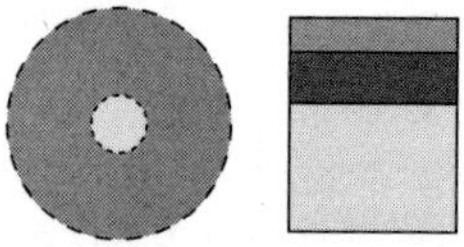

图1 审判的广场结构与剧场结构

虚拟空间依托于服务器,由于可通过不断扩容或升级解决超载问题,故原理上可允许所有数据化的人或物进入。基于此,虚拟空间本身预设了最基本的准入条件——数据化。首先,任何人或物都必须经由数据化才得以"入场",这也意味着所有人或物都不必如传统那般"进"法庭,而是法庭可以当然地"走"出去,只要数据能连接上系统。换言之,这极大地延展了法官的权力,可随时与不同位置的人或物发生关联,如与身处不同地方的证人连线、调取公证文书和存证材料等。其次,数据化程度决定了其在虚拟空间的现实还原程度,即"真实"程度。① 所谓优先提供原件或原物证据原则,在虚拟空间中并不存在,其所要保障的是反映"原件或原物"的数据完整性与固定性,防止数据丢失、删除或修改,当下区块链技术的运用很大程度上正是要解决这一问题。再次,数据化也意味着非数据化的退场便利性,即当事人只要以技术条件障碍为由即可拒绝或退出在线庭审,这很容易干扰在线庭审的秩序。即便《通知》中规定可认定为"拒不到庭"和"中途退庭",但如何"经查明确属网络故障、设备损坏、电力中断或者不可抗力等原因外"实乃重要问题,容易激发庭审秩序与当事人利益间的冲突。最后,若不论数据化这一基本准入条件,物理空间与虚拟空间的准入条件是一致的,两者更重要的区别在于:没有系统准入权限进入虚拟空间,不意味着不能线下围观。这一点意味着在线庭审的空间无法做到真正封闭。由于在线庭审的空间无法封闭,剧场结构中的舞台(庭审场所)与后台(庭审外的侦查、调解等

① 对于实物证据,最终也是经由人或仪器的观察固定,如拍照、录音、录像、复制、鉴定、勘验、制作笔录等方式变成数据而进入审判的认知活动之中,因而实物证据完全数据化后进入虚拟空间或者直接在虚拟空间生成数据证据,就人认知的"真实性"判断而言,不存在质的区别。

活动场所)从不同功能的空间,转变为线上与线下两个不同性质的空间,而且后者还必须承担诸多新的功能,如实体数据化与技术支持及维护功能等,而观众区的可无限拓展性,使其能够承载广场的民主功能。

(二)空间装饰符号的变化

空间装饰的符号,是审判活动参与者对空间的感知性来源,可提升其在该空间中的沉浸程度,①并有助于催生出特定的情感,影响当事人对审判活动的整体认知和对判决结果的接受度。例如,“中轴线是权力空间辨认基线,……是一组被精心策划的政治象征符码”,②因而中轴对称的巨大广场景观会让置身其中的个人强烈感受到自身个体的细小,唯有汇入集体主义的洪流才能摆脱个体的焦虑;若在不采用中轴对称的广场中审判,则有着另一种象征,促进个人的意见自由表达。剧场的装饰则相较于广场丰富得多,可服务于不同的主题。中轴线的设计也适用于剧场建筑,过去衙门的大堂、公堂上的县丞等都位于中轴线及高位上,传达出其为该空间主导者的信号;③现代中西方法庭设计,往往有别于一般房间高度而挑高架空的室内空间,以营造震

① 王福华教授将其视为司法亲历性,电子诉讼打破了这种亲历性,他也认为当事人可能因无法真切感受到法院的存在,而失去发泄心理不满或寻求倾诉及心理治疗的情境,从而影响他们对电子诉讼方式的信赖。这样一种判断是对的,而提供的贯彻直接言词原则的解决方式,就是为了尽量补足这种亲历性。从更一般原理层面来说,实际就是如何将感性认知转化为理性理解,或者通过技术发展补足这种亲历感。参见王福华:《电子诉讼制度构建的法律基础》,载《法学研究》2016 年第 6 期。

② 朱大可:《形象工程的历史书写——权力美学的三种标本》,载《同济大学学报(社会科学版)》2005 年第 5 期。

③ 如《太平县志》所记载的浮梁县大堂就是典型,并通过高低设计凸显主持审判的官员与其他诉讼参与者权力地位间的巨大差异,使服从关系不言而喻。参见吴逢辰主编:《千年县衙》,江西人民出版社 2006 年版,第 32 页。

撼、宏大与神圣的场景，这在刑庭尤为明显；①部分家事法庭布置得如同家里会客厅一般，布艺沙发摆设、由小茶几两两拼成的审判席和原被告席等，②整个空间装饰都是为了传递温馨、感性、平和等信息，拉近审判活动参与者之间的距离。

当前在线庭审采取在线视频形式，很难获得上述物理空间装饰的诸种体验，探索虚拟现实技术就是为了增强沉浸感，以尽可能补强亲历性的缺失。物理空间的装饰符号载体是质料与形式统一的实存，而虚拟空间中则是数据流形式加显示技术的再现或创造。目前，在线庭审主要通过即时视频通讯来完成审判，此二维界面的体验是部分的、非沉浸的，即便《通知》中强调要保证开庭场所"庄重严肃"，现阶段承担的仍主要是沟通功能。对于当事人而言，他只是在"看"，而非"观察"。在传统知觉中，人们对一个外在对象的感知源于专注持续且多角度的多次"观察"。观察是人类的本能，它让我们迅速地适应周边环境及确保我们身体作出恰当的反应。这正是梅洛·庞蒂所主张的，身体是我们认知世界的基点，身体不在场，也就无从感受空间的存在。③ 因此，从虚拟空间达致"拟真空间"，是未来法庭的一个发展方向。目前，虚拟现实技术虽然能够提供一定的在场感，但是无法完全提供上述物理空间装饰的诸种体验，而且由于身体的不充分在场，带来了晕眩的空间体验。④ 以在线视频为主的在线庭审带来了完全不同的知觉形式，利益相关性迫使人的视觉

---

① 如法国波尔多法院，用空间比例过高给人"宏大尺度"的空间感、金色的主色调、排列整齐的圆孔与方块和巨大的天窗，把法律与宗教完美地结合起来。

② 参见费文彬：《广西全面推动家事审判改革试点工作》，载《人民法院报》2016年4月5日，第1版。

③ [法]梅洛-庞蒂：《知觉现象学》，姜志辉译，商务印书馆2001年版，第140页。

④ 主要由于VR界面中的视觉反差，或者感官与影像帧率不同步，实际运动与大脑运动不能够正常匹配，影响大脑判断从而产生眩晕感。

神经系统专注于影像流动所带来的信息,而身体却同时接受着周遭截然不同的真实空间信息的体验。这既会大量减少法官可能主动或被动捕捉到的信息,左右其对证人证言的判断,也会使人的知觉在虚拟空间与真实空间中游离,并始终保持着一种空间脱离感。这在家事案件上会展现得更加明显。①

(三)空间内部秩序的变化

审判是一种主要以对话推进的程序性活动,这意味着审判空间内部必须保持着特定的秩序。空间“既是一种客观的秩序,也是一种主观的秩序”,②物理空间与虚拟空间对审判活动而言有着巨大的差异。物理空间本身承担着审判活动的规则性功能:物理空间下的广场,整个审判活动“总是与时聚时散的流动的人群保持着不间断的互动关系”;③而物理空间下的剧场审判空间秩序,其规范性则表现得更为明显。法庭上,不同角色都限定在进一步划分的不同区域里,不能任意跨界或侵入其他区域,例如法官就不能跑到原告席、检察官不能跑到审判席等。整个法庭就是由一块块不同角色的领地拼接而成的空间,这些划分确保了法庭能维持一种最基本的静态秩序。毫无疑问,当物理空间转向虚拟空间,旧物理空间所建立的秩序将重构。

无论广场审判抑或剧场审判,虚拟空间都凸显了时间的秩序功能。广场只需要一个取得大家意见(投票)的时间截点,而

---

① 如上海常年代理家室案件的律师指出,在线庭审淡化当事人情绪,促使双方就事论事的同时,也使当事人的情绪无法得到舒展,不利于调解。参见王菁:《上海法院1万多场在线庭审渐成常态,给法官、当事人带来什么体验?》,载微信公众号“上海法治报”2020年4月28日,https://mp.weixin.qq.com/s/xhgzEoxBTGkl5hyMUKVQ5Q。

② 冯雷:《理解空间——20世纪空间观念的激变》,中央编译出版社2017年版,第14页。

③ 舒国滢:《从司法的广场化到司法的剧场化——一个符号学的视角》,载《政法论坛》1999年第3期。

剧场通过系统可以将时间分配更为精确化，法官将通过系统严格控制每种角色发言的时间及时长。时间能够形成秩序，因为它不仅仅是对我们活动部分或全部的记录，还是"抽象的和非个人的框架"，每个人的时间都镶嵌在普遍的时间之中，时间是最优的整理坐标系。对此，涂尔干将时间比作"一张无边无际的图标……所有可能发生的事情都可以按照固定的、确定的标线来定位"。① 时间的这一功能在虚拟空间中获得了最充分的发挥。然而，物理意义上的空间规范性的缺失，使得法官失去掌控力而必须将此权责赋予当事人，如通过举证责任转移对主观破坏庭审秩序行为予以处罚。对在线庭审的当事人而言，不存在身体意义的审判纪律或礼仪，一切都转化为在特定权限下遵循着系统程序所预设的规则和功能，而系统则将所获取的个人所有数据在统一的时间轴上对应且独立地记录下来。因此，在线庭审的秩序本质上不是指人的行为之空间秩序，是人所产生的数据之时间秩序。

[二] 在线庭审的空间结构特征

从上述分析可以发现，无论司法广场化抑或剧场化，空间性质转变都深刻影响了审判空间功能的实现。从诉讼参与者的互动关系而言，由于权力与知识区分出的不同角色之间的界限仍然存在，在线庭审的空间结构自然得保持着剧场结构的基本区分，但观众区无法做到真正的封闭，从而更接近广场结构。后台从与舞台分属为不同功能的区间，转变为从在线庭审结构中剥离出来的不同性质的线下空间，成为支撑线上审判的物质存在。

---

① [法]爱弥儿·涂尔干：《宗教生活的基本形式》，渠东、汲喆译，上海人民出版社1999年版，第11页。

因此,线上诉讼的空间结构乃一种内实外虚的同心圆双重结构(见图2)。那么,如何从空间结构视角把握在线庭审的特征将为本部分重点。

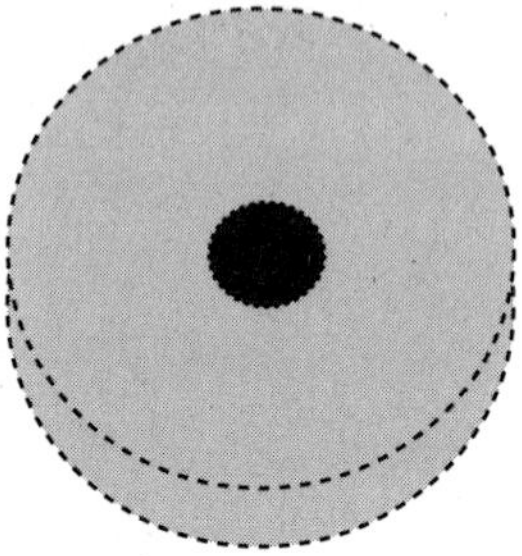

图2 线上诉讼的同心圆结构

(一)剧场结构的广场化

在线庭审的活动空间在虚拟空间中获得全面的拓展,这种拓展使得其剧场结构广场化的同时,它是否进一步突破地域管辖限制或主动迈向完全开放,则取决于我们的司法理念。在线庭审可以取得前所未有的公开程度与规模数,而当观众人数足够多的时候,民意或公共常识足以发起对权力或专业知识的挑战。广场以主题吸引感兴趣的人群,在线庭审中,除了少数涉及公众敏感议题的案件能引起高聚集效应,一般多为案件关系人员,或类案当事人。① 在线庭审放大了每个人的即时言语及行为,直接暴露在公众的目光下。无法知觉到"注视"主体的庭审各方,却更能获得被"注视"(或被截图、录屏)的体验。萨特指出,注视的结果是主体性的破坏与对象化,每个摄像头"注视"

① 类案当事人,在传统庭审中囿于物理空间的限制而优先级低于案件关系人员,受到忽视。当前在线庭审的实践证明,类案当事人的旁听有助于其内部达成和解,极大提高司法效率。参见林晔晗、黄慧辰、刘文添:《一站解纠纷 走进"e时代"——广州互联网法院网上纠纷网上化解见闻》,载《人民法院报》2020年8月13日,第1版。

着每个人的一部分,并以此拼接成整个法庭审判;诉讼参与者也将摄像头对象化,他们都不再自由地进行审判活动,而是基于一种精巧的计算,将自己设想中的他人意愿进行整合,并试图以最优化的方式呈现,完成“表演”。越在意“注视”,越具有表演性。①

苏格拉底的审判早已展现了这种“表演”对操纵观看者情绪的能量,他通过他的言行使得至少有 80 个原本支持他无罪的人,愤而转向支持判处他死刑。② “任何制度和行动的价值基础都是通过语言建构的,是说者的观点和理由取得了听者认同的结果”③,裁判基于的法律依据与案件事实及当事人的行动理由,会被转换为价值基础并在观众中寻求认同。近年“天津赵春华摆射击摊案”、“聊城于欢杀人案”和“郑州大学生掏鸟案”等案件,之所以闹得沸沸扬扬,均根源于判决结果所选择的价值基础未获广泛认同,而在线庭审使这一认同过程变得更加即时与重要。法官审理的过程本身就已承担起弥合社会共识的功能,其不再仅对有限的当事人及相关利害关系人负责,也不仅通过判决结果及判决书于事后实现这一功能,这是对法官的巨大

---

① 萨特揭示了他人的目光(注视)对个人自由选择的干预,会破坏人的主体性存在。在他人注视下,“我”被把握成为一个对象,但不是我的对象,而是为他人的对象。对被注视者而言,就会在意自己的行为,尽量使自己的言行维持在他人的期待之中,这种行为的修饰或可称之为“自我规训”,或可称之“表演”。萨特在其创作的戏剧《禁闭》中极端化了这一现象。另一个极端例子是福柯阐释的圆形监狱,福柯通过对这种全景敞视建筑的考察,指出观看是一种权力的实施,并且认为这样“一种虚构的关系自动地产生出一种真实的征服”。参见[法]让·保罗·萨特:《存在与虚无》,生活·读书·新知三联书店 2007 年版;杜小真:《存在与自由的重负:解读萨特〈存在与虚无〉》,山东人民出版社 2002 年版,第 155-156、188-189 页;[法]米歇尔·福柯:《规训与惩罚:监狱的诞生》,生活·读书·新知三联书店 2014 年版,第 226-227 页。

② 详情参见[英]萨达卡特·卡德里:《审判的历史——从苏格拉底到辛普森》,杨雄译,当代中国出版社 2009 年版,第 8 页。

③ 葛洪义:《略论中国法律制度的正当化问题》,载《政法论坛》2006 年第 5 期。

挑战。当然,在线庭审亦有着其积极意义,由于无法阻止他人录屏录像,打破了传统上法院对审判过程再现的垄断,此举在约束诉讼参与者的言语举止的同时,免去了过往需要申请庭审网络直播的麻烦,也免去了传统凭记忆或文字记录转述导致信息丢失的担忧,为日后讨论提供了一个具保真性的事实基础。

(二)空间符号的可定制化

物理空间中,法庭的空间布局以及庄严肃穆的法庭建筑风格,象征化的法袍与法槌等法庭器物,对法庭所有参与者表情、言语、行为等的要求,均服务于法律和司法权威的展现。对此,在未能实现"拟真空间"之前,在线庭审是拙劣地模仿,抑或探寻司法权威生产的其他形式,是值得考虑的。现实世界向人类传递的信息是复杂且综合的,法庭上,每个人于不同位置、不同身份、不同心态所接收到的信息都是不同的。审判除了证据以外,还有言语修辞,而表达的紧张感与个人对环境的感知是紧密相关的,且每个人应对这种压力的能力又是不同的。能在众人面前、在严肃神圣的场合保持思路清晰、侃侃而谈,乃至用气势或调动气氛的技巧压倒对手,本身就是巨大的优势。因此,传统物理空间中的审判,天然就带有这种不可避免的不公平。在线庭审中,非沉浸式体验可以使前述环境感知差异和抗压能力的差异缩小(每个人可以在自己真实空间里创造一个更自在的环境)。而且,"拟真空间"可实现个性化定制,使每个人获得最舒适的表达环境,迈向更实质的平等。

在线庭审中,主体是以数据化的形式进入虚拟空间,因而存在数据修改的可能,若引入主体的虚拟形象,这将意味着所呈现的信息是可定制的,如"元宇宙"在庭审中的应用。这可以更好地将与案件无关的诸如当事人形象及声音进行调整,排除样貌、性别、口音等干扰,这样的应用可促进案件的公平审理或使一些敏感问题得以公开讨论。[①] 由此可见,虚拟空间虽然只能提供无质料的信息流,限制了人们的感性认知与空间沉浸感,但其可定制化的符号供给,使司法审判意义上的“法律面前人人平等”真正有可能实现。换言之,相比于追求拟真空间的空间沉浸感以重获权威,让在线庭审回归到对平等与案件纠纷本身的关注,或能从逻辑理性上赢得更坚实的权威。

(三)审判秩序的系统程序化

在审判空间从物理到虚拟的转化过程中,过往主要由空间与法庭纪律承担的秩序建构,将交由时间与系统程序完成。由于在线诉讼从起诉到法院立案、送达、开庭等一系列流程皆在虚拟空间中进行,因而传统物理空间的区隔不再有意义,有意义的是在时间划分下的次序推进,以及系统中权限与算法的区分。必须指出,笔者从不否认传统诉讼中时间的意义,只是在线诉讼中空间结构的丧失,时间的单向线性结构变得更为重要。

在线庭审的秩序是人所产生的数据之时间秩序。因此,如果当事人不遵守法庭纪律随意发言或者对他人进行人身攻击,法官可指令庭审过程中负责技术操作的审判辅助人员点击禁言、临时关闭庭审画面等方式,实则排斥这些数据生产进入时间序列,维护庭审秩序。数据生产与时间的关系,呈现为最初所有人产生的数据是大范围离散的,随着时间的推进,与案件争议焦点相关的有效数据越来越多,直至形成判决。因此,在线庭审活动更为凸显出不同时间节点的重要意义。对在线庭审而言,关键是如何加强对时间的管控以确保数据形成的秩序,以及尽可能缩短有效信息供给的时间。由于重点放在对有效数据生产的操作,所以起诉事实相似、所举证据重复等冗余数据,可以被大

---

① See J. E. Mcmillan, *Toward the electronic court*, Trial, Vol. 31, p. 18–19 (1995).

量地合并简化并趋向模块化。同时,在线庭审将数据的生产、筛选、整理和分析作为时间细化的标准,可形成更精确的系统权限与流程步骤。在线庭审的这种强操控能力,规范化参与者行动的同时,也极大地限制了他们的行动,审判活动越来越沦为流程化与公式化。① 可以发现,审判流程事实上将越来越呈现出"裁判中心主义"与"技术中心主义"的特征,甚至陷入"人本主义"的异化,而非"当事人中心主义"。②

[三]空间结构变化后的理念冲击

空间性质的转换使司法活动失去一些传统特征的同时,也出现了新的特征:①剧场结构的广场化加强了审判活动表演性的同时,虚拟空间的实质性公开促进了审判的公正和社会的理性讨论;②审判活动的数据化在改变司法权威生产方式的同时,符号的可定制化则使审判活动变得更为平等和让人们更关注案件本身;③在线庭审在失去空间划分所建立的秩序的同时,时间与系统流程的精细化则给法官带来更强的操控能力,提高审判效率且趋向公式化。那么,这种基于空间结构的改变,给既有司法理念带来何种冲击?这一问题决定了在线庭审中一些关键制度的设计。

---

① 人工智能也就获得了其生存的良好土壤,在效率的要求下,数据处理的提速也越来越被强调,而为了保证数据的有效性,诉讼也就越来越接近填表格的活动,数据的分许和处理越公式化,人工智能就越可能介入,并变得越发日常与世俗化。整个过程,又因便利有用而更具价值。目前,"表格式"的裁判文书的实践已然出现。

② 因而有学者指出,在电子诉讼中应当坚守当事人中心主义的诉讼理念,反对"以技术为中心",摒弃"审判权为中心"。参见陈锦波:《论信息技术对传统诉讼的结构性重塑——从电子诉讼的理念、价值和原则切入》,载《法制与社会发展》2018年第3期。

(一)在线庭审与司法公开

司法作为纠纷解决的一种裁判活动,在世界范围内,公开审判被视为与司法公正并行的关涉人权的重要要求。① 人们普遍认为,司法公开是最好的"司法防腐剂",可防止司法"暗箱操作"所带来的裁判不公。就此而言,基于虚拟空间特性的在线庭审,在司法公开上自然可以高歌猛进。而且,在线庭审的必然公开将免去申请与法官许可环节。

然而,在线庭审的必然公开也给司法公开理念带来重大挑战。一方面,有关国家秘密与个人隐私的不公开审理制度需要作相应的调整,可尝试两种路径:一为延续过去不公开审理模式,即在系统上不提供旁听者权限,但由于无法控制当事人及其客户端等线下复杂状况,难以保证数据保密与安全;二为保留线上旁听,但通过技术手段自始对与案件无关的个人形象、身份及隐私信息进行修改,作一般化处理。在后者实施技术不成熟的前提下,不予公开的案件并不建议通过在线庭审进行,因而是否公开将成为选择线上线下的重要理由之一。这虽然可以被当前当事人自主选择权吸收,但实质仍是不同的两个问题。另一方面,司法公开必然要面对公众舆论,后者能反向影响司法公开以及审判工作,因而处理两者关系问题的重要性更为凸显。同样有两条可能的路径:一为遵循剧场结构,严格将观众区限定为公开功能,观众舆论只能在审判程序外发酵,这正是当前在线庭审所施行的,申请旁听码便可实现在线旁听,但不可发言;二为引入广场功能,适当引导观众表达且将他们的意见作为法官裁判

---

① 如1948年12月10日联合国通过的《世界人权宣言》第10条规定"人人完全平等地有权由一个独立而无偏倚的法庭进行公正的和公开的审讯……";1976年3月23日生效的《公民权利和政治权利国际公约》第14条第1款规定"……人人有资格由一个依法设立的合格的、独立的和无偏倚的法庭进行公正的和公开的审讯"等。

的一个重要因素,显然这对于程序设计和法官能力而言,是相当具有挑战的事。一直以来,我国在倡导司法公开的同时,总弥漫着一种回应国民情感、追求社会效果和去司法剧场化的浪漫主义情怀,因而在线庭审的剧场结构广场化特征,使这种回应更具实质意义。届时,审判的专业化和大众化,或将不再是一个非此即彼的问题。

(二)在线庭审与司法公正

从长远来看,在线庭审不仅仅是便利民众诉讼,更能够磨平不同地区司法资源上的差异,使每个人享受到几近同等的司法服务,这是司法公正的一个重要方面。然而,就个体而言,司法公正还与人们对司法裁判可接受性密切相关,而可接受性是一种理性与感性的结合。地理空间的邻近性及架构限定着人们日常生活的活动范围,促使该特定地理空间内的人们容易形成"共同的公共体验与相近的道德意识",①也即克利福德·吉尔兹所言的"地方性知识"(local knowledge)。法律上的事实是由社会构造的,吉尔兹通过巴厘人的例子表明特定地理空间上的人们,塑造了一种关乎世界、关乎社会、关乎权威、关乎秩序的一种独特理解。② 换言之,传统诉讼由于地理空间的制约,潜在性地保障了对纠纷的法律解释可纳入一个共同文化背景,利于使人们所见所思与裁决彼此认可。③ 正如法人类学的学科旨趣,

---

① 舒国滢教授在广场审判中提到了这种审判活动更适宜血缘—地缘关系密切、法律信念和法律感知相近的熟悉社群。这在物理和地理空间中是通过空间邻近性保障的。参见舒国滢:《从司法的广场化到司法的剧场化——一个符号学的视角》,载《政法论坛》1999年第3期。

② [美]克利福德·吉尔兹:《地方性知识——阐释人类学论文集》,王海龙、张家宣译,中央编译出版社2000年版,第229、232页。

③ 近年来借由司法权作为中央事权抑或地方事权产生了一波争论,除了本文所主张的地方性知识理解外,葛洪义教授等认为地方司法权还有更重要的现实、制度和政治考量。参见葛洪义、江秋伟:《中国地方司法权的内在逻辑》,载《南京社会科学》2017年第1期。

法律是一种地方性知识,这不是一种应然,而是一种实然。

法律现代化虽然谋求的是统一与普遍性,但实践中人们对其理解与阐释仍然是多元与地方性的,如秋菊的纠纷在一个城市法官眼里,可能是小题大做,也不明白其真正的诉求到底是什么;再如一件多民族地区的案件让北京法官来审理,其可能也无法理解纠纷当事人的亲属、家族、宗族等为何会进入纠纷解决过程中,且其"合法"判决可能引发历史积怨和群体性事件。揭示这一点,重点是警惕在线庭审不能盲目剥离地方,仅仅沦为技术性处理,其对法官有着更强的论证密度要求。如合法性论证中类比推理的相似点判断,合理性论证中原则权衡与利益权衡的语境化依赖及修辞性质等,①过往这类"独白式的"评价与考虑,会基于与倾听者"共同的公共体验与相近的道德意识"而在相似的理解框架中获得想象填补,或者通过现场的沉浸感与权威震撼而忽略其中的论证瑕疵,弱化了对法官专断的觉察。法律及法律适用本身,不是单纯的非人格性质的技术知识,无法完全地脱离地域性实践与进行普遍性延伸,它需要在真实互动中获取更多的默示信息与人格信任予以填充。因此,国家若以整合司法资源为目的,在考虑应当设计几个线上法庭、实现跨地域审理时,需要重视其中所涉的文化、地方因素。例如,以货币作为交往媒介的市场行为、与互联网紧密关联的行为,本已从具体的地理环境中脱离出来,故通过在线庭审更大范围地集中优化司法资源来解决纠纷是可行的。②

---

① 陈林林:《裁判的进路与方法:司法论证理论导论》,中国政法大学出版社2007年版,第2页。

② 根据《最高人民法院关于互联网法院审理案件若干问题的规定》(法释〔2018〕16号),目前互联网法院的管辖仍然是传统的地域+涉网案件类型管辖,北京、广州、杭州互联网法院集中管辖所在市的辖区内应当由基层人民法院受理的11类一审案件。换言之,它只是传统案件管辖体系中新开辟的一个分支而已,并没有打破既有管辖体系。

在线庭审可从论证环节中切入,可延伸出两条不同的进路。一是补偿共识之形成的两个关键的隐性条件:参与对话的人具有共同的知识基础与生活背景;双方所奉行的价值观基本是一致的。① 于此,法官要做的不是主导当事人共识形成,而是凭借其专业知识促进当事人纠纷解决,以此降低自身隐性条件缺失所带来的经验法则适用偏差,增强判决的可接受性。二是适用民主程序,民主程序可作为瑕疵论证的有效补充,它具有的绝对权威弱化了理由提供的必要性。值得注意的是,民主不意味着共识,但却是使决策获得正当性的一种好的方式。就此而言,陪审团被看作"解围之神"不是不无道理的。英国法学家阿蒂亚认为其"在法律程序中所履行的职能与(英国)下院普通议员在政治过程中所履行的职能不无相似之处,这种制度的重要性可能在于它在罕见案件中的潜力,而不是它在日常案件中的例行职责"②。历史实践中,从神明的秘密裁判,到雅典的民主审判,至现代的陪审团制度,都以这种方式免去了烦琐的法律论证,它们均是"造法"的过程。在线庭审与信息技术的天然契合性,使这种正当化论证模式变得更容易操作,并避免转向前述所称的"裁判中心主义"与"技术中心主义"。

(三)在线庭审与司法效率

通过打造在线庭审乃至完整的线上诉讼流程,虚拟空间消解了物理空间邻近性与架构,人们无须支付物理空间中的移动成本,也即当前被最多提及的"零在途时间"与"零差旅费用",本质是"时间消灭空间"的现实体验。但就这一点而言,只是司

---

① Aulis Aarnio, *The Rational as Reasonable: A Treatise on Legal Justification*, Springer Science & Business Media, 1986, p. 204.

② [英]P. S. 阿蒂亚:《法律与现代社会》,范悦等译,全兆一校,辽宁教育出版社1998年版,第38页。

法便利,而非司法效率。而且,时间流逝的体验与空间变化的体验是截然不同的,单纯的时间流逝是难以忍受的,虚拟空间消灭了原本依附在物理空间中的时间体验,极大地强化了即时体验的心理预期。比如,过往邮递信件一来一回大半个月不会觉得怎样,但如今电子邮箱一个小时未能回复都认为是种怠慢。因此,在线诉讼流程应尽量呈现时间流逝的效果,以缓解这一心理机制,如尽量精细化网上流程、设置百分比进度条、随时告知具体进程等。否则,线上诉讼反而会产生更加不好的体验。回到在线庭审,延时、断线等技术问题,或者无法有效对话、审判过程过于拖沓(哪怕相对于过去传统诉讼花费时间更短)等问题都会放大这种时间焦虑,影响当事人对在线庭审的体验。

以波斯纳法经济学范式的效率观而言,能够极大减少在途成本的在线庭审无疑是促进司法效率的,因为它能促进社会财富的最大化,但这是一种“潜在帕累托”而非实际上的“帕累托改进”。潜在帕累托是建立在事前补偿的基础之上的一致同意,由此追求的是机会平等而非分配正义,①目标是做大而非切分馅饼。② 然而,其中可对价支付的欲望并不只有当事人,法官也是司法活动的重要一方,密切关系到当事人的利益实现。就法官而言,在线庭审的效率在于可以帮助他实现类案的同时审理或调解,③快速完成审判场景切换。但如何确认类案以及能

① 参见[美]尼古拉斯·麦考罗:《经济学与法律:从波斯纳到后现代主义》,吴晓露等译,法律出版社2005年版,第77页。

② 参见[美]大卫·弗里德曼:《经济学语境下的法律规则》,杨欣欣译,法律出版社2004年版,第21页。

③ 类案当事人,在传统庭审中囿于物理空间的限制而优先级低于案件关系人员,受到忽视。当前在线庭审的实践证明,类案当事人的旁听有助于其内部达成和解,极大提高司法效率。参见林晔晗、黄慧辰、刘文添:《一站解纠纷 走进“e时代”——广州互联网法院网上纠纷网上化解见闻》,载《人民法院报》2020年8月13日,第1版。

否同一审理,实际上是有争议的,特别在案件量大时,效率可能以牺牲案件细节为代价。此外,在案件量一定的情况下,在线庭审虽然为法官腾出更多的休闲时间,但若只是通过压缩空间移动的时间而提升每天的办案数量,则难以称得上是一种司法效率,毋宁是增加工作时间而已,甚至由于能够随时随地办公而模糊了法官工作与生活的边界。若无法充分保障法官的休息时间,加之法官责任制,在线庭审反而会给法官带来更大的审判压力。① 法官利益与当事人利益在一定程度上是一致的,高强度和高压力下的法官裁判整体上是有损当事人利益的,而这种亏损可能无法获得事前补偿。因此,确立"潜在的帕累托"意义的司法效率,仍需要正确认识在线庭审与司法效率的关系,尽量在当事人与法官间取得利益的一致性,重视司法程序的简化、司法过程信息处理的自动化或智能化等提高司法效率的措施。

[四]余论

至此,本文仅就审判空间结构这一对象,论述了物理空间向虚拟空间转向对其带来的变化,探索以在线庭审为雏形的未来法庭之空间结构,并审视其给传统审判带来的影响。需要强调的是,本文并不仅是描述目前在线庭审状况,而是基于空间性质改变而可能发展的未来法庭情景,因而它可能不是当下重要问题,但却是在线庭审发展中必须明确的前置问题。如果大力发展在线庭审将其拓展到所有案件乃至突破地域管辖,我们就必

---

① 根据笔者在杭州、广州互联网法院调研的结果以及相关报道来看,目前案多人少仍然是主要矛盾,当事人之间设备协调、网络环境等技术上问题,以及如何有效控制和引导当事人言行等实质性问题,都使线上诉讼实乃增加了法官的工作难度。在疫情防控期间被迫采取这种方式,导致相关问题更为突出。

须考虑到专业化与大众化、普遍性与地方性、公开与私密、线上与线下、当事人利益与法官利益间的关系问题,进而在程序上加以调整与限定。显然,线下和在线庭审并非你死我活的关系,明确后者的局限与优势,有助于恰当处理两者的关系与衔接,而当前有学者指出将在线庭审作为一种特殊类型纳入诉讼程序中,显然是一种保守的策略。两者可能不是普遍与特殊的关系,而是同等并行乃至互补的关系,这从本文的论述中可窥见一斑。展望整个科技发展,中国由以前的每一次重大科技革命中都慢一拍,到和欧美发达国家几乎同时进入网络时代,且在互联网技术应用上开始领先。全球疫情导致普遍秉持技术保守主义的国家也开始尝试在线审判,由此更加迫切要求走在前面的我国能拿出自己的更扎实的理论研究成果来反思现有的技术进步与应用,正确引领世界这一未来法庭的改革新方向。

《法律和社会科学》(2022)　第19卷第2辑,第309~340页

诗礼簪缨:《红楼梦》的法律与虚拟空间叙事

林树煌*

摘　要:传统中国之所以将礼法融注于建筑空间中,是希望通过建筑的恒常性来强化礼法的恒常性。在"亦幻亦真"的意义上,可以借《红楼梦》中的"虚拟空间"来研究传统中国的"现实空间",考察空间中的法律运作机理。荣宁府宅、省亲别墅、贾府宗祠等建筑都是关于"法律与空间"的叙事。其中所传达的行为规范与权力运作,本质上是"礼法空间化"的表现。"礼法空间化"的机制在于"空间情境化",即人们利用空间塑造一种情境。这种情境容纳了空间、时间、意义、人、行为、情感等要素,使得人们在这个情境中得以按照其身份行事。从类型学上讲,《红楼梦》的空间可划分为以荣宁府宅为主体的"礼法世界"和以大观园为主体的"情感世界"。这两个世界之间的张力与互动,是我们理解法律运作逻辑以及家族秩序构造的关键。

关键词:《红楼梦》　礼法空间　情感世界　家族秩序

---

* 林树煌,中共广东省委党校(广东行政学院)讲师。本文在徐忠明老师的指导下完成,于第四届社科法学研习营上得到了侯猛、尤陈俊、韩宝、陈颀、岳林老师以及研习营同学的指正,特此感谢。文责自负。

引言

在现代科技的推动下,人们已经能通过计算机模拟虚拟环境来获得环境沉浸感,这项能使人获得虚拟空间体验的技术被称为“虚拟现实”。从思想根源来看,这项技术很大程度上奠基于科幻作品的想象。传统中国虽然没有科幻作品的概念,但大部分描写虚拟空间的小说,其实与科幻作品的虚拟现实特质有异曲同工之妙。在虚拟现实的视野下,小说《红楼梦》亦具有“科幻”的味道,其中的虚拟现实特质既反映了世界本体性的存在,又构成了进入现实世界的根本途径。① 就此而言,如果从虚拟空间的角度切入来研究《红楼梦》中的法律,就不仅仅是“法律与文学”的研究,②更是“法律与科幻”的研究。

---

① 参见严峰:《假作真时真亦假:虚拟现实视野下的〈红楼梦〉》,载《中国比较文学》2020年第2期。

② 相关研究包括,James Boyd White, *Legal Imagination: Studies in the Nature of Legal Thought and Expression*, Little, Brown & Co., 1973;徐忠明:《法学与文学之间》,中国政法大学出版社2000年版;[美]波斯纳:《法律与文学》,李国庆译,中国政法大学出版社2002年版;苏力:《法律与文学:以中国传统戏剧为材料》,生活·读书·新知三联书店2006年版。

管见所及,探讨《红楼梦》中的法律的研究已有不少,①然而大部分研究都只是着眼于“法律”本身,却忽视了法律赖以运作的“空间”。不言而喻,《红楼梦》的空间叙事与神话密不可分,小说开篇关于灵石的叙说,其历史和文化气脉直承女娲补天的传说,其梦意与灵气则源于最为始源的混沌时空。② 在此基调下,《红楼梦》中的建筑空间亦带有神话属性与虚幻气息,③这既展露于梦幻般的“太虚幻境”及其人间投影“大观园”,也体现于存在不合常理之处的“荣宁府宅”。这种神话性、虚幻性恰恰是空间“精神性”的体现,它既源于深层次的精神构造,也与法律的运作密不可分。无论是“真事隐”“假语存”的暗语,还是“假作真时真亦假”的联句,都在说明真与假其实都不具有绝对的意义。在“亦幻亦真”的意义上,小说中的虚拟空间归根结底是社会现实空间的隐喻,借此我们可以管窥空间的“社会性”。

空间的精神性与社会性早在福柯、列斐伏尔的著作中被

① 相关研究包括:张晋藩:《〈红楼梦〉所反映的清朝诉讼制度》,载《红楼梦学刊》1980 年第 2 期;张少侠等:《红楼法事》,甘肃人民出版社 1989 年版;尹伊君:《红楼梦的法律世界》,商务印书馆 2007 年版;张未然:《法意 · 红楼——一个法律人的“读红”札记》,中国政法大学出版社 2012 年版;余宗其:《法说红楼梦》,中国财富出版社 2014 年版。

② 参见李劼:《历史文化的全息图像:论红楼梦》,广西师范大学出版社 2016 年版,第 2-3 页。

③ 《红楼梦》建筑空间的相关研究包括:关华山:《〈红楼梦〉中的建筑研究》,境与象出版社 1985 年版;顾平旦:《〈红楼梦〉与清代园林》,载《红楼梦学刊》1995 年第 2 期;顾平旦:《大观园风景建筑名录(上)》,载《红楼梦学刊》1990 年第 3 期;顾平旦:《大观园风景建筑名录(下)》,载《红楼梦学刊》1990 年第 4 期;黄云皓:《图解红楼梦建筑意象》,中国建筑工业出版社 2006 年版;欧丽娟:《由屋舍、方位、席次论〈红楼梦〉中荣宁府宅的空间文化》,载《思与言》2010 年第 1 期;欧丽娟:《论大观园的空间文化——以屋舍、方位、席次为中心》,载《汉学研究》2010 年第 3 期。

提及,①由此也导引了社会理论的“空间转向”。近年来,空间社会学的研究方法被越来越多地用于法律现象的分析,特别是“法律与空间”的研究。目前来看,这一研究主要有两种路径:一是“法律地理学”的研究,即强调法的地理属性,从根本上对地方性的法作出解释;②二是“法律空间学”的研究,即着眼于法律运作与空间设置的关系,分析特定空间对法律运作的作用与影响。③ 总的来说,“法律与空间”的研究仍面临诸多困境:研究材料的限制、理论框架的缺乏、微观层面权力分析的不足、法律与空间内在关联的机理阐释薄弱。④ 在这个意义上,本文以《红楼梦》为文本进行研究,可在一定程度上突破这些困境,因为《红楼梦》展现了当时具体的生活场景,这对我们把握法律的微观运作及其与空间的内在关联具有重要意义。

《红楼梦》的文本叙事在建筑空间中辗转回旋,作为场景

---

① [法]米歇尔·福柯、保罗·雷比诺:《空间、知识、权力——福柯访谈录》,载包亚明:《后现代性与地理学的政治》,上海教育出版社 2001 年版,第 1-17 页;Henri Lefebvre, *The Production of Space*, Translated by Donald Nicholson-Smith, Basil Blackwell Ltd., 1991.

② 喻中:《法律地理学》,法律出版社 2019 年版;韩宝:《理解法律地理学——关于法律的一种空间思考》,载《交大法学》2019 年第 1 期;韩宝:《法律地理学的启蒙:读孟德斯鸠〈论法的精神〉第三编》,载《西部法学评论》2020 年第 1 期;於兴中:《复合空间下的法律与城市》,载《法律和社会科学》第 18 卷第 2 辑,法律出版社 2019 年版;韩宝:《法律地理学的经验研究何以可能》,载《法律和社会科学》第 18 卷第 2 辑,法律出版社 2019 年版;娄必县:《人民法庭的地理空间——南县法院考察报告》,载《法律和社会科学》第 18 卷第 2 辑,法律出版社 2019 年版;姜金良、张丹丹:《人民法庭的地理空间——以东部地区 137 个人民法庭为样本》,载《法律和社会科学》第 18 卷第 2 辑,法律出版社 2019 年版。

③ 朱垭梁:《法律的空间意象性》,法律出版社 2017 年版;徐忠明:《建筑与仪式:明清司法理念的另一种表达》,载《中国古代法律文献研究》第 11 辑,社会科学文献出版社 2017 年版;易军:《诉讼仪式的文化解释——物、空间与意义生产》,载《法律和社会科学》第 18 卷第 2 辑,法律出版社 2019 年版。

④ 参见谭俊:《法学研究的空间转向》,载《法制与社会发展》2017 年第 2 期;朱垭梁:《法律地理学:渊源、现状与展望》,载《学术论坛》2017 年第 2 期。

意象的空间既是推动故事情节发展的主线,也是人物生活方式与生存状态的见证。① 其中关于"法律与空间"的叙事,则贯穿家族秩序运作的整个过程。令笔者感兴趣的是:在《红楼梦》中,人们是如何利用空间来运作法律的?受此影响的家族秩序呈现出什么样的构造?对这些问题的解答有利于人们理解空间的法律属性,也有助于明晰家族秩序的运作逻辑。有鉴于此,本文以《红楼梦》中的建筑空间为中心,探讨法律在空间中的运作机制,阐释家族秩序的内部构造。

[一] 心物场:建筑与礼法

古代建筑之所以得到重视和不断发展,很重要的原因在于其抵御风雨以及保护人身安全的实用性。然而,随着社会的发展,人们不再满足于建筑的实用功能,因而逐渐赋予建筑以礼法的意味。在二十四史中,"建筑"载于"礼志"之中,成为国家典章制度的重要组成部分,这不仅表明建筑礼法的存在,更说明统治者特别重视建筑礼法所发挥的作用。正因如此,传统中国制定出一套建筑礼法,以规定人们在社会政治生活中的地位差别。

在建筑文化的研究中,无论是哈里斯(Karsten Harries)强调的"象征"功能,②还是柄谷行人强调的"隐喻"作用,③其实都超脱了实用主义的框架来思索建筑的意义,这给我们考

① 参见张世君:《〈红楼梦〉的空间叙事》,中国社会科学出版社 1999 年版,第 13 页。

② 参见[美]卡斯滕·哈里斯:《建筑的伦理功能》,申嘉、陈朝晖译,华夏出版社 2001 年版,第 96-114 页。

③ 参见[日]柄谷行人:《作为隐喻的建筑》,应杰译,中央编译出版社 2011 年版。

察建筑与礼法的关系提供了重要灵感。在儒家看来,贵贱有等、长幼有差、贫富有别是礼法的重要要求,①这样的思想反映在建筑上,便是对不同身份的人所使用的建筑加以限制。这种限制体现在以下方面:一是建筑类型,二是建筑的数量及营造物的尺寸,三是建筑形式、色彩和施用的加工方式。②古人希望通过这种限制,使建筑从细节到总体布局都能有助于确定一个贵贱有等、长幼有差的社会秩序。就此而言,传统建筑通过抽象形式与结构法则生成特殊氛围与象征符号,③使建筑走向庄严、崇高和秩序。

建筑与礼法为何会被关联起来?从深层次角度讲,它源于人类独有的心理特性。我们完全可以借用考夫卡(Kurt Koffka)的"心物场"理论来说明这一问题。考夫卡认为,世界是心物的。观察者知觉现实的观念为"心理场",被知觉的现实为"物理场",人类的心理活动是心理场和物理场结合而成的"心物场"。心物场含有自我和环境的两极化,环境又分为地理环境和行为环境。地理环境指的是现实环境,行为环境指的是意想中的环境。行为产生于行为环境,受行为环境的调节,而行为环境又受到地理环境的调节。与此同时,以自我为核心的心理场也在运作着。因此,有机体的心理活动是一个自我、行为环境和心理环境等进行动力交互作用的场。④ 当我们把这种理论用于对礼法建筑的分析时,便

① 即《荀子》所言:"礼者,贵贱有等,长幼有差,贫富轻重皆有称者也。"章诗同注:《荀子简注》,上海人民出版社1974年版,第94页。

② 参见王鲁民:《中国古典建筑文化探源》,同济大学出版社1997年版,第109页。

③ 抽象形式包括:点、线、形、色、数字、方位,结构法则包括:比例与尺度、对称与均衡、节奏与韵律、主结构与从结构。

④ 参见[德]库尔特·考夫卡:《格式塔心理学原理》,黎炜译,浙江教育出版社1997年版,"中文版译序"第5-6页。

会发现:在地理环境中,建筑只是一有形物,但在受过礼法教化的人眼里,它已经不只是有形物,而是有礼法意涵的建筑。他们看到的不仅仅是建筑,更是礼法。在自我、行为环境和心理环境的交互作用下,礼法建筑不仅仅是物理的,也是心理的。在地理环境中它们是建筑,在行为环境中它们却是礼法。我们都知道建筑具有恒常性,这种恒常性反映在内心深处,可在一定程度上转化为礼法的恒常性。① 在这个意义上,古人之所以如此重视建筑的礼法要求,是因为他们想以此来强化礼法的恒常性,确保秩序的长久稳定。

明晰了建筑与礼法关联的心理学机制,我们将对传统中国的建筑有更深的认识。“夫宅者,乃是阴阳之枢纽,人伦之轨模”②,在古人的观念中,建筑既是天地之间阴阳汇集的生活场所,也是反映人伦关系与行为规范的社会空间。从本质上讲,传统中国的建筑不仅仅是材料与技术的简单堆积,更是人性化的空间以及精神文化的载体,它通过符号以及象征语言表达生活方式、思想观念与情感欲望。③ 在这个意义上,空间是一种语言,是交流的本质所在。④ 希利尔(Bill Hillier)、汉森(Julienne Hanson)指出,与自然语言与数学语言不同,空间语言是一种形态语言。作为形态语言最重要的特性,句法使得形态语言的时空排列和布置方式能为我们所

① 建筑恒常性的说法,参见张世君:《礼经建筑空间的政治叙事》,载《江西社会科学》2011 年第 1 期。

② 王玉德、王锐编著:《宅经 · 序》,中华书局 2011 年版,第 9 页。

③ 此即艾柯(Umberto Eco)所谓的“二次功能”:即建筑的象征性内涵和暗示意义。See Umberto Eco, *Function and Sign: The Semiotics of Architecture*, in Neil Leach eds. ,Rethinking Architecture: A Reader in Cultural Theory, Routledge, 1997, p. 191.

④ 参见[英]布莱恩 · 劳森:《空间的语言》,杨青娟等译,中国建筑工业出版社 2003 年版,第 8 页。

认知。句法结构完整的语句建构出一种模式,从而传达出特定的意义。[①] 在空间的社会逻辑下,人们使用这样的形态语言来鼓励或禁止相关的行为,从而促进礼法的实施,强化权力的运作并推动秩序的建构。封建帝国充分利用这种功能,综合建筑的各种要素,将家族空间整合入政治空间,从而达到为政治蓝图服务的目的。如果我们以这种视角来看贾府的建筑空间,便会发现其中的别样叙事。

[二]礼法空间化:贾府的空间叙事

科幻想象力的上限受制于作者了解与经历的社会生活。[②] 在这个意义上,小说中的虚幻与想象,其实既超越现实,又回归现实。《红楼梦》的空间想象就奠基于当时的社会现实。就此而言,我们可以借助小说中的空间描写,来考察传统中国的法律表达与制度实践。传统中国是一身份社会,特权阶级与非特权阶级的身份差异体现于饮食、衣饰、舆马、房舍等方面的差异。[③] 作为房舍的贾府空间,其实进行着礼法与身份的叙事。下面让我们沿着林黛玉初进贾府的线路,一起来倾听贾府的空间叙事。

> 自上了轿,进入城中,从纱窗向外瞧了瞧,其街市之繁华,人烟之阜盛,自与别处不同。又行了半

---

① 参见[英]比尔·希利尔、[英]朱利安妮·汉森:《空间的社会逻辑》,杨滔等译,中国建筑工业出版社2019年版,第44-45页。

② 参见[美]艾萨克·阿西莫夫:《阿西莫夫论科幻小说》,涂明求等译,安徽文艺出版社2011年版,第96页。

③ 参见瞿同祖:《中国法律与中国社会》,中华书局1981年版,第136-165页。

日,街北蹲着两个大石狮子,三间兽头大门,门前列坐着十来个华冠丽服之人。正门却不开,只有东西两角门有人出入。正门之上有一匾,匾上大书"敕造宁国府"五个大字。黛玉想道:"这必是外祖之长房了。"想着,又往西行,不多远,照样也是三间大门,方是荣国府了。却不进正门,只进了西边角门。①

由这一段描绘,贾府的平面布局如图1所示。②

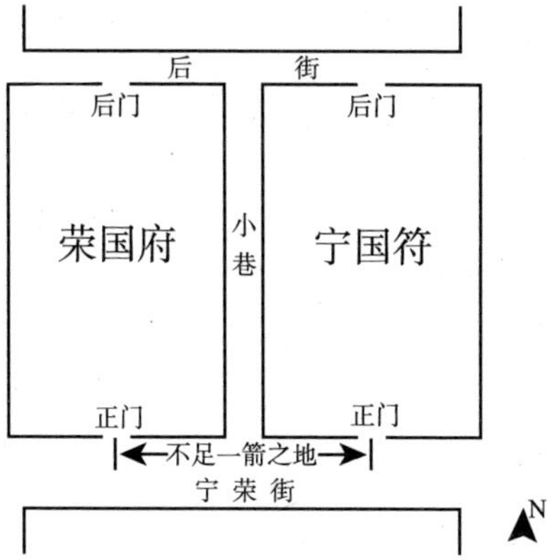

图1 贾府总平面布局

如果说坐北朝南是贾府对外彰显权威的体现,③那么"宁左荣右"(以坐北朝南的方位来看)则是"宁长荣幼"内

① 曹雪芹、无名氏:《红楼梦》,程伟元、高鹗整理,人民文学出版社2008年版,第三回,第37页。

② 图片来自黄云皓:《图解红楼梦建筑意象》,中国建筑工业出版社2006年版,第14页。

③ 由《易经·说卦传》的"圣人南面而听天下,向明而治"可知古代以坐北朝南为尊的建筑礼制。参见杨权注释:《易经·说卦传》,云南大学出版社2004年版,第231页。

部伦理的象征。① 在“尚中”思想影响下,贾府中轴对称的平面布局严肃方正、一丝不苟,隐含着对秩序井然的内在追求。横跨大半条街的围墙规模庞大,大尺度的边界呈现出恢弘的气势。这种以中轴线为组织要素,兼顾形与势的规模构建,不仅关联全局式的构图,而且关涉着权威主义的法律实践。

这种实践亦通过门面表达。李渔的《巧团圆·掠妪》有言:“这一所门面高大,定是个乡宧人家。”②李渔之所以可以通过门面来判断主人的身份,是因为门是建筑等级制度的体现。宁荣二公的身份均为“国公”(镇国公、辅国公),其府制应为“基高二尺,正门一重,堂屋四重,各广五间,脊用望兽”。③ 所以,宁、荣二府的“三间兽头大门”(正门一重与东西角门)与小说提到的“五间上房”(第 3 回),其实是国公身份的制度要求。而正门匾上所书“敕造宁国府”则通过文字符号将这种身份彰显出来,因为“府”字的使用具有排他性,仅诸侯、亲王、皇族、高官可用。再伴以门前威武的石狮子,荣宁二公之位高权重,可见一斑。

“三间大门”在数量上是对“阳(尊)宅”的贯彻,在具体使用上则是身份等级的落实。黛玉进荣府之所以“不进正门,只进了西边角门”,是因为于哪个门进出存在严格的礼法规定。正门,位居正中,形体最大,亦称“中门”“大门”,在所有形式的门中属于最“高贵”的门,并不用于日常的进出,只

---

① 这里体现了“以左为尊”的礼制思想。

② 王学奇、霍现俊等编:《笠翁传奇十种校注(下)》,天津古籍出版社 2009 年版,第 908 页。

③ 《大清会典(乾隆朝)》规定:“贝子府制,基高二尺,正门一重,堂屋四重,各广五间,脊用望兽。馀与贝勒府同。镇国、辅国公府制,与贝子府同。”(清)允祹等编纂:《大清会典(乾隆朝)》卷七十二·工部,杨一凡、宋北平主编,李春光点校,凤凰出版社 2018 年版,第 383 页。

用于重要节日、①重要仪式②、位高权重者来访③之时。因此,黛玉进出荣国府都走角门并不奇怪,因为她在政治上没有特殊的地位,且来贾府的当天不是重要节日与举行重要仪式之日,所以她不能从正门进出。从西角门进入后,黛玉看到了贾府内的景致。

那轿夫抬进去,走了一射之地,将转弯时,便歇下退出去了。后面的婆子们已都下了轿,赶上前来。另换了三四个衣帽周全十七八岁的小厮上来,复抬起轿子。众婆子步下围随至一垂花门前落下。众小厮退出,众婆子上来打起轿帘,扶黛玉下轿。林黛玉扶着婆子的手,进了垂花门,两边是抄手游廊,当中是穿堂,当地放着一个紫檀架子大理石的大插屏。转过插屏,小小的三间厅,厅后就是后面

① 如第七十五回,中秋夜宴之时,"当下园之正门俱已大开";后面,邢夫人欲告辞,蓉妻送出邢夫人,一同至"大门",各自上车回去。曹雪芹、无名氏:《红楼梦》,程伟元、高鹗整理,人民文学出版社 2008 年版,第七十五、七十六回,第1051、1058 页。

② 重要仪式包括,其一,婚礼。第九十七回中,贾宝玉大婚之时,"一时大轿从大门进来,家里细乐迎出去",可见,薛宝钗正是坐着大轿从正门进来的。其二,丧礼。秦可卿丧礼之时,宁国府"府门大开";第五十九回,贾家为老太妃哭灵之时,薛姨妈、尤氏率领诸人直送至"大门"外方回。第一百一十回,贾母去世之时,荣府"大门"起至内宅门扇扇大开,"大门"前的牌楼立时竖起。其三,祭礼。第五十三回,除夕祭宗祠,"宁国府从大门、仪门、大厅、暖阁、内厅、内三门、内仪门并内塞门,直到正堂,一路正门大开";祭完宗祠,贾母回荣府之时,文中写道:"一时来至荣府,也是大门正厅一直开到底。"同上注,第 171、723、726、809、1343、1476 页。

③ 第十六回中,六宫都太监夏守忠来降旨时,荣府乃"启中门跪接";第八十三回中,内宫来贾府传旨后,贾赦、贾政送传旨的老公出"大门";第十七至十八回中,元妃省亲,贾府开正门迎接,"贾母等在荣府大门外""贾母领合族女眷在大门外迎接""那版舆抬进大门"等句都是例证。太监代表皇上宣旨,元春乃皇上之贵妃,皆身份高贵,贾府开正门迎接,属于清代礼制的要求。同上注,第 203、236-237、1172 页。

的正房大院。正面五间上房,皆雕梁画栋,两边穿山游廊厢房,挂着各色鹦鹉、画眉等鸟雀。①

贾府是典型的四合院。“小小的三间厅,厅后就是后面的正房大院”,属于“前厅后房”的空间布局。厅属于外宅,位于院落前半部,主要作男主人迎接宾客之用;房属于内宅,位于院落的后半部,主要作女眷起居之用。这种“前厅后房”所构建的空间秩序,不仅表达了“男外女内”“男前女后”的伦理观念,更与中国宫殿“前朝后寝”②的布局形成同构对应。由此,传统中国通过空间结构强化了家国一体的观念。

众婆子和小厮护送林黛玉进了西边角门后,走了“一射之地”,将转弯时又换了三四个小厮抬轿,至一“垂花门”前落下。垂花门由于雕有倒悬于门额两侧的垂花而得名,亦称“中门”“二门”“仪门”。③ 以仪门为界,往内为“内院”,往外为“外院”,内外有别,空间等级也有所不同。这种空间等级体现在两个方面:一是主仆之别。仪门是倒座与正房、厢房的隔界之门。四合院的前院为倒座,即南房,与正房相对。正房是坐北朝南,南房则坐南朝北,位置恰好倒过来,故称为“倒座”,一般作奴仆住房、厨房之用。仪门之内为主人居住之用,仪门之外为奴仆居住之用,这种空间差别是主仆差别

---

① 曹雪芹、无名氏:《红楼梦》,程伟元、高鹗整理,人民文学出版社2008年版,第37-38页。

② “前朝”是帝王治理朝政的区域,为治国之用;“后寝”为帝王一家居住的区域,为理家之用。参见秦红岭:《建筑的伦理意蕴》,中国建筑工业出版社2006年版,第73页。

③ 《清俗纪闻》记载:“仪门设于官家,建在距大门二三间之内侧,其营造式样与大门相同。”[日]中川忠英编著:《清俗纪闻》,方克、孙玄龄译,中华书局2006年版,第72页。

的鲜明体现。① 二是男女之别。按照“妇人无故不窥中门”②的礼制,女性活动空间应以中门(仪门)为界,如果无故越过中门,便属违背妇道之举。在这个意义上,仪门是家内女眷与社会隔绝的屏障。③ 这种“辨内外”的住宅营建原则与“谨夫妇”“别男女”的居家之礼互相配合,体现了“严内外之限”④的礼法原则。孟德斯鸠指出,这种礼制使得女性与男性隔开。女性在这种空间内将获得一切道德的实践:如廉耻、贞操、端庄、服从、恬静等,她们的感情都将倾向于“单纯地对家庭的依恋”。⑤ 可见,空间告诉人们如何行动,仪门正如一种语言传达着行为规范。这种禁锢规范使女性的空间自由被缜密地限制,个中用意,乃是为了确保她们抵制外部世界的危险与诱惑,心无旁骛担当起“主内”职责。

---

① 《红楼梦》第三回中,王夫人跟林黛玉介绍贾宝玉:“若姊妹们有日不理他,他倒还安静些,纵然他没趣,不过出了二门,背地里拿着他两个小幺儿出气,咕唧一会子就完了。”这说的正是仆人(小幺儿)居住在二门之外的倒座。除此之外,在惩罚、行礼等方面,仪门也彰显主仆之别。《红楼梦》第六十一回玫瑰露遗失一案中,王熙凤对柳家的惩罚是:“打四十板子,撵出去,永不许进二门(即仪门)”;第五十三回中,宁国府除夕祭宗祠,“众家人小厮皆在仪门之外”。曹雪芹、无名氏:《红楼梦》,程伟元、高鹗整理,人民文学出版社 2008 年版,第三、六十一、五十三回,第 46-47、724、836-837 页。

② 时亮编著:《朱子家训·朱子家礼》,中国人民大学出版社 2016 年版,第 68 页。

③ 例如,《红楼梦》第三回中,邢夫人送黛玉只能“送至仪门前”;第四十八回中,薛蟠要外出“做买卖”,薛姨妈和薛宝钗母女二人送薛蟠出了“仪门”,“母女两个四只泪眼看他去了”,尽管依依不舍,也只能止步于仪门;第三十六回中,宝玉、黛玉、宝钗送湘云回家,也只能“送至二门前”,唯独身为男子的宝玉“还要往外送”,被湘云拦住,大家也只能“眼看着他(湘云)上车去了”;第九十七回中,贾政赴外任官,女眷“送至二门而回”,子弟及晚辈亲友却“送至十里长亭而别”。曹雪芹、无名氏:《红楼梦》,程伟元、高鹗整理,人民文学出版社 2008 年版,第三、四十八、三十六、九十七回,第 42、483、642、1346 页。

④ 袁采:《袁氏世范》卷一·睦亲,刘云军校注,商务印书馆 2017 年版,第 129 页。

⑤ 参见[法]孟德斯鸠:《论法的精神》(上册),商务印书馆 1961 年版,第 264-265 页。

拜见完贾母,黛玉接着要去拜见大舅贾赦与二舅贾政。为分析方便,荣国府的平面布局如图2所示。①

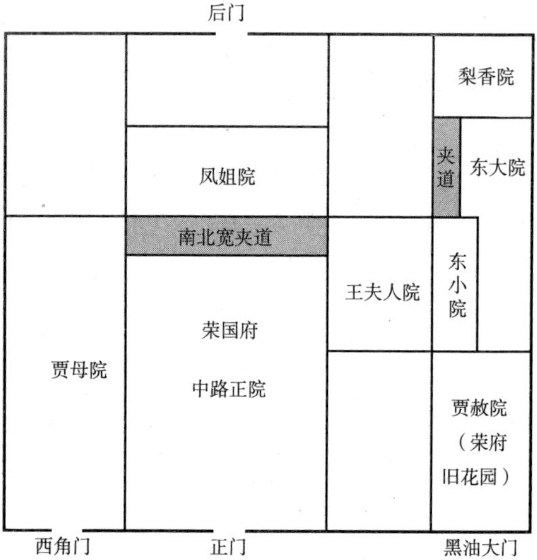

图2 荣国府总平面布局

荣国府的空间布局,其实在以无声的语言进行礼法叙事。贾母院位于西南,贾政院(中路正院)位于中间核心区域,贾赦院位于东南,凤姐院位于南北宽夹道之后。辨方正位,以中为尊,是古代礼法的重要要求。② 在奉行父权制的清代中国,受父子"同气分形"观念的影响,父亲去世时的身份与财产由儿子继承,这是礼法上的要求。因此,贾政继承了父亲贾代善的身份与财产,成为一家之长,所以居住于荣国府的核心区域,这种核心位置支持了权力向四方辐射。相

① 图片来自黄云皓:《图解红楼梦建筑意象》,中国建筑工业出版社2006年版,第19页。

② 《荀子·大略》言:"欲近四旁,莫如中央;故王者必居天下之中,礼也。"章诗同注:《荀子简注》,上海人民出版社1974年版,第293页。

对而言,贾母住的不是核心区域,而是西南方。贾政院与贾母院的相对位置,是清代继承制度的生动表现。

但是,贾赦院在荣国府中的方位却有点不合常理。从家庭伦理的角度出发,贾赦居长而贾政居次;从官职的角度看,贾赦降等袭爵,为"一等将军",而贾政只不过是蒙皇恩被额外赐了个"主事之衔",贾赦官位比贾政高。那么按清代礼法,不管是从家庭地位还是政治地位上,贾赦都比贾政拥有绝对优势,但为何他住在由花园隔断过来的偏僻位置,而贾政却住在荣国府的核心区域?

作为想象的产物,《红楼梦》中的空间描绘偏离真实性本无可厚非,但问题是,曹雪芹在描绘荣宁府宅的空间构造时用的多是写实性的笔调,为何偏在此处偏离常理?对这个问题,红学家争论不休,他们纷纷给出了自己的观点。① 相对而言,刘心武从"自传说"的视角来解释这个问题更为可信。他认为,与贾代善的历史原型对应的是曹寅(曹雪芹的祖父)。因曹寅的儿子曹颙英年早逝,曹寅的夫人李氏(书里贾母的原型)不仅成了寡妇,而且底下没有儿子,因此康熙下令让曹寅的侄子曹頫(曹雪芹的生父)过继给曹寅。曹雪芹是根据自己家族的情况——他的父亲是过继给他祖母的——这样的一种真实状况来写《红楼梦》的。他的父亲曹頫是贾政的原型,他的祖母李氏是贾母的原型,曹頫过继给李氏,继承了曹家的家业,所以在小说中,贾政住在荣国府的正堂大院。贾赦在小说里面是贾政的哥哥,其历史原型也确

① 这包括张爱玲的"修改添加说"、杜春耕的"二书合成说"、黄云皓的"贾赦庶子说"。参见张爱玲:《红楼梦魇》,上海古籍出版社 1995 年版,第 234 页;杜春耕:《荣宁两府两本书》,载《红楼梦学刊》1998 年第 3 辑;黄云皓:《图解红楼梦建筑意象》,中国建筑工业出版社 2006 年版,第 36 页。

实是曹頫的哥哥,但是他没有过继给贾母。既然他没过继给贾母,那他怎么能住在荣国府的院子里呢?他当然是在隔断的院落居住。曹雪芹太忠于生活原型了,所以才写成这个样子。① 如果我们以刘心武的说法为基础,那么小说中贾赦院的位置就不是胡编乱造,而是传统中国家族伦理的现实反映,因为在过继的场合下,嗣子成为嗣父的完全承继人,他在家族谱系中所占有的地位将发生完全的变动(兼祧的情形除外)。② 贾政的历史原型曹頫,成为曹寅的完全承继人,归入了曹寅一房。

从贾母院的后房门出来到后院,穿过东西穿堂,通过南北宽夹道就可到凤姐院。由图2可知,凤姐院位于南北宽夹道之后,其位置在荣国府核心位置之后,这一方位展现了凤姐家族中的身份与关系处境。我们知道,凤姐是荣国府的管家,这一身份赋予凤姐很大的权力,最突出的表现是荣国府的钱财出入都经过她的手。由于她是帮王夫人料理家务,须经常向王夫人汇报财务情况,这在客观上要求凤姐院与王夫人院的距离必须较近,方能联系方便。其次,凤姐除了是贾琏的妻子,更是王夫人的内侄女,这种"亲上加亲"的关系进一步拉近了凤姐与王夫人之间的心理距离。这种心理距离反映在建筑空间中,便衍化为物理距离。

通过贾府的空间叙事,我们明晰了贾府的家族关系以及权力格局,但是这种语言均是共时性的叙事。实际上,贾府空间仍进行着历时性的叙事。

---

① 参见刘心武:《刘心武谈〈红楼梦〉》,人民文学出版社2014年版,第12-13页。

② 参见[日]滋贺秀三:《中国家族法原理》,张建国、李力译,法律出版社2003年版,第278-279页。

随着年龄的增长,每个人的生理、心理都会发生相应的变化,这些变化也要求居住空间的改变。《红楼梦》中,宝玉小时候是和贾母一起居住的,住在贾母院中的碧纱橱;稍长时住在大观园中的怡红院;将要结婚时,贾政便“将荣禧堂后身王夫人内屋旁边一大跨所二十馀间房屋指与宝玉”(第九十六回)。薛宝钗未婚时居住于贾府的梨香院(位于荣国府的东北角,属于比较偏的位置),结婚后的她与宝玉居住在贾政指与宝玉的房屋。无论是宝玉还是宝钗,他们的居住空间都随着年龄的增长而变化。宝玉结婚后成为一家之主,享有礼法上规定的家长权,以丈夫与父亲的身份管理家庭。宝钗结婚后成为宝玉之妻,担当起“主内”的责任,妻子与母亲的身份使得她能够与丈夫一同居住在家庭空间中的核心区域。在这个意义上,居住空间的转换不仅意味着年龄的变化,更意味着身份的蜕变、礼法的调整以及手中所握权力的变化。

荣宁府宅的空间构成虽然离不开曹雪芹的想象,但其想象根源于现实的府宅空间与礼法实践。通过对荣宁府宅共时性与历时性的考察,清晰的认识浮现于眼前:空间不仅是人们活动的背景,它综合运用各种建筑要素构筑起一个社会性框架,从而营造出一种有助于礼法表达与权力运作的场域。林黛玉初进京都,她在贾府的行动轨迹为贾母院、贾赦院、贾政院,这种顺序按照辈分而来,不仅是家族伦理在作用着,而且是贾府空间所蕴含的权力观念在引导着。质言之,“空间的生产”①本身就是一个社会化的过程。在这个过程中,古人将礼法融注于建筑空间之中,并要求人们在这一空间中遵守相关的行为规范,这是礼法通过“空间化”来运作

① 包亚明编:《现代性与空间的生产》,上海教育出版社 2002 年版。

权力的生动写照。“礼法空间化”所传达出的精神,其实正是传统中国法律精神的重要组成部分。

[三]空间情境化:法律与空间的关联机制

《红楼梦》开篇关于女娲补天和神瑛绛珠的神话系统,不仅奠定了小说深远的文化底蕴,而且为文中的人格特质、情节发展与空间叙事提供了隐喻式解释。易言之,神话并非粗陋浅薄的“神之故事”,更非愚昧与迷信的产物,从本质上讲,它是人类对自身及本能生活的原始认识,是人类存在的提炼式描述。这种描述试图勾勒出构成人类现实的根本关系,以结构上的忠实来反映现实世界。① 在这个意义上,神话是合乎实际的保状、证书与向导,也是产生风俗与仪式的真正原因。② 就此而言,仪式具有神话性的根源,其玄学陈述性于特定的空间中呈现,这种呈现结合当时的礼法,使仪式具有“神话操演”与“礼法操演”的双重意味。如果说荣宁府宅所叙事的礼制是静态的,那么省亲别墅、贾府宗祠将把我们带入一种动态的礼法实践过程。仪式在这两个空间中上演,静态的建筑与动态的行为在交融互动中构筑起了法律表达与实践的崭新图景。法律与空间是如何被关联在一起的?解答这一问题离不开对情境的理解。情境由空间、时间、意义、人以及人的活动等要素组成,对我们揭示法律与空间的关联机制具有重要意义。

---

① 参见[美]古尔灵等:《文学批评方法手册》,姚锦清等译,春风文艺出版社,第214-215页。

② 参见[英]马林诺夫斯基:《巫术科学宗教与神话》,李安宅编译,上海文艺出版社1987年版,第132页。

省亲别墅是迎接贾妃的地方,当然也是最注重礼法的地方。“琳宫绰约,桂殿巍峨”,华丽的外表与雄伟的气势相结合,通过视觉上的冲击力强化了使用者的权势,让卑者不寒而栗。“天仙宝境”四字隐喻了省亲别墅对世俗的超越,这种神仙府第般的称谓与其说是对世俗的不屑,不如说是对天子敬仰之情的表达。作为天与人沟通的媒介,天子享九五之尊,元春是天子的枕边人,住在神仙府第,在贾族看来一点也不为过。对联写的是“金门玉户神仙府,桂殿兰宫妃子家”,如果说上联是对“天仙宝境”的呼应,那么下联则隐含了省亲别墅选址的意义。省亲别墅之所以建在贾府内,除了贾琏所说的“省事”,还在于贾府对元春来说具有家的意义。家和房子外延重合,但含义却大相径庭:房子是纯粹的建筑空间,家却包含了人性的色彩。作为儿时的居住地,贾府承载着元春的回忆,更符合省亲“遂天伦之愿”的目的。虽然任何一个地方都可以建省亲别墅,但建在贾府却意义不同,因为这不仅是房子,更是家!

在家的空间中,一切装饰都非同寻常:“但见庭燎烧空,香屑布地,火树琪花,金窗玉槛。说不尽帘卷虾须,毯铺鱼獭,鼎飘麝脑之香,屏列雉尾之扇。”灯火辉煌创造了明亮空阔之感,沁人麝香渲染了澄净氛围,金窗玉槛烘托了豪华气象,这些装饰从感官的不同角度出发,将空间营造为一种奢华的情境。尽管元妃感叹“奢华过费”,①但这种奢华是必要的,因为这种空间叙事的不仅是贾妃的高贵身份,更是对皇

① 第五十三回中,贾珍对乌进孝说,荣国府“这几年添了许多花钱的事,一定不可免是要花的,却又不添些银子产业”。这许多花钱的事,大观园的建造费用正是重要的一项。参见曹雪芹、无名氏:《红楼梦》,程伟元、高鹗整理,人民文学出版社 2008 年版,第五十三回,第 721 页。

权的尊重与臣服。易言之,这些奢华的符号使皇权成为一种可视的存在,从而得以被人们感知与认同。如果说这只是象征性的表达,那么省亲仪式则是真实的权力运作,这种权力运作体现在一系列吹毛求疵的细节安排。

其一,时间。太监出来先看方向是"正月初八日";贾母等有爵者按品服大妆是"十五日五鼓";贾妃用晚膳是"未初刻",到宝灵宫拜佛是"未正二刻",进大明宫领宴看灯是"酉初刻",起身是"戌初"。"世为迁流,界为方位",①"世界"二字连用说明时间与空间的密切联系。在省亲空间中,时间点之精确隐含着对有序状态的追求,这是时空统一观的体现。

其二,方位。贾妃"何处更衣,何处燕坐,何处受礼,何处开宴,何处退息"、贾府人员"何处退,何处跪,何处进膳,何处启事"都有讲究;贾妃驾到前十来个太监"各按方向站住";贾赦领合族子侄站在"西街门外",贾母领合族女眷站在"大门外"迎接;红衣太监至"西街门"下了马;省亲仪式时贾赦、贾政等于"月台下排班",贾母及女眷等自"东阶升月台上排班"。位置涵盖空间与礼法的差异,省亲仪式对位置的安排,本质上是对制度空间与身份等级的强调。

其三,奏乐、焚香、仪仗用物。贾妃来时的"隐隐细乐之声"以及仪式时的"两陛乐起"给人以听觉上的觉醒;"销金提炉焚着御香"引起人们味觉上的触动;"龙旌凤翣,雉羽夔头""曲柄七凤黄金伞""香珠、绣帕、漱盂、拂尘""金顶金黄绣凤版舆"等仪仗用物则给人以视觉上的震撼。这些事物无论是材料、质感还是颜色都有别于常人所用,这种独特性与排他性乃是权威的宣示。

① 《首楞严经》,崔世勋校点,黑龙江人民出版社1994年版,第315页。

其四,礼。当贾妃临近贾府,“贾母等连忙路旁跪下”;当仪式开始,“礼仪太监跪请升座受礼”;东西两府掌家执事人丁、媳妇、丫鬟“在厅外行礼”。跪这一动作是反生理的,因为弯曲薄弱的膝盖要承受身体的绝大部分重量,但这一戏剧化的动作却通过身体所受折磨表达了对权威的虔诚与崇敬。作为身体的话语还体现在文中另外两处描写:一是元春“至贾母正室,欲行家礼,贾母等俱跪止不迭”。按理说,元春是贾母的孙女,她想给贾母行家礼,为何贾母等要跪止不迭?这是因为元春还有贵妃的身份,身居尊位,其政治地位高于贾母,因此贾母不敢受元春的家礼,所以就跪下了。身边其他人都没有贾母的辈分和地位高,也必须跪下。二是贾政于帘外问安,含泪说了一段感恩戴德的话,而贾妃则“垂帘行参”。贾政是元春的父亲,为何须于帘外启奏?这同样是因为贾妃的政治身份,此时她代表着皇权,故贾政以“臣”自称。这说明,当国与家冲突时,国优先于家。此时,帘具有空间类型的转化意义:隔着帘是国,掀开帘是家。

因此,分析省亲别墅的空间叙事机制,需要将仪式也纳入考察的范围,这是情境的应有之义。空间之所以如语言传达着信号,并不只在于建筑所围起的领域,更在于其中的人以及人的行为。在特定的时间,于特定的空间举行特定的仪式,就有了特定的意义。人们通过视觉、味觉、听觉与触觉来感知空间,感官的综合让人们对特定的人、事、礼法及其意义予以格外的关注。就此而言,符号与仪式对于权力的建构与运作,确实具有非同寻常的政治意义。①

① 关于政治仪式的讨论,详见[美]大卫·科泽:《仪式、政治与权力》,王海洲译,江苏人民出版社 2015 年版;王海洲:《政治仪式——权力生产和再生产的政治文化分析》,江苏人民出版社 2016 年版。

同样的道理又可见于“宁国府除夕祭宗祠”的情节。在空间上,宗祠位置(在宁国府内)、黑油栅栏、五间大门、九龙金匾、御笔对联、宁荣二公遗像等要素都支撑起了一种庄严的空间效果。一路大开的正门,两边阶下的红色大高烛,金龙一般的烛火不仅给人规模上的震撼,也与信仰空间的神圣性互为呼应。

祭礼时每个人的方位被反复提到。其一,“贾府人分昭穆排班立定:贾敬主祭,贾赦陪祭,贾珍献爵,贾琏贾琮献帛,宝玉捧香,贾菖贾菱展拜毯,守焚池”,贾府人在祭礼时的位置以及分工差异,是每个人在家族中的角色和地位的体现。其二,“众人围随着贾母至正堂上”,“贾荇贾芷等从内仪门挨次列站,直到正堂廊下。槛外方是贾敬贾赦,槛内是各女眷。众家人小厮皆在仪门之外。”每个人在家族中的地位高低可以根据与遗像的距离来判定,贾母地位最高因而在正堂上,贾荇、贾芷等根据辈分从内仪门挨次列站,小厮地位最低因此只能在仪门之外。而槛外是贾敬、贾赦等男性,槛内是女眷,则体现了“男外女内”的伦理差别。其三,“凡从文旁之名者,贾敬为首;下则从玉者,贾珍为首;再下从草者,贾蓉为首;左昭右穆,男东女西。”昭穆乃用于区分家族中的远近亲疏关系,其中的辈分观念是家族差序格局的体现。总之,这些位置阶序化了伦理空间与主体间的身份关系。

传菜的仪式非常有趣。媳妇被纳入传菜的仪式队伍中,既说明女性被娶进门认的是丈夫的宗,也表明女性的身体被纳入建构的空间。菜由男性传至女性,再由女性置于供桌上,女性与供桌的近距离映射她们执掌内务的角色。菜在每个族人手中传递,以付出劳力的方式调动起每位族人对祖先的敬意。这种传递犹如一条绵长的情感链条将族人紧紧地牵连在一起。在此我们不仅看到了一种家族的整体性,也看到了家族场域中情与礼的共生场景。在除夕这个特殊日子,祭礼在庄严的宗祠空间内举行,时间、空间与仪式构成不可分离的情境框架,这脉络化了所有参与者,从而强有力地支撑起祖先崇拜观念与家族礼法实践。

归根结底,人们利用空间来运作法律,其实离不开情境的塑造,笔者将此归结为"空间情境化":人们利用空间塑造一种情境,这种情境容纳了空间、时间、意义、人、行为、情感等要素,从而使人们在这个情境中得以按照其身份来行事。它不是由建筑师来完成的,而是由行为者完成的。表面来看,使省亲别墅和宗祠相区别的是视觉上的外观,实际上这种外观的背后有一种特定的结构秩序使我们得以识别二者的差异,它来自作为人类和社会现象的深层次特性。对情境的强调,既是对空间与行动机械联结的警惕,也是对"空间决定论"①陷阱的远离。实际上,《红楼梦》空间所叙事的,正是行动与空间密不可分的关系特征。动态的礼节与静态的礼制构成有机关联,礼法与空间形成巧妙融合。其中起决定作用的不仅仅是空间,更是人。诚然,空间具有相对的独特力及其内在逻辑,但其效力的发挥仍离不开其他社会文化的形塑力,尤其离不开人的行动。② 就此而言,空间的语言绝不是抽象的,而是人类本质之一,③其中的礼法叙事,以仪式的方式诠释了法律空间的独特内涵。

---

① 参见营立成:《迈向什么样的空间社会学——空间作为社会学现象的四种路径与反思》,载《中国社会科学评价》2019 年第 1 期。

② 参见黄应贵编:《空间、力与社会》,台湾"中研院"民族学研究所 1995 年版,"导论"第 3-13 页。

③ 参见[英]布莱恩·劳森:《空间的语言》,杨青娟等译,中国建筑工业出版社 2003 年版,第 73 页。

[四]《红楼梦》的两个世界:礼法世界与情感世界

余英时曾指出《红楼梦》的两个世界:大观园的世界为“理想世界”,大观园外的世界为“现实世界”,前者干净而后者肮脏。① 余英时是以洁净度为标准进行类型划分的。实际上,如果以秩序依据为标准,《红楼梦》的空间亦可划分为以荣宁府宅为主体的“礼法世界”和以大观园为主体的“情感世界”。大观园原型于何处至今备受争议,②很可能它并不存在于现实世界中,而只是曹雪芹苦心孤诣建构出来的“精神空间”,不乏想象性与虚构性。这一空间与礼法世界的“社会空间”遥相呼应,其张力与互动是我们理解法律运作逻辑以及家族秩序构造的关键。

在尼采将建筑视为一种“权力的雄辩术”的启发下,迪耶·萨迪奇(Deyan Sudjic)考察了建筑与权力之间千丝万缕的联系,③米歇尔·福柯(Michel Foucault)更是沿着英国学者杰里米·边沁(Jeremy Bentham)所提出的“全景敞视建筑”构想,对权力与空间的关系问题进行了深入的分析。④ 上述学者所揭示的建筑与权威之间的关系值得我们深思。

---

① 参见余英时:《〈红楼梦〉的两个世界》,载胡文彬、周雷编:《海外红学论集》,上海古籍出版社1982年版,第31-55页。

② 对于大观园建筑原型,有胡适的“随园说”和“明北实南说”、周汝昌的“恭王府说”、俞平伯的“北主南从说”和“可北可南说”、吴柳的“恭王府说”、吴世昌的“随园加创作说”、赵冈的“江宁织造署说”、黄葆芳的“虚构及园庭布置家说”、曹聚仁的“苏州拙政园说”以及袁维冠的“综合构想说”。参见顾平旦、曾保泉:《红学散论》,文化美术出版社1987年版,第168-172页。

③ 参见[英]迪耶·萨迪奇:《权力与建筑》,王晓刚、张秀芳译,重庆出版社2007年版。

④ 参见[法]米歇尔·福柯:《规训与惩罚》,刘北成、杨远婴译,生活·读书·新知三联书店1999年版,第219-256页。

易言之,权威尽管是隐形的、抽象的,但在日常生活中的的确确存在,它渗透到社会关系的网络之中,影响着人们的思维习惯与行为方式。为了感知与触摸无以言状的权威,人们必须借助显现的、具体的载体,而建筑即是重要的载体之一。就此而言,象征性空间具有的符号功能使权威得以被表达与修饰,真实空间中的权力运作则使处于秩序格局中的人们“屈服”与“悦服”。

《红楼梦》中的建筑就是一个展示权威的空间。贾府门前的石狮子、门上的兽头衔环、坐北朝南的方位朝向与中轴对称的格局当然是权威的彰显,但还有一点容易被忽略,即贾府的神秘。横跨大半条街的围墙将贾府围起来,贾雨村说:“隔着围墙一望,里面厅殿楼阁,也都峥嵘轩峻;就是后一代花园子里面树木山石,也都有蓊蔚洇润之气。”①对外人来说,贾府是神秘的。门口众人把守,“连宗”过的刘姥姥想进荣国府都大费周折,更不用说一般人了。因此,隔着围墙往里边望,是看得不真切的,仅能看到峥嵘轩峻的厅殿楼阁以及花园子里的蓊蔚洇润之气。神秘对威严有助力作用,古代皇帝之所以深居九重之中,并非只是为了享乐,更重要的是不想让平民百姓看到他们的日常生活,以此来增强神秘感与权威。② 家族建筑的面孔朝内,环绕空间的围墙把居住者环绕起来,规定了中国人的家及依附者。围墙内外建筑的高度差,建立起了内部凌驾于外部的权势。不对等关系十分明显:从内向外是权力之眼与全景式凝视的运用,从外到内则

① 曹雪芹、无名氏:《红楼梦》,程伟元、高鹗整理,人民文学出版社 2008 年版,第二回,第 26 页。

② 参见萨孟武:《〈西游记〉与中国古代政治》,北京出版社 2013 年版,第 28-29 页。

是可视性与可达性的否定。① 这种通过围墙彰显权势的布局并非清代首创,其之所以能历代延续,在于其独特的功能符合传统中国的权威体制。透过围墙,权威在不同类型的空间中呈现。当子孙后代在先祖遗像前跪拜祭祀,当家礼在荣宁府宅空间中上演,当省亲之礼于省亲别墅中粉墨登场,仪式的力量将空间整合为具体的情境,从而使父权、夫权、主权乃至皇权等各种权威得以被整饰与运作。

英国法律史学家梅因曾经说过:“所有进步社会的运动,到此处为止,是一个‘从身份到契约’的运动。”②实际上,传统中国乃是一个纵向身份与横向契约构筑而成的复合结构。就此而言,身份是我们解读中国传统法律文化的密码所在。不言而喻,传统中国的法律文化深受儒家学说影响,儒家强调的“等级人格”③构成了身份等级制的理论基础。身份等级观念不断巩固和发展,其影响波及传统中国的经济、政治与文化结构。作为文化结构的重要组成部分,建筑文化也不例外。礼法世界传达出严格的身份等级观念:“内外有分”“男女有别”“长幼有序”与“主仆有差”。在这些观念的主导下,“父子”“兄弟”“夫妇”“主仆”此四伦在此空间内展开,身份等级制不断得到巩固与强化。如果我们将视线转移到《红楼梦》家族礼法的实践过程,便会发现:贾政对宝玉的笞挞、贾宝玉与贾环的日常相处、贾政与王夫人的夫妻之道、王熙凤对奴仆的责罚等,其实都是身份等级制的绝佳诠释。

---

① 参见朱剑飞:《中国空间策略:帝都北京(1420—1911)》,诸葛净译,生活·读书·新知三联书店2017年版,第223页。

② [英]梅因:《古代法》,沈景一译,商务印书馆2009年版,第112页。

③ “等级人格”的概念,参见刘泽华:《中国政治思想史(先秦卷)》,浙江人民出版社1996年版,第45页。

在强调家国一体的清代中国,家族建筑从来都不是一个私人性的场域,它更像一个"微型国家",①权威与身份等级制在这个微型国家中体现得淋漓尽致。质言之,家族被编织进封建帝国的政治网络中,这是饱含策略性的"空间政治学"。②作为国家机器的建筑空间,③其特有的整合功能不可小觑。

在礼法世界中,个人的情感是受到压抑的,与此形成鲜明对比的是大观园的空间,这一空间特别能唤起人们的情感觉醒。无论是因地制宜的空间安排,还是各具特色的室内陈设,抑或穿插掩映的山水丘壑,大观园的诗情画意都有别于礼法世界强调的规则与划一,其呈现出的"自然场所精神"呼唤人们以"移情"的方式亲近自然。④ 因此,恪守儒家伦理、古板迂腐的贾政,内心也充满对稻香村田园风光的向往:"倒是此处有些道理。固然系人力穿凿,此时一见,未免勾引起我归农之意。"(第十七、十八回)贾政的归农之意源于园林空间的触动。这种触动说明,与礼法空间相比,园林空间更有利于人性回归与情感孕育。宝玉与黛玉一起葬花、共读《西厢记》等情节发生在大观园中,丫鬟司棋与表弟潘又安偷情也发生在大观园中。就此而言,大观园赋予人们一个与礼法世界区隔、能容纳真情实感的精神空间。精神空间的情感因素,在一定程度上弥合了严格的身份差序。无论是螃蟹宴上主子、丫鬟、婆子共坐的"越礼"行为(第三十八回),还

---

① 参见[美]白馥兰:《技术与性别——晚期帝制中国的权力经纬》,江湄、邓京力译,江苏人民出版社 2006 年版,第 47-48 页。

② [法]亨利·列斐伏尔:《空间政治学反思》,载包亚明编:《现代性与空间的生产》,上海教育出版社 2002 年版,第 59-75 页。

③ 参见朱剑飞:《中国空间策略:帝都北京(1420—1911)》,诸葛净译,生活·读书·新知三联书店 2017 年版,第 273 页。

④ 参见[挪]诺伯舒兹:《场所精神:迈向建筑现象学》,施植明译,华中科技大学出版社 2010 年版,第 23-47 页。

是野炊时宝玉等人赤手取食鹿肉的“原始野性”(第四十九回),其实都反映了情感对礼法的松动与突围。①

尽管这两个世界大相径庭,却不意味着它们之间没有关联。恰恰相反,这两个空间不仅充满张力,而且在进行着不停的互动。曹雪芹空间建构的基础,究根结底就是家族秩序的内部构造:法—情。荣宁府宅代表着法,大观园代表着情,在家族的场域中,这两者关系紧密:既相反相离,又相通相成。② 就前者而言,法理性而情感性;就后者而言,二者在“理”的层面是统一的。③ 质言之,二者构成一种动态的循环结构:法来源于情,情又受到法的调整。与柔软的情相比,法的权威却具有强大的震慑力,因此,傻大姐拾到的一只绣春囊,便足以颠覆大观园的空间秩序。

绣春囊是王夫人下令抄检大观园的导火索,也是司棋偷情被发现的罪魁祸首。尽管这只绣春囊只是司棋与潘又安的定情信物,但是在深受传统礼教影响的王夫人看来,这将对贾府的规矩和公子小姐们的纯真造成莫大的威胁,因此她下令查抄大观园。在笔者看来,这不仅是王夫人对大观园的抄检,更是礼法世界对情感世界的抄检。有趣的是,曹雪芹安排这只绣春囊由“心性愚顽,一无知识”的傻大姐所捡到。傻大姐没有受到礼法影响,在她眼里,绣春囊上赤条条抱在

① 参见欧丽娟:《论大观园的空间文化——以屋舍、方位、席次为中心》,载《汉学研究》2010 年第 3 期。

② 即“法理”与“情理”是相通相成的。具体表现为:在性质上,情是法的实质内容,法是情的外在形式;在进路上,情是法的发展动力,法是情的必由之路;在价值上,情是法的评价标准,法是情的应然要求;在实践上,情是法的优化之基,法是情的实现之道。参见汪习根、王康敏:《论情理法关系的理性定位》,载《河南社会科学》2012 年第 2 期。

③ 《韩非子》言:“理者,成物之文也。”这说明“理”的本义乃玉的纹路,指的是事物的内在秩序、本质、条理和规律等。陈秉才译注:《韩非子》,中华书局 2007 年版,第 106 页。

一起的男女图,只不过是一“妖精打架图”罢了。这不仅是对王夫人、邢夫人等礼法卫道者的巨大讽刺,更暗示了清代礼法教化的强大力量,似乎只有心智不清的人才不受礼法教化的影响。①

无论如何,大观园建立起来的爱情,最终逃不过礼法的扼杀。在“父母之命,媒妁之言”的礼法下,宝玉和黛玉落了个“木石无缘”的凄凉结局;在奴仆婚姻由主子包办的规矩下,司棋与潘又安的爱情故事不告而亡。可见,不管是小主子还是奴仆,在礼法的束缚下,他们都无法主宰自己的爱情。情虽然可以在礼法的夹缝中自然萌发,却很难在礼法的压抑下正常发育。归根结底,《红楼梦》的情感世界是建立在礼法世界基础上的。如果大观园中萌生的情感不为现实世界的礼法所承认,自然会遭到无情的扼杀。龄官画“蔷”,饱含着对情人贾蔷的思念之情,这种看似唯美的场面却惨遭大雨的冲刷。曹雪芹的安排十分巧妙:这场大雨正如无情的礼法肆无忌惮地冲击着大观园中萌生的情愫。

大观园的抄检,虽然只是对情欲的抄检,但其实际威力却波及亲情。面对抄检,探春“不觉流下泪来”,她认为这种抄检是“从家里自杀自灭起来”,并将导致大家族的“一败涂地”(第七十四回)。不言而喻,大观园的抄检隐含着对家族成员的怀疑,这对家族亲情不啻当头一棒。果不其然,贾族如同抄检过后逐渐失去生机的大观园,人心涣散,终落了个“树倒猢狲散”的结局。这不仅说明法对情的压制具有“牵一发而动全身”的作用,也说明法律运作对家族秩序的影响是全盘性的。过于强势的权威运作,极有可能造成内部伦理

① 参见白先勇:《白先勇细说红楼梦》(上),广西师范大学出版社 2017 年版,“前言”第 8-9 页。

结构的松动与瓦解。

与其说大观园的抄检是法对情的较量,不如说法的运作时时刻刻面临着情的挑战。司棋偷情被罚,表面来看是不合理的情欲所致,本质上讲却是因为她违反了大家族的礼法,侵犯了主子的权威。无论是大动干戈地抄检大观园,还是煞有介事将司棋撵出贾府,其实都是为了彰显权威与身份等级制的不可撼动。在布迪厄(Pierre Bourdieu)看来,作为"关系的系统",空间是一种场域。场域与惯习具有密切的联系:一方面,场域塑造和影响惯习,惯习作为场域的固有属性,是区分不同场域的关键因素;另一方面,惯习又具有建构性,可将场域建构成富有意义的世界。①《红楼梦》中的两个世界正是两个类型不同的场域,法与情作为惯习是我们区分二者的关键。由此我们可以看到人们是如何利用空间来运作法律与权力的:一方面,抑制其他场域的存在空间。大观园的抄检就是通过遏制情感空间来彰显礼法的独尊地位;另一方面,避免其他场域的惯习于自己的场域生根发芽。将司棋驱逐出贾府,其目的在于将私情驱逐出礼法空间以绝后患。质言之,不论在主观上还是客观上,家族中的行动者都被礼法空间"社会地结构起来"②。空间中的礼法不仅具有象征性,更具有实然性,这是实实在在且颇具效力的权力运作。面对情的挑战,法的运作将空间充分利用起来影响人的行动,在其对"结构"与"能动"的整合中,③我们看到了颇具张力的

① 参见[法]皮埃尔·布迪厄、[美]华康德:《实践与反思:反思社会学导引》,李猛、李康译,中央编译出版社 1998 年版,第 131-185 页。

② [法]彼埃尔·布尔迪厄:《社会空间与象征权力》,载包亚明:《后现代性与地理学的政治》,上海教育出版社 2001 年版,第 304 页。

③ 参见许伟、罗玮:《空间社会学:理解与超越》,载《学术探索》2014 年第 2 期。

家族秩序构造。

透过家族秩序构造,我们可以解读“诗礼簪缨”的内涵:“诗”者,诗情也,这是精神空间的秩序依据;“礼”者,礼法也,这是社会空间的秩序依据。《红楼梦》的空间语言既是情感的潜在表达,也是礼法的无声叙事,这种情法辩证共生的复杂表述,隐含着作者对“诗礼簪缨”理想秩序的向往与追求。

结语:永恒的守望

当《红楼梦》变成科幻意义上的传送门,其所制造的虚拟现实,也成为代表人类永恒的穿越媒介的希望。① 对小说中“官制半遵古名”的现象,脂砚斋评点:“半有半无、半古半今、事之所无、理之必有、极玄极幻、荒唐不经。”②这一评点亦可用于形容小说中的虚拟现实与科幻意味。实际上,《红楼梦》之所以历久弥新,一个很重要原因就在于虚拟性与现实性的二元统一。其中的空间叙事既是虚幻的,也是真实的;既是抽象的,也是具象的;既是建构的,也是解构的。在这个意义上,我们得以借小说中的虚拟空间来研究传统中国的现实空间。本文对《红楼梦》中空间语言的诠释,其目的不在于简单描绘小说中的空间形态,而在于阐释空间中的法律运作机理。传统中国的法律不仅是条文化、平面化的,更是建筑化、空间化的。在论述方面,笔者不仅对小说中的建

① 参见严峰:《假作真时真亦假:虚拟现实视野下的〈红楼梦〉》,载《中国比较文学》2020 年第 2 期。

② 曹雪芹:《红楼梦脂评汇校本》(上),(清)脂砚斋评,浙江古籍出版社 2018 年版,第 32 页。

筑礼法进行了细致阐发,更将这种建筑礼法置于家族秩序的运作过程中予以考察,其目的是更好地展现法律与空间在家族秩序运作过程中的角色、机制以及一以贯之的逻辑。就此而言,本文着眼的不仅是静态的法律空间,更是这一空间中动态的行动者。笔者希望走进这些行动者的主观世界,倾听他们的声音,①因为这种声音也是空间语言的重要组成部分。

当家族秩序被完整地镶嵌入政治秩序中时,家国同构的观念被进一步强化了,这一切归功于法律与空间的结合。但是,法律空间不具有决定性,它并不能确保法律被严格执行。在这一空间中,王熙凤放债取利、贾琏偷娶尤二姐、"扒灰""养小叔子"等违背礼法的事情不时发生,曾经的钟鸣鼎食之家、诗礼簪缨之族最后竟沦落到违法被抄的境地,这一时空发展序列不仅反映出世族大家在礼法表达与实践上的悖论,更呈现出情感与礼法间的巨大张力。实际上,法律空间的意义并不仅仅在于呈现法律条文,更在于对深处其中的人、行动、法律、情感等要素的有机整合。"空间情境化"既是对法律与空间关联机制的阐释,也是对法与情关系的反思。在家族的空间中,法的实施受到了情的影响。情法之间的交织、拉锯与互动,既是家族秩序运作的真实状态,也是曹雪芹生活感受的实际来源,他建构出来的充满张力的两个世界,其实是对情法谐和与秩序安稳的永恒守望。

---

① 梁治平也强调在寻找"意义"时必须关注行动者的声音。参见陈柏峰、尤陈俊、侯猛编:《法学的 11 种可能》,中国民主法制出版社 2020 年版,第 38 页。

《法律和社会科学》(2022)　第19卷第2辑,第341~364页

“法律与文学”在中国的方法流变

韩尚宜*

摘　要:二十年来中国“法律与文学”研究的四大分支呈现出综合运用社会科学分析法律问题的趋势:规范分析、实证(经验)分析与价值分析的方法被交叉运用。以“文学中的法律”为代表,“法律与文学”形成了通过文学关照本土法治问题的学术传统。但是,文学在法学研究中主要充当实证材料,而非理论工具。中国“法律与文学”研究存在方法悖论。文学与法学学科属性的内在矛盾,使得这类研究往往与法律的规范性冲突。没有核心的研究方法,更令其与法律的社会科学研究趋同。知识、论域与视野的历史惰性,造成法学领域的文学跨学科研究不甚繁荣且难有创新。“法律与文学”研究在中国的兴起,是特定时空背景下学术浪漫主义的产物。如不加以行之有效的方法重构,它必然会在时代的浮躁中走向式微。

关键词:法律与文学　社科法学　文学中的法律

* 韩尚宜,中国人民大学法学院博士研究生。

[一]背景与问题

勃兴于20世纪70年代美国法学界的"法律与文学"(Law and Literature)学术运动,是同法律与社会学、经济学、心理学、政治学、认知科学等法律与社会跨学科研究范式并驾齐驱的,具有反教义学倾向的新兴的法学研究领域。① 历经40多年的发展,"法律与文学"这一学术运动逐步形成了具有自身特点的研究范式与理论框架,以及相对集中的讨论话题与学术关切。"法律与文学"运动肇始于1973年美国法学家詹姆斯·怀特出版的专著《法律的想象:法律思想与表达的性质之研究》(*Legal Imagination: Studies in the Nature of Legal Thought and Expression*)。1988年理查德·波斯纳在其出版的著作《法律与文学》中第一次区分并建构了"法律与文学"的不同研究范式,并就其方法论进行阐释,总结出"法律与文学"研究的经典的四大类型。这标志着"法律与文学"研究在理论上的成熟。②

---

① 参见沈明:《法律与文学:可能性及其限度》,载《中外法学》2006年第3期。

② 参见[美]波斯纳:《法律与文学》,李国庆译,中国政法大学出版社2002年版。

从学术史角度考察,风行美国法学界近半个世纪的“法律与文学”运动,一方面,以其分析法律问题的全新视角为学术智识增长开拓了新的场域,在学术生产上也达到了相当可观的水平。诸多知名法学家在这一领域的开垦,使得“法律与文学”成为法律与社会科学研究中独具特色的学术流派,受到法学界内外广泛关注。另一方面,随着“法律与文学”运动声势的壮大,对其进行批评的观点愈来愈多。法学与文学迥然不同的学科属性使二者的跨学科研究难以形成统一的方法论基础,各大研究分支缺乏共同的理论基础,分析框架在逻辑上缺乏相互联系,不能像法教义学那样形成精细的理论体系。① “法律与文学”本质上立足于反对内部主义的研究进路,强调外部视角与跨类研究——用文学文本反思文化、社会及政治等人类生活各种领域与法律之间的关系。因此,这一学术运动的研究方法从其兴起之初就是反对单纯的规范分析方法的。② 作为文学研究的法律分支,“法律与文学”研究为理解法律开拓了文学批评等文艺理论方法。作为法律与社会的跨学科研究流派,“法律与文学”研究更多聚焦于文学著作的材料价值,通过文本阐发这一途径对“行动中的法”进行实证分析或价值分析。本文所关注的正是在第二种意义(法学意义)上的法律与文学的研究传统。

当下,“法律与文学”的国内研究已有二十年历史,从事

---

① 尊重体系与逻辑是法教义学的基本特征,既体现在运用既有法律制度解决疑难问题上,又体现在对既有法律制度的突破即“法学上的发现”中。参见许德风:《法教义学的应用》,载《中外法学》2013 年第 5 期。

② 法律与文学研究是一种跨学科门类的研究。作为一种言说方式,跨类是指类与类或者类与非类之间的穿越:它是动态性的对话、穿梭、置身于比较之中,而不是平面性地面对两个同类对象作出对比或勾连。参见吴兴明:《跨类还是在分类系统中言说——对比较文学学科理论的另一种陈述》,载《江汉论坛》2004 年第 6 期。

这一领域研究的学者绝大多数具有法学背景。经过两三代学人的推动,“法律与文学”在中国法学研究中似乎自成一派。对“法律与文学”研究方法论的学术探讨及反思构成了该项学术运动本土化发展的重要维度。较有代表性的是1996年苏力在其著作《法治及其本土资源》中对“法律与文学”研究的方法论进行的探讨。他认为文学作为法学研究的重要材料,其价值体现在“事物显示出来的逻辑关系和普遍意义”。① 苏力主张中国的“法律与文学”研究应通过文学作品发现法治实践的具体问题,用法社会学的方法进行新的解读。1999年冯象发表在《北大法律评论》上,作为其著作《木腿正义》代序的文章《法律与文学》对“文学中的法律”与“作为文学的法律”的两个命题进行了检讨。他认为“‘太认真’地拔高文学,强调其政治效用和伦理价值,势必冲击法律的自主‘中立’,削弱法律家集团对行业垄断所持的‘审慎’态度,而最终否定法治的基本原则”。② 通过文学作品对法律进行价值分析,这种方法可以存在但应当适度。

21世纪以来,后继学者在梳理西方“法律与文学”研究史的基础上,进而发现该运动在中国的问题意识和存在语境与西方大不相同,应反思并扬弃传统的“法律与文学”研究领域的四分类型,为中国“法律与文学”研究开辟可能的方法进路。③ 诚如苏力所言,中国“法律与文学”仍处于“一直试图说服自己,今日依然”的窘境中,方法论问题始终成为困

① 参见苏力:《法治及其本土资源》,中国政法大学出版社1996年版,第23-25页。

② 参见冯象:《法律与文学——〈木腿正义:法律与文学论集〉代序》,载《北大法律评论》第2卷第2辑,法律出版社1999年版,第707页。

③ 参见沈明:《法律与文学:可能性及其限度》,载《中外法学》2006年第3期。

扰。① 笔者认为，文学只是借以理解法律的一种外部视角，并不存在所谓独立的“法律与文学”研究方法，它的跨学科性决定了它要么是法学的研究方法，即规范分析、实证分析和价值分析，要么是文艺理论上的文学批评的各种方法。在法学意义上，可以认为某些“法律与文学”研究就是变式型的法社会学或者法哲学研究，其中文学更多发挥材料媒介作用——用来发现法律事实或价值冲突。

基于上述认识，本文立足于法学研究方法论的视角，对中国近二十年的法律与文学研究，按照传统的四种领域进行划分，并分别分析其研究方法的流变。鉴于“作为文学的法律”“通过文学的法律”与“有关文学的法律”研究在中国尚未有足够充分的研究成果和较为集中的学术论域，对其研究方法的分析统一安排在文章的第二部分。“文学中的法律”研究是中国“法律与文学”研究最重要的学术阵地，学者们形成了较为一致的问题意识和学术兴趣，最能代表“法律与文学”中国研究的特点。关于这一研究领域的核心议题与普遍方法，笔者将在文章的第三部分做重点分析。文章的第四部分，笔者将对中国“法律与文学”的研究及方法做出统一评价，指出“法律与文学”在中国发展面临的问题，并尝试对“文学缺席”困境的产生进行分析与反思。

[二] 中国“法律与文学”经典范式与研究概况

广义的“法律与文学”研究包含了四大学术分支：文学中的

---

① 参见苏力：《“一直试图说服自己，今日依然”——中国法律与文学研究20年》，载《探索与争鸣》2017年第3期。

法律(law in literature)、作为文学的法律(law as literature)、通过文学的法律(law through literature)以及有关文学的法律(law of literature)。① 通过对这四对概念的词语分析可知,"文学中的法律"和"有关文学的法律"以法律作为研究中心,法学的学科性质更为明显,法学方法的应用更为突出。②"作为文学的法律"和"通过文学的法律"以文学作为研究中心,更多运用文学的方法分析法律文本,或立足文学阐发作品的社会及政治功能。由于中国的法学学者少有文学的专业教育背景,"法律与文学"研究各个分支在中国均展现出运用法学方法进行分析的特点。

"文学中的法律"研究是指以文学作品为材料来源研究其所蕴含的法律问题。早在1992年梁治平的随笔集《法意与人情》中,就从中国古代文学作品里发掘了大量具有法律意义的文本材料,并从中提炼出中华传统法律文化的一些特点。③ 运用文学典故阐发法学内涵的随笔式论著随之层出不穷,如刘星的《西窗法雨》。④ 这类著作一般会涉及法与道德、法与文化、法与天理人情等抽象问题,受文学表达的诗性品质影响,更倾向于采用价值分析的方法表明态度。苏力于1996年发表的文章《秋菊的困惑与山杠爷的悲剧》则为这一学术分支开拓了全新且影响深远的研究进路。⑤ 首先,苏力将文学材料的运用拓展到了影视领域,"法律与文学"研究不再局限于文学文本,而是可以扩大到所有作品。其次,开

① 有关"法律与文学"研究的分类,参见[美]波斯纳:《法律与文学》,李国庆译,中国政法大学出版社2002年版。

② 参见徐忠明、温荣:《中国的"法律与文学"研究述评》,载《中山大学学报(社会科学版)》2010年第6期。

③ 参见梁治平:《法意与人情》,海天出版社1992年版。

④ 参见刘星:《西窗法雨》,花城出版社1998年版。

⑤ 参见苏力:《法治及其本土资源》,中国政法大学出版社1996年版,第23页。

启了法理学研究中颇为耐人寻味的对《秋菊打官司》这部电影连续二十多年的学术讨论,“秋菊”甚至成为中国“法律与文学”研究的代名词。最后,苏力在本文中体现出的通过文学关照中国现实法治问题的研究进路,以及随后集结出版的《法律与文学:以中国传统戏剧为材料》,使法律与文学研究具有了总结中国经验的实践品质。这极大地拓宽了“法律与文学”研究的方法进路,使之与法社会学的实证研究紧密结合。其后的研究大多沿着苏力的方向,在多角度解释文学文本的法律意涵上进行着学术拓展。文章的第二部分,笔者就将围绕《秋菊打官司》的法学讨论等方面,对“文学中的法律”的研究方法的发展流变做出详细分析。

“作为文学的法律”是指对法律文本,包括法律条文和司法判决书等进行文学理论或语言哲学意义上的解释和修辞分析。中国并非普通法系国家,①那种极富个性的具有文学色彩的司法判决书并不常见。缺乏相应的文本材料,使这一部分的研究大体上与法理学中的法律解释学重合,同时突出了对语言哲学的运用。比较有代表性的论著有,季卫东1998年和1999年发表的论文《法律解释的真谛——探索实用法学的第三条道路》,谢晖2003年出版的著作《法律意义的追问——诠释学视野中的法哲学》等,②山东大学法学院主办的《法律方法》也刊登了大量运用语言哲学等文学分析

① 在普通法系的美国这种类型的研究则具有可能性。如法学家本杰明·N.卡多佐曾说过:“在司法判决的荒野上,文学风格不仅不是一种罪恶,只要运用得当,它甚至具有积极的益处。”参见[美]卡多佐:《演讲录:法律与文学》,董炯、彭冰译,中国法制出版社2005年版,第113页。

② 参见季卫东:《法律解释的真谛(上)——探索实用法学的第三条道路》,载《中外法学》1998年第6期;季卫东:《法律解释的真谛(下)——探索实用法学的第三条道路》,载《中外法学》1999年第1期;谢晖:《法律的意义追问——诠释学视野中的法哲学》,商务印书馆2003年版。

方法进行法律解释的文章。受拉德布鲁赫法律美学研究的影响,以舒国滢为代表的法美学研究构成了中国这一研究进路的又一支流。他在世纪之交发表的两篇论文《从“司法的广场化”到“司法的剧场化”——一个符号学的视角》和《从法美学的观点看法律——法美学散论》提出对法律要进行审美解读,将法律当做美学分析的对象。① 除此之外,还有少数学者运用文学中的叙事理论和修辞学对司法文书进行过语言分析。②

“作为文学的法律”研究在中国往往陷入迟滞,甚至并不存在独立的研究体系。一方面,诚如波斯纳所言,“制定法不是文学作品,而是命令”,③对法律文本牵强附会地进行文学分析就等于无视实证法自身的规范性。因此借助语言哲学的法律解释,归根到底还是一种文义解释,是对法律文本修辞技巧与语义逻辑的思考,并不涉及实在法本身的价值问题。其法学方法论依据仍然是分析实证主义的规范分析法,完全可以纳入传统法律解释的范围。当然,如将法律作为美学的审美客体,认为不合修辞规范,违反叙事理论的法律文本是不“美”的或是无“秩序”的或是不“正义”的,就引入了价值分析的方法。这种价值分析用美学的标准衡量法学问题的善恶,缺乏对法律客观性与确定性的基本追求,研究路数与法律的基本性质相背离,注定不会有太大的学术市场。

---

① 参见舒国滢:《从“司法的广场化”到“司法的剧场化”——一个符号学的视角》,载《政法论坛》1999年第3期;舒国滢:《从法美学的观点看法律——法美学散论》,载《北大法律评论》第3卷第2辑,法律出版社2000年版,第300-313页。

② 参见刘燕:《法庭上的修辞:案件事实叙事研究》,中国书籍出版社2017年版。

③ 参见[美]波斯纳:《法理学问题》,苏力译,中国政法大学出版社2002年版。

“通过文学的法律”注重分析文学的法律特征与功能。按照波斯纳的划分，这一学术支流分为两种研究进路：第一种是教益的法学，分析文学的法律教化功能或社会控制功能；第二种是叙事的法学，用文学创作的方法阐释法学的理论内容。中国以法律与政治为内容的文学创作古已有之，宣传法律与国家政策的文学作品历来受到国家欢迎：从古代的“圣训”和《荡寇志》等通俗小说到当代的“扫黑除恶”宣传标语和《人民的名义》等司法主题影视作品，都具有某种程度的法制教化功能。但是，真正从法学角度分析文学作品社会控制功能的中国学者并不多。有代表性的研究，是冯象在其著作《木腿正义》的代序中对文学意识形态宣教功能的解释。受其启发，苏力于 2005 年发表的文章《作为社会控制的法律与文学——从元杂剧切入》运用中国古代文学作品对文学的社会功能尤其是塑造法律意识与法律文化的功能进行了进一步阐发，后续的少量研究总体上未能超出冯象与苏力划定的论域。① 至于叙事体法学研究在中国的景象则更为惨淡，笔者所知只有刘星尝试将文学置于司法的微观过程中进行考察，力图证实某种程度的文学性言辞表达利于促进司法裁决纠纷的能动性从而达到正义目标。② 其他运用文学的创作体裁或表现手法阐释法学理论的论著，大多是故事性的或者是历史学意义的。更有一些法学家热衷于“跨界”进行文艺创作，借此抒发自己的职业见解。③ 这些作品都不具

① 参见苏力：《作为社会控制的文学与法律——从元杂剧切入》，载《北大法律评论》第 7 卷第 1 辑，法律出版社 2006 年版，第 131-154 页。

② 参见刘星：《司法决疑与“故事文学”利用》，载《清华法学》2008 年第 3 期。

③ 比如近年来法学家“跨界”创作小说，有代表性的是中国人民大学法学院何家弘教授写的一系列悬疑侦探小说。可以参见何家弘：《无罪谋杀》，群众出版社 2013 年版；何家弘：《性之罪》，知识产权出版社 2016 年版。

备相应的问题意识、逻辑方法与理论框架,因此不属于法学研究的范畴。

无论是关注文学教化功能的教益法学,还是应用文学表现方法的叙事体法学,其本质的研究方法都是将文学作为影响法律实施的重要影响因素加以分析,探讨文学的社会控制功能,因此它属于实证的分析,是在法社会学视域下揭示文学参与并影响司法的过程。但是,如果把文学的法律意义上升到理想主义,即努斯鲍姆意义上的那种"诗性正义"的高度,①文学则又构成了被普遍艺术化了的法感情对实在法的反思与批判,即对法律进行价值分析。纵观中国的研究,虽然有些学者指出了文学在意识形态领域对法律的作用,但是受到政治现实的约束,他们只是关注文学在个案中的作用并进行一些小范围的是非曲直判断,并未系统运用价值分析的方法。

"有关文学的法律"研究路向则更为烦琐,它包括但是不限于宪法学和民法学的问题:如创作自由或言论自由的保护限度;文学或文字剽窃,诽谤等民事侵权责任;各种类型文学创作的知识产权保护等。因为文学广泛存在于社会生活的各个领域,如果将法律作为规制文学的手段,每个部门法都会与这一研究领域发生关联,也都可以进行最广义的"法律与文学"研究。这样的界定无助于研究的分类与学术史的梳理。因此"有关文学的法律"应该定义在基础理论研究的范围内,它不是就适用某种具体法律而进行规范分析,而是探讨文学现象深层的法理内涵。以此为标准,苏力的论文《戏仿的法律保护和限制》《关于芭蕾舞剧〈红色娘子军〉产权争

① 参见[美]努斯鲍姆:《诗性正义:文学想象和公共生活》,丁晓东译,北京大学出版社2010年版。

议的一个法理分析》以及冯象的著作《政法笔记》中《鲁迅肖像权问题》《法盲与版权》等文章可以作为这一研究领域的代表。① 这一方面的研究综合调动了各种社会科学的方法，探讨制度背后的事实与价值基础。冯象的研究还引入了价值分析的方法，通过知识产权制度反思法治发展的规律，辨析其背后的基础理论。另外值得关注的是，在中国法律史研究中，有学者对"文字狱""禁书""焚书坑儒"等文学现象背后的制度、权力结构和话语模式运用法律社会史的研究方法进行分析，开拓了这一领域的新的研究路向，丰富了"有关文学的法律"的研究内容。②

［三］"文学中的法律"在中国的发展

前文已经述及，"法律与文学"运动在中国的发展体现出明显的论域集中化趋势。"文学中的法律"成为最主要的研究进路。在这一范式下，根据学者所运用的文学材料的不同，又可以将其分为"中国古典文学中的法律"，"西方经典文学中的法律"和"影视作品中的法律"（"《秋菊打官司》中的法律"）。由于研究所依据的文学材料的内容及性质的不同，运用这些文学材料进行法学研究的方法也各有千秋。

"中国古典文学中的法律"研究最早可以追溯到美国

---

① 参见苏力：《戏仿的法律保护和限制——从〈一个馒头引发的血案〉切入》，载《中国法学》2006年第3期；苏力：《昔日"琼花"，今日"菊花"——关于芭蕾舞剧〈红色娘子军〉产权争议的一个法理分析》，载《学术月刊》2018年第7期；冯象：《政法笔记》，江苏人民出版社2004年版。

② 参见张运君：《晚晴书报检查制度研究》，社会科学文献出版社2011年版；宁侠：《四库禁书研究》，商务印书馆2018年版；李雨峰：《枪口下的法律：中国版权史研究》，知识产权出版社2006年版。

"法律与文学"理论引进到国内之前。对于改革开放后的早期研究,以张晋藩1980年发表在《红楼梦学刊》上的论文《〈红楼梦〉所反映的清朝制度》为代表。① 将文学文本作为历史材料的一种辅证,进行制度史研究,运用阶级分析的方法评价文学中反映的法律现象。由于古典文学客观上具备历史记述的特点,对其中反映的法律制度史进行分析也贯通这一学术进路始终。20世纪80年代以来,梁治平倡导的法律文化论对这一领域的研究路数又有了拓展。他认为,"作为文化的一个部分,法律本质上是一种符号。它不但具有解决问题的功能,而且具有传达意义的性质",因此需要"打破法律与其他诸多学科之间传统的界限,进而提出新的研究范式"。② 在这一方法论的框架下,法学界有很多学者开始关注法律文化领域,并从文学文本中阐发出诸多传统法律文化意涵,生产出数量极为庞大的学术产品。《红楼梦》《水浒传》"三言二拍"等通俗人情小说一时间成为"法律与文学"研究的学术富矿,法律的文化解释方法被广泛运用。

在"中国古典文学中的法律"研究中,苏力在同时代学者中最具创新精神和理论建树,其论文收录于著作《法律与文学:以中国传统戏剧》中。③ 苏力的研究并不局限于通过文学文本探寻历史上的某个具体的法律文化传统,而是将文学置于一个更为广阔的时空背景下,站立在法律社会史的观察视点,分析并提炼出更有普遍意义的法学理论问题。他关于

---

① 参见张晋藩:《〈红楼梦〉所反映的清朝诉讼制度》,载《红楼梦学刊》1980年第2期。

② 参见梁治平编:《法律的文化解释》,生活·读书·新知三联书店1998年版,第2、54页。

③ 参见苏力:《法律与文学:以中国传统戏剧为材料》,生活·读书·新知三联书店2006年版。

元杂剧《窦娥冤》《赵氏孤儿》中复仇、报应等法律问题的深刻见解，展现出运用社会学、心理学、哲学、政治学等多种社会科学知识综合分析的方法，极大地拓宽了这一学术进路的方法路向，为后学争相效仿。但是，苏力的研究具有极深厚的学术功底与个性因素，不易成为论文写作的效法范式，该领域模仿苏力的研究都未能有显著的理论突破。这是由于苏力所关注的核心并非文学体现的某种历史事实，而是创造性地运用这些文学材料去论证他的理论。苏力表现力极强的文字表达，使人误认为这些法学理论确实出自文学文本，一反法学知识生产的普遍逻辑，吸引了一般读者的阅读兴趣。事实上，苏力的行文风格在理论与材料间形成了微妙的张力与平衡，法学及其他学科的知识相互生长，很难在逻辑上辨别谁是理论本源或者用谁去论证谁，社会科学方法的综合运用正是这种“苏力式研究”产生的重要原因，也是其研究方法难以效法以至于被质疑的关键所在。①

“西方经典文学中的法律”研究主要关注的是西方文学中涉及自然法的问题，这与西方的人文传统一脉相承，在研究方法上更多地体现出价值分析的进路。强世功 1996 年发表的文章《文学中的法律：安提戈涅、窦娥和鲍西亚——女权主义的法律视角及检讨》关注到法律背景下女性的话语地位与正义实现的关系，将对女性主义法学的批评与“法律与文学”研究起来，运用价值分析的方法倡导建设自由平等和多元并存的法文化。② 徐忠明则立足于制度史与思想史角度，

---

① 参见刘晗：《超越“法律与文学”》，载《读书》2006 年第 12 期。

② 参见强世功：《文学中的法律：安提戈涅、窦娥和鲍西亚——女权主义的法律视角及检讨》，载《比较法研究》1996 年第 1 期。

对《安提戈涅》里的古希腊法律文化进行阐发。① 后续学者在引用西方文学或者故事阐发法学理论时,也大多关注其中的价值对立与道德冲突问题。比如《威尼斯商人》《局外人》《审判》等西方文学著作,往往成为讨论比较集中的论域。② 苏力2005年发表的论文则对《安提戈涅》的法学解读做了总结,它指出自然法解释和女权主义法理学解释都有不足之处,对文学文本的解读应当回归情境化的细节中,不能照搬当时并不存在的法律术语强行解释。它还指出本土化解读具有重要意义,要通过西方文化返回观照中国文化,加深对传统思想的认识。③ 苏力的看法对"西方经典文学中的法律"研究具有启发意义,即这一研究在方法论上不能仅束缚于宏观的法律价值分析范式,对文本细节的多方位情境化解读是走出困境的方法。这就要求学者对作品的人物与事件进行历史的乃至心理学的细致分析,运用多种社会科学方法进行更为微观的情景解读或者更为宏观的跨文明比较分析。但遗憾的是苏力的倡导并未在此后的研究中加以体现,"西方经典文学中的法律"研究仍然以对西方法律思想史中的话题探讨作为落脚点,价值分析的方法占据主流。

"影视作品中的法律"研究是中国"法律与文学"研究的主阵地,最能代表中国"法律与文学"研究的学术关怀和方

---

① 参见徐忠明:《古希腊法律文化视野中的〈安提戈涅〉》,载《中山大学学报(社会科学版)》1997年第4期。

② 关于这些文学文本有代表性的研究,参见冯伟:《〈威尼斯商人〉中的法律与权利哲学》,载《国外文学》2013年第1期;柯岚:《"法律与文学"中的"局外人"》,载《北大法律评论》第12卷第2辑,法律出版社2011年版,第501-527页;刘星:《如何看待普通人"旁观式"法律态度——卡夫卡"法制文学"的历史主义提示》,载《清华法学》2013年第2期。

③ 参见苏力:《自然法、家庭伦理和女权主义?——〈安提戈涅〉重新解读及其方法论意义》,载《法制与社会发展》2005年第6期。

法特点。二十年来,进入中国法学家的分析视野并因此产生了较多学术成果的影视作品大致有十多部,其中又以《秋菊打官司》蔚为大观,最能代表这一学术领域的发展情况。在法学理论意义上对《秋菊打官司》进行学术分析的首推苏力在1996年发表的文章《秋菊的困惑和山杠爷的悲剧》。该文对《秋菊打官司》进行了法律与社会角度的分析,指出在中国社会日渐形成的西方式权利观念与现代司法体制,并未能有效回应中国乡土的纠纷问题,对法律移植的效果需要谨慎考虑。① 苏力对文学素材中反映的中国问题的关切,在方法上确立了“影视作品中的法律”研究的社会学分析进路,同时开创了这一领域积极回应法治现实的良好学术传统。相较那些分析西方电影中程序正义、公民意识以及外国司法制度的影评或研究,这样的研究更具有强烈的问题意识和学术价值。

沿着苏力开辟的道路,法学界围绕《秋菊打官司》展开了极富热情又具创新意义的长期讨论。苏力还运用法律经济学的方法对《秋菊打官司》涉及的肖像权纠纷进行过分析,体现出分析文学材料的外部形成可以有多元的方法视角。② 但是这种研究属于“有关文学的法律”研究,中国学者对《秋菊打官司》的兴趣还是集中在“文学中的法律”研究上。有代表性的研究包括冯象从“法治”与“法盲”的关系入手,提出秋菊的困惑其实正是法治得以现代化不可或缺的条件。这种有“法盲”的社会事实恰是对事实本身进行法治改造的

---

① 参见苏力:《法治及其本土资源》,中国政法大学出版社1996年版,第23页。

② 参见苏力:《〈秋菊打官司〉案、邱氏鼠药案和言论自由》,载《法学研究》1996年第3期。

必要前提。① 当然,也有学者对苏力质疑法律移植的“隐喻”进行逻辑批判。桑本谦认为“秋菊的困惑”与法律移植没有必然的因果关系,苏力只是借文学“巧妙修辞”。② 陈柏峰立足乡村社会的人际关系,指出影片中所谓的法律问题其实关乎“气”和“面子”的传统人情态度。③ 赵晓力更是从人的自然属性出发,指出秋菊的“权利意识”实际反映出的性及生殖意义上的信仰及权利。④

进入21世纪10年代以来,有关《秋菊打官司》的法学讨论似乎没有前些年那么活跃,但“秋菊的困惑”依然是中国法学界所面临的重要问题。这一时期,部分学者用新的视角进行的解读仍具有方法上的创新价值。尤陈俊于2013年发表的论文《中国法治事业中的空间因素与性别性别因素——从〈秋菊打官司〉的角色隐喻切入》一改之前学者关注秋菊维权行为的视角,强调在空间场域分析从农村到城市这一维权之路背后所代表的礼治社会到法治社会的动态变化过程,解释了社会控制方式及程度差异的空间分布对法治实施的影响。⑤ 另外,他还关注到了秋菊的女性性别角色,其“文盲身份”与“讨说法”的行为具有女性意象的特殊表达方式,这种法治过程中性别体验的微妙差异应当引起学界关注。尤陈俊的研究在“影视作品中的法学”研究中较为系统地引入

① 参见冯象:《秋菊的困惑》,载《读书》1997年第11期。

② 参见桑本谦:《“秋菊的困惑”:一个巧妙的修辞》,载《博览群书》2005年第12期。

③ 参见陈柏峰:《秋菊的“气”与村长的“面子”——〈秋菊打官司〉再解读》,载《山东大学学报(哲学社会科学版)》2010年第3期。

④ 参见赵晓力:《要命的地方:〈秋菊打官司〉再解读》,载《北大法律评论》第6卷第2辑,法律出版社2005年版,第707-718页。

⑤ 参见尤陈俊:《中国法治事业中的空间因素与性别因素——从〈秋菊打官司〉的角色隐喻切入》,载《学习与探索》2013年第3期。

了地理/空间分析方法与性别分析/女性主义方法,拓展了社会科学方法的应用。有关《秋菊打官司》的学术谈论本身也构成了一个新的学术话题,近年来有学者对此进行了学术史梳理。比如强世功通过对《秋菊打官司》学术讨论的分析,考察了中国批判法律理论的转向。① 陈颀则认为,晚近的秋菊研究,在很大程度上超越了早期解读中的"二元对立"理论范式,将"秋菊的困惑"置于三种不同的法治传统的纠葛,以及国内法制与国际秩序的互动关系之中,使之从一个地方性问题提升到"大国宪制"和"法律多元主义"等普遍性层次。总体来看,"影视作品中的文学"研究主要运用的是社会科学的综合分析方法,后期对于其学术史的梳理则更多的是在价值分析的理论框架内,反思并批评其背后蕴含的理论发展导向。②

[四] 对中国"法律与文学"研究的方法反思

(一)中国"法律与文学"研究的方法特点

综合上文对中国"法律与文学"研究中"文学中的法律"、"作为文学的法律"、"通过文学的法律"与"有关文学的法律"各学术分支的考察,可以总结出该学术领域的研究方法的特征与流变趋势。

首先,中国"法律与文学"的研究方法以对法律问题进行社会科学的跨学科分析为主导。作为社科法学的重要学术

① 参见强世功:《批判法律理论的场域——从〈秋菊打官司〉看批判法律理论的转向》,载《学术月刊》2019 年第 10 期。

② 参见陈颀:《秋菊的困惑与解惑——"法律与文学"研究在中国》,载《开放时代》2019 年第 1 期。

阵地,“法律与文学”研究自开始就有明显的跨学科研究倾向,尤其以社会学的研究方法最为突出。早期“法律与文学”研究侧重对文学文本的制度史分析,热衷探讨法律的文化解释,这些研究总体倾向于法制史或法律思想史的学科论域。以《秋菊打官司》为代表,苏力于1996年开启的对文学作品中反映的中国法治实施现状的分析,基本奠定了中国“法律与文学”研究最重要的学术旨趣及方法进路。文学被当作一种社会素材,用以解释运行中的中国法制。在这个大的方法论框架下,不同学者也进行了运用新方法的尝试与探索。比如,在“有关文学的法律”研究中引入了法经济学分析、话语分析、社会史分析等方法;在“文学中的法律”研究中引入了心理学分析、地理空间分析、性别分析等方法;在“作为文学的法律”研究中引入了美学分析等方法;在“通过文学的法律”研究中引入了社会学分析方法。总体而言,中国“法律与文学”研究法运用了社会科学各种学科的分析方法,体现出以社会学分析方法为主导,多种方法共同发展的格局。

其次,中国“法律与文学”研究对传统的法学研究方法亦有应用。在“作为文学的法律”的研究中,对法律条文进行的语义分析在广义上仍属于法律解释的范畴,体现了规范分析的研究方法。在这一类型的研究中,文学不是作为社会学意义上的生活材料而是作为解释法律文本的语言工具,因此,属于典型的规范分析。在“作为文学的法律”和“文学中的法律”下的“外国经典文学中的法律”研究则体现出价值分析的方法进路。“作为文学的法律”强调文学的教化与意识形态功能,个别学者运用价值分析方法站在文学角度诠释法律正义。西方法律思想史中法的价值问题始终是讨论热点,中国的“法律与文学研究”在这一领域也运用了西方文学材料,对自然法等论题进行了价值分析与讨论。近十年来,随着社会科学方法在“法律与文学”研究中的普遍运用,这两大领域的规范分析和价值分析也逐步与实证分析相结合。

总体来看,中国“法律与文学”研究反映出社会科学方法引入法学即社科法学研究的大趋势,形成了以社会科学研究方法为主导的,兼容规范分析与价值分析的多元方法共同发展的方法论格局。①

(二)中国“法律与文学”研究的方法论困局

“法律与文学”在开拓中国法学的研究视野,引入多样化的分析视角,运用新的社会科学研究范式的意义上起到了积极的推动作用,形成了广泛的学术论域和关注中国法律现实的学术品质,吸引了众多学者尤其是青年法律学人的热情参与。在这个意义上,中国的“法律与文学”研究是充满希望的发展前景广阔的“朝阳学科”。② 但是,诚如“法律与文学”运动的开拓者波斯纳坦言的那样:“但这个领域也充斥着错误的论题、带偏见的解释、肤浅的争论、轻率的概括和表面化的理解。”③法律和文学在学科属性上的巨大差异,使得两者间的跨学科研究显得总是不那么自洽。④ 凡此种种,归

① 参见侯猛:《社科法学的传统与挑战》,载《法商研究》2014 年第 5 期。

② 在严肃的学术层面或许用“不冷不热”这个词形容中国的“法律与文学”研究更为妥当,参见苏晓宏:《法律与文学在中国的出路》,载《东方法学》2011 年第 4 期。

③ 参见[美]波斯纳:《法律与文学》,李国庆译,中国政法大学出版社 2002 年版,第 6 页。

④ 法律和文学相互启发的程度是有限的;这一领域中的一些实践者夸大了这两个领域间的共同性,对两者的深刻差别关注不够;他们认为使文学看上去与法律相关而曲解了文学理论或者某个文学作品,也为使法律看上去与文学相关而曲解了法律。参见苏力:《孪生兄弟的不同命运——〈法律与文学〉代译序》,载波斯纳:《法律与文学》,李国庆译,中国政法大学出版社 2002 年版。

根到底是由“法律与文学”研究方法的固有缺陷导致的。立足对近二十年中国“法律与文学”研究方法特征及流变的分析基础上,笔者尝试就中国“法律与文学”的研究困局进行解释。

第一,法的实证(经验)分析中文学文本有极大局限性。中国“法律与文学”研究形成了由文学文本关注并反思法律现实的学术传统。关注现实意味着诉诸事实,“文学中的法律”研究正是将文学文本当作实证材料来分析法律问题的。但是,文学文本其固有的艺术特征和主观表现手法在很大程度上冲淡了其作为客观事实记述的作用。任何文学作品都是作家个性的产品,不同作品反映的社会真实情况不尽相同,无论采用哪一个文本作为实证材料都具有很大的随意性。① “法律与文学”研究中的“苏力式”文风有时使得结论与材料互为因果,很难证明某种法学理论真的被文学中的材料合乎逻辑地“实证”了。在这个意义上,与其说是用文学“实证”了法学,还不如说只是用文学丰富了一点法学理论的素材。另外,中国法学界对文学的兴趣往往只集中在《秋菊打官司》《安提戈涅》等屈指可数的几个文本上。固然相同的学术话题是学术发展的前提,但用来进行分析的文学文本范围的狭窄会使实证研究走向式微。近十年来,关于《秋菊打官司》的讨论明显变得冷淡,没有新素材的发现与使用,这一学术进路必然步入歧途。然而,如果法学家们各自关注各自感兴趣的文学文本,又会使“法律与文学”的研究无法展开对话,最终变得支离破碎。因此,实证方法下的“法律与文学”研究很难摆脱这一二元困境。

---

① 徐忠明、温荣:《中国的“法律与文学”研究述评》,载《中山大学学报(社会科学版)》2010年第6期。

第二,文学上的解释与分析挑战法学的规范性。小众化的“作为文学的法律”与“通过文学的法律”研究仿佛还比较趋近于传统的法学研究,但是其方法论依托仍然是文学的。制定法并非文学作品,如果用文学理论进行强行解释,只能背离法律的规范属性。① 文学的宣教与意识形态塑造功能也不能完全用于对法的价值分析中,因为法律的存在必须具有客观性和确定性,“诗性正义”在很大程度上会破坏实在法的基本品格。文学的方法或价值追求并不很看重理性逻辑,但是在法学研究中这种理性方法与态度是必须的。

第三,方法论的分化使各分支研究趋向于独立。通过分析,可以确定“法律与文学”研究并不像法社会学、法人类学、法经济学那样有着专门而系统的研究方法,如田野调查、经济模型分析等。它的研究方法只能是社会科学的或者法学的研究方法。文学的方法并不适用于“法律与文学”研究,因为首先学术研究不是文学创作,这样一来在文学中占据极大比例的有关创作方法的理论都不能适用;其次对文本的艺术批评根本无涉于其中的法学问题。创作理论与批评理论的排除使得名义上的“法律与文学”研究显得其实不那么“文学”。缺少了法学所跨的那一学科的方法论支持,“法律与文学”研究各大学术分支就具有了向其他跨学科研究靠拢的学术倾向。比如围绕作品里反映的中国法律现实问题的研究,可以归属于法社会学研究;围绕作品版权展开的经济学分析,可以归属于法经济学研究;围绕作品主旨展开的对法的价值的讨论,可以归属于法哲学研究。文学在“法律与文学”研究中只是作为辅助论证的材料,而非方法。因此,

① 关于文学的方法论参见周小仪:《从形式回归历史——关于文学研究方法论的探讨》,载《北京大学学报(哲学社会科学版)》2001 年第 6 期。

"法律与文学"研究在方法论意义上是否可以称之为学术流派是很值得怀疑的。二十多年来,也全凭那些胸怀"文学梦"的法学家们矢志不渝地支撑着这面名为"法律与文学"的学术大旗,才在形式上防止了解体。

(三)中国"法律与文学"研究的历史惰性

从学术史发展脉络考察,文学跨学科研究自其引入中国法学研究之始,研究方法就出现固化。该进路的知识生产不甚繁荣且难有创新,其原因在于研究上存在某种历史惰性。

第一,典范研究的知识惰性。在很大程度上,从事"法律与文学"的研究者,大都认为苏力等的研究应该是"法律与文学"研究遵从的典范。因为学者知识结构和研究偏好等原因,中国"法律与文学"研究还不太有"文学"意义上典型的跨学科研究,致使其常常与法律史、法社会学等研究混同,用其他理论架空文学素材。

第二,学术话题的论域惰性。中国"法律与文学"研究近二十多年来过多集中于对一两个文学文本的关注,比如电影《秋菊打官司》、戏剧《安提戈涅》等。没有充分挖掘并开拓新的文本素材,致使研究的行文风格局限于特定的叙事逻辑中。重复性地使用特定文本,迟滞了理论创新的可能,文学只是作为研究素材而非方法视角。

第三,学术发展的视野惰性。中国"法律与文学"的研究者大多集中于理论法学领域,关注焦点在于"文学中的法律"。"法律与文学"研究并没有吸引足够多的部门法学者和实务界人士参与讨论。"法律与文学"研究分支中有关作品的版权保护、言论自由、文学理论对于法律文书叙事功能的完善、文学素材对于法律宣教的促进作用等具有现实意义的学术话题近乎被遗忘。较为狭窄的学术视野,同时造成了借鉴域外经验的不足。在世界范围内,文学理论性较为突出、对法学有启发意义的跨学科研究之译介与引用还比较缺乏。例如,怀特、努斯鲍姆、费什等"法律与文学"代表性学者的相关论著虽有零星译介,却还没有在理论与方法层次引起国内学界的充分关注。①

[五]结语

苏力在回顾中国"法律与文学"研究二十年的一篇文章中悲观地预言:"在这个匆忙的商业时代,这个研究领域的前景注定相当黯淡。"②确实,任何一种跨学科研究的兴盛都与它所跨的那个学科是否为显学有极大关系。经济学与社会学以其强大的分析现实能力与直接的学术效用广受追捧,然而文学则随着时代发展的冲击逐渐式微。"法律与文学"研究的发展不是与法学,而是与文学同频共振。20世纪末中国文学与影视潮流的兴起,促成了中国"法律与文学"研究的第一个高潮。21世纪以来,文学渐渐趋向于娱乐化与快餐化,那些思想深刻反映社会生活的佳作越来越少,浮躁的商业环境和功利的学术追求使得学者和大众一样远离了经典名著。在这个学科高度专业化的时代,很难会因为一部纯粹的艺术作品产生学术共鸣。

"法律与文学"研究没落的必然在于文学作为显学退出历史舞台的必然。先天不足的方法论基础只能让这一研究

① 相关著作的中译本可参见[美]玛莎·努斯鲍姆:《诗性正义:文学想象与公共生活》,丁晓东译,北京大学出版社2010年版;[美]斯坦利·费什:《读者反应批评:理论与实践》,文楚安译,中国社会科学出版社1998年版。

② 苏力:《"一直试图说服自己,今日依然"——中国法律与文学研究20年》,载《探索与争鸣》2017年第3期。

领域越发支离破碎,还没有引起学界足够多关注的那几个学术分支其实也只是其他领域法学研究的附属。应当而且必须承认,“法律与文学”研究在中国的兴起是特定背景下的浪漫主义产物,它也会随着时代的浮躁变得不再那么受人瞩目。尤其是在当下中国法学的跨学科研究中,少有对文学方法做出系统性研究的成果。① “法律与文学”的最大特征就是为实证分析、价值分析与规范分析等方法拓展了解释法律问题的全新素材,而非理论视角。文学作为独立学科与方法进路事实上缺席于“法律与文学”研究。相比于二十年前意气风发的“文学热”,当下更为理性的学术思考或许应该是:法学研究能做的只有让其中属于法学的归于法学,至于哪些归于文学应该留给文学家们讨论。当然,为了避免“未老先衰”的尴尬结局,②有志于此的学人们首先应当在研究方法而不是在那些新奇的文学素材上面久久为功。

---

① 方法领域较有启发性的研究,参见刘星显:《法律与文学研究:基于关系视角》,社会科学文献出版社2014年版。

② 参见苏力:《为什么未老先衰?——“法律与文学”在当代中国》,载《法律科学(西北政法大学学报)》2021年第5期。

《法律和社会科学》(2022)　第19卷第2辑,第365~394页

乌托邦科幻文学对法律研究的启示

卫洪光*

摘　要:新冠疫情后,刘慈欣对人类线性思维产生的"幻觉"发出警告。法律中的线性思维"缺陷"会导致对法本体论和认识论上的错误,科幻文学可以为我们提供非线性思维分析的可能。过往法律与文学研究中所忽略的,文学想象的本质内容应当被重新认识。科幻文学超越传统现实文学的想象、新异、先锋意识特质所带来的冲击,为西方马克思主义乌托邦哲学及文学批评流派所重视,也为法律人思考法律问题提供了超越性启发。将乌托邦科幻文学及其特质应用于法律思考中,可以完成法律与科幻文学研究新方法的构建。

关键词:线性思维　乌托邦哲学　法律与文学　思想实验　未来考古学

---

* 卫洪光,中国人民大学法学院博士研究生。感谢中国人民大学艺术学院文艺学博士研究生张山川提出的宝贵意见,作者文责自负。

[一]导论:"刘慈欣的警告"

新冠肺炎疫情袭来后,世界级科幻作家刘慈欣在接受日本新闻媒体采访时提出了尖锐警告:"我们一直认为社会的发展将一直是这样直线型的、平滑的、可预测的,但这次全球疫情的到来打破了这个幻觉。"①事实上,人类诞生以来一直都面临着各种自然的、人为的不确定性,如小行星撞击、外星人到来、人工智能冲击、人类生命形态转换等。但这种"幻觉"——"线性思维定势"影响了诸多研究者认识世界的方式,人们不自觉地习惯于用"线性思维"去思考问题。

什么是线性思维?"线性"最初是一个数学、物理学上的概念,逐渐被演化为一种因果关系的确定论。举例来说,"把整体仅仅看作其部分之和的观点就是线性的,而事实上物理的、社会的和精神的实在都是非线性的和复杂的"。② 线性思维是一种静态的、直接的、固定的思考方式,往往会把认识停留在对事物的抽象而不是事物本质的抽象,因而产生的认

① 刘慈欣:《新冠疫情与外星人》,载观察者网,https://www.guancha.cn/LiuCiXin/2020_07_17_557939.shtml。原为日本《每日新闻》网站文章,三体社区授权观察者网发布。

② [德]C.迈因策尔:《从线性思维到非线性思维》,曾国屏译,载《哲学研究》1999年第1期。

识是片面、单维的,由偶发、未知等不确定因素催生的可能就容易被忽略。所以,线性思维会产生四种基本错误:一是将事物发展理解为线性,二是把多元问题一元化,三是以过去经验推测未来,四是将部分结论用于整体。

在众多学科中,法律所关注的规则为人的社会行为提供了一种确定性,是人类社会秩序的最后防线。在必然会到来的下一场全人类危机之前,我们需要警醒法律研究中是否也存在相同的"幻觉"。

[二] 法律中的线性思维"缺陷"

(一) 法律人的线性思维

法律人思维很大程度上建构在线性思维模式基础上。在近代经典科学中,线性因果关系范式是科学思维研究的主流范式。① 线性思维方式在解决一般性简单问题时,具有着高效、清晰的优势,因此在早期科学发展中起到了推进作用。同样,线性思维模式影响也广泛影响了近代法学、政治学等人文社会科学领域,比如法律人的思维方式通常是线性、简单、保守。法律社会学学者埃里希(Eugen Ehrlich)就指出"法学家的思维受到所追求的实践目的的制约"就像"当一个铁结构建筑工程师想到铁的时候,他不会去思考铁的化学成分,而是去思考铸造厂提供给他作为建筑材料的商品"。②

如果对法律人思维进行分类,一个普遍共识是,法律人

---

① 参见苗东升:《非线性思维初探》,载《首都师范大学学报(社会科学版)》2003 年第 5 期。

② [奥]尤根·埃里希:《法律社会学基本原理》,叶名怡、袁震译,九州出版社 2007 年版。

的思维不仅包括实用的“法律思维”,还包括更宽泛意义上的“法理思维”。陈金钊对“法律思维”和“法理思维”进行了界分,界分标准为:不同的思维根据、方法、主体以及要解决的问题。法律思维主要是法律人根据法律规范的思考,探寻的是法律规范与事实之间的关系,解决具体案件;法理思维是一种综合决断性思维,不仅讲究法律规范、法学原理的重要性,而且重视法治秩序的建构,将法律拟制的主体以及政治、社会等因素也纳入决断思考的范围,也就是所谓“逻辑学者、伦理学者等”的思考。①

对于法律思维,其本身通常被认为应采用线性思维模式。关于“法律思维”的定义,王泽鉴认为,法律思维是“法律职业者依循法律逻辑,以价值取向的思考、合理的论争,解释和适用法律”。② 郑成良则定义为“按照法律的逻辑(包括法律的规范、原则和精神)来观察、分析和解决社会问题的思维方式”。③ 无论是广义上针对全体法律职业者,还是仅针对司法裁判的法律思维,法律人以“法律逻辑”这一共性的认识为基础,将“法律逻辑”区别于一般人对法的思考。王利明也指出,“法律思维”应具有规范性、全面性、必然性和严谨性。④ 也就是说,法律思维更多是一种职业思维方式,它不能违背一般逻辑思维规律,是以形式逻辑规则为基础的

① 施密特对法学思维也进行过分类,法学思维不外三种,一是以规范(规则或法规)为核心的法规思维方式,也就是规范性思维;二是具体的秩序思维方式;三是以决定为核心的决断论思维方式。参见陈金钊:《法理思维及其与逻辑的关联》,载《法制与社会发展》2019年第3期。

② 王泽鉴:《民法思维》,北京大学出版社2009年版。

③ 郑成良:《论法治理念与法律思维》,载《吉林大学社会科学学报》2000年第4期。

④ 法律思维的类型包括概念思维、类型化思维、规范思维、体系化思维、逻辑思维、价值取向思维等。王利明:《法学方法论》,中国人民大学出版社2011年版,第648-657页。

思维,①这种法律的形式逻辑必然是区别于辩证的、传统的、单纯的形式逻辑规则。② 上述对法律思维的描述也反映了法律研习者尤其是大陆法系国家的法律人,思维上必然需要进入到法教义学所提供的线性思维模式。

对于广义的法理思维,则被认为需要思考如何摆脱线性思维模式的限制。"法理思维"被定义为"从法律和法治价值层面进行定义的思维方式,它体现了新时代国家治理现代化的实践背景下人们对'良法善治'的美好向往"。③ 有人将其归纳为"普遍性思维、理论思维、价值思维、理想思维、求真思维、辩证思维、综合思维"。④ 作为一种视域更广的法律人思维,法理思维要回应的社会复杂情况所带来的可能挑战,这些挑战显然无法在线性思维模式下得出答案。面对非线性发展的现代社会,法律人坚持线性思维模式思考无疑是不足的。这个时代需要非线性思维的法律学者,然而想要摆脱线性思维模式是困难的。苏永钦在《法学的想象》一文中就提到,老一辈法学家"没有场域的意识,有的是一种水平思考的挑战"。⑤ 因此,他提出要重视法律研究的创意,法律不是逻辑的演绎也不是背诵,要培养"全观的法律人"。一方面,需要我们去构建非线性思维模式下的思考方式;另一方面,还需要将法律与其他人文社会科学和自然科学相结合,

---

① 陈金钊:《法律思维的逻辑基础》,载《北京行政学院学报》2005 年第 4 期。

② 法律思维中的形式逻辑规则必然是确定性、无矛盾性、明确性和论证性的正确思维,既不关注思维变化也不关注概念和判断的形成。华东师范大学哲学系逻辑学教研室编:《形式逻辑》华东师范大学出版社 2020 年版,第 6 页。

③ 郭晔:《法理思维论——新时代法学思维体系的变革》,载《现代法学》2020 年第 6 期。

④ 邱本:《论法理思维的特性》,载《理论探索》2019 年第 1 期。

⑤ 苏永钦:《法学的想象》,载《现代法治研究》2020 年第 1 期。

借鉴各种知识资源与研究方法去进行综合研究。

(二)法律中线性思维的“缺陷”

线性思维的固有“缺陷”会成为法律研究中的根本性问题。法律作为连接自然世界、社会、人的内心之间的确定性的提供者,在面对各种不确定性时,如果沿着完全线性的思考方式、基于既往经验与形式逻辑进行思考,沿着固化的“思维定势”进行法律解释,就会受到社会现实的挑战。法律学者在一定程度上已经意识到了这一影响法学方法论的基本问题。德国学者卢曼(Luhmann)批评施奈德(J. Schneider)和施罗特(U. Schroth)的“规范性判断理论”——法律判断中思维线性阶段图式难以面对复杂情形。① 而后的阿列克西(Alexy)的法律论证理论展开了对形式逻辑下的法解释学批判重构,尝试进行思考方法上的改良:“法学的思考方式并非是一种直线式的推演,而是对话式讨论。这种思想认为是在讨论当中透过论证,而不是逻辑演绎推理的方式产生了法律之上的判断。逻辑法则之外还需要研究论证的种种形式解构与运用规则。”②

线性思维引发的法律研究上的问题,还可以从法哲学的历史发展中找到例子。马克思在对黑格尔法哲学的批判中指出,即使黑格尔已经敏锐地发现了按照一般的自然法学说,无法解释法本身所存在应然与实然上的二元对立情况,并提出了独特自然法理论下发展的国家学说。③ 然而,黑格

① 郑永流:《法律判断形成的模式》,载《法学研究》2004年第1期。

② 颜阙安:《法、理性与论证——Robert Alexy 的法论证理论》,载《浙江大学法律评论》2003年卷,中国社会科学出版社2004年版。

③ 李育书:《自由意志的演绎——黑格尔的自然法思想探究》,载《哲学动态》2019年第1期。

尔的法哲学依然难以摆脱历史时代的局限性。① 在马克思后续对黑格尔的法哲学思想的一系列批判中，重点是对黑格尔法哲学对德国现状解释的抨击，马克思的批判是站在黑格尔的线性思维下因果关系确定论的逻辑下、在黑格尔所不能预见的未来社会历史现实角度上进行的。因为当时的黑格尔法哲学本身受到当时社会经验、逻辑思维的限制，把国家制度作为最高形式、自由的最高实在。这种观点颠倒了国家与人民的关系，认为是国家决定家庭和市民社会，而非家庭和市民社会决定国家，甚至以王权、帝制为政府进行辩护。②也因此马克思认为，黑格尔在法哲学中犯下错误的主要原因是黑格尔受到了“当时”的“现代性因素”的影响。

线性思维模式下的法律思维将产生由主、客观引发的两种认识上的错误。一种是主观上线性逻辑思维内部固有的缺陷所导致四种基本错误进入法律研究所直接引发的，比如“人们设想，在知性和感性、事实和价值、冲突和合意、神圣和亵渎、法律和道德之间所做的那些逻辑和理论辨析，能够把经验世界分别归入确定的范畴”③。这种二元对立式的逻辑思维方式割裂了对世界的认识。另一种则是外部客观世界的非线性变化，带来的超出主观线性逻辑思维的偏差。正如上文所叙述的一样，世界是非线性的、复杂的，以一种线性思维去认识，必然难以回应。这是依据历史经验与线性思维

① 当然不去讨论黑格尔这种法哲学的正确性，这种二元对立的统一过程当然是必要的，如马克思所言：“如果事物的表现形式和事物的本质会直接合而为一，一切科学就都成为多余的了。”

② 马克思的法哲学批判中对黑格尔法哲学无法摆脱历史时代的保守性进行了深刻批判。陈雷：《论马克思哲学批判中的三重正义观》，载《浙江社会科学》2020 年第 7 期。

③ [美]诺内特、[美]塞尔兹尼克：《转变中的法律与社会：迈向回应型法》，张志铭译，中国政法大学出版社 2004 年版，第 7-30 页。

思考很难跳出历史周期率、回应一些终极问题的原因。

线性思维的缺陷还引发了一些对法的本体认识错误。有人会说“法的现代性问题是法的理性问题”。① 确实,当我们去分析这些现代性因素,通常会归结到对法的纯粹理性批判上,这是否忽略了对被称为理性主义下的思维模式本身也存在着缺陷的讨论? 在法律研究领域,欧美学者一直都在试图对于法律中的理性主义——逻辑实证(或是逻辑经验)主义为代表的现代法学流派进行解构、批判,对法律尤其是实证主义法学学者们试图寻找着的理想的、绝对的、客观的、真理性的、形而上学的“法”持怀疑态度。确实纯粹理性主义的理论本身很容易重新步入传统形而上学的、僵化教条的东西中,尤其是逻辑上精致缜密的法律理论在解释社会实践的问题时总是漏洞百出。这种批判并不能完全否定理性主义下的现代法律理论,因为法的一般思考模式就应是线性思考模式,也应在线性的、平稳的社会发展中占据主要位置。这种后现代法学潮流发展的后期演变出对法律自身更大的挑战:法律的至上性受到挑战、法律的自治性受到挑战、法律自身的一致性受到挑战。② 这种极端的解构主义立场使得后现代法学与主流法律研究越来越远。

当然,后现代法学潮流中法律与文学研究带给了法律人新的启发。后现代思潮最初从文学艺术开始、进入哲学最后

---

① 法的现代性因素就是理性化、现代化的法律与法律制度的问题,被表现为公开性、普遍性、权威性、合理性、确定性、层次性、可塑性等。葛洪义:《法律与理性:法的现代性问题解读》,法律出版社 2001 年版,第 6-7 页。

② 信春鹰:《后现代法学:为法治探索未来》,载《中国社会科学》2000 年第 5 期。这归结为三个主要的问题:对于理性的人的否定、对于人类历史不断前进发展的否定、对知识认识的真理的否定。后现代哲学主要表现为对理性主义和科学主义的否定,反对用单一的、固定不变的逻辑和公式来阐释和衡量世界,方法论上则主张多元和差异性。

影响到法律,促进了法律与文学、女性主义法学等后现代法学流派产生。但遗憾的是,法律与文学的交叉研究本应为我们摆脱线性思维模式提供新的力量,然而如今的法律与文学研究也走进了"线性思维定势"之中。

(三)法律与文学研究中的"思维定势"

法律与文学研究的基本立场是对理性主义的批判。对法律与文学的研究,不得不提到开始于美国的"法律与文学运动"。以詹姆斯·怀特教授1973年出版的《法律的想象:法律思想与表达的性质之研究》为开端,"法律与文学"流派成为了美国后现代法律理论研究的重要流派,他们的研究方向经历了从"法律中的文学运动"到"文学中的法律运动",①在此之前的威格莫尔、卡多佐大法官、怀特等人虽然也对"法律与文学"话题有过相关论著,但更多是在与以波斯纳为代表的法经济学流派的对抗中"法律与文学"流派成为注目焦点。"法律与文学运动"出现的重要原因之一就是为了对抗已经占据主流"科学的"法经济学流派,反抗法律经济学的"冷酷理性"。② 而作为对手的法经济学流派代表人物波斯纳教授就在其《法律与文学:一场误会》③一书中做出回应,将对法律研究"有用的"学科限定在哲学和经济学上,从而意图排斥文学参与跨学科研究的可能性。④ 波斯纳

---

① 吕世伦、张德淼:《后现代法学思潮的缺陷与现代法学的价值合理性》,载《法商研究》2003年第3期。

② 刘星显:《作为反法律与经济学的法律与文学》,载《法制与社会发展》2011年第3期。

③ "一场误会"这个副标题在此书再版时被波斯纳删去了,也代表着他的立场的转变。

④ 波斯纳这一观点虽然意图从文学与法律的跨学科研究的角度对法律与文学研究进行批判,但就将法律作为经济学科体系的一部分来研究,这种带有法律经济学帝国主义色彩的观点尚且有待商榷。

认为如果说经济学、法学属于社会科学,文学则是一项带有艺术色彩的人文学科。① 这也是他极力反对文学纳入法律研究——以“科学的”作为本质的这门学科中的原因。因此,法律与文学最早的结合更多是法律借用文学中人文主义与非理性主义对理性主义的反抗。而在“法律与文学运动”后,随着法律研究的“解释学转向”,②其研究方向也从具体文学作品的研究转向了文学理论的探讨,研究范式则转变为了“叙事法理学”与“解释法理学”。

国内目前的法文学研究还处于早期阶段。国内法文学研究大致上沿袭了美国“法律与文学”运动的研究视角,将法律与文学研究和史学、哲学、神学等人文学科相并列,作为对抗经济学、心理学为代表的社会科学理性的、进行人文主义或者人本主义研究的一种补充。③ 对于国内法律与文学的研究脉络,徐忠明、温荣在《中国的“法律与文学”研究述评》④一文中做了大致梳理。冯象与苏力是国内法律与文学研究的两位领军人物;后续还有分析我国公案小说的竺洪波,通过分析我国“民间性”素材来研究法律史制度的徐忠明,从“关系”角度对法律与文学进行重新梳理构建的刘星显等。

但法律与文学的研究已经陷入了线性“思维定势”。这

---

① [美]菲尔德曼:《从前现代主义到后现代主义的美国法律思想》,李国庆译,中国政法大学出版社 2005 年版,第 277-300 页。

② 法律与文学开始走向对文学理论的重要文本、结构主义、后解构主义以及法律文本的文学翻译研究,文学、解释、文化与叙事成为了新的研究方向,Gary Minda,*Law and Literature at Century's End*,Law and Literature,Vol. 9,p. 245-246 (1997)。

③ 侯猛、杜官磊:《“法律与人文”研讨会综述》,载《华东政法大学学报》2006 年第 1 期。

④ 徐忠明、温荣:《中国的“法律与文学”研究述评》,载《中山大学学报(社会科学版)》2010 年第 6 期。

主要集中在两个方面：一是研究思维的局限，二是研究对象、问题高度的局限。下文分别举例来讲。

首先，关于法律与文学研究思维上的局限。目前法律与文学跨学科研究依延续法律研究中理性、严肃、机械的线性思维模式。比如，波斯纳最初提出的关于法律与文学的五种关系模式，这显然是一种将文学与法律进行机械、简单界分的跨学科研究思维。这种思维模式说到底是两个学科将研究方法、研究对象互相对换的镜像研究，而非交叉、融合、超越的跨学科研究思维。而国内"法律与文学运动"引入了错误解读下的经典四分法模式，即"文学中的法律"、"作为文学的法律"、"通过文学的法律"以及"有关文学的法律"①，这种分类模式成为讨论法律与文学的当然模板，这导致更加割裂、模式化的研究出现，有学者已经对此做出详细批驳。②法律与文学研究思维的僵化，使法律与文学研究自觉地关注于如何把研究话题纳入上述四种研究路径内，而忽略了法律与文学研究在这四种已有模式之外如何与法律进行互动性研究。

其次，法律与文学的研究对象、视角的局限。在欧美发生了"解释学转向"，大多数法律与文学研究遭受到后现代法学思潮以来的各种冲击。这导致法律与文学讨论的问题变成了对文学、解释、文化、叙事的讨论，成了关注历史经验的研究。国内"法律与文学研究"更多集中地走向了关注社会现实的人文主义叙事，在各种著名的文学作品上寻找着反

① 苏力：《法律与文学的开拓与整合——冯象对法律与文学的贡献》，载《法律书评》第4辑，北京大学出版社2006年版。

② 四分法模式是对波斯纳误读，这是波斯纳在《法律与文学》初版中描述的五种重要文学与法学联系的前四种。刘星显：《法律与文学研究：基于关系视角》，社会科学文献出版社2014年版，第42-45页。

映社会法律文化的叙事性法理。而英国法律与文学研究者阿里斯托戴默就认为法律与文学的研究最终会演变为了两种方向:一种是工具论下通过文学研究对法律如何让法律工作者或是社会大众,有效地阅读、进行法律解释;另一种是如何人文主义论下,让法律工作者或社会群众感知著名文学著作中的复杂社会环境,提高他们的"伦理意识"。① 这两种方向又都存在问题,文学技巧是否可以应用到法律解释上?每个看过《安提戈涅》《秋菊打官司》这两部经典法律文学著作的人是否就会判决做得更好或是法律认识得到提高?当然,不可否认,法律与文学研究会对人的批判能力、想象能力、移情能力带来极大影响,但这种法律研究思维的结果是,选取的对象和研究问题高度受到局限,仅仅停留在对工具主义与现实主义的较低层面的讨论。

因此,法律与文学研究应当将关注点重新聚焦在如何通过跨学科研究超越简单线性思维模式,从非线性视角进行超越性、可能性的高层次问题讨论。对文学的跨学科研究,文学领域研究者就强调文学本身特点:"审美性"与跨学科知识上的"统摄性""包容性"。② 当通过文学进行社会现实性研究时,其研究对象的虚构性决定了它所反应的社会真实性,既不能超越科学的社会学研究,也无法与同为人文学科的历史学研究相比较。在大多数情况下,对现实主义文学、历史性文学、民俗性文学的法律研究,更多只是套了层"文学"包装外衣的社会学、史学、民俗学研究。文学的想象、虚

① Maria Aristodemou, *Studies in Law and Literature: Directions and Concerns*, Anglo-American Law Review, Vol. 22, p. 157-193(1993).

② 蒋承勇:《跨学科互涉与文学研究方法创新》,载《外国文学研究》2020年第3期。

构才是其与其他人文学科最大的区别点，如何发挥这一特点去引领人们对于人文主义精神下的未来的理性思考，启发超越性、发散性的思维、进行思想革命，追寻人类终极乌托邦，在其中寻找法律人将主观世界与客观的自然世界的联系方式，这才是法律与文学最应该讨论的内容。科幻文学这一类的文学形式在打破法律人的线性思维上尤为擅长。

［三］法律、科幻文学、非线性思维

(一)法律、科幻文学、乌托邦哲学

科幻到目前没有公认、确切的描述性界定，但以科学为基础、不违背人类已知的客观科学规律①进行幻想、虚构，是科幻区分于奇幻、魔幻等文化创作的基本标志，也是其根本属性。幻想、虚构特征决定了科幻的本质之一是发挥主观想象力和创造性。当然科幻不是凭空想象，科幻是发散性思维的产物。任何形式的创作都不能完全的脱离开现实，就像创作这项活动是主观与客观世界的结合产物，不论是更多关注客观世界的硬科幻、还是以社会现实发挥想象的软科幻作品，乃至毫无科学性、违背人类常理的玄幻、魔幻等创作风格，都会受到创作时的科学认知以及社会文化的影响，而使作品带有社会现实性。② 那么，选择科幻文学作为与法律与文学交叉研究的对象能带来什么样的变化呢？

过往法律与文学研究更集中在现实主义文学作品上。

---

① 这里的科学理论中包括自然科学和社会科学。

② 科幻文学艺术作为科幻的表现形式，是与客观世界相联系的，不是完全脱离现实的艺术。严锋等：《新媒介下的科幻景观与科幻文化》，载《探索与争鸣》2019 年第 8 期。

但像《红楼梦》和《汤姆叔叔的小屋》为代表的直接描写社会的现实主义经典文学作品,着重描写社会现实主义的作品其中反映的东西只是创作当时的想象现实,而不能将它理解为"真"。甚至因为经过文学创作,夹杂着主观想象的内容,其所反映的内容与现实也存在差异。在对"法律东方主义"的讨论上就体现出了这个问题。① 从《汤姆叔叔的小屋》《李尔王》中研究西方法律文化,就像西方人从《三国演义》《红楼梦》研究中国法律文化或者东方法律文化,这种研究本身就是建立在个人主观的想象与虚构中的东西。把它当作社会现实直接材料来研究又或是抽象出什么相关认知。这就是维特根斯坦语言逻辑陷阱所指出的,就算我们能获得什么真知,经过语言的演绎最终所讨论也不过是语言上的游戏,必然是与社会客观事实相距甚远,甚至截然相反的错误。这也说明法律与文学研究本身所带有的语言模糊性。如果以此为基础并按照线性思维逻辑进行分析,这正符合许多怀疑主义者的观点,基于"事实"可能就是脱离事实,立足"实证"和"逻辑",可能也就离开了经验和理性。

反而是科幻文学下的讨论更具有现实的可能性。科幻是我们脱离了现实束缚以后具有理性的想象。就其面对表面上科技进步、经济繁荣发展的现状,讨论更深层次上人与自然、人与人之间关系冲突加剧的真实社会,科幻中的未来世界更具有现实可能性。随着媒介技术进步,表现形式逐步从纸质书籍的抽象想象,走向电影、动漫、电子游戏等,这些给予了人们以更多具体的科学幻想。科学幻想建立在科学知识基础之上,不同于一般文学作家的艺术幻想或者是

① 马剑银:《想象"他者"与"虚构"自我的学理表达——有关〈法律东方主义〉及其中国反响》,载《交大法学》2017年第3期。

更加一般的朴素想象。拥有一定专业科学、社会知识的专业科幻作家所描绘的想象更加具体、科学、可能、说服力强。

现代的科幻文学还借助新媒介技术,进一步扩展了想象空间,引领我们在更宽泛上科幻世界中探索。科幻电影如《阿凡达》《猩球崛起》,科幻动漫如《哥斯拉》、*Blame*、《攻壳机动队》以及科幻电子游戏《赛博朋克 2077》、*EVE* 等共同建构了一种虚拟的“异次元”空间,扩展了想象认知的边界。

举例来说,当我们去研究《红楼梦》中“探春断事”一章虚构的法律场景时,荣国府的家族组织及其管理制度、各个角色在贾府中的身份和地位等,至少可以基于一般常识通过想象在脑海中构思出一幅大致的场景,如图 1 所示。①

图 1

而当我们同样讨论一个科幻文学作品时,我们的想象就会面临一种认知上的苍白感。刘慈欣的《流浪地球》开头有这样的描写:“黄昏并不意味着昏暗,地球发动机把整个北半球照得通明……地球发动机共有一万二千台,分布在亚洲和美洲大陆的各个平原。从我住的地方,可以看到几百台发动机喷出的等离子体光柱。……光柱蓝白色的强光在云中散

① 《梦影红楼:清孙温绘全本红楼梦图》,上海古籍出版社 2019 年版,第 55 回。

射,变成无数种色彩组成的疯狂涌动的光晕,整个天空仿佛被白热的火山岩浆所覆盖。"①

如果仅从经验材料角度研究科幻文学,这无疑降低了其研究价值。也只有弄清科幻文学的本质特性才能帮助我们回应法律与科幻文学研究如何帮助法律构建非线性思维模式改造法律人思维的基本问题。过去的很长一段时间里布洛赫(Bloch)的希望哲学、苏恩文(Suvin)的诗学等后现代哲学、文学流派,都试图从科幻文学的文学作品中寻找研究素材与灵感。而对科幻文学研究最为深入的是以詹姆逊为代表的西方马克思主义科幻流派。该流派一直试图为已经走向衰亡的乌托邦哲学建立新的研究范式。詹姆逊的《未来考古学》一书总结科幻文学小说最大的特性是本质上的认识论功能,即在社会已有现实基础之上寻求替代性的社会经济形式的想象力。② 这也契合了乌托邦思想的内核:乌托邦是对期盼更好的存在方式这一欲望的表达。③ "乌托邦"这个词本身就代表着理想社会蓝图与人对超越现实生活的渴望。从柏拉图的《理想国》、托马斯·莫尔的《乌托邦》为开始,再到空想社会主义以及批判继承的马克思的《共产党宣言》。虽然乌托邦思想因其空想性在实践领域广受批判,但其通过文学在人们思想上的开拓作用是无法被否认的。

詹姆逊认为,一种概念理论建构过程是"将'真实'或感性世界的因素投射到诸现象的'内部'或者'外部'超感性领域里去"。而马克思主义的反黑格尔唯心主义锋芒,正是打

① 刘慈欣:《流浪地球》,长江文艺出版社2008年版,第107页。

② 参见[美]弗雷德里克·詹姆逊:《未来考古学:乌托邦欲望及其他科幻小说》,吴静译,译林出版社2014年版,第7-8页。

③ 参见[英]鲁斯·列维塔斯:《乌托邦之概念》,李广益、范轶伦译,中国政法大学出版社2018年版,第5页。

破理性思维的幻觉。① 在对科幻文学的研究中,詹姆逊逐渐归纳出了科幻文学所具有的三个重要特性:“想象”“新异”“先锋意识”。② 其中,想象是主观思考的结果,对事物发展的描绘,是塑造抽象概念的起点。新异是写实的、反映社会文化的,但却不是简单地抽象,而是更加真实的部分。在科幻文学研究中,如果说写实主义表现的是现象的真,科幻文学反映的是可能的真,也是更加本质的真。先锋意识,这是与后现代哲学的消解相对立的,是重建价值与希望,最终追求终极乌托邦精神价值,对尚未形成的世界意识的探索。它建立在想象与新异的基础之上,它是对于事物发展的回归,是更本质的东西。这三个特性对于填补法律人过去的线性思维模式下的缺陷具有巨大的作用。这三种特质对法律人塑造认识世界的思维方式具有着重要影响。

(二)想象、新异、先锋意识

“想象”是科幻文学最突出特性之一,“想象”是在原有认识基础之上创造本不存在的新事物。③ 从基督教对神的猜想开始,无论是笛卡尔二元论、牛顿三定律,还是康德的批判哲学等,我们都可以从中看到科学的假设、虚构。或许很多科学理论的设想本身,也是待被验证的科幻想象。卡尔波

---

① 思维本质上说就是一个过程,真正的辩证思维就是将我们从僵化的观念解放出来,用辩证法帮助我们摆脱实证主义的幻觉。这一过程本身所对应的抽象思维所代表的“思想观点”,正是一种理想化的产物。但我们还是需要借助这种概念理论,本身划定研究范畴,去进行实体化、专门化的科学进行讨论。参见[美]弗雷德里克·詹姆逊:《新马克思主义》,陈永国、胡亚敏等译,中国人民大学出版社 2018 年版,第 53-55 页。

② 参见黎婵、石坚:《西方马克思主义科幻批评流派的乌托邦视野》,载《四川大学学报(哲学社会科学版)》2013 年第 5 期。

③ 在《现代汉语规范词典》中名词被定义为“指在知觉材料的基础上,经过头脑加工而创造出新形象的心理过程”,动词被定义为“推想出不在眼前的事物的具体形象或发展结果”。

普尔也在其科学哲学思想中表明,通过科学理论掌握的知识只是推测和假想,人在解决问题的过程中必定会掺入想象力和创造性,以便能在历史、文化框架中得到答案。①

法律作为一项具体实践的社会学科,尽管在法律解释过程中明确需要有教义学上的、符合严格逻辑理性的概念,但这种形式逻辑基础上严谨、封闭的法律研究远远不足以解决实践中多变的问题,需要借鉴"想象"的发散性质去填补相关的漏洞。而填补漏洞的知识来源、思考方式必然是超越原有法律学理论(法教义学理论)甚至是违反制定法"共识"的、非线性的,所以法律人的思维是需要这种"想象"力的。法律实证主义代表者凯尔森就说"理性的不足就需要想象力的弥补"。在某种程度上,我们也可以把立法、裁判当做是法律专业人员对"法"思考的一种想象文学作品。现实—虚构(fiction)理论或者法律拟制理论也影响着法律研究者。② 但虚构理论后续的主要讨论范围集中在了形式逻辑学的"类推"上,并将法律重新定义为"有实践价值的类推"而非"纯粹的虚构"。③ 虽然这在规范定义的角度为法律划定了范围,但无疑将对法律讨论中发散性"想象"的力量进行约束。"类推"的定义将对法律人思考模式限定在了严肃的线性思维模式中。但当法律人在脱离裁判的限制后,也应该整体反思作为社会现象的法律问题,发挥想象力,而非成为"自动贩卖机"式的法律解释者。而通过科幻文学形式去进行超越现实的想象,则成为应对未来社会问题的一种准备方式。

① 参见[美]卡尔·波普尔:《科学发现的逻辑》,查汝强、邱仁宗、万木春译,中国美术学院出版社 2008 年版。

② [日]来栖三郎『法とフィクション』(東京大学出版会,1999 年)155-213 頁参照。

③ 谢潇:《法律拟制的哲学基础》,载《法制与社会发展》2018 年第 1 期。

科幻文学中的第二种特性“新异”，是科幻文学对社会现实矛盾的特殊处理方式，以科幻文学形式为各种矛盾提供对话、讨论的深层空间。“新异”概念由布洛赫提出，“新异”是乌托邦冲动的具体表现，提供一种连续的认知陌生化。① 新异不同于想象，体现的是差异性，虽然它本身不基于现实。如果说想象是基于现实而超越现实，新异则是完全脱离社会文化现实去讨论现实问题本身背后的原理，不是写实的真，却反映更实质的真。矛盾是事物发展的动力和源泉，法律思维就要包容矛盾。无论是法律研究的理论内部，还是理论与社会现实之间，要为法律研究外部矛盾、内部矛盾的融合提供“张力”。法律不是一门纯粹科学，很多基础问题难以被证伪。而且法律本身就是多维的，其研究就应该在矛盾与妥协中前进，不能机械使用线性思维模式中的矛盾律，对法律的认识也要从辩证角度展开。因此法律人思维应当借鉴“新异”，以应对未知变化、拓展法律对矛盾的包容性。

科幻文学第三个特性是乌托邦精神内核——“先锋意识”。这是乌托邦哲学对法所追求的终极目标的回答。乌托邦哲学追寻的是超越、国家、文明，塑造未来进化的人类种族的世界精神，或者说是后现代主义批判下所寻求的“肯定性的东西”。它就是乌托邦精神的终极目标，即达到人类自由追求的总和——幸福。这一观点带有边沁功利主义的色彩，但不同的是，乌托邦哲学更多是在立场上强调乐观主义与不断进步，也是对于历史主义、保守主义的回应。先锋意识是对后现代哲学中“对于人类历史不断前进发展的否定”这一问题的回应。“先锋”概念由布洛赫提出，它本身是用来描

① See Darko Suvin, *Metamorphoses of Science Fiction: On the Poetics and History of a Literary Genre*, Yale University Press, 1979, p. 62.

述马克思主义作为“战斗乐观主义”所置身的场所,处在“历史进程的前线”,是“尚未意识”指向的对象。

因此,先锋意识可以为法律人思考提供超越性视野、前进方向坐标点以及发展的动力源泉。在世界走向一体化的今天,我们探索的世界精神,应当由身处这一时代的人类自身给出答案。要想走出法律研究的历史周期的重复,就必须在先锋意识下去探索新的法律研究方法。先锋意识或许过于抽象和模糊,它的内涵或许正如布洛赫所《希望哲学》中所写的,“它就是乌托邦,它代表的就是梦想和希望,这种希望是人类永恒的力量,激烈地渴求改变自身以及与此相关的一切,它是超越历史经验甚至单纯逻辑理性的力量,它是超验的、是可能的”。先锋意识认为,人类是在向历史的方向前进的,因此,是对善的、好的价值追求的肯定。法律和科幻文学对未来的描绘方式,不论是所谓技术科幻的技术手段解决还是田园科幻的社会意识解决,都需要靠人类自己的追寻。在法律领域,面对后现代法学对于现代理论的冲击时,如何在不同视角、立场、研究方法中保持前进而非倒退,需要以马克思主义立场的先锋意识作为思想指导。这是对社会非线性发展中法律人思考问题的基本指引。

(三)乌托邦科幻文学①与非线性法律思维

事实上,并非所有科幻文学作品都具有上述特性,带有乌托邦欲望冲动的作品更具塑造非线性思维的可能。詹姆

① 这里我们所要谈论的科幻文学是一种广义的文学概念,包括电影、动漫等表现形式。在扩展解释学中,把文学的媒介载体扩展到了文字语言外的图像、声音甚至代码等通信传播媒介。乌托邦科幻文学则是在西方马克思主义科幻流派所定义的,蕴含有乌托邦哲学思想的相关文学素材。参见[德]齐格弗里德·齐林斯基:《未来考古学:在媒介的深层时间中旅行》,唐宏峰、吕凯源译,载《当代电影》2020 年第 4 期。

逊在《未来考古学》中认为,“乌托邦形式本身是对根本的差异、根本的他者,以及社会总体的系统本质的具象性构想”,①这种构想具有和现实世界的同一性与差异性,构成了乌托邦辩证法。乌托邦科幻文学作品的表达有两种可能路径是:①希望实现乌托邦计划;②在不同的表现形式中隐晦的表达出乌托邦冲动。第一种形式较为系统明显,而第二种方式则经常会被自由改革、商业幻想、看似乌托邦的文本等各种意识形态的欺诈所掩盖,更多是成为现实主义政治和社会理论的包装产品。绝大多数的科幻文学作品属于第二种表达形式。

换句话说,更多的科幻文学作品只是作者的无意识历史文化成见与政治寓言,而非真正意义上的乌托邦作品。举例来说,田中芳树的科幻作品《银河英雄传》所描述的银河宇宙具有浓厚的历史色彩。尽管是一部涉及宇宙的科幻作品,但作品所隐藏的对民主制度低效率与腐朽独裁制度的暗喻,凭借银河宇宙这一迥异空间所展开的宏大历史叙事与个人英雄传记,很难说向我们传递出多少真正的乌托邦冲动。与此相近似的还有由美国作家赫伯特所创作的科幻作品《沙丘》。尽管作者细腻描绘了一颗虚构星球上的生态、宗教、政治和哲学等,然而这种作品与现实世界的同一性决定了他所带来诸多思考没有脱离现实主义叙事的束缚。这类作品固执于将社会现实问题投射至架空的科幻世界之中,而无法为我们展示非线性发展的可能未来。

一部好的乌托邦文学作品应当突出与现实社会本质的根本差异,这样才能引发读者走出思维定势,开拓非线性思

① [美]詹姆逊:《未来考古学:乌托邦欲望及其它科幻小说》,吴静译,译林出版社 2014 年版,第 5 页。

维的思考。这种差异不是简单地以“科幻”主题作为外衣,构造一个具有现实同一性的世界,对现实政治社会理论的观点加以陈词滥调重复,而是对于社会本质的抽离、填补、改变。就如同莫尔(More)在《乌托邦》中假设一个货币消失的世界,塑造迥异于现实社会的“乌托邦孤岛”,打破了资本主义的思维定势,开启了空想社会主义的全新道路。① 因此,一部适合法律研究的乌托邦科幻文学,可以为法律人摆脱法律中的线性思维模式提供启发,例如赛博朋克风科幻动漫 *Psycho-Pass*(《心理测量者》)②就是一个典型例子。

这部动漫设定一个技术乌托邦世界——“新东京”,在人类的心理状态和性格倾向都能被数值化的未来,所有的感情、欲望、心理倾向等全部被厚生劳动省的超级“西比拉系统”(Sibyl System)记录并管理。所有的监控摄像头都已经被升级和联网到一体,通过监视人类的各种行为数据等信息用来计算人类的每个心理状态和个性倾向所衡量的值,用作判定人们的思想、社会的安定程度等,并通过计算这些数值,系统可以自主断定一个人最理想的工作、感情、心理压力,甚至犯罪意图。人们需要不断地保证自己的指数在正常范围,否则会被系统认为是潜在犯,将会被强制“矫正”,而作为系统执行者的就是手持系统终端“支配者”的公安局调查官。

在这个乌托邦社会中,作为审判者的人被人工智能“西比拉”所取代。犯罪判定标准由以犯罪行为为核心的“要件事实论”规范性标准,彻底转化为了以测量心理状态、社会危

① 参见[英]托马斯·莫尔:《乌托邦》,孙平华、何珊译,中国对外翻译出版公司2013年版。

② 2012年由日本著名剧作家虚渊玄及深见真提供剧本,著名动漫制作公司Production. IG制作,在日本引起极大社会轰动的现象级作品。

害可能性为中心的社会科学标准。技术逐渐支配了人类社会,更确切地说是技术理性作为核心支配下的社会控制系统。“西比拉”系统化身为了全知全能、令人拜服的权威,但它并不完美,存在漏洞,也产生一系列挑战。认为这种被系统支配的世界不正确的“反派角色”槙岛圣护通过发动不同的犯罪,从各个角度对这个乌托邦式社会统治系统加以攻击。而作为这套系统的人类拥护者或者说被支配者——公安调查官,也不得不在执法对抗中面临诸多抉择。系统基础架构的工程学设计漏洞、以心理学等科学来判定人性善恶的道德陷阱、算法歧视带来的不平等、不同人工智能间的对抗、乃至人工智能主导社会民主政治。*Psycho-Pass* 系列动漫创造的后人工智能乌托邦社会全景式地描绘了在这种复杂的社会系统中可能出现的各种情况。更为难能可贵的是,这一作品以科幻动漫形式,通过精良的制作真实展现了这个乌托邦世界。而剧情中对于所有问题的设定与讨论,也并非确定性因果关系的说教,而是留出了开放式讨论空间,借助正反方主角的对话、自白等形式,引发观者进行批判性反思。

[四] 法律与科幻文学研究的新方法

(一) 科幻文学评论

法律与科幻文学研究需要借鉴文学的主流研究方法。文学研究本身大致分为文学创作和文学评论两个部分。詹姆逊对科幻文学的研究就包括运用辩证法的文学批评和基于乌托邦哲学的叙事阐释,其发表了一系列著作,试图通过科幻文学进行乌托邦想象对科技和全球化进程下可能出现的新政治文化形态和新现象进行探讨、描述和解释,从理论上运用马克思主义原理进行阐释。①

相比于法律科幻文学创作,采用文学评论方式可以帮助我们更加深刻地理解科幻文学作品背后的未来可能,填补线性思维模式下的"缺陷"。在文学艺术领域,创作者自身并不能很好地发掘其作品的价值,而需要评论家去对其作品的内涵进行解读。事实上,法律人从事法律科幻文学创作固然可能,但显然并不能为此要求法律人去成为科幻作家,这不妨碍法律人对科幻文学作品进行法律视角下的文学评论。詹姆逊指出,"文学批评的范围和适应性因历史和意识形态而变化"②,因此,呈现在我们面前的现实主义作品,本身就带有着自己时代的事实以及评论。他认为,应该去寻找具有未来观念、充满活力的文学评论。法律人受制于历史时间和线性思维,面向未来、非线性的灵感启迪是十分必要的,而在这一点上,显然把科幻文学作为文学评论的素材是最合适的。例如,中国第一部原创章回体科幻小说《月球殖民地小说》③,当时境况下就提出了女性解放、计划生育等相关制度改革构想,这种超越性在当时代社会普通人认知中是难以想象的。逻辑与经验既是人类认识改造世界的工具,也是束缚思考的枷锁。对科幻小说进行法律角度的评论是值得重视的,法律人可能从中获得思想解放。而文学评论通常又分为两种方式,即:文学批评与叙事阐释。借助文学创作的叙事

① 詹姆逊反对卢卡奇针对现实主义和历史主义小说著作的现实主义批判,借用弗洛伊德的精神分析、拉康的心理学、德里达的结构主义、萨特的存在主义分析文本的"政治无意识",运用乌托邦想象把现实和可能的选择进行对照式研究。参见[美]弗雷德里克·詹姆逊:《新马克思主义》,陈永国、胡亚敏等译,中国人民大学出版社2018年版,第4-24页。

② 参见[美]弗雷德里克·詹姆逊:《新马克思主义》,陈永国、胡亚敏等译,中国人民大学出版社2018年版,第61-92页。

③ 参见荒江钓叟:《绣像小说》,1904年。

阐释与批评家们的文学批评二者间的合作，一方面促进文学创作的叙事阐释走向深入；另一方面，也可以通过文学批评发现文学叙事中所蕴含的引导社会的先锋意识。

结合文学批评与叙事阐释基本文学研究方法，法律与科幻文学研究可以列举出几种主要模式：①通过对于现实法律设定一个科幻的场景来给予现实法律以批评；②通过科幻法律文学去构想超越现实的法律乌托邦世界，在差异视角下对现实法律进行批评；③通过一个科幻文学叙事阐释未来法律问题，给人们展示未来法律的可能性并接受批评。当然上述的几种模式仅仅是便于法律人进行实践的分类描述，在这分类之外必然存在其他可能的研究模式。

（二）思想实验

科幻文学可以作为法律思想实验进行超越线性思考的重要载体。思考是以问题为核心展开的，是人通过使用自己的知识和注意力来回答这个问题的过程，其受到社会现实状况以及思考主体影响很大。随着主流科学研究范式逐渐向非线性思维模式转变，借鉴科学研究中的实验方法、摆脱线性思维的思考成为了可能。思想实验作为典型的研究方法应当受到重视。经过科学主义浪潮，关于法律的思想实验在欧美国家已经是一种成熟的研究方法，美国的实证主义法学与案例研讨和欧陆的法教义学都在进行着思想实验的研究。尤其在法学教室中，思想实验是极佳的、对案例研究及法律适用进行研究的方法。但关于思想实验的系统理论却不多，目的还停留在单纯的法律思维培养上。在本质上，思想实验与科幻创作有些类似，其对实验场景的构建都需要“常识”和“假设”。具体到思想实验的设计上，它本身也可以成为相关法律理论框架的构造。比如，实验类型分为“建构型”

和“破除型”,其实验场景也分为“前事实”、“反事实”和“理想型”三种。① 但显然法律职业者们本身缺少科学实验的训练,却不妨碍法学家通过科幻文学去构筑可能场景。但正如刘慈欣所建议的,通过科幻文学的形式,“我们可以进行思想实验,把各种可能性排列出来,排列的越多越好,虽然我们不可能投入资源对所有的可能性都做出实际上的准备,但我们至少能够在思想和心理上做好准备”。②

相比实际进行社会实验的复杂性,思想实验可以借助科幻文学的叙事阐释,在想象空间中以文学开展乌托邦世界下的法律虚构与研究。在早期空想社会主义中,乌托邦文本为社会实验提供了大量的社会实验可能性假设,从西方莫尔的《乌托邦》到东方蔡元培的《新年梦》,③他们所叙事阐释的无资本的共产主义社会与无家界、无国界、无政府主义的大同世界,都突破了正处于思想启蒙时代的中国社会知识分子以及法律人的僵化守旧思维限制,指导了后续的社会实验与思想革命。詹姆逊也在《批评理论和叙事阐释》一书中将科幻文学(蕴含乌托邦思想的乌托邦科幻文学)作为“政治阐释”的优越文本,进而区分了一般文学的文本解读与乌托邦哲学指导下的乌托邦叙事阐释。尤其是借助了大量对科幻小说、电影的分析,他认为科幻文学的乌托邦叙事阐释是为我们提供另一种尝试、可选择、各种方法的试验场。④

---

① 参见凌斌:《思想实验及其法学启迪》,载《法学》2008年第1期。

② 刘慈欣:《新冠疫情与外星人》,载观察者网,https://www.guancha.cn/LiuCiXin/2020_07_17_557939.shtml。原为日本《每日新闻》网站文章,三体社区授权观察者网发布。

③ 参见朱军:《早期社会主义文学想象的儒学渊源——以蔡元培和〈新年梦〉为中心》,载《华东师范大学学报(哲学社会科学版)》2018年第2期。

④ 参见[美]弗雷德里克·詹姆逊:《批评理论和叙事阐释》,陈永国等译,中国人民大学出版社2018年版,第144-432页。

科幻文学同样是各种思想的试验场，科幻文学提供了对未来一些非线性因素可能引发的法律问题进行猜想、假设、讨论的“异次元”，这可以降低法律的社会实验与现实实践中的风险与成本。法律的社会实验被定义为在可控制的条件下模拟或创设法律场景，通过研究人在法律场景中的行为，进而研究法律理论和法律现实之间的确定性联系。① 法律人要在线性思维外去思考，一旦法律实践中出现了通常线性发展社会现实所未见的情况，如何通过法律应对？这种突发状况是可能存在甚至必然的，通过科幻文学进行文学想象上的讨论，无疑相比于具体开展社会实验而言，在研究上具有更加开放的空间和更低的成本风险。应用法律实验方法的例子也已经出现在了现今的社会实践中。像在互联网技术新时代，网络空间成为新的试验田，中国、英国等国正在金融科技领域尝试使用的“监管沙盒”其实就可以被认为是一种数据时代的新式法学实验。② 将科幻文学与法律实验的研究相结合将是未来法律研究的新领域，需要我们去重视和尝试。

应当强调的是，在马克思主义立场下，以一种乐观积极的乌托邦精神去构建法律实验研究思维，即在法律实验室教学、大规模的社会田野试验中，类比自然科学的假想性实验方法来进行无历史经验基础的未来法律实验。如果将关于法律研究的实验定位于严谨的社会科学实验范畴，那么这种

---

① 参见朱全景：《法学实验论纲》，载《比较法研究》2013 年第 4 期。

② 参见蔡元庆、黄海燕：《监管沙盒：兼容金融科技与金融监管的长效机制》，载《科技与法律》2017 年第 1 期。监管沙盒会提供稳定与可预测的监管环境，使金融科技与金融创新在不受现有一般规则阻碍的同时，得到实践经验作为其逐步完善的支撑，进而兼容金融监管与金融科技的发展，形成系统长效的监管机制。

法律实验研究与法社会学中的实证研究显然具有相同的问题,它只能验证已知的、经验的相关规律,而不能提供超越历史、经验的解释,更不能去预见、并指引解决未来的问题。因此,在法律实验思考中保持先锋意识十分有必要,他可以使法律人警惕不要落入保守、守旧、现实的思维模式中。

(三)未来考古学

法律与科幻文学所启发的最重要的一个研究方法是法律的未来考古。埃里希评价法律研究中"根本没有科学的法律概念"①,尤其是受到实用法学的影响,依靠简单的法律术语来指导法官进行裁判,其方法必然是抽象与演绎。按照简单的线性思维,法律也仅能其中获得脱离现实的苍白形式去解释社会,而不能获得其他的内容。因此长久以来也只有历史学为法律研究提供了源源不断的外部知识。而历史分析方法随着历史法学派进入法律研究中,更是成为法律理论的主要研究方法。这也使法律研究者对于经验材料格外重视——法律史视野下各个历史时期与法律相关的文献,既包括法律也包括非法律的文学作品、地方民俗记录,它们成为法律研究中的主要知识来源。过去的法律与文学跨学科研究基本也在沿袭着这一思路。但传统历史学研究的一个特点就是线性连续的、进步的历史观。这构成了历史研究中的线性思维,引入这种分析方法的法律研究当然也很难跨越历史周期率,不能回应人类世界非线性发展中的法律问题。正是基于对于历史进路下思想史研究方式的拒绝和批判,后现代主义代表福柯的《知识考古学》就在对话语和陈述的批判分析的基础上区别了考古学与传统思想史,即:关于新、旧事

---

① [奥]尤根·埃里希:《法律社会学基本原理》,叶名怡、袁震译,九州出版社2007年版,第5页。

物的确定,关于矛盾的接受与排除,关于比较的非线性因果联系,关于话语系统转换。① 确立了一种后现代的史观。在这种后现代史观下,詹姆逊进一步发展了建立在科幻文学上的"未来考古学",提出科幻文学是作者"对未来的考古,而非对过去的预测"。

未来考古学本质上是一种认知—思辨式的实践方式,建立在未来"现实"基础之上实验空间。作者成为"叙事考古学家",主要借助媒介考古活动及相关艺术或其他实践的乌托邦潜能,将人带入存在于将两个时间轴线联系起来的可能性之中。齐格弗里德·齐林斯基称为"一种知识生成策略的手册"②。简单而言,进行未来考古学需要寻找到一种良好的载体。比如詹姆逊从科幻小说中寻找到乌托邦精神进而完成对于资本主义社会的批判;艺术家藤幡正树采用重新开发的类似 GPS 的远程信息处理观测和定位技术来进行体验。法律人应该认识到,法律事实上是一种良好的考古媒介。笔者认为,一种可能的法律考古方式是在现在时间点上重新模拟一项过去立法,以重新认识该法律规范的发展;另一种更为有趣的考古方式是,在现今的立法中寻找一种法律作为媒介即所谓"源代码"去研究法律知识生成,研究法律在穿越时间发展中受到了怎样的影响。

在文章最后结束之际,笔者注意到最近"元宇宙"概念开

① 参见余章宝:《传统历史话语的颠覆——福柯〈知识考古学〉的后现代历史观》,载《厦门大学学报(哲学社会科学版)》2002 年第 2 期。关于传统思想史(编年史)研究的"话语形成",福柯对其四个预设提出了质疑:1. 话语单位形成是由于陈述群参照的是同一话语对象;2. 陈述形式的连贯;3. 概念的一致性;4. 同一主题。福柯还对"话语形成"的"陈述"进行了分析:1. 陈述与命题、句子和言语行为之间的关系;2. 陈述的功能;3. 陈述的特征。

② [德]齐格弗里德·齐林斯基:《未来考古学:在媒介的深层时间中旅行》,唐宏峰、吕凯源译,载《当代电影》2020 年第 4 期。

始在思想市场上占据话题,这一概念由尼尔·斯蒂芬森在其小说《雪崩》中创造。这个例子正好说明不管认同与否,科幻正在现代技术发展的加持之下,影响着世界走向未来。如果读者们还对本文提出的诸多抽象概念存在困惑,又或对科幻对法律的影响嗤之以鼻的话,不如先去看看市场上正在热销的那些科幻作品,相信会对诸位读者对法律及现实的思考有所裨益。

《法律和社会科学》(2022) 第19卷第2辑,第395~427页

法律科幻问答

胡 凌 李广益 李一达 邱遥堃 沈伟伟
岳 林 杨安卓 郑 戈*

编者按:最近几年国内开始兴起法律与科幻研究。这一领域对于多数人来说是陌生的。为此,我们设计了若干个问题,邀请八位学者来回答。他们来自于文学、法理学、宪法、网络法、人工智能法等不同领域,结合他们自己的研究经历,娓娓道来,从而勾勒出中国的法律与科幻研究的未来。

* 胡凌为北京大学法学院副教授,李广益为重庆大学人文社会科学高等研究院教授,李一达为国际关系学院法学院讲师,邱遥堃为首都经济贸易大学法学院讲师,沈伟伟为中国政法大学法学院副教授,岳林为上海大学法学院副教授,杨安卓为江西财经大学法学院副教授,郑戈为上海交通大学凯原法学院教授。

[一]“法律与科幻”“法律与科技”研究,两个领域的边界在哪里

胡凌:前者更多是幻想性的,即在可能发生但尚未发生的科学场景中,会有何种法律问题,或者法律发生作用的约束条件是否有所改变。后者往往是经验性的,根据已经发生了的事实和技术发展,总结法律是如何受到特定技术或生产方式影响而发生变化的。现在关于法律与科技研究的很多面向都更像科幻。例如,关于人工智能主体、元宇宙的研究,仅围绕一些概念展开,缺乏实际对应的场景和问题。在我看来,这就和幻想文学无异。但并不是说法律与科幻研究无法提出真问题。基于现实经验而尝试提炼出一般性的法律原理而不是无由头的想象,既适用于过去和现在,也适用于未来。未来的研究应当朝这个方向努力。

邱遥堃:边界在于研究问题的现实性。科幻只是虚构(fiction)的科技,并不具有现实科技问题的影响力与紧迫性。以二者皆热议的人工智能规制为例,法律与科技研究关注现实的人工智能、特别是算法应用的过程与后果。例如,数字内容平台的算法是否制造了信息茧房,电子商务、共享

经济平台的算法是否区别对待了消费者,以及这些算法是否足够透明乃至是否促进了社会主义核心价值观。即使考虑更高层次的人工智能法律地位及其权利与义务问题,也现实地对应于自动驾驶汽车的责任分配、人工智能创作的著作权归属,以及背后隐含的互联网平台权利与义务问题。毕竟人工智能只是其工具,二者的法律地位与权利义务具有相互替代性。

但法律与科幻研究并不受限于任何科技发展的现实,可以在此基础上展望未来,预先考虑极端情况下的法律问题。例如,信息茧房与算法歧视的发展尽头,可能造成社会极端分裂、分层的反乌托邦,解构现代法律依赖的人人自由与平等假定,使之向前现代状态倒退。强人工智能的主体地位在法律与科幻研究中才能真正成立,如何根据人工智能的技术特点来修正原来适用于人类智能规制的法律,人类如何驯服或至少与机器人共存,才成为独立于平台责任研究的人工智能责任研究的主要内容。

杨安卓:法律与科幻研究和法律与科技研究之间的边界就是没有边界。科幻与科技之间不是二值的非此即彼的关系,而是一个连续统。如果法律与科技的研究的展开就像空间上一步一城地扎硬寨,打死仗,那么法律与科幻研究就像跳岛战术,在科技尚未能证明或实现的地方事先建立起法律和科学的可能关联。

作为技术的社会实践如果要真的能够切实影响法律实践,至少需要有一个工程解。但倘若目前的技术条件有所局限,尚未能完成工程实现,则在此之前人们可能探寻出一个科学解或者数学解,从而建立起一个研究模型;而在科学解和数学解亦未能实现以前,人们可能会寻求一个哲学解,搭建起一个分析框架;而倘若哲学解亦无所建树,框架尚在模糊之境,人们很可能已经率先抵达了科幻解,通过想象创立了一个可能世界。以意识上传为例,目前人类并不清楚意识的问题的科学原理,当然也不可能在工程上实现意识上传。然而,哲学上的思想实验和科幻文学上的想象早已提供了各种丰富的社会关系的可能改变,以此为基础供法学家作为分析的出发点。如果科幻想象建立起的社会运行模型与科技实现后的社会运行模型只有微小差异,则一俟技术成熟之后,可以直接或仅经过微调后即调用此前所积累的研究成果,将法律与科幻研究转换为法律与科技研究。

加来道雄就是一个衔接典范。他是一个如假包换的物理学家,超弦理论的开创者。无数以平行宇宙为主题的科幻作品建立在他的物理学理论之上。加来道雄自己也创作了非常多部科普著作,尽管他否认这些作品是科幻作品,但实际上他时常借助科幻文学的内容与题材传播其科学观念。当我们在引用加来道雄的著作时,很难截然分清这是法律与科幻的研究还是法律科技的研究。例如加来道雄的《超空间》和《平行宇宙》,虽然是严格基于物理学与数学的科普作品,但对我身边那些并未受过科学训练的法律人同行来说,和科幻作品并无二致。这里要插一句题外话,在科技与科幻以外,"科普"应该是法律人从事法律与科技研究领域的一个中间门径。科普作品所描述的科学世界是基于严谨的目前已知的科学原理的,只是抽离了数学的量化描述与物理的实验观测。而后者对法律研究而言,在多数领域中并不是一定必须的,实际上也是法律人的学术训练所难以企及的。因此,准确可信而易于理解的科普作品无疑是法律人通向与科学交叉领域的津梁。

有法学家曾发表论文严厉谴责科幻对法律研究的介入，并高声疾呼："法学不是玄学、不是科幻主义，也容不得太多不切实际的浪漫情结。"这种呼吁无疑是基于对科幻与科学的双重误解。实际上，就连科学自身也不见得容不下"玄学"，"科幻"，以及"太多浪漫"，难道法学是一门比科学更严谨的学问吗？其实严谨可能是假，保守才是真。Science 杂志 2007 年曾发表 William Sims Bainbridge 的论文 *The Scientific Research Potential of Virtual Worlds*，以《魔兽世界》作为虚拟世界的研究方法与工具。2015 年，David Shultz 又在《科学》上发表了论文 *Which Movies Get Artificial Intelligence Right*，将科幻电影与 AI 的科学研究相互印证，其中《超能查派》中对基于学习的人工智能的法律责任的探讨，《阿凡达》对虚拟化身（avarta）的法律主体资格及其国籍与属人管辖的探讨，都对法学研究不无启发。Nature 杂志更是从 19 世纪起就时常刊发科幻小说。顶级科学杂志尚且如此，法律人又何必固步自封，将法律与科幻研究打入法律与科技研究的另册？

岳林：无论法律与科幻，还是法律与科技，作为交叉学科都没有专属于自己的领土。它们或穿梭于各个学科之间，或寄生于某个学科内部，或游离在晦暗不明的灰色地带。两个流浪汉之间是不存在房地产纠纷的。交叉学科之间也是如此。假如交叉学科也有自己的固定地盘，不同交叉学科之间也就可以再次互相交叉，衍生出新的交叉学科。"子子孙孙无穷匮也"……但是像法律经济学、法律社会学和法律史学这些跨学科研究，本来就是互相渗透和互相支撑的。例如，波斯纳在《法律与文学》中对复仇制度的分析，就把上述方法都用了个遍。

或许在学界内的“建制派”看来,学科就像民族国家一样,需要独立的国号(进入学科目录)、宪法(理论体系)、法律(知识结构)、政府(学术组织)、公民(研究者)和领土(研究对象)。但我认为,对于交叉学科,重要的不是正名或者划界,而是要找到自己的问题意识和研究兴趣。至于这些问题是否专属于自己,是否要与其他学科分享,一点儿也不重要。

如果法律与科技就是我们既熟悉又陌生的“科技法”,那么它已经具备了相对稳定的研究群体(成立中国科学技术法学会)和知识体系(出版多种科技法教材、专著)。科技法所涉及的科技成果保护、科技管理制度、技术转让合同、与科技安全等问题,本来就属于民法、行政法和知识产权法等传统部门法的研究范畴。现如今,科技法与网络法也开始“暧昧”不清……从总体上看,法律与科技的“建制”地位,是法律与科幻望尘莫及的。从字面含义上比较,法律与科幻比法律与科技多出了一个“幻想”。这可能是它们在研究旨趣上最大的不同,即分别关注未来科技和当下科技的法律问题。但科技的“未来”与“当下”总是交织纠缠在一起。例如,近几年,各路专家关于人工智能的种种理论和解释,往往让我们很难严格区分是科幻还是现实。简言之,想在“法律与科幻”和“法律与科技”之间找到一条清晰的边界,其难度不亚于水中捞月。

郑戈:任何“法律和××”研究都可以有“××中的法律”、“作为××的法律”、“通过××来表达的法律”以及“规制××的法律”四个可能的研究方向。我在《算法的法律与法律的算法》一文中即指出:研究法律与数字科技,既需要考虑如何用法律规制数字科技(算法),也需要考虑通过数字科技(算法)来表达的法律以及作为数字科技(算法)的法律。① 但法律与科技中的科技是现有的科技,比如人工智能领域中已有的编程方法,并在此基础上考虑如何用法律去规制它,以及如何用它来表达法律和辅助法律工作。因此,法律与科技研究完全可以被收纳进现有的法学学科体系,比如其中涉及的主体意思自治、作为人格权的隐私和个人信息保护、作为财产权的数据权益等因素可以作为民法学的一部分;基于数字技术而形成的新的商业组织形态(平台经济)和劳动就业形态(零工经济)可以作为公司法、反垄断法、反不当竞争法和劳动法的一部分。这并不是说现有的法学概念和原理足以涵摄和解释高速发展的技术及其带动的商业模式和治理方式创新现象,而是说法学本身的固有研究方法倾向于通过解释和续造而不是另辟蹊径来处理新的问题。作为对现有科技的回应,法律与科技研究从总体上说是在法学的既定结构中定位自身的。法学并不是以智识追求为要务的学科,而是服务于既定法律秩序以及其中的法律职业的守成之学。

法律与科幻研究则属于"法律与文学"研究的一种。人们对它没有解决现实问题的预期,而有激发想象力和创造力的预期。比如六识俱全且具有自我意识的人工智能,离现有的科技还很遥远,但在科幻作品中却很常见。人工智能体的"法律人格",似乎更适合作为法律与科幻研究的题材,而不是法律与科技研究的题材。

---

① 参见郑戈:《算法的法律与法律的算法》,载《中国法律评论》2018 年第 2 期。

[二]苏力说“法律与文学”未老先衰,“法律与科幻”是否可以代表“法律与文学”的未来①

胡凌:很难说,主要是因为以往的文学和人类生活的经验息息相通,研究者感同身受,能够提炼出发生在特定语境下的理论问题。但科幻文学时间不长,普及更少,更主要的是无法和当下人类生活经验完美契合起来。我们无法设想科幻中的法律究竟可能是什么样,例如“机器人三法则”只是看起来有意思,不会有人当真。但随着人工智能技术、生物技术、外太空探索等领域推进,加上大众媒体的宣传,科幻作品会进一步扩大影响,为相关法律研究提供基础。

李广益:即便不是全部的未来,也代表了大部分,因为科幻本身就代表着文学的未来。这样说有两层含义:其一,是科技的加速发展将为各种形式的科幻创作,提供取之不竭的源头活水;其二,更重要的是,随着不局限于生产领域的现实社会被高科技越来越深入地渗透,特别是科技应用遍及日常生活,聚焦现实的文学书写也会变得越发“科幻”。换句话说,未来的现实主义文学创作必须以理解科技对生活的影响为基础,甚至很多时候会直接以人与某项技术或某个产品的关系为书写对象。在这种情况下,写现实和写科幻尤其是近未来②科幻的分野将逐渐消弭。

---

① 苏力:《为什么未老先衰?——“法律与文学”在当代中国》,载《法律科学》2021年第5期。

② “近未来”指离现实时间较近、技术发展程度有限的未来时段,其社会景观和生活状态与现实差异不大,因而对这类时段的想象与高技术社会现实书写有时难分彼此。

因此,法律与科幻不仅是法律与文学研究的前沿,也是社会科学与人文科学交叉研究的前沿。把握好分寸,不仅能繁荣法律与文学研究,还将具有更加广泛的学术辐射力。

李一达:无论"法律与文学"还是"法律与科幻",它们是否还有未来,并不取决于它们讨论的内容是否关乎"未来"。"法律/学"与"文学"本身都是受众广泛的议题,但一直以来,二者的结合却并没有带来交叉学科的发达。两者不易契合倒是次要因素,主要原因或许在于,"法律与文学"的写作需要作者在两个领域都有很好的理论品味与想象力,但这并不是一个容易抵达的境界。当年"秋菊"如果不是遇到了苏力,恐怕也无法在二十五年后的今天依然能走入各大高校的法理学课堂中。① 所以,"法律与科幻"很可能会继续"法律与文学"的命运,逐渐变成"圈地自萌"的小众领域。

邱遥堃:苏力认为"法律与文学"在当代中国未老先衰,是因为四大社会变化:一是文字作品相对于影视作品的衰落;二是经典作品相对于通俗和即时作品的消失;三是文学的娱乐功能增强与游戏的混合;四是文学的教化功能被法治替代。但是,如果仔细检视当代中国社会现实,会发现这些观察并不一定准确。

首先,不应当过于狭隘地理解文学,将其限定于文字作品并与其他形式的作品严格区分。因为在历史上,如果文学作品纯粹以文字形式传播,考虑到识字率、印刷水平、购买力、闲暇程度等因素,其影响力必然有限。口耳相传、戏曲改

① 实际上,虽然当年收获过赞誉和奖项,但《秋菊打官司》这部电影已经很少被现在的(非电影专业的)年轻人注意到了。在这个意义上,"文学"的生命力反而得益于"法学",尽管我们在直觉上可能会觉得前者更长命一些。

编等本就是文学作品传播方式的固有组成部分,因此当代的影视化、游戏化并不必然与文学存在非此即彼的冲突关系。

其次,即使仅仅考虑文字作品,文学也似乎并未衰落。因为网文的创作与受众量皆十分庞大,甚至成为许多影视作品改编的“大IP”基础。文字作品的传播方式也不断更新,在传统出版、甚至已在衰落的公众号以外,许多人通过“听书”的方式进行完整的文学作品“阅读”。

复次,尽管在社会多元化的发展潮流下,经典作品的消失不可避免且不一定是件坏事,但随波逐流同样是人性根深蒂固的一部分。因此总会有受众广泛的“大热”“现象级”作品出现,而这些作品事实上或多或少隐含着当代社会的根本焦虑,在时间长河的筛选中不一定留不下来。

再次,文学娱乐功能的增强及其与游戏的混合已经开始产生新的作品类型:互动式作品的出现既提供了更大的娱乐性,也使本就存在的读者与作者的共同创作进入一个新的层次。读者在持续的情节选择中更主动地创造作品、反思自我,在作者的帮助下更深刻地体会选择的短期与长期后果,从而更能理解作者所欲传达的思想感情。

最后,文学通过情感共鸣的方式进行社会教化,与法律通过暴力制裁的方式,存在根本的区别。因此文学承载的社会功能并非包括法律在内的其他社会部门所能取代的。

既然法律与文学研究并未“未老先衰”,那么讨论法律与科幻研究是否代表其未来,其实意义不大。但仍然值得提及的是,科幻作品的影视化与游戏化趋势尤其明显,这是读者能够更切实、更直接地感受虚构科技的重要方式。如果随着传媒的发展,文字的未来即影视或游戏的话,那么科幻事实上走在这一发展方向的最前沿。

沈伟伟：苏力提到的法律与文学研究“未老先衰”，其中一个原因，是法律与文学的基石之一——共同经典文本——的消逝。这一点，在作品生产、传播和消费极大便利的互联网时代更甚，以至于“在 2000 年后的这一代人中，甚至难说有共享的经典文学叙事文本了”。① 我从自身与学生交流的感受出发，也特别能体会到这个麻烦。很多同学会看一些共同的网文，但这些网文往往是分众化的，比如男生看的网文和女生看的网文就不太一样；而以前的经典文本如托尔斯泰、莎士比亚、曹雪芹的作品，当下却鲜有学生问津。

但在这些令法律与文学研究者沮丧的现实面前，我们还能从科幻文学作品中找到一丝慰藉。可能不是班上的每位同学都知道杨摩西，但大家都认识孙悟空；可能不是每位同学都看过哈姆雷特，但大家都多多少少看过哈利·波特。有意思的是，这些科幻类作品大多是大学生们在进入大学校园之前就阅读过，而且是偏近儿童科幻文学作品。换言之，在大家拥有第一个由自己随意支配的手机或者平板电脑之前，分众化裂痕还没出现之前，儿童科幻或许是当代唯一可能的共同文本——尽管我们也不能完全肯定，《西游记》《哈利·波特》这些文本在十年后依然共通。大概可以说，即便法律与科幻不能完全代表法律与文学的未来，但至少也是未来法律与文学的一个重要可能性。这个可能性还会随着社会的数字化不断被放大。随着优秀儿童科幻作品的涌现，法律与科幻未尝不能代表法律与文学的未来。

杨安卓：方今天下法学，教义学横行于市，无疑朝市之显

① 苏力：《为什么未老先衰？——“法律与文学”在当代中国》，载《法律科学》2021 年第 5 期。

学,法律与文学研究确已呈现未老先衰之态势,唯剩荒江野老屋中二三素心人谈论。但我认为法律与科幻研究必将成为法律文学研究中兴之干城。理由有三。首先,科幻是文学的未来。Yuval Noah Harari 指出,当代世界最主要的文学样态就是科幻文学。长期沉浸于经典文学的我们,可能对类型文学的崛起尚未有如此这般的感受。假如赫拉利说的是真的,既然科幻文学是当今最主要的文学形态,那么法律与科幻文学的研究当然就是法律与文学研究的未来之大宗。

其次,想象是法学的未来。对法律与文学运动的一个重要批评是:明明有现实案例与信史作为经验分析的材料,有什么必要用虚构材料?在科幻文学与未来法学领域,这一质疑将烟消云散,因为不可能拥有任何未来案例或未来史料。当我们从事实证研究时,如果真实的经验材料不够,我们往往会诉诸计算机模拟的方法,以获取仿真数据。而当我们试图展开面向未来的研究时,大多数情况下,基于想象的"未来经验材料"是我们唯一可以依赖的分析资料。我称之为"未来社会的思想仿真",科幻文学当然是思想仿真的核心手段。

最后,科幻往往是人类社会预言的自我实现。技术本身是无方向性的,科学家大多也不是全才:他们可能对科学问题或技术方案了然于心,但对自己的研究成果将导向什么样的人类生活与社会秩序,科学家与发明家自身可能是茫然的。实际上,当我们观察科学家和技术企业大亨对科技与人类文明的未来的侃侃而谈时,我们常常发现,他的灵感来源可能往往就是科幻著作与未来学家的预测。尽管无数科幻研究者指出预测未来不是科幻的主要功能,但他们也无法否认提出未来社会的种种可能始终是科幻作品的重要价值。密码朋克运动和区块链技术的兴起,充分说明了这种相互影响的关系。当我们认为技术无政府主义者是受到了去中心化科技的启发时，发明去中心化科技的技术英雄却告诉你，他是受到无政府主义文学的启发。而他们发明的技术，却又促进了下一代技术无政府主义思想的兴起。这种循环在科技史上屡见不鲜。这在阿桑奇（维基解密）、中本聪（比特币之父）和拉尼尔（VR 概念之父）那里，一再反复印证。洞悉科幻与科技的这一层隐秘关系后，法律与科幻研究的价值显露无遗。例如，拉尼尔发明"虚拟现实"这个概念，就受到了麦克卢汉《机器新娘》的重要影响，而他晚近的文章《数字毛主义》则显然是受到敌托邦文学影响而阐发的对毛泽东思想与信息共产主义生硬的错误评判。

岳林：我赞同苏力的论断，即法律与文学在中国的境遇，注定是寂寞的、小众的和弱势的。交叉学科意义上的法律与文学肇始于美国。在美国以及其他西方国家，法律与文学主要依附于经典（classic）或者正典（canon）文本。这主要是因为，在西方国家，无论知识阶层还是社会公众，大体上接受并承袭着同一套文化传统（从古希腊悲剧、莎士比亚、塞万提斯、巴尔扎克到卡夫卡、康拉德、海明威……）。而所谓文化传统，其实就是一套等级秩序和社会控制手段，在精神上决定人们如何理解雅和俗、美和丑、善与恶……当然这套文化传统一直在经受各种打磨、改造、洗刷和冲击。例如，最近在美国校园兴起的抵制文化（cancel culture），就试图把"老白男"的经典驱逐出校园。但只要西方社会以及高校体制没有经历革命性的重构，从整体上看，这套文化传统的支配性地位依然难以撼动。另外，许多西方经典文学都具有较强的故事性，情节曲折、人物性格丰富，承载了许多人类社会普遍存在的尖锐矛盾,因而也适合进行案例分析式的法学研究。法律人选择这些经典文本作为研究对象,一方面,易于得到专业和非专业读者的注意和共鸣;另一方面,也易于与象牙塔内部的其他学科进行对接,吸纳大量既有的经典研究资源。

中国的情况不太一样。我们当然也有自己的经典,例如,古代的唐诗宋词、唐传奇、元杂剧和明清小说,以及近现代"鲁郭茅巴老曹"们的戏剧和小说。但问题是,诗歌散文之类缺乏叙事的经典,很难进行法律分析(唯一的例外,或许是苏力对唐宋边塞诗词的讨论,①但这其实已经"超越法律"了)。而像《窦娥冤》、"三言二拍"、《红楼梦》和《儒林外史》这些叙事文本,虽然也蕴含了瑰丽多彩的情节和角色,甚至还直接提供了不少"案例",但这里面的"法律"问题,与现代化语境中的法律制度和法学理论有着多重隔阂,并不属于同一传统脉络(我们的法学已经是西学)。再加上自古"文史不分家",所以今天法律人对这些中国古典文本的分析,怎么看,都更像是在做法律史或者法律社会学研究。

更关键的是,无论中国的知识阶层还是社会结构,都经历了"三千年未有之大变局"。文化传统虽然没有中断,但是接受了持续不断的批判、改造和重构。例如,对《红楼梦》和《水浒传》的解读,一度是"国家大事"。而一进入新时代,学术界就立即掀起"重写文学史"的热潮。许多经典都会在历史进程中褪色,变得不合时宜,被遗忘,甚至被当作反面教材来批判。在不同代际之间,人们关于经典的认定和理解也存在难以逾越的鸿沟。今天的文学市场被分割为修仙、盗墓、耽美、种田、奇幻、科幻等多个领域,很难再形成全社会普

---

① 苏力:《时空穿越中的文化中国认同》,载《读书》2016年第12期。

遍公认的经典作品。甚至小说和戏剧这些曾经主流过的文学载体，相对于电影、电视、脱口秀和游戏，也开始边缘化，特别是越来越疏离于年轻人。因此在学界以及社会公众那里，中国经典文学的权威性和支配性并不如西方那样显著。至少在象牙塔里，专家学者无法垄断对经典文本的解释权，形成不了具有连续性和广泛性的学术传统。这就导致法律人在研究文学作品时，很难从文学界或者文学理论界获得多少“即插即用”的理论资源。

如果我们把目光转向非经典文学作品，就更难找到适合法律分析的对象了。无论美国还是中国，文化产业正在大踏步地朝着娱乐化和工业化的方向迈进。例如美国的电影和电视剧，虽然也能触及许多真实存在的社会问题，但往往浅尝辄止，用意识形态化的“政治正确”来敷衍应付。而且这些影视作品的生产越来越程式化，续集一部接一部，直至榨干市场价值，让观众彻底审美疲劳，背后的资本才肯罢手。中国的文化产业也正在重复这种美国模式，即强调“短平快”，生产快，来钱也快。故事只要有噱头和有流量就行，至于是否符合历史和社会真实、是否合理和靠谱、是否传递正确或者正常的价值观，都不再是制作方考虑的重心。

与此同时，法学研究这项行当也正变得越来越专业化（其实也是工业化），越来越倾向于回应中国问题以及实践问题（我赞同这种倾向）。学术市场对理论法学研究（如法哲学和法史学）的需求并不是很大，留给法律与文学的份额更是可怜（以至于许多法律和文学研究只能发表在综合学科刊物上）。法学研究者如果想要以法律与文学作为专攻方向，那么无异于选择了“冷门绝学”。所以，法律与文学也仅仅适合有闲暇和精力剩余的学者来“玩票”。

现在可以回到法律与科幻了。它能解决法律与文学在中国遇到的上述困难吗?我看很难。虽然在全球范围内,科幻已经成为娱乐市场的主流,在中国还出现了刘慈欣这样的现象级作者,以及《三体》这样的具有世界知名度并且不乏理论深度的当代经典。但对法律与文学这门交叉学科而言,可供研究的文本还是太少了。我们总不能把法律与科幻做成“法律与刘慈欣”或者“法律与《三体》”吧!?就算我们把研究范围扩展到西方的经典科幻作品,例如《弗兰肯斯坦》《海底两万里》《一九八四》《沙丘》《基地》等,这些作品在我国也具有广泛的读者群,但很难从中找到中国法学市场急需回应的法律问题。就算我们还可以选择《她》《西部世界》《黑镜》《使女的故事》这些当下热门的美国科幻影视作品,它们既能反映一些全球性的(无论西方还是中国)技术问题和社会危机,也能在国内产生话题效应。但它们依然属于美国娱乐工业生产线炮制出来的产品,思想和理论深度有限,既比不上西方自己的经典科幻作品,也比不上中国自己的《三体》。就算法律与文学研究者的嗅觉再敏锐一些,有能力从一些小众的科幻作品中挖掘出重大的理论意义,但受制于文本的认知度,也不太可能引起多少公众和学界的关注。进一步说,就算法律和科幻的研究者积极“出圈”,放弃法学市场,试图融入到文学理论、文化研究甚至娱乐业的领域中去,但是,人家对我们的法律资源和法学研究又能有多少需求和期待呢?

所以,无论法律与文学,还是法律与科幻,能做到“知足常乐”就好。只要没有太大的野心,没有太大的生存压力,研究者可以任性一些,专注于自己感兴趣的文本和问题。说不定,这样反而更有可能结出有营养的果实。

郑戈:苏力所说的法律与文学研究的"未老先衰",其实是说"文学"和"研究"的未老先衰。传统的法律和文学都是基于文本的,但文本本身正在衰落,被代码和算法所取代。文字作品相对于影音作品,经典相对于满足人们瞬间愉悦的即时作品,阅读相对于游戏,都正在衰落。不过,正是因为存在这种现象和趋势,苏力指出,通过经典文学作品中展现的人类生存处境中不断再现的普遍伦理困境和选择难题来补充理论和概念的苍白和单一,拓展人类解决问题以及直面无法解决的问题的想象力和承受力,至少是作为教育的法学所急需的,尤其是在法治已经取代文学成为当代最主要的教化担当的当下。①

我非常同意苏力的这个观点。他其实并不是说法律与文学未老先衰了,而是说流行文学无法为法律与文学研究提供有价值的材料,但这些材料在经典文学作品中丰沛地存在。人类的欲望与情感亘古未变,只是满足欲望安抚情感的技术日新月异,经典文学作品的生命力恰恰在于它们不追逐流行,而着眼于根本。这个道理其实同样适用于科幻作品。

比如尼尔·斯蒂芬森的《雪崩》。去年沈伟伟组织"法律与科幻"系列讲座,找我做一讲的时候,我一开始报的题目就是讲这本书。但后来考虑到知道和读过这本书的中国读者可能不多,就选了英剧《黑镜》中的《急转直下》。现在,因为"元宇宙",大家都知道这本书了,我错过了一次冒充"先知"的机会。其实这本书除了发明"元宇宙"(metaverse)外,还预见了当下"数字社会"中的许多现象,包括但不限于"外卖小哥困在算法里":"他现在干起了(速递员)这份工作。

① 苏力:《为什么未老先衰?——"法律与文学在当代中国"》,载《法律科学》2021年第5期。

他跟聪明或创造力没关系,但也不需要与他人合作。这行当只有一个规矩:别看速递员一副自信无畏的模样,但无论谁叫了外卖,这份馅饼就必须在三十分钟内送到……”①

[三] 推荐一些“法律与科幻”相关作品

胡凌:像《太空堡垒卡拉迪加》这样的太空歌剧涉及飞船中的人类社会生活场景,也包括政治与法律过程,值得一看。当然,星战宇宙刻画了更加多元的各类星球社会生态。

李一达:左亦鲁的《一代人来一代走——〈三体〉、宪法与代际综合》②是我近年来读过最好的“法律与科幻/文学”研究。代际问题或说时间问题,一直是宪法学的经典话题。《三体》也是我们这代人非常熟悉的科幻文本,但在读到这篇文章之前,我从没想过在可以在“宪制”的层面看待“流浪地球”或者“面壁者计划”,没有想过在“四个半世纪”、“第十几代子孙”的尺度上如何理解宪法的“本”与“变”。这就是好的理论审美,它是“法律与科幻/文学”可能具有生命力的必要前提。《秋菊》这样一个文本是可遇不可求的,③但如果有好的审美,我想我们并非不能从各种看上去无关“法律”的“文学”中找到契合“法律与文学”的议题。

不过,从“作品”角度说,对“法律与科幻”乃至更广阔的“法律与文学”研究而言,一个好的研究对象应当兼具经典

---

① [美]尼尔·斯蒂芬森:《雪崩》,郭泽译,四川科学技术出版社2018年版,第3页。

② 左亦鲁:《一代人来一代走——〈三体〉、宪法与代际综合》,载《读书》2020年第7期。

③ 苏力:《为什么未老先衰?——“法律与文学”在当代中国》,载《法律科学》2021年第5期。

性和普及度。《三体》应当算是这样一部作品,尽管一些传统的"中文系"学者可能会对它的经典性还有所质疑。然而,即便是最后一部《三体》的出版距今也有十年了,这十年里,中文世界出现过哪怕一部在上述两个标准上能同时达到或接近《三体》的作品吗?我觉得没有。

杨安卓:我尤其推荐大家关注那些今天在人们心中还是属于科幻,但在不久的未来可能通过学理或实验的证实,而被判定为科学的那部分领域的著作,例如,将被第二次量子力学革命影响的科幻作品。

此外,我还推荐关于虚拟现实技术与密码术等技术结合的科幻作品——没错,我说的就是元宇宙。值得推荐的当然是元宇宙原典《雪崩》以及三部相关的经典影视作品《黑客帝国》、《头号玩家》与《失控玩家》。《黑客帝国》几乎提出了关于意识与虚拟世界的一切问题,对法律与科幻研究而言,意识(consciousness)问题几乎是最值得探讨的桂冠问题,哲学家和计算机科学家查尔莫斯在《黑客帝国的形而上学》中有精彩的分析。《失控玩家》在思想创造性上相对保守得多,但提出了一个非常具体的法律问题:主客二分与跨次元婚恋的问题。NPC(非受控玩家)是作为人的"情人",还是作为物的"情书",无疑对传统民法学说中的人物二分理论提出了根本性的质疑——当然,这种质疑是以"NPC 的觉醒",即 NPC 产生"意识"这一虚构情节作为前提的。众所周知,意识的形成迄今仍是科学上的未解之谜,所以这项研究目前暂时还不能进入"法律与科技"的领域,而法律与科幻研究则是它最为恰当的领域。

理论研究方面,我推荐基兰 · 特兰特(Kieran Tranter)研究法律与科幻的专著《生活在技术合法性之中:作为技术的科幻小说与法律》。此书提供了从《弗兰肯斯坦》到《沙丘》等诸多经典科幻作品中提炼出的法律问题,并从中抽绎出可以作为理论分析工具的概念框架“技术合法性”。

岳林:我想推荐约翰·斯卡尔齐(John Scalzi)的《老人战争》(*Old Man's War*)及其系列作品。这主要是因为,我读过的科幻小说以及理论太少(很业余),而这几本小说不算很长(鉴于大家都很忙),文笔幽默(催眠效果比较差),通俗易懂(“反对崇高”),可能会触及一些现实的法律问题(但能讨论得多么深入,我不确定)。

该系列小说的基本设定是,未来人类一旦活到75岁,就可以选择加入“殖民防卫军”,把自己的意识(或者灵魂)植入一个人造的、功能强悍的新躯体。但他们要被派去打外星人,绝大多数人都会在战争中死去。作者有意把故事写得很俗套(很接地气),许多笑料也只有美国读者才能领会。真正吸引我的,是书中一些未来科技的“点子”,以及一些作者有意呈现的社会问题甚至哲学问题。

虽然科技目前还达不到给老人更换躯体、让其返老还童甚至长生不老的水平,但它确实正在朝着延长人的寿命以及增强人的机能的方向发展。在可预见的未来,虽然国家不太可能真的征召老人充当炮灰去打外星人,但是否会因为生命科技的进步而延长人类的退休期限?这不仅涉及养老和医疗保险问题,还涉及代际之间的资源竞争,以及永远都很复杂且危险的权力交接问题。作者还设想过,人类士兵可以被改造成漂浮在太空中的陨石,去执行潜伏任务。科技不仅能增强人的机能,同时还可以把人变得不再像人,或者不再被我们承认是“人”。随着赛博格技术的日益发展,这已经不再是科幻小说中才存在的问题了。

再比如说,作者在小说中设计了一种叫作脑伴(BrainPal)的人工智能助手,其功能类似现在的智能音箱或者苹果操作系统的Siri。但有趣的是,脑伴是植入人的身体的,人无须开口、动手或睁眼,就能与它沟通。使用者可以通过它来上网、发邮件、接受指令、搜索信息……这不仅改变了我们熟悉的人机关系,同时也改变了人际关系。想象一下,一群人分布在世界各地,只需“动动脑子”,就能通过各自的脑伴来聊天、打游戏、协同工作、辩论、吵架,完全超越了时空和语言的障碍。虽然看似匪夷所思,但这种“科幻”的人机关系和人际关系,不过是今天网络社会的延伸和扩展而已。

因此我认为,《老人战争》涉及一些很真实、很现实的社会问题和法律问题。虽然法律与科幻必然要涉及一些尚不存在的未来科技,但它最好还是回应现实存在的法律问题。也就是说,科幻作品可以对未来科技和未来社会进行畅想,但法律研究者最好不要去虚构尚不存在的法律问题。如果这些法律问题目前只能在科幻世界中存在,那么法律研究者也就是在从事虚构工作,相当于在写科幻小说。科幻作品应当是我们法律人理解现实法律问题的中介和桥梁。

郑戈:在我看来,讨论法律与科幻议题并不需要先去读一通“法律与科幻”主题的二手研究文献,而应该直接去阅读或观看科幻作品。从事法律与科幻研究的理想人选是从事法学工作的科幻爱好者,而不是为了拼凑几篇法律与科研论文而临时抱佛脚地去看几部科幻作品的人。科幻的意义在于让我们的时间感向未来延伸,而不是让未来重复当下。

如果对科幻作品作法学解读仍要固守别人设定的解释套路,那便没有太大意义了。

作为中国的法律与科幻研究者,要作出与别的国家从事类似研究的学者不一样的贡献,便需要立足于我国已然足够丰厚的科幻文本资源。得益于我的母亲曾经负责管理我所就读中学的图书馆,我在中学时代就阅读了大量科幻作品,包括发表在《科学文艺》和《科幻世界》期刊上的大量中短篇科幻小说,以及郑文光、童恩正、叶永烈等老一辈科幻小说家的作品。叶永烈的《小灵通漫游未来》可以说是我的科学启蒙读物,而郑文光的《飞向人马座》和童恩正的《珊瑚岛上的死光》激发了我对科学和人文两方面的兴趣。

不过,我国 1950—1980 年的这些作品更多是科普作品,是用儿童文学和流行文学的形式来普及自然科学知识的作品,而缺乏"社科小说"的维度,即没有讨论未来科技可能带来的人类生活方式、生产方式、社会组织形式、商业模式以及相应的上层建筑(包括法律)的改变,因此不太适合作为"法律与文学"研究的题材。这个问题在后来的科幻小说,比如刘慈欣的《三体》和宝树的《时间之墟》等作品中不复存在。这些作品不仅涉及了对未来科技的想象,也思考了由此带来的人类生存处境和相应的制度回应。

[四] "法律与科幻"对法学研究的意义何在

胡凌:如果想象得当,某些科幻可以设计出一个不同于人类世界的生命群体和社会(如三体人)。这就可以帮助我们理解基于人类世界经验和人性的法律规则,一旦约束条件发生变化,就会发生一系列的制度性变化。

邱遥堃:信息科技的发展及其对生产方式、生活方式的重塑,进一步挑战了法律的自主性信仰。这不仅使传统法学"旧瓶装新酒"式的教义分析更加捉襟见肘,甚至其对法律规范性的削弱或规范性法律的替代,也使法律在社会治理中的重要性大大降低。于是法学研究更缺乏必要性,或至少应反思其实际价值。

法律与科幻作为极端的科技虚构,使前述趋势指数级放大甚至完全实现:当人类的自由、平等与尊严都被科技所颠覆,当人类必须考虑与智能机器人存在,传统法学研究及其生产教义的历史性、偶然性与表面性就将充分暴露。

诚然,这一科技的虚构性或许会削弱上述挑战的力度,但其思想的深刻性,已足够增强对假装自给自足的法学研究的批判。处理法律与科幻问题,不可能不借助其他学科的理论资源:或者是通过自然科学理解其背景,或者是通过经济学、政治学、社会学、人类学等分析并预测未来科技背景下的人类行为。

由此反观当下的法学研究,虽然似乎没有对其他学科的知识需求,但其实无处不隐含着对其他学科成果的总结与运用,而且在学科交流与对话中可以实现更充分的发展。

岳林:如果不只是为了"自娱自乐",还想要对本学科或其他学科有所贡献,那么法律与科幻需要充分把握自己的长处和限度,知道什么地方可以使劲,以及值得使劲。我认为,法律与科幻其实是法律、科技和文学三个领域的综合,而这三个领域最为显著的交集或共性,就是它们都在向人类社会提供一些价值标准和行为准则,也即它们都具有规范性。

法律的规范性无须多言,先来看文学的规范性。苏力和冯象都讨论过“作为法律的文学”(Literature as law),即文学作品成为社会治理的手段,扮演着类似于法律的角色。在古代社会或者传统社会,技术条件和社会生产力不足以维持现代化的法律职业群体、官僚机构和司法程序。但文学作品能够以相对低廉的成本,满足民众对社会秩序的需求。譬如说,无论是古希腊城邦的戏剧,还是古代中国乡村的社戏,都有助于传达、普及被当地认可的社会规范。民众在剧场或者庙会的每一次聚积,都相当于是在接受“普法教育”。所以柏拉图指出,文学能够直抵人心,建构人的灵魂秩序,是远比法律重要的治理手段。即便在现代社会,这一道理也不过时。由此我们可以理解,在近现代中国,为什么许多政治运动的兴起都以文学运动作为先声。

科技作为规范,需要区分科学和技术。科学研究的对象,严格说来,只能被发现,而不能被设计,不以人的意志为转移;技术则具有可塑性和可择性,因而总是“人工的”(artificial)的。但无论是科学还是技术,它们都决定着人类的活动范围和活动形态。人类的自由,不可能逾越自然规律或者物理规律(如改变元素周期表),不可能超越技术本身的设置或者架构(如在算盘上运行 windows 操作系统)。所以兰登·温纳在《自主性技术》里说,技术就是在为人类立法。我并不是技术决定论者,也不想把唯物主义庸俗化,否定人类的主观能动性和自由价值。但我们必须认识到,科技对人类具有规范性和支配性;而且技术治理往往比法律治理更高效,甚至可以说,法律治理本身就是一种技术治理。

从规范性角度出发,可以发现,科幻作品往往是通过幻想出一些“可能的”科技(如宇宙飞船),来虚构“可能的”的社会、政治和法律秩序(如人类与外星人的星际联盟);或者反过来,科幻作品是把一些“可能的”科技植入既有的社会制度中去(如在《沙丘》和《银河英雄传说》中,我们就可能看到罗马帝国以及西欧封建制度的影子)。科幻作品对法学研究提供的帮助,也存在于这两个方面:首先,法律人可以通过科幻作品来“放大”既有的科技问题(如克隆人、人工智能和信息监控),预测我们即将面临哪些技术风险,以及尝试着在法律层面应对这些风险;其次,法律人可以借助改造过后的技术设置,来检验既有的法律制度和法学理论(如在元宇宙中,法律应当如何是好?)。

科幻作家也能直接提出一些很好的法律问题。例如阿西莫夫创作的一系列机器人主题小说,其核心矛盾并不在于机器人如何设计,而在于机器人能否以及如何遵守人类设置的“法律”。虽然阿西莫夫提出的机器人三定律有缺憾,但至少能够吸引法学家去商榷和批判。① 这或许就是普通科幻作家和科幻大师之间的区别:前者忙于寻找科技层面的“点子”,而后者则试图探析超越时空的人性问题和社会问题。我曾经和朋友们开玩笑,说可以对阿西莫夫的机器人故事进行这样的改写:人类工程师在设计机器人时,也和我们法学家一样遇到了派系之争,分别是教义派(符号主义)和社科派(连接主义);两派机器人斗争不休,但最后发现,教义派机器人中有一部分是隐藏极深的社科派,而社科派机器人中又有相当部分是不自知的教义派……

总的来说,法律与科幻对法学研究的贡献:一是想象力,即刺激法学研究者去勇敢地想象和面对科技带来的各种可能性;二是批判力,即回到法律与文学的原初功能,不把既有

① 参见冯象:《我是阿尔法:论法和人工智能》,中国政法大学出版社 2018 年版,第 200-201 页。

法律制度和法学理论当作不容更改的先验教条,让他们在新的(哪怕是虚构的)技术环境中捉襟见肘,现出原形。

杨安卓:法律与科幻研究,至少在三个进路上可以为法学研究的推进提供框架性的思路,以及部分具体的思想资源和可能的解决方案。第一个进路是法律与文学的进路,正如本访谈第二个问题所谈论的那样。

第二是乌托邦和敌托邦的进路。以乌托邦进路为例,马克思猜想在未来的共产主义社会,国家与法将消亡,那么国家与法消亡以后的人类社会将何以治理?早在20世纪60年代,D. A. Kerimov 就在《苏联未来的控制论法学》中提出了科幻般的未来法学的想象,20世纪70年代智利的阿连德政府更是将以当时技术水平而言如科幻般的赛博协同控制工程(Cybersyn Project)投入国家治理与社会实践的实验。后之视今,亦犹今之视昔,上述这些“过去未来时”的先辈们的尝试,或可为今日未来法学研究者之镜鉴。

第三个进路是作为科学补充和思想实验的进路。关于思想实验这一进路,陈颀已经有丰富的论述。关于将科幻研究作为科学研究之补充的思路是我主要选择的进路,我将在第五个问题中详述。

郑戈:法律与科幻可能从以下三个方面推进法学研究。

首先,“科幻中的法律”以及“通过科幻表达的法律”可以帮助我们思考当下科技变革所带来的既有的法律尚未提供现成答案的问题,比如著名的“阿西莫夫机器人三律法”,可以帮助我们理解基于人工智能算法的自动化决策机制,如何在算法设计层面设计和执行规则。

其次,“作为科幻的法律”,即借助其推延到极限的思想实验帮助我们理解现实中的法律的可能性及其限度。比如经典科幻片《星际迷航》(*Star Trek*)中星际联邦的首要律令(Prime Directive):“鉴于每一有情物种(sentient species)依照其正常的文化演进规律来生活的权利是神圣不可侵犯的,任何星际成员均不得干涉外星生命和文化的正常和健康的发展。此种干预包括向一个自身没有能力妥善利用更先进的知识、力量和技术的世界输入此种优势。”这个律令十分类似于联合国安理会奉行的原则。但是,正如修昔底德描述下的雅典人所说的,“正义只存在于实力均等之间。在实力悬殊者,一个基本的事实是:强者为所能为,弱者受所必受”,①同样的逻辑也出现在星际迷航中。当 Spock 援引首要律令指出不宜干涉一个星球的内政时,Kirk 说:“这条律令说的是不能干涉一个文明的正常和健康发展。你认为它正常和健康吗?”在这里,“高等文明”的意识形态成为对“正常”和“健康”进行法律解释的标准,进而成为“人道主义干预”的理由。在这里,科幻小说显然有助于我们思考和批判当下的国际(法律)秩序。

最后,科幻作品可以向我们展示技术的某些应用场景所带来的人类伦理困境,从而激发我们对法律是否介入以及如何介入的思考。比如,2021 年,我给交大人工智能班的学生讲“人工智能思维与伦理”课,课程作业就用了宝树的科幻小说《妞妞》。小说中描述的场景离我们并不遥远:虽然能够以假乱真地复制我们去世的亲人的技术尚未出现,但模仿他/她们的声音、影像和文字表达的技术却已经就位。这种技术是否有必要发展?是否有必要实现商业化和普及化?

① Thucydides, *The War of the Peloponnesians and the Athenians*, translated by Jeremy Mynott, Cambridge University Press, 2013, p. 380.

它将如何影响人类社会的亲情和家庭伦理?它是否会消解或扭曲人的主体性?对人的尊严有何影响?这些都是这部科幻作品能促使我们思考的问题。从未来人工智能工程师们交上来的作业来看,这篇科幻小说的确促使他/她们思考了这些问题,并有可能促使他/她们在写算法的时候保持这种思考过后的伦理和规则自觉。

[五] 法律与科幻的研究未来

胡凌:从某个意义上说,如果科幻作品的基调不仅仅是乌托邦、反乌托邦或单纯的硬科幻,而是带有政治经济意味的描绘,那么它仍是现实主义作品。虽然将历史或当下世界状况进行了投影,但似乎又给人太阳下面无新鲜事的感觉。我们希望法律与科幻研究带来不一样的未来场景,但又时刻被法律的经验性拉回来,两者存在一种张力。

李广益:作为科幻文学研究者,我能想到如下两个方面。

其一,提供新的视角,重新激活已经被反复讨论过的经典文本。比如,晚清科幻是一个此前研究较多的领域,很多作品的主题思想、审美意象、叙事模式已经得到较为充分的讨论。晚近从思想史、科技史、文学史脉络开展的研究也会逐渐耗尽潜力,但从"法律与科幻"的角度来审视这些文本,却有别开生面的希望。《新年梦》《新纪元》《电世界》等作品中都包含了重构世界秩序的想象,其中普遍出现了各国签订条约、制定章程的情节。这显然与国际法密切相关,也是我个人计划尝试的方向。

其二,增强法学研究乃至立法实践"预流"的能力,提高国家治理水平，对中国参与国际战略竞争做出积极贡献。立法者不应该仅仅是因应当下形势，还有必要面向未来，在宏大问题上更是如此。

李一达：对“法律与科幻”来说，文本储备其实不可谓不丰富，尤其是近些年在多个影视作品的带动下，大量的科幻小说被译介或再版。然而，丰富的文本恐怕并不能直接转化为丰富的讨论。如果讨论只是停留在“机器人的人性论”“外星系的物权观”这类话题上，那么除了给现有的法学研究增加一些小众趣味的“黑话”外，它并没有提供比现有的“传统”研究更具穿透力的视角。

邱遥堃：对我来说，法律与科幻研究的最大助益在于区分真实的与虚构的网络法问题，这也是其一个未来有益的发展方向。以人工智能研究为例，当前人工智能法学研究的泡沫，很大程度是因为未能区分科技与科幻的边界而产生的。仅凭借某些人工智能技术的突破，即过分夸大或过早预言其对法律的影响，结果受某些个人或组织的修辞与宣传的蒙蔽，研究了假问题，得出了缺乏实际意义的结论。例如，人工智能的主体性研究是否具有现实的必要性？人工智能作品的著作权研究是否具有新的理论价值？

法律与科幻研究可以通过基于虚构材料的分析，警醒研究者其预设的现实性与结论的可能性。例如，既然机器人对人类的反抗是科幻作品的主要主题，那么当前人工智能是否发展到了需要将其作为主体而考虑这一问题的地步？人工智能作品是否具有异于以往人类主导下技术辅助生产出的作品的特殊独创性？据此，网络法研究可以更为专注地解决现实问题，例如，算法责任的分配、平台豁免的限制，从而与法律与科幻研究形成良性的学术分工,将更高水平科技产生的、需要更高层次法学乃至哲学思考的问题留给后者。

岳林:我曾经讨论姜峰楠的《你一生的故事》,以及由此改编的电影《降临》。但我感兴趣的,是其中的科学部分,而不是幻想部分。对于科幻小说,其实也谈不上喜欢或者不喜欢。因为我读过的科幻小说,绝大部分都是青少年时期的积累。和同龄人一样,我也是浸泡在美、日、欧的漫画、动画片、电影和电视剧中长大的。这些作品中的科幻元素,对我们这一代人来说是"日用而不知"的,就像家常便饭一样,很普遍,但也因此很平常。

我其实更喜欢的是文学。随着年纪增长,越发觉得科幻作品不太"文学",可读性差。譬如凡尔纳笔下的人物,都如泥塑一般,刻板无趣。虽然"点子"是有趣的,但也只适合消遣或者娱乐。记得在读博的时候,李晟绘声绘色地向我们转述《三体》的故事(那时刘慈欣和《三体》都还没有"出圈"),我也只是觉得这故事有趣而已,根本沾不到伟大或者经典的边儿。直到进入教职,把三部曲找来读完,才大受震撼。同时受胡凌、李广益和陈颀等科幻爱好者的影响,我对科幻的态度开始转变,以至于陆陆续续购买到市面上几乎所有我能找到的科幻小说,把现在的办公室塞得满满当当(有点像堂吉诃德囤积骑士小说)。但实话实说,我还是很难在大多数所谓的科幻"经典"或者"名著"中找到阅读快乐,因此没有真正读过几本。

这些年我一直都在关注与互联网相关的法律问题。我注意到,像监控、人工智能和网络空间这些网络法的核心问题,往往能在科幻文学中找到原型和灵感。所以,无论法律与文学或法律与科幻多么小众,它还是能够为法学研究作出贡献,至少有助于法律人提升想象力和批判力。至于具体的研究路径,是多元的。

我依然想要强调的是,法律与科幻最好要回归现实社会,回应真实存在的法律问题。所以,对科幻文学文本本身进行历史社会学意义上的“考古学”研究,挖掘科幻文学生产所依赖的社会环境和法律背景,或许是一条切实可行的研究路径。现代科幻文学是随着现代科学技术的进步而诞生的。但与此同时,它也是资本主义、帝国主义和诸多现代性的副产品。从凡尔纳的《环游地球八十天》到威尔斯的《世界大战》,从阿西莫夫的《基地》到赫伯特的《沙丘》,以及我推荐的《老人战争》,都蕴含着对科学真理的积极探索、对无垠宇宙的崇高向往,但同时也折射出对权力和利益的无尽渴望、对落后(或者异类)文明的鄙夷和压迫。因此我们可以去探讨,究竟是怎样的社会文化、经济模式、政治体制和法律制度,促使科幻作者创造这样或者那样的“可能世界”。换言之,我们可以把科幻文学当作线索和材料,去回溯、发掘特定社会情境中的法律问题。例如,虽然《弗兰肯斯坦》的主角是一个人造怪物,但作者玛丽·雪莱、她的丈夫珀西·雪莱、他们的朋友拜伦,在彼时的主流社会看来,其实也都是伤风败俗、违反礼教的“怪物”。同理,我们可以借道当代中国的科幻文学,来反思当下存在的现实社会和法律问题。因此,即便像《三体》这样伟大的科幻小说确实能够触及一些人类社会普遍且永恒存在的问题,但最值得中国的法律与科幻去研究的,依然是我们自己的问题,是当下中国的问题。

杨安卓:我自己的研究领域大致是计算法学,包括法律数据科学、法律行为动力学等,属于相对硬核的领域。传统分类上大致属于法律与科技的研究,但由于这个领域的方法、思路和范围都尚未成熟,科学研究很难展开。然而,数学工具尚未具备,不等于法学家只能无所作为,在定量分析不能展开的时候,一种思路是可以展开定性分析,另一种思路是可以展开“想象的定量分析”。当然这就需要建立起想象的建模,由于数学与物理学尚无可用武之地,所以不妨将法律和科幻的研究作为一种提供思路的思想实验模式。它在如下领域或能发挥一定作用:①反事实推理和法律因果关系的研究;②类比推理的研究;③心灵哲学、意识,机器与法律主体资格的研究;④动力学和行为网络系统模型的研究。在上述领域中,有的尚未有成熟的模型,有的尚未有成熟的方法,有的尚未有良好的算法,暂时还不能够再通过定量的方法来实现数学化的研究,只能以思想实验和定性的方式来进行抽象化的思维建模。

我的另一个研究领域是元宇宙法律问题。关于虚拟世界、虚拟主体,虚拟财产、虚拟生活等问题的研究,本身与科幻小说就有非常深刻的渊源,甚至可以说整个元宇宙相关技术领域的兴起和发展都与科幻小说有着不可分割的关系:尽管其分支领域在技术、数学和工程上各有渊源,但在应用领域、社会应用工程和人相结合的界面领域,以及工程需求的建构领域,甚至连源宇宙这个概念本身都诞生于史蒂芬·森的《雪崩》。

郑戈:虽然是个资深的科幻迷,但我并没有专门写过可以归入“法律与科幻”范畴的作品。科幻给我的启发体现在我的一系列“法律与科技”文章中。比如在《人工智能与法律的未来》一文①中，我提到了机器人（Robot）这个词起源于捷克作家卡雷尔·卡佩克（Karelcapek）于 1920 年创作的科幻剧本《罗素姆的万能机器人》（*Rossumovi univerzální roboti*），其辞源是波兰语中的强迫劳动（Robota）和工人（Robotnik），这暗示了人工智能技术应用中支配关系。在《迈向生命宪制》②一文中，我援引玛丽·雪莱的科幻小说《弗兰肯斯坦》，说明包括科幻小说在内的大众文学作品比科学本身更加深入而持久地影响着人们对科学技术（比如基因编辑技术）的想象，塑造着人们的爱与惧，因此，在考虑如何在技术风险规制中平衡科学行政（专家决策）与民主行政（公众参与）之间的关系，就不得不考虑科幻意象对大众心理的影响。

---

① 郑戈：《人工智能与法律的未来》，载《探索与争鸣》2017 年第 10 期。

② 郑戈：《迈向生命宪制——法律如何回应基因编辑技术应用中的风险》，载《法商研究》2019 年第 2 期。

编辑手记

忘了什么时候，也许是看了电影《银翼杀手》？我萌生了组织一辑“法律与科幻”专号的想法。我先是与《人大法律评论》的同学们商议合开一次学术讨论会。2020年8月30日，“科技还是科幻：未来的法学研究”线上研讨会召开。这次会议也成为第四届社科法学研习营的系列活动之一。

为筹备好这次讨论会，我邀请中山大学陈颀老师一起联络合适的与会者。陈颀是国内目前做法律与文学、网络法研究的佼佼者，由他出面协调并与我共同主编这辑专号再好不过。

呈现在读者面前的这辑专号，是这一年半来努力的成果。这辑虽然有这样那样的问题，但可以说的是，国内法律与科幻研究的台子总算是搭起来了。专号最后定名为“法律与科幻”，其所要传递的意涵是如陈颀在文中所主张的，要通过科幻思想实验探索未来法学：推想和检验现有法律规则在未来社会的可能实践后果，构造特定未来社会的可能场景，设计新的法学概念、规则和原理。我们认为，未来法学需要在人工智能时代重构人机关系，这离不开法律与科幻这两个不同学科的相互作用。

单勇、王熠的文章运用文献计量分析了当下的未来法学。文章将数字社会中新型法律事实的法理阐释与法治反思的研究加以可视化描摹。王威驷的文章从日本科幻作品出发进行思想实验分析，描绘了未来法的种种可能情形。刘益、罗玥、孙可佳的文章，分别围绕三部科幻作品即《三体》《沉寂的星球》《流浪地球》讨论了未来人类的命运和制度的重新安排。赵泽睿的文章则以科幻作品《沙丘》中的“香料”争夺为主线，讨论重要稀缺资源的开发与利益分配。这也是现代世界的重大问题。

作为学术集刊，这次借着“法律与科幻”专号的机会，我们还发表了可能会引起争议的诗歌和小说这两种文学形式的文章。郭绍敏的文章是以诗歌形式展望未来法。他认为，只有把科学、幻想、叙事等因素引入法学研究，才能为这一日益实证化的学科赢得高贵的尊严。胡凌的文章《数字骑手》是小说体，谈到了自由意志、人工智能、分享经济、灵活用工交织的法律问题。这是当下的问题，也是未来的问题。此外，岳林的文章以《埃里汪奇游记》为线索，讨论了机器的法律化和法律的机器化。文章通过追溯机器理论的思想背景，并对人文主义和技术决定论进行反思和批判。蔡欣、杨安卓的文章以漫威故事为隐喻，展现司法活动对科技的依赖，包括证据、信念与事实。谢郁的文章则是探讨当下正在进行的在线庭审。他认为，在未来法庭的定位并非取决于技术，而是取决于我们对虚拟空间的理解。

本辑还收录了两篇传统意义上的“法律与文学”研究作品。林树煌的文章讨论了现在可以称为奇幻小说《红楼梦》中的“虚拟空间”。这种从虚拟空间切入讨论其中的法律，其实就是“法律与科幻”研究。他认为，其中所传达的行为规范与权力运作本质上是“礼法空间化”的表现。韩尚宜对中国“法律与文学”研究进行了方法反思。他认为，法律与文学没有核心的研究方法令其与法律的社会科学研究趋同。

这是法学领域尚未形成强意义上的文学跨学科研究之内因所在。最后一篇则是关于的"法律与科幻文学"的述评,由卫洪光所写。这篇文章主要评价了乌托邦科幻文学特别是非线性思维对法律研究的启示。

2020年疫情期间,我偶然读到几年前《离线·科幻》组织的科幻大佬问答。① 这也让我突发奇想,能不能也搞一个。这一辑就专门设计了"法律科幻"问答,邀请到胡凌、李广益、李一达、邱遥堃、沈伟伟、岳林、杨安卓、郑戈八位学者。他们来自于文学、法理学、宪法、网络法、人工智能法等不同领域,答案相互碰撞。他们的回答,似乎勾勒出中国法律与科幻研究的未来。

我们相信,这一辑法律与科幻专号的面世,只是研究起点。未来有无限可能。

侯　猛

2021年12月12日

① 李婷编:《离线·科幻》,广西师范大学出版社2015年版,第10-29页。